동의보감,
몸과 우주 그리고
삶의 비전을 찾아서

동의보감, 몸과 우주 그리고 삶의 비전을 찾아서
발행일 개정판19쇄 2025년 12월 30일(乙巳年 戊子月 癸酉日) | 개정판1쇄 2012년 10월 30일
지은이 고미숙 | **펴낸곳** 북드라망 | **펴낸이** 김현경 |
주소 서울시 종로구 사직로8길 34 307호(내수동, 경희궁의아침 3단지) | **전화** 02-739-9918 |
이메일 bookdramang@gmail.com

ISBN 978-89-97969-14-2 03100 | 이 도서의 국립중앙도서관 출판시도서목록(CIP)은 e-CIP홈페이지
(http://www.nl.go.kr/ecip)와 국가자료공동목록시스템(http://www.nl.go.kr/kolisnet)에서 이용하실 수 있습니다.
(CIP제어번호: CIP2012004923) | Copyright © 고미숙 저작권자와의 협의에 따라 인지는 생략했습니다.

이 책은 지은이와 북드라망의 독점계약에 의해 출간되었으므로 무단전재와 무단복제를 금합니다.
잘못 만들어진 책은 서점에서 바꿔 드립니다.

책으로 여는 지혜의 인드라망, 북드라망 **www.bookdramang.com**

동의보감,
몸과 우주 그리고
삶의 비전을 찾아서

고미숙 지음

BookDramang
북드라망

개정판을 내며

세상에, 이런 기막힌 팔자가 있나. 지난해(2011) 이맘때 출간을 했는데, 1년 만에 개정판이라니. 출판사는 책의 고향이자 터전이다. 그렇다면 이 책은 너무 일찍 출가(出家)를 하게 된 셈이다. 이 정도면 명리학적으로도 꽤나 "센" 팔자에 속한다. 사연을 풀어보자면 이렇다.

　원래 이 책과 『나의 운명 사용설명서』(이하 『나운설』)는 쌍둥이처럼 함께 나올 예정이었다. 이 책이 '몸과 우주, 그리고 삶의 비전'을 탐구하는 것이라면, 『나운설』은 '몸에 새겨진 운명의 지도'를 탐사하는 책이기 때문이다. 의(醫-몸)와 역(易-우주 혹은 운명)은 하나다!―『동의보감』이 내게 준 소중한 가르침이다. 헌데, 어찌된 영문인지 둘의 스텝이 엇갈리고 말았다. 맏형격인 이 책은 집필을 마치자마자 초스피드로 세상에 나왔고, 『나운설』은 이런저런 이유로 분만이 계속 늦춰졌다. 그러다 결국 올해(2012) 8월 말에야 세상에 나오게 되었다. 그런데 그 사이에 정말 예기치 않게 이 책의 산파역할을 한 편집자(들)이 북드라망으로 독립을 하는 "사건"이 벌어졌다. 졸지에 쌍둥이가 이산가족이 된 것이다. 더구나 북드라망은 내 일상의 거처인 〈감이당〉과 더불어 인문의역학의 비전을 열어갈 '파트너이자 도반'인데, 그 최초의 전령사에 해당하는 이 책이 없다면……. 하여, 고심 끝에 좀 이른 감은 있지만, 이 책을 옮기기로 작정했다. 언급했듯이, 이 책과 『나운설』은 나란히, 함께 간다. 고로 같이 읽고 더불어 음미해야 한다. 순서는 아무래도 상관 없다. 몸을 통해 우주로 가든, 우주를 통해 운명으로 가든.

좀 기구하긴 하지만 나름 재밌지 않은가. 인생과 자연이란 본디 변화무쌍한 법인데, 그런 비전을 탐구하는 책이 스스로 그걸 증명해 주었으니 말이다. 독자들에게도 이 생기발랄한 기운이 흠뻑! 전해지기를 기원한다. 하여, 모두들 몸과 운명의 주인이 될 수 있기를!

2012년 10월
고미숙

초판 책머리에

병, 몸, 앎

병—'메신저'

나의 병은 나의 모든 습성을 바꿀 수 있는 권리를 나에게 부여하였다.

프리드리히 니체, 『이 사람을 보라』

40대 초반, 지금으로부터 10여 년 전 몸속에 작은 종양이 생겼다. 악성은 아닌데 그냥 버티기에는 상당히 불편한 것이었다. 국내 최고의 종합병원엘 갔더니, 각종 복잡한 검사를 거친 다음, 의사의 진단은 간단했다. 수술해서 잘라내세요. 수술을 하지 않고 치유하는 방법은 없나요? 없습니다. 이게 전부였다. 그런데 정말로 하기가 싫었다. 수술 자체보다도 수술 뒤에 입원실에 오랫동안 누워 있어야 한다는 게 죽도록 싫었다. 그래서 나 자신과 타협을 했다. 수술을 하지 않고 대신 다른 방식으로 그 '수고로움'

을 감당하기로. 그때부터 등산을 하고 요가를 하고 자전거를 탔다. 그 이후 종양이 어떻게 됐는지는 나도 모른다. 다시 검진을 해본 적이 없으므로. 그때부터 내 인생에 아주 큰 변화가 찾아왔다. 병에 대해 몹시 궁금해진 것이다.

병처럼 낯설고 병처럼 친숙한 존재가 있을까. 병이 없는 일상은 생각하기 어렵다. 누구나 그러하듯이, 나 역시 살아오면서 수많은 병들을 앓았다. 봄가을로 찾아오는 심한 몸살, 알레르기 비염, 복숭아 알레르기로 인한 토사곽란, 임파선 결핵 등등. 하지만 한 번도 병에 대해 궁금한 적이 없었다. 다만 얼른 떠나보내기에만 급급해했을 뿐. 마치 어느 먼곳에서 실수로 들이닥친 불청객을 대하듯 말이다. 이 불편한 동거에 마침내 종지부가 찍혔다. '탐색본능'이 작동하기 시작한 것이다. 대체 왜 느닷없이 이런 병이 찾아왔을까? 다들 과도한 스트레스 때문이라고 했다. 그럼 그 스트레스는 대체 어디서 온 거지? 집착과 욕심 때문이라고? 그런데 왜 하필 그 병이야? 이렇게 질문이 꼬리에 꼬리를 물고 이어지자 문득 병이 재미있어졌다. 탐정소설을 읽는 듯, 스릴러 영화를 보는 듯. 그리고 차츰 깨닫게 되었다. 병은 저 먼곳에서 우연히, 실수로 들이닥치는 존재가 아니라는 것을. 분명한 메시지를 들고 찾아오는 전령사라는 것을. 하지만 이제껏 나는 그 봉인조차 뜯어 보지 않고 쓰레기통에 넣어 버렸다는 것을.

그만큼 나는 무지했고 또 게을렀다. 무지와 게으름은 환상의 커플이다. 그러고도 살 수 있었던 것은 일단 생득적 기운으로 대충 살 만했기 때문이다. 살 만하다, 는 게 늘 문제다. 계급적으로나 신체적으로나. 웬만큼 살 만하면 인간은 자신이 얼마나 무지하고 얼마나 게으른가를 정직하게 볼 기회를 놓쳐 버린다. 그래서 아파야 한다. 아파야 비로소 '보게' 된다.

몸─공동체

중국 '사대기서'四大奇書의 하나인 『서유기』는 구법의 대서사답게 스릴과 서스펜스가 넘친다. 그중에서 특히 흥미로운 건 삼장법사, 저팔계, 손오공, 사오정──이 넷 사이의 '지지고 볶는' 인간관계다. 일단 손오공과 저팔계는 영원한 앙숙이다. 손오공은 천상과 지상을 오가는 탁월한 도술실력이 있는 반면, 성질이 불같아서 일단 열받으면 앞뒤를 가리지 않는다. 저팔계는 도술실력도 손오공에 비해 한참 떨어질뿐더러 워낙 여자와 음식만 보면 정신을 못 차리는 데다 애교와 질투의 화신이다. 이러니 둘이 사사건건 붙지 않을 도리가 없다. 헌데, 어찌된 일인지 삼장법사는 늘 저팔계를 편애하고, 손오공을 구박한다. 참, 뜻밖이었다. 무슨 구도자가 그렇게 판단력이 없는지, 또 취향은 어쩜 그렇게 유치한지. 학자들도 이게 궁금했던가 보다. 많은 연구 결과, 오행五行의 이치상 삼장법사가 저팔계를 편애하는 게 자연스럽다는 사실이 도출되었단다. 즉, 삼장법사와 저팔계는 체질적 오행상 서로 상생의 관계인 데 반해, 삼장법사와 손오공은 서로 상극이라는 것. 허 참. 그러니까 저팔계는 '왠지 끌리고', 손오공은 '왠지 밉다'는 뜻인데, 결국 체질이 결정적 요소라는 말인가? 정말 그런 것 같다!

공동체 생활을 하면서 많은 사람들과 마주치다 보니 몸이야말로 그 사람의 과거와 미래를 고스란히 담지하고 있는 '보고'寶庫임을 깨닫게 되었다. 공동체에선 학벌이나 지위, 부와 명예 따위가 하등의 영향력을 행사하지 못한다. 오로지 몸과 몸이 부딪히면서 일으키는 리듬과 균열이 있을 따름이다. 그리고 그것이 그 사람의 존재성을 규정한다. "사랑이 어떻게 변하니?"라고 하지만 사실 사랑처럼 변하기 쉬운 것도 없다. 정직하게 말하면 질문을 이렇게 바꾸어야 한다. "사랑이 어떻게 안 변하니?" 그런데 정말 변하지 않는 것은 따로 있다. 사람의 습관이다. 습관처럼 지독하고 습관처럼 확고부동한 것이 또 있을까. 어떤 이념과 명분도 이 습관의 중력장을 해체하지는 못한다. 어떤 논리와 이성도 습관의 리듬을 절단하기란 거의 불가능하다. 그래서 어느 순간, 이런 탄식이 터져 나온다. "사람이 어떻게 변하니?" 처음엔 타자들의 몸에서 그걸 발견한다. 그런데 점차 그 거울에 내 모습이 투사되기 시작한다. 참을 수 없다고 생각했던 타자들의 욕망과 습관이 전부 내 안에 있다. 아니, 내 몸이 저토록 무겁고 저토록 끔찍한 존재였다니. 그럼, 이렇게 반문할지도 모르겠다. 그렇다면 뭣 때문에 공동체 생활을 해? 좋은 질문이다. 나의 답변은 이렇다. 바로 그걸 '알기' 위해서다. 공동체를 하지 않았더라면 나는 결코 알지 못했을 것이다. 습관이 존재의 심연이라는 것을. 또 나 자신이 얼마나 깊은 심연에 잠겨 있는지를. 니체가 왜 습속의 혁명을 부르짖었는지, 루쉰이 왜 중국에선 의자 하나를 옮기는 데도 조물주의 채찍이 필요하다고 절규했는지를 결코 실감하지 못했으리라. 습관의 거처가 몸이다. 공동체란 이 몸들이 자신의 정체를 적나라하게 드러내는 격전지다.

'앎' — 운명

병과 몸. 지난 10여 년의 공부와 활동이 내게 던져 준 새로운 키워드다. 이 키워드들은 나로 하여금 전혀 다른 앎의 배치로 인도해 주었다. 인간은 앎을 통해 세상을 구성한다. 그러니 앎의 구조를 바꾸지 않고서는 병을 탐색하는 것도, 몸을 바꾸는 일도 가능하지 않다. 병에 대한 탐구가 몸에 대한 질문으로 바뀌는 그 즈음, 운명적으로 『동의보감』을 만났다. 『동

『의보감』은 조선을 대표하는 고전이다. 유네스코에 등재된 세계기록유산이기도 하다. 그리고 나는 명색 한국 고전문학 전공자다. 고전문학과『동의보감』, 지척의 거리에 있건만, 유감스럽게도 둘이 교차하는 공간은 없다. 고전문학을 연구했던 시절,『동의보감』을 배워야겠다는 생각은 꿈에서도 해본 적이 없었다. 의학은 문학과 전혀 다른 것이라고 굳게 믿었기 때문이다. 아니, 그 이전에 의학은 탐구의 대상이 아니라, 복속의 대상이라고 생각했다. 지식인 공동체를 열고 나서도 마찬가지였다. 다른 학문에 대해서는 횡단과 접속을 주장했지만 의학에 대해서만은 견고한 장벽을 세워 놓고 있었다. 하지만 병과 몸이라는 화두가 마침내 그 장벽을 허물어뜨린 것이다.

『동의보감』은 한마디로 '놀라운' 텍스트다. 처음엔 그 두께와 스케일에 놀라고, 그 다음엔 너무 친숙해서 놀란다. 물론 그 깊이에 접근하려면 평생을 공부해도 부족할 지경이다. 허나, 그거야 어떤 지식도 마찬가지 아닌가. 그런 차원과는 별도로 책이 술술 읽힌다는 건 실로 예상 밖의 일이었다. 이건 나만의 체험이 아니다. 2010년 '마음을 탐구한다'는 테마로 세미나를 연 적이 있었다. 불교와 과학, 인류학과 생물학 등을 통해 마음을 탐구하는 세미나였는데, 프로이트의 저서들과『동의보감』「내경편」을 읽는 차례가 되었다. 30명 정도가 참여했는데, 연령층은 20대에서 50대까지 다양했다. 처음 예상과는 달리 수강생 대부분이 프로이트의 책을 읽어 내지 못했다. 어렵기도 하지만 텍스트가 주는 곽곽함이 문제였다. 그에 반해『동의보감』은 모두가 별 거리낌없이 독파를 해냈다. 낯선 용어들이 범람했지만 책 속에서 자기 몸의 갖가지 모습을 발견할 수 있었기 때문이다. 그만큼『동의보감』으로 가는 입구는 매끄럽다.

하지만 그 입구에 발을 들여놓는 순간, 눈앞에 엄청난 고원이 펼쳐진다. 병은 하나의 단서에 불과하다. 거기에는 몸과 생명, 그리고 자연과 우주가 생생하게 살아 숨쉰다. 하여, 그것과 접속하는 순간, 앎의 모든 경계는 해체되고 만다. 『동의보감』을 만나고 내게 벌어진 최고의 사건은 바로 그것이었다. 천문학과 물리학, 불교와 인류학, 고대 그리스철학과 생물학 등 이 모든 것에 대한 '앎의 의지'가 작동하기 시작했다. 모든 앎들 사이의 견고한 장벽이 눈녹듯 사라져 버린 것이다. '아는 만큼 보인다'는 말이 있다. 하지만 그것으로는 부족하다. 아는 만큼 들리고, 아는 만큼 느끼고, 아는 만큼 살아간다. 고로, 앎은 운명이다!

* * *

이 운명의 길섶에서 만난 모든 분들께 감사를 드린다. 처음, 나로 하여금 『동의보감』의 세계로 이끌어 준 임영철 씨, 그리고 치료와 공부에 있어 많은 덕을 베풀어 주신 정행규 선생님, 그리고 뵌 적은 없지만 허준과 『동의보감』에 대한 치밀한 연구로 논리적 기틀을 잡아 주신 신동원 선생님, 아울러 몇 년 동안 『동의보감』을 함께 읽어 준 모든 세미나 멤버들에게 감사를 드린다. 책을 정성껏 만들어 준 그린비의 김현경 주간은 이제 내게 있어 더 이상 감사의 인사가 필요 없는 존재가 되어 버렸다.^^

2011년 10월 10일
필동 '감이당' 공부방에서
고미숙

차 례

개정판을 내며 4 | **초판 책머리에** 병, 몸, 앎 6

인트로 하나의 '그림'과 두 개의 '주석' 16

1장 허준, 거인의 무등을 탄 '자연철학자' 27
허준이 '허준'이 된 까닭은? 28 | 『동의보감』의 탄생: 전란에서 유배까지 37 |
세 개의 키워드 : 분류, 양생, 용법 42 | 거인들의 '향연' 1: 삼교회통 45 |
거인들의 '향연' 2: 『황제내경』에서 '금원사대가'까지 53 | '동의'와 '보감'에 담긴 뜻은? 60
화보_동양의학의 선구자들 66

2장 의학, 글쓰기를 만나다: 이야기와 리듬 70
의학과 민담 '사이' 71 | 의술은 리듬을 타고 76 | 의사는 연출가, 임상은 리얼예능 82 |
덧달기: 「민옹전」과 치유의 서사 92
화보_서양의학의 선구자들 104

3장 정(精)·기(氣)·신(神): 내 안의 자연 혹은 '아바타' 108
몸과 우주, 화려한 대칭의 '향연' 109 | 태초에 '기'가 있었다! 112 |
정·기·신—존재의 매트릭스 117 | 나는 '아바타'다 124 | 아파야 산다 132
화보_근대 이전 서양의 몸과 우주에 대한 생각 138

4장 '통하였느냐?': 양생술과 쾌락의 활용 142
양생의 척도—'태과/불급'을 넘어라 144 | 정(精)을 보호해야 한다—'에로스'와 도(道) 147 |
덧달기: 황진이의 파격적 '러브라인' 155 | 기(氣)를 조절하라—'자기배려'와 소통의 윤리 159 |
신(神), 마음을 비워라—존재의 '절대적 탈영토화' 169 | '통즉불통'—주체는 없다! 176
화보_동양의 몸에 대한 생각 184

5장 몸, 타자들의 공동체 : 꿈에서 똥까지 188

내 몸은 '나의 것'이 아니다 189 | 꿈은 사라져야 한다 193 | 호모 로렌스 200 |
충(蟲), 내 안의 이주민들 209 | 똥오줌, 익숙한 것들과의 결별 219 |
덧달기: 청결의 이율배반 226
화보_서양의 해부도 231

6장 오장육부, 그 마법의 사중주 234

내 몸속의 '사계' 235 | 상생과 상극, 그 어울림과 맞섬 245 | '수승화강' vs '음허화동' 251 |
'칠정'(七情)의 파노라마 258 | 음양과 기억 : 지나간 것은 지나가게 하라 268 |
얼굴, 우주로 통하는 일곱 개의 '창' 275
화보_칠정이 신체에 미치는 영향 288

7장 병과 약 : 모든 경계에는 '꽃'이 핀다 294

'감기'는 나의 운명 296 | 보면 안다―지인지감 302 | 병, '꽃'들의 화려한 축제 311 |
암과 앎―뭉치면 죽고 흩어지면 산다 331 | 천지만물이 다 약이다! 339 |
군신좌사―처방은 '서사'다 348 | 명현반응―아파야 낫는다 356
화보_동서양의 약초학 364

8장 여성의 몸, 여성의 지혜 368

임신과 탄생은 병이 아니다 369 | '자궁'의 정치경제학 375 | 폐경, 인생의 '금화교역' 387 |
여성의 양생술―공감하라! 392 | 양자의학과 '출생' 399 | 대기만성의 원리 406 |
칭찬은 고래도 '멍!'들게 한다! 412 | 리더십과 경청―"귀를 보호해야 한다!" 418 |
여성의 몸과 '앙띠-오이디푸스' 423
화보_사랑, 결혼, 가족 431

에필로그 글쓰기와 '호모 큐라스' 434

편작과 그의 형들 434 | '호모 큐라스', 자기 몸의 연구자 438 | 내 안의 '치유본능' 441 |
글쓰기와 '자기수련' 444

부록 함께 읽으면 좋은 책들 450 | 읽을거리_선현들의 격언 455 | 찾아보기 460

일러두기

1 허준의 『동의보감』은 총 5편(篇) 106문(門)으로 구성되어 있습니다. 이 책이 인용한 국역문은 윤석희·김형준 외 옮김, 대한형상의학회 감수, 『대역(對譯) 동의보감』(동의보감출판사, 2005)을 저본으로 삼았습니다. 이를 인용한 경우, 각 인용문이 끝나는 곳에 작은 고딕체로 편명, 문명, 쪽수 순으로 명기했습니다. 예시: **「내경편」, '신형', 17쪽**

2 『동의보감』을 제외한 다른 서지에서 인용하는 경우, 해당 서지가 처음 나오는 곳에 지은이, 서명, 출판사, 출판 연도, 인용 쪽수를 모두 밝혔으며, 이후에 다시 인용할 때는 지은이, 서명, 인용 쪽수만으로 간략히 표시했습니다. 예시: **신동원, 『조선사람 허준』, 한겨레출판사, 2001, 32쪽 // 신동원, 『조선사람 허준』, 25쪽**

3 책으로 간행되지 않은 강의안이나 강의에서 인용한 경우에는 "채운 강의안" "정화스님" 식으로 표시했습니다.

동의보감,

몸과 우주 그리고 삶의 비전을 찾아서

intro

하나의
'그림'과 두 개의 '주석'

여기 하나의 그림이 있다. 한 사람(남자)이 앉아 있는 측면도가 그것이다. 사지는 없고 몸통만 있는데, 선의 굴곡이나 터치가 상당히 '나이브'하다. 당연히 미적으로도 좀 거시기하다. 서양 해부도에 나오는 쭉 뻗은 팔등신, 다비드 조각상이나 비너스상이 주는 깔끔한 포스 따위는 찾으려야 찾을 길이 없다. 가장 두드러진 특징으로는 등을 타고 흐르는 세 개의 관이 보인다. 등이 저렇게 중요한 곳이었나? 모든 생명체는 '뒷면이 먼저 결정되어야 앞면이 결정된다'고 하는 생물학적 명제가 문득 떠오른다. 그리고 폐와 심장, 소장과 대장, 간과 담, 신장과 방광 등의 내장기관이 나뉘어 있다. 장기의 위치와 모양을 표현했다기보다는 구역을 대충 분할해 놓은 것처럼 보인다. 거기다 방광 밑

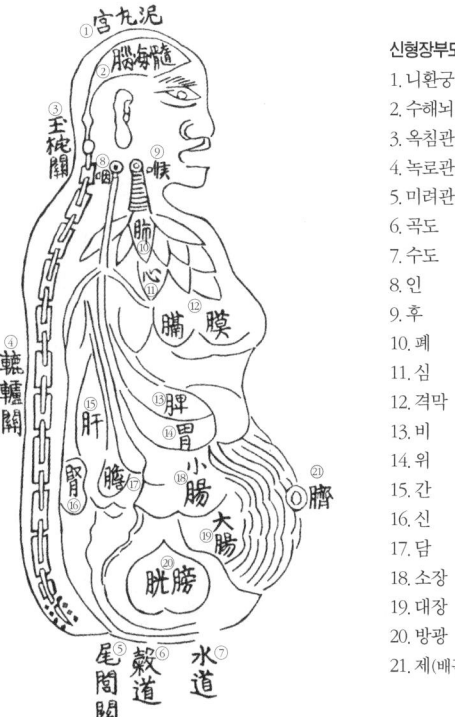

에 곡도(대변이 지나가는 길)와 수도(소변이 지나가는 길)를 표시해 두었다. 더욱 가관인 건 배꼽이다. 해부도에 배꼽이 떡 하니 나오는 것도 황당하지만 거기다 배꼽 주변에 흐르는 저 주름들은 또 뭔가. 주름의 양이 상당한 걸 보면 그림에서 차지하는 위상이 만만치 않은 듯하다.

이것이 바로 『동의보감』의 첫 장 「내경편」의 첫 페이지를 장식하는 「신형장부도」다. 그림으로 시작하는 책이라? 문득 푸코의 『말과 사물』이 떠오른다. 『말과 사물』은 「시녀들」이라는 벨라스케스의 그림으

벨라스케스, 「시녀들」(Las meninas)

"화가는 자기 캔버스로부터 약간 물러선 참이다. 한순간 그는 그가 그릴 대상을 쳐다본다. 마지막 획을 그으려 하고 있는지도 모른다. 혹은 어쩌면 아직 한 획도 긋지 않았을지도 모른다." 푸코의 『말과 사물』 1장 '시녀들'은 이렇게 시작된다. 푸코는 이 1장을 통틀어서 벨라스케스의 그림을 분석하며 고전주의시대 에피스테메인 표상(representation)의 '표상성'을 밝히고 있다.

로 시작한다. 이 그림 역시 구도가 아주 독특하다. 그림 안에서 화가가 시녀들을 그리고 있는데, 그림의 중앙엔 거울 속에서 이 장면을 보고 있는 왕과 왕비가 있다. 그림의 안과 밖이 중첩되고 화가의 시선과 왕의 시선, 그리고 그 왕을 비추는 거울의 시선이 다중적으로 교차한다. 이 시선들의 중첩과 교차를 설명하면서 『말과 사물』의 향연이 시작된다. 『동의보감』 또한 장장 25권(번역본은 총 2,500여 페이지)을 자랑하는 방대한 의서다. 스케일도 엄청날뿐더러 여타 의서들과는 확연히 구별되는 독특한 담론의 질서를 갖추고 있다. 벨라스케스의 그림이 '표상의 배치'라는 고전주의시대의 에피스테메épistémè, 특정 시대 사회의 인식체계를 절묘하게 묘사하고 있듯이, 이 「신형장부도」 역시 『동의보감』의 담론적 비전에 대한 서곡에 해당한다.

먼저, 왜 몸통만 있는 것일까? 생명의 핵심은 얼굴과 오장육부에 있기 때문에 사지말단은 굳이 그리지 않아도 좋다는 뜻이리라. 아, 물론 경락의 유주流注,흐름를 그릴 때는 사지를 포함하여 몸 구석구석을 세세하게 표현한다. 이 그림은 생명의 가장 기본적인 흐름을 제시한 것이기 때문에 나머지는 과감하게 생략한 것이다. 옆으로 새는 감이 있지만 그래서 사지가 없이 몸통만으로 태어났는데도 '오체대만족'을 외칠 수 있는 게 아닐까? 그에 반해 인체의 모든 것을 세세히 그려야 직성이 풀리는 서구식 해부도는 그러한 비율을 갖춘 신체만이 정상이라는 강력한 메시지를 각인시키는 셈이다.

그림 등 뒤에 있는 관들의 행렬은? "양생을 위해 기를 수련할 때 정기가 오르내리는 길이다. 척추 맨 아랫부분을 미려관, 중간부분을 녹로관, 맨 윗부분을 옥침관이라 한다. 옥침관은 정신활동을 주관하는 뇌로 연결된다."신동원, 『조선사람 허준』, 한겨레신문사, 2001, 34쪽 아하! 그래서 측면도였던 거구나. 옆으로 앉아 있어야 이 세 개의 관을 명확하게 그릴 수 있으니 말이다. 그 관들이 주욱 이어지는 꼭대기, 즉 머리 부분엔 '수해뇌'髓海腦, '니환궁'泥丸宮이라는 거창한 이름이 붙어 있다. 뇌가 중요한 기관인 건 말할 나위도 없는데, 여기선 그것들이 등을 타고 오르는 관들과 이어져 있다는 데 포인트가 있다. 뇌는 척수의 연장이라는 걸 보여 주고 있는 것이다.

다음, 내부의 장기들이 구역처럼 느슨하게 표시된 것도 나름의 의미가 있다. 서양의 해부도가 형태와 조직을 중심으로 한다면, 여기서는 기운의 흐름과 분포가 더 중요하다. 한의학에서 장부는 장기만이 아니라, 그 기운이 작용하는 특정 '구역'zone과 '회로'를 지칭한다. 경락의 개념을 떠올리면 될 것이다. 그리고 이 모든 생명의 정기가 호흡을 통해 드나드는 곳이 바로 단전, 곧 배꼽이다. 배꼽의 주름들은 바로 숨을 쉬고 있음을 의미한다. 이 그림의 주인공은 지금 열심히! 단전호흡 중이다. 주름들의 출렁거림도 그렇지만, 더 중요한 건 시선이다. 미적으로는 좀 머시기하지만 눈동자는 분명 아래를 향하고 있다. 배꼽을 통해 숨이 들고 나는 것을 관찰하고 있는 중이다. 단학의 최고 경전이라고 하는 북창北窓 정렴鄭𥖝의 『용호비결』에 나오는 단전호흡의 기본자세 그대로다.

진실로 마음을 고요히 하고, 머리를 살짝 숙여 아래를 보되, 눈은 콧

등을 보고 코는 배꼽 언저리를 대하게 되면, 기운은 아래로 내려갈 수
밖에 없다. 정렴, 『윤홍식의 용호비결 강의』, 봉황동래, 2009, 70쪽

    요컨대, 이 그림은 서양의 해부도와는 달리, 살아 숨쉬는 인간을 표현하고 있다. 그것도 우리처럼 늘 호흡이 가쁜 '저질체력'이 아니라, 깊이 단전호흡을 하고 있는 활발발活潑潑한 신체다. 살아 있으려면 신체의 모든 세포는 활동을 해야 한다. 그 활동들은 쉬임없이 접속하고 변이한다. 그것을 표현하자니 그림의 선이 이렇게 터프한 게 아닐지. 또 생명이란 유형의 생리와 무형의 정신이 결합해야만 가능하다. 가시적인 것과 비가시적인 것을 오버랩시키려다 보니 그림이 좀 '웃기게' 된 것이다.

    여기서 잠깐 옆으로 새면, 이 해학성도 매우 중요한 특이성이다. 서양의 해부도는 정교하고 멋지다. 하지만 그래서 비장하다. 이 비장미에는 인체와 건강에 대한 '이데아'적 표상이 깔려 있다. 그에 반해 동양의 신체는 유머러스하다. 48가지의 호상을 지녔다는 부처님 상像도 카리스마가 넘친다기보다는 원만하고 태평스럽다. 특히 '포대화상' 같은 부처님은 천진난만한 표정에 몸매는 4등신에 가깝다. 이런 안면성과 비율에서 핵심은 정교함이 아니라 변용력이다. 직선으로 각이 서 있으면 멋지긴 하지만 변용이 불가능하다. 너무 잘생겨서 연기가 어려운 꽃미남 스타들처럼. 변용력이란 몸과 외부의 교감이 왕성하다는 뜻이다. 동양의 해부도는 이런 점에 착안하기 때문에 기본적으로 터치가 거칠면서 해학적인 느낌을 주는 것이다.

다시 본론으로 돌아가면, 물론 이 그림은 허준이 독창적으로 그린 것이 아니다. 이 그림을 포함하여 『동의보감』에 수록된 장부의 형상은 이미 전통적인 의서와 양생서에 다 등장했던 것들이다. 허준의 독창성은 이 그림을 서두에 제시함으로써 자신의 저서가 다른 의서들과는 달리 질병과 치료가 아니라 생명의 활동을 위주로 한 것임을 예고하고 있다는 데 있다. 생명활동이란 몸 안과 밖이 마주치는 지점에서 이루어진다. 따라서 "생명이 무엇인가?"라고 묻는 순간 바로 생명의 외부, 곧 우주에 대한 질문이 시작된다. 그런 점에서 이 그림은 몸이면서 곧 우주다.

천지에서 존재하는 것 가운데 사람이 가장 귀중하다. 둥근 머리는 하늘을 닮았고 네모난 발은 땅을 닮았다. 하늘에 사시四時가 있듯이 사람에게는 사지四肢가 있고, 하늘에 오행이 있듯이 사람에게는 오장이 있다. 하늘에 육극六極이 있듯이 사람에게는 육부가 있고, 하늘에 팔풍八風이 있듯이 사람에게는 팔절八節이 있다. 하늘에 구성九星이 있듯이 사람에게는 구규九竅가 있고, 하늘에 십이시十二時가 있듯이 사람에게는 십이경맥이 있다. 하늘에 이십사기二十四氣가 있듯이 사람에게는 24개의 수혈이 있고, 하늘에 365도가 있듯이 사람에게는 365개의 골절이 있다.

하늘에 해와 달이 있듯이 사람에게는 두 눈이 있고, 하늘에 밤과 낮이 있듯이 사람은 잠이 들고 깨어난다. 하늘에 우레와 번개가 있듯이 사람에게 희로喜怒가 있고, 하늘에 비와 이슬이 있듯이 사람에게는 눈물과 콧물이 있다. 하늘에 음양이 있듯이 사람에게는 한열寒熱이 있고, 땅에 샘물이 있듯이 사람에게는 혈맥이 있다. 땅에서 풀과 나무가 자라나듯 사람에게는 모발이 생겨나고, 땅속에 금석이 묻혀 있듯이 사람에게는 치아가 있다. 이 모든 것은 사대四大와 오상五常을 바탕으로 잠시 형形을 빚어 놓은 것이다. 「내경편」, 10쪽

「신형장부도」바로 다음에 나오는 손진인의 말이다. 손진인, 이름 손사막孫思邈. 당나라 때의 전설적인 명의로 특히 양생술에 뛰어났다. 진인眞人이란 "천지를 손에 넣고 음양을 파악하며 정기를 호흡하고 홀로 서서 신神을 지키며 기육이 한결같"「내경편」, 17쪽은 존재다. 한마디로 도가양생술의 최고경지에 이른 인물을 지칭하는 말이다. 손진인의 멘트는 「신형장부도」에 담겨 있는 몸과 우주에 대한 간결하고도 아름다운 주석이다. 물론 근대적 에피스테메에 입각해서 보면 황당무계할 것이다. 머리가 둥근 게 하늘을 닮았다고? 봄여름가을겨울이 있는 거랑 팔다리 사지가 있는 게 같은 맥락이라고? 십이경맥과 수혈 같은 건 전문적인 말이니까 넘어간다 치자.

다음 대목은 더 가관이다. 우레와 번개가 있으니 기쁨과 분노가 있고, 비와 이슬이 있으니 눈물과 콧물이, 풀과 금석이 있으니 털과 치아가 있다고? 좋게 말하면 시적 상징이거나 상징적 농담, 정직하게 말하면 헛소리거나 미신처럼 보일 것이다. 충분히 그럴 만하다. 하지만 섣부른 결론은 금물이다. 적어도 동아시아 5천 년의 지혜가 그 정도 수준이겠는가? 여기서 중요한 건 이 언급에 동의하느냐 아니냐가 아

니다. 동의한다고 한들 바로 이 원리가 터득되는 것도 아니지 않는가. 그보다 더 시급한 일은 이 언급을 통해 우리가 철석같이 믿고 있는 전제들에 대해 질문을 던지는 것이다.

근대적 사유의 배치에선 인간과 자연, 천지의 흐름과 희로애락은 어떤 연관성도 없다. 사람 따로 동물 따로 식물 따로. 계절 따로 공간 따로 인생 따로. 정말 '따로주의'의 극치다. 실제로 근대주의는 'Individualism', 즉 더 이상 나눌 수 없을 때까지 나누는 것을 갈망한다. 그렇게 나누다 보면 마치 인생의 진리가 발견될 수 있다는 듯이. 하긴 이제는 그것조차도 잊은 듯하다. 처음엔 명석판명한 진리를 탐구하고자 하는 고매한 뜻이 있었을지 모르나 이젠 그냥 습관적으로 나누고 또 나눌 뿐이다. 이 맹목적 분할에 제동을 걸기 위해선 정말로 강렬한 질문이 필요하다. 정말 그런가? 계절의 변화와 우리의 감정은 어떤 연관성도 없는가? 우리 몸의 구조와 자연의 사물들은 정말 무관한가? 만약 그렇지 않다면 어떻게? 얼마나? 이런 질문을 던질 수만 있어도 일단은 대성공이다. 이 질문의 힘으로 그 입구까지는 갈 수 있을 테니 말이다.

이어지는 주단계의 글은 두번째 주석에 해당한다. 주단계朱丹溪. 역시 손진인 못지않은 의학사의 '레전드'에 해당한다. '금원사대가'金元四大家, 중국 금·원시대에 활약한 4명의 의학자의 하나로 성리학의 이치를 의학으로 변주하여 일가를 이룬 명의다. 중국 남쪽지역 출신이라 '남의'를 대표하는 인물이기도 하다. "사람의 형은 긴 것이 짧은 것만 못하고 큰 것이 작은 것만 못하며 살찐 것이 마른 것만 못하다. 사람의 색은 흰 것이 검은 것만 못하고 옅은 것이 짙은 것만 못하며 얇은 것이 두터운 것만 못하다. 더욱이 살찐 사람은 습이 많고 마른 사람은 화火가 많으며, 흰 사람은 폐기가 허하고 검은 사람은 신기腎氣, 신장의 기운가 넉넉하다."「내경편」, 10쪽 여기까지는 사람의 몸에 대한 보편적인 원리다. 일단 우리네 통념과는 많이 다르다. 길고 큰 것이 짧고 작은 것만 못하다고? 사실 그렇다. 롱다리는 허리와 신장 기능에 무리를 줄 수 있다. 얼굴색도 무조건 흰 것이 좋은 게 아니다. 폐와 심장에 문제가 있다는 표지이기 때문이다. 자세한 내용은 뒤로 미루고 일단 여기까지. 그래서 어떻단 말인가? "사람마다 형색이 이미 다르면 오장육부 역시 다르기 때문에, 외증外症, 겉으로 드러나는 증상이 비록 같더라도 치료법은 매우 다르다." 그렇다. 차이와 다양성, 이것이 한의학의 임상적 원칙이다. 지극히 단순한 말이지만 여기에 비춰 보면 현대 임상의학의 성격이 단번에 드러난다. 주지하듯이 임상의학은 정상성과 균질성을 추구한다. 모든 신체를 단일한 척도에 따라 구획하고자 하는 것이다. 하여, 의료기술이 발달할수록 내 몸의 특이성은 침묵, 봉쇄되어 버린다. 남는 것은 통계적 수치와 평균뿐.

요컨대, 손진인의 멘트가 몸의 우주적 비전이라면 주단계의 말은 병증과 치료에 접근하는 기본적인 이치를 밝힌 것이다. 솔직히 너무 쉽지 않은가? 이보다 더 간결하고 쉬울 순 없다. "『동의보감』을 읽으세요"라고 하면 지적 수준에 상관없이 한목소리로 하는 대답이 있다. 그 어려운 책을 어떻게? 너무 무섭게 생긴 책이에요! 그걸 우리가 읽어도 되나요? 등등. 두껍다고 다 무서운(?) 건 아니다. 두께는 사실 둘째고, 더 큰 장애는 의학에 대한 마음의 벽이다. 즉, 의학적 앎에는 아무나 접근할 수 없다고 미리 전제하고 있는 것이다. 하지만 위에서 보다시피 아주 유머러스한 그림 한 장, 그리고 간결하고 평이한 두 거인의 멘트. 이 정도면 그 권위의 벽을 허물기에 충분하지 않은가?

　아무튼 좋다! 하나의 그림과 두 개의 주석, 이 지도를 가지고 우리는 지금부터 아주 역동적인 비전탐구의 길에 나설 것이다. 몸과 우주, 그리고 삶에 대한.

1장

허준,
거인의 무등을 탄 '자연철학자'

허준을 모르는 한국인은 없다. '모르면 간첩'이라는 농담도 안 통한다.(간첩은 원래 현지인들보다 현지에 대한 정보를 많이 아는 법이다.^^) 그만큼 범국민적 인물이라는 뜻이다. 『동의보감』에 대해선 멀고 고원하다고 여기지만 그 저자인 허준에 대해선 그렇지 않다. 아마 불치병을 단방에 고쳐 주는 명의의 이미지 때문일 것이다. 물론 친근한 것 이상으로 신비화되어 있기도 하다. 고난에 찬 삶의 역정, 라이벌들의 악의에 찬 비방과 모략, 그리고 예진아씨와의 지순한 러브스토리 등등. 이런 이미지가 너무나 강렬한 덕분에 허준의 진면목은 봉쇄되어 버렸다. 이것이 인생의 역설이자 아이러니다. 자신을 세상에 '뜨게' 한 그 원천이 자신을 '죽게' 만드는.

허준에 대한 기록은 생각 밖으로 희박하다. 서자에다 의원의 신분이기 때문일 것이다. 조선조의 경우, 명망 높은 사대부들이 아닌 한, 생애에 대한 상세한 연대기를 확보하기는 쉽지 않다. 따라서 그에 대한 이미지는 전적으로 소설과 드라마에 의해 '만들어진' 것이다. 『소설 동의보감』이 밀리언셀러가 되고, 드라마 「허준」이 국민드라마가 되면서 허준은 몇백 년의 세월을 넘어 세상 속으로 나왔다. 그리고 조선의학의 아이콘이자 하늘이 내린 명의의 대명사가 되었다. 거인의 화려한 귀환! 하지만 컴백무대가 너무 화려했던 탓일까. 허준, 아니 『동의보감』의 진면목은 딱 그 명성에 걸맞은 만큼 왜곡되었다. 아, 그렇다고 문헌학적 사실을 근거로 소설과 드라마의 허구적 구성 자체를 탓할 의도는 없다. 기억이든 역사든 그것은 언제나 현재에 의해 '날조'되기 마련이다. 사실 본래의 고유한 모습 따위는 없다. 하지만 그 대신 '진실게임'은 존재한다. 그 조작된 이미지가 어떤 현재를 창조하는가에 따른. 허준에 대해서도 마찬가지다. 대중문화에 의해 조작된 그 이미지들 가운데 반드시 짚고 넘어가야 할 대목이 있다. 왜냐하면 그것들은 허준에게로 가는 우리의 발목을 붙드는 가장 집요한 장애물이기 때문이다.

허준이 '허준'이 된 까닭은?

먼저, 라이벌 양예수에 대한 설정. 허준의 라이벌이자 악역을 담당한 양예수는 실제로 허준의 스승뻘이자 당대 최고의 명의였다. 허준이 중앙무대에 막 등장할 무렵 양예수는 이미 서울 장안에서 명의로 이름을 날리고 있었다.『동의보감』편찬 프로젝트에도 참여했지만 정유재란 이후 빠졌다.(이 내용을 포함하여 허준에 관한 가장 상세하고도 치밀한 기록은 신동원의『조선사람 허준』, 한겨레출판사, 2001이다. 이 책에서 많은 도움을 받았음을 밝혀 둔다.) 스승뻘 되는 선배를 라이벌로 둔갑시키는 이 구도에는 선과 악이 극명하게 대립해야만 주인공 허준의 생애가 극적으로 돋보일 거라는 전제가 깔려 있다. 맞다. 그리고 효과는 충분했다. 하지만 이건 어디까지나 근대적 이분법의 투영일 뿐이다. 선악 이분법이라는 배치를 설정해야만 주인공이 돋보일 수 있다고 보는 프리즘. 하지만 이런 프리즘은 동양사상의 시각에서 보면 너무 유치하다. 물론 도를 터득하는 과정에서 자신을 가로막는 무수한 적 혹은 라이벌들을 만나기는 한다. 하지만 그런 과정에서조차 더 근본적인 것은 자신과의 싸움이다. 자신의 안과 밖, 그 경계를 넘어서기 위한 싸움에서 이분법은 그렇게 노골적으로 작동하기 어렵다. 오히려 궁극적으로 자신을 가로막는 모든 존재들을 '도반'으로 삼을 수 있어야 한다.

다음, 많은 이들이 지적했다시피 허준의 스승으로 나오는 유의태는 실존인물이 아니다. 의학사에 유이태라는 이인異人이 나오긴 하지만 허준보다 후대인이다. 물론 소설과 드라마에 가상의 인물이 등장하는 건 얼마든지 가능하다. 하지만 이 인물이 하는 의학적·철학적 역할은 그렇게 치부할 수 없다. 특히 소설과 드라마의 절정에 해당하는, 허준이 스승 유의태의 몸을 해부하는 장면은 참으로 문제적이다. 이것은 마치 한의학이 이제 미망의 어둠을 거쳐 해부학을 향해 나아간 다는 의학적 편견을 조장하는 데 결정적인 역할을 했다. 덧붙이면, 드라마 「대장금」의 라스트 신도 장금이가 길 위에서 '제왕절개'를 통해 아이를 출생시키는 것으로 끝난다. 이 장면 또한 수술이야말로 의학의 진보라는 관념을 공고히 하는 데 결정적 기여를 했다.

하늘의 높이와 땅의 너비는 인간의 힘으로는 도저히 헤아려서 미칠 수가 없다. 하지만 인간의 신체는 어디서나 구할 수 있고 또한 적절한 비례를 이루고 있다. 따라서 체표를 따라 측정할 수 있고, 죽은 후에는 해부할 수가 있다. 절개를 함으로써 장의 견취, 부의 대소, 안의 음식의 다소, 맥의 장단, 혈의 청탁, 그리고 어떤 경이 다혈소기한지, 또 어떤 경이 이와 반대인지를 결정할 수 있다. 이 모두가 나름의 규범과 척도를 갖고 있다.

유부는…… 피부를 가르고 살을 열어 막힌 맥을 통하게 하고 끊어진 힘줄을 잇고, 척수와 뇌수를 누르고 고황과 횡경막을 바로잡고, 장과 위를 씻어 내고 오장을 씻어 내어 정기를 다스리고, 신체를 바꾸어 놓았다고 한다.

앞의 자료는 가장 오래된 의서 『황제내경』 「영추」의 한 대목이고, 뒤의 것은 사마천의 『사기열전』 편작 부분에 나오는 대목이다. 보다시피, 중국 고대의학에서도 해부학이 나름의 영역을 확보하고 있었고, 유부처럼 특히 해부학적 수술에 능한 의사도 있었다. 하지만 이런 식의 틀을 전면적으로 바꾼 사람이 편작이다(서양에서 히포크라테스가 의사의 대명사이듯, 동양에선 '화타'와 '편작'이 명의의 대명사다). 전해 오는 이야기에 따르면 편작은 원래 의사가 아니었는데, 객관客館을 운영하던 시절 한 손님으로부터 비방을 전수받은 뒤 사람의 몸을 꿰뚫어 볼 수 있게 되었다고 한다. 이 일화의 진실성 여부를 떠나 그로 인해 의사가 지닐 수 있는 통찰력의 범위가 대폭 확장된 것만은 틀림없다.

편작은 말한다. "유부의 의술은 가느다란 관을 통해서 하늘을 보고 좁은 틈으로 무늬를 보는 것과 같은 것이다. …… 몸속의 병은 반드시 겉으로 드러나는 것이니 굳이 천리 먼곳까지 가서 진찰하지 않아도 병을 진단할 수 있다." 동양의학이 해부학과 결별하는 지점이 바로 여기다. 즉, 한의학에서의 몸은 가르고 절개한다고 해서 보이는 해부학적 신체가 아니다. 정精·기氣·신神의 접속과 변이, 경락의 배치 등을 파악하려면 어디까지나 살아 있는 몸이어야지 죽은 시체를 통해서는 불가능하다. 이 점은 서양의학사에서도 제기된 바가 있다. 16세기의 의학자 파라셀수스Philippus Aureolus Paracelsus는 "시체를 해부해서는 아무것도 배울 게 없다. 해부학은 진정한 자연과 자연의 본질, 특징, 존재, 힘을 보여 주지 못한다. …… 참된 해부학은 …… 살아 있는 인체이다"라고 주장했다. 로버트 아들러, 『의학사의 터닝포인트 24』, 조윤정 옮김, 아침이슬, 2007, 76쪽에서 재인용 편작의 논의와 크게 다르지 않다.

또 한의학에선 질병의 원인을 정기신의 균형이 무너진 데서 찾는다. 따라서 치유는 수술을 통해 특정부위를 잘라내는 것이 아니라 생명의 원기를 되살려 주는 것에서 시작된다. 그런 점에서 해부학 자체가 의학의 진보를 말해 주는 기준이 될 수는 없다. 중요한 건 해부학이냐 아니냐가 아니라 몸을 보는 방식이다.

고대 중국에서 해부의 무시는 시각이 모든 것을 다 드러낼 수 있다는 비범한 신념과 긴밀하게 연결되어 있다. 중국의 의사들은 그리스의 해부학자들과 마찬가지로 아주 세밀하게 관찰했다. 다만 그들은 다소 다르게 보았을 뿐이다. 시게히사 구리야마, 「의학과 인간을 보는 새로운 눈: 고전 중국의학에서 시각적 인식」, 김시천 옮김, 『인문의학』 1집, 휴머니스트, 2008, 211쪽

마지막으로 예진아씨와의 러브스토리? 택도 없는 소리다. 사랑이 이토록 특화된 건 어디까지나 근대 이후의 일이다. 이전에는 연애라는 단어도 없었거니와 남녀간의 짝짓기는 생활과 하나로 묶여 있어서 특별한 가치를 부여할 필요가 없었다. 남녀가 나이가 들면 결연을 맺는 건 그야말로 자연스런 과정이지 그렇게 잔뜩! 힘을 주고 쟁취해야 할 것이 아니었다. 대신 우정과 의리가 훨씬 더 중요한 가치였다. 이 점은 서양도 마찬가지다. 푸코도 만년에 이 점에 깊이 착안한 바 있다.

나는 요즘 우정의 문제에 깊은 관심을 가지고 있다. 고대시대 이래 수세기 동안 우정은 매우 중요한 사회적 관계의 양식이었다. 그 우정의 한가운데에서 사람들은 얼마만큼의 자유를 누리고 일종의 선택을 할

수 있었는데 그것은 동시에 강렬한 애정의 관계이기도 했다. 이런 종류의 우정이 16세기와 17세기에 적어도 남성사회에서부터 서서히 사라지기 시작했다고 나는 믿는다. 내 가설 중의 하나는 동성애, 즉 남자들 사이에서의 섹스가 18세기부터 문제로 떠올랐다는 것이다. 그것이 경찰, 사법제도 등과 갈등관계에 들어갔음을 우리는 볼 수 있다. 그것이 사회적으로 문제가 된 이유는 우정이 사라졌기 때문일 것이다. 우정이 사회적으로 인정되는 중요한 일일 때에는 아무도 남자들 사이의 사랑을 문제삼지 않았다. 그들이 사랑을 하건 안 하건 그것은 아무 중요성이 없었다. 그러나 문화적으로 인정되는 관계로서의 우정이 사라지자 '도대체 남자들 사이에서 무엇을 만들어 낼 수 있단 말인가'라는 문제가 제기되기 시작했다. 사회적 관계로서의 우정의 사라짐과 동성애를 사회·정치·의학의 문제로 선언하는 현상은 똑같은 과정이라고 나는 확신한다. 푸코, 『에드보케이트』 인터뷰, 1982

이런 맥락에서 우정이 사라진 자리를 사랑과 연애가 채웠고, 사람들은 오직 사랑을 해야만 의미있는 관계라는 강박증에 시달리기 시작했다. 그렇다. 그건 분명 강박증이자 히스테리에 가깝다. 그리고 그것을 근대 이전의 인물들에게도 고스란히 투사한다. 주몽이건 광개토대왕이건 주인공이 되려면 사랑, 그것도 이루어질 수 없는 애틋한 순애보쯤은 반드시 있어야 한다. 그러니 허준에게도 예진아씨라는 '망령'이 들러붙은 것이다. 결론부터 말하면, 허준이 허준이 되려면 이런 식의 관계 자체가 설정될 수가 없다. 즉, 만약 허준한테 이런 식의 러브스토리가 있었다면 허준은 결코 허준이 될 수 없었을 거라는 뜻이다. 사랑의 화신이 되려면 그 사람의 신체는 일단 에로스적인 방식으로 세팅이 되어야 한다. 에로스는 강력한 파워와 에너지를 요구한다. 따라서 사랑의 주인공이 되려면 그 사람의 몸과 운명에서 에로스가 가장 지배적인 코드로 작동해야 한다. 그런데 그렇게 코드화된 신체는 결코 최고 수준의 의사가 되는 수련을 감당하기 어렵다. 말하자면, 에로스의 화신이면서 명의가 되는 길은 없다는 뜻이다.『각가학설』各家學說에 나오는 명의열전을 보라. 하나같이 기상천외의 인생역정을 보여 주지만 그 어디에도 러브스토리는 없다.

아무튼 좋다! 허준의 '만들어진' 이미지 가운데 더 결정적인 결락이 하나 있다. 허준이 '의성'醫聖 허준이 된 건 명의라서가 아니라는 사실이다. 무슨 소리? 허준이 소설과 드라마의 주인공이 되고 전통의학의 아이콘으로 부상할 수 있었던 건 의사로서가 아니다. 양예수를 비롯하여, 당대 허준과 견줄 만한, 아니 허준을 능가하는 명의들은 많았다. 하지만 허준처럼『동의보감』이라는 대저서를 남긴 사람은 없었다. 아니, 조선은 물론이고 중국, 일본을 포함하여 한의학의 역사를 다 통틀어서도『동의보감』처럼 방대하고 체계적인 의서는 없다. 고로 허준이 우리가 생각하는 그 '허준'이 된 건 어디까지나『동의보감』이라는 저서 때문이다. 이 책이 아니라면 허준은 그저 수많은 명의들이 그러하듯, 전설이나 민담 같은 구술문화에 그 흔적을 남기는 데서 그쳤을 것이다. 병을 고치는 행위와 책을 만드는 행위는 전혀 다른 종류의 일이다. 오히려 명의일수록 책은커녕 기록조차 남기지 않는 게 보통이다. 설령 남긴다고 해도 제자들이나 알아볼 수 있는 수수께끼 같은 메모들이 전부다. 고수일수록 신체적 직관과 현장에서의 영감을 중시하기 때문이다.『동의보감』에도 이와 관련한 내용이 담겨 있다.

당나라 허윤종이 책을 쓰지 않고 있었는데, 어떤 사람이 책을 써서 후세에 남기기를 권하였다. 그가, "의술은 마음으로 헤아리는 것이다. 곰곰이 궁리하면 터득할 수 있다. 맥을 보는 것은 그윽하여 명확하게 알기 어려우니 마음으로는 이해가 되나 말로는 제대로 나타낼 수가 없다. …… 맥의 오묘한 원리는 말로 전할 수 없고, 헛되이 방론을 저술한다고 해도 끝내 알 수 있는 사람이 없을 것이다. 이것이 내가 책을 쓰지 않는 까닭이다"라고 하였다.「잡병편」, '변증', 956쪽

이 의사의 말처럼 의술이 높은 것과 방론放論을 저술하는 것은 다른 문제다. 책을 쓴다는 건 언어, 곧 '로고스적' 작업이다. 언어는 인간의 행위 중에 가장 사회화된 소통체계다. 언어로 소통을 하기 위해선 분류학적 체계를 잡아야 하고 담론적 배치 속으로 들어가야 한다. 다양한 어휘력과 고도의 문장력이 필요한 건 말할 나위도 없다. 임상의 노하우와 과정을 그대로 옮긴다고 해서 책이 되는 것은 아니라는 뜻이다.

허준의 생애는 의외로 드라마틱하지 않다. 양반집 서자로 태어났지만 그것 자체가 특별한 사항이라고 할 수는 없다. 의원이 되는 과정도 비교적 순탄했다. 추천을 통해 내의원에 들어갔으며 광해군의 두

창을 치료하면서 선조의 두터운 신임을 받았다. 임진왜란이 발발하자 사대부 관료들조차 앞다퉈 도망을 갔지만 허준은 선조의 피난길에 동행함으로써 그 신임은 더욱 두터워졌다. 이후 승승장구하여 서자 출신임에도 종1품 숭록대부에까지 올랐다가 선조의 갑작스런 죽음으로 정쟁의 희생양이 되어 유배길에 오르게 되었다._{신동원의 『조선사람 허준』을 참조할 것} 신분상승이 놀랍기는 하지만 이 정도야 뭐, 소설과 드라마의 주인공이 되기에는 너무 밋밋하지 않은가.

이런 허준의 생애를 누구와도 견줄 수 없는 특이한 것으로 만들어 준 것은 다름 아닌 선조다. 더 구체적으론 선조가 허준에게 의서 편찬을 맡기면서부터다. 그때 이후, 허준의 이 평범한 '성공스토리'는 비범한 삶의 여정으로 변주된다. 서자로 태어난 것, 내의원에 들어가 어의가 된 것, 광해군의 두창을 고친 것, 전란과 유배 등 모든 것이 『동의보감』을 저술하기 위한 전주곡으로 바뀌어 버린다. 의성 허준이 탄생되는 대목이다.

그렇다면 왜 선조는 그 많은 명의들 가운데 유독 허준에게 이 막중한 작업의 책임을 맡긴 것일까? 그리고 허준은 왜 그 막중한 책임을 기꺼이 떠맡았던 것일까?

허준은 본성이 총민하고 어릴 때부터 학문을 좋아했으며, 경전과 역사에 박식했다. 특히 의학에 조예가 깊어서 신묘함이 깊은 데까지 이르렀다. 사람을 살린 것이 부지기수다. 『의림촬요醫林撮要』

허준과 관련해서 가장 널리 인용되는 자료다. 『의림촬요』는 선조때 내의(內醫) 정경선이 편찬하고 양예수가 교정한 것으로 역대 의사들의 전기를 모은 책이다. 허준이 의학 이전에 학문을 좋아했고 경전과 역사에 능통했다는 것이 핵심이다. 과거(의과)를 통해서가 아니라 『미암일기』로 유명한(『미암일기』에 대해서는 정창권이 쓴 『홀로 벼슬하며 그대를 생각하노라』를 참고하시길) 사대부 유희춘의 천거로 내의원에 들어간 것도 학문적 교류가 있었기에 가능한 일이었다. 정유재란으로 팀이 해체된 뒤에도 허준이 홀로 이 작업을 담당했던 이유 역시 마찬가지다. 한마디로, 허준은 의사 이전에 학자였다. 조선시대는 유학자들이 의학을 겸비하는 일이 대세였다. 김남일, 『한의학에 미친 조선의 지식인들』, 들녘, 2011 참조 그런 인물들을 일러 유의(儒醫)라 한다. 허준은 대표적인 유의에 속하는 셈이다. 전란과 유배로 점철된 14년이라는 긴 여정 동안 그를 지탱시켜 준 것 역시 그의 학자적 집념 혹은 지적 열정이었다.

『동의보감』의 탄생: 전란에서 유배까지

1596년 어느 날 선조는 어의 허준에게 의서 편찬을 명한다. 허준의 나이 58세. 허준의 생애로서는 최고의 전성기를 구가하고 있을 때다. 물론 지위가 높아질수록 비방 또한 높아지는 법. 『선조실록』을 보면 이 시기를 전후하여 허준에 대한 문신들의 인신공격성 비난들이 종종 등장한다. 하지만 그런 기록이야말로 허준이 얼마나 잘 '나가고' 있었는지를 증명해 주는 셈이다. 이제 더 올라갈 곳은 없다. 그런 점에서 의서 편찬은 그의 삶에서도 하나의 변곡점이 되었다. 당시 조선은 임진왜란이 끝난 지 얼마 안 된 전란의 와중이었다. 전란 중에 잉태된 의서! 극적이라면 이런 장면이 극적이다.

허준은 그 즉시 유의(儒醫) 정작과 태의(太醫) 양예수, 김응탁, 이명원, 정예남 등과 함께 프로젝트팀을 꾸렸다. 정작은 그의 형 정렴과 함께 당대 최고 수준의 단학 수련가이자 시인이고, 양예수는 명종 때의 어의 정경선이 지은 『의림촬요』를 교정할 만큼 당대 최고 수준의 명의였으며, 어의 김응탁은 왕세자의 병을 고쳐 의술을 인정받은 바 있고, 이명원도 어의로서 노련한 의사로 평가를 받았다. 정예남은 잡가(雜家) 출신 여섯 명 중 한 사람으로 문필력이 상당한 인물이었고, 김응탁과 함께 왕세자 진료로 공을 인정받은 바 있다.신동원, 『조선사람 허준』, 168쪽 "관청을 설치하고 책을 편찬하여 거의 중요한 골격을 이루었"이정구, 「동의보감 서문」, 이하 「서문」으로 표기다고 한 걸 보면 기본적인 체계를 잡는 작업이 진행된 듯하다.

허나, 시작은 창대했으나 과정은 실로 험난했다. 바로 그 다음해 정유재란(1597)이 발발하면서 초기 작업은 중단되었다. 난이 수습되긴 했지만, 프로젝트팀은 해체되었다. "여러 의사들이 뿔뿔이 흩어져 일이 마침내 중단"되었다고 한 걸 보면 전쟁을 겪는 중에 우여곡절이 많았던 듯하다. 국가적으로 보아도 양란임진왜란과 정유재란의 복구가 가장 시급한 과제였던 만큼 그렇게 고급인력을 배치할 여력이 없었을 것이다. 그렇게 되자 결국 의서의 편찬은 허준 개인의 몫이 되었다. 이 대목도 감동적이다. "그후 선종대왕이 다시 허준에게 하교하여 홀로 책을 편찬하게 하시고 대궐에서 소장하고 있는 의서 오백 권을 내어 주어 고증하게 하셨"「서문」,다는 것이다. 선조의 집념과 열정이 느껴지는 대목이다. 『동의보감』은 선조와 허준의 깊은 교감의 산물임을 느끼게 해준다. 그렇다고 해도 허준이라고 해서 전적으로 이 일에만 몰두할 처지는 아니었다. 어의로서의 업무와 병행하다 보니 작업의 속도는 한없이 더뎠다. 그렇게 해서 무려 10여 년이 지났다.

1608년 2월 1일. 허준의 생애에, 아니 『동의보감』 편찬의 여정에 결정적인 변곡점이 찾아왔다. 평생 잔병치레가 그치지 않았던 선조가 갑자기 승하한 것이다. 당연히 내의원의 수의首醫는 허준이었다. 허준으로선 하늘이 무너진 셈이다. 슬픔도 슬픔이지만 내의로서 마땅히 책임을 져야 한다. 하지만 이 경우엔 단지 어의와 왕의 죽음이라는 상황만이 문제가 아니었다. 허준의 인생과 떼려야 뗄 수 없이 결합된 선조, 이 왕이 문제였다.

선조는 참으로 복합적인 존재다. 선조의 등극과 더불어 조선왕조는 조선 전기를 장식했던 훈구파와 사림파의 긴 대결이 종식되면서 비로소 사림의 시대로 접어들었다. 조선의 성리학이 무르익는 목릉성세穆陵盛世를 구가하게 된 것이다. 하지만 그와 동시에 사림 내부의 분화가 가속화되어 동과 서, 남과 북, 노와 소 등으로 갈리는 당쟁의 시대로 접어들고 있었다. 이때는 특히 북인 안에서 대북파와 소북파의 분화가 심각하게 재연되는 때였다. 대북이란 선조의 후계자인 광해군을 미는 쪽이고, 소북이란 선조가 말년에 낳은 영창대군을 미는 쪽이다. 광해군은 이미 임진왜란 때 조정을 진두지휘할 정도로 후계자 과정을 마스터한 인물이다. 하지만 그는 적통이 아니었다. 그에 반해, 영창대군은 아직 열 살도 안 된 어린아이였지만 인목대비의 몸에서 나온 적통이었다. 둘 다 결코 물러설 수 없는 대결구도가 형성된 것이다. 헌데, 그 와중에 문득 선조가 승하한 것이다.

　허준은 사실 이런 당쟁과 직접적인 연관이 없다. 서자 출신이기도 했지만 아무리 품계가 높다 한들 문반이 아닌 한 정권창출에 관여할 권리도, 자격도 없기 때문이다. 하지만 인생이란 자기의 의도보다는 주변의 인연조건에 의해 결정되는 경우가 훨씬 더 많지 않은가. 하필 선조가 승하할 당시 내의원 전체 우두머리라 할 수 있는 도제조가 유영경이었는데, 이 유영경이 바로 소북파의 리더였다. 대북파에서 이 사건을 간과할 리 없다. 어의 허준에게 책임을 묻고 그 책임은 허준의 상관인 유영경에게까지 미쳤다. 유영경은 끝내 사약을 받았고, 그걸 시작으로 소북파에 대한 대대적인 숙청이 시작된다. 이후 궁중에서 일어난 비극은 우리가 사극에서 숱하게 보아 왔던 바대로다.

　허준도 이 숙청의 피바람을 피해 갈 순 없었다. 하지만 광해군한테 허준은 특별한 존재였다. 왕자시절 두창에 걸려 목숨이 오락가락할 적에 다른 어의들은 약을 썼다가 허물을 뒤집어쓸까봐 망설였지만 허준은 과감하게 약을 써서 목숨을 구해 주었다. 그뿐 아니다. 이후에도 중병이 들었을 때 다시 한 번 허준의 신세를 진 바 있다. 광해군은 이 사실을 잊지 않았다. 빗발치는 상소에도 불구하고 광해군은 허준을 적극 방어해 주었다. 이렇듯, 허준을 위기에 빠뜨린 것도 의술이었고, 허준을 구해 준 것도 의술이었던 셈이다. 광해군의 보호 덕에 간신히 목숨은 건졌지만 그래도 유배만은 피할 수 없었다. 69세의 나이로 머나먼 의주땅으로 유배를 가야 했으니, 참으로 고단한 말년이었다. 동갑내기이자 문장가로 이름을 날렸던 최립은 허준을 위해 한편의 시를 헌사했다. 그중 한 구절이다.

> 솥 안의 물로 단을 지었지만,
> 임금의 가시는 길 잡아당기지 못했네
> 누가 알았겠는가,
> 머리가 하얗게 세어 압록강 국경 귀양살이 할 것을

하지만 생은 길섶마다 행운을 숨겨 두었다던가. 유배기간은 1년 8개월. 놀랍게도 그 기간 동안 『동의보감』이 완성되었다. 이때 한 작업은 전체 분량의 반에 해당한다. 유배지는 그에게 집필을 위한 완벽한 조건을 마련해 준 셈이다. 대반전! 만약 이 작업이 없었다면 유배생활은 얼마나 억울하고 쓸쓸했으랴. 허준으로 인해 『동의보감』이라는 비전이 열리기도 했지만, 『동의보감』은 무엇보다 그 편찬자인 허준의 생을 구해 주었다. 이것이 바로 '자기구원'으로서의 공부다. 흔히 생각하듯 '온갖 고난에도 불구하고' 공부를 하는 것이 아니라, 공부가 있었기에 고난으로부터 구원을 받는 것이다. 허준과 『동의보감』이 바로 그런 관계였던 것.

71세의 나이로 유배지에서 돌아오자마자 허준은 후반부 작업에 박차를 가해 마침내 『동의보감』을 완성하여 조정에 바친다. 시작한

해로부터 따지면 무려 14년의 기나긴 여정이다. 조선으로서도 전란과 정권교체, 당쟁의 피바람 등으로 이어진 초유의 시간이었고, 허준으로서도 영광과 오욕을 함께 누린 파란만장의 연속이었다. 이후 내의원에서 후학을 지도하고, 역병에 관한 책을 편찬하는 등 조용한 여생을 보내다 1615년, 77세의 나이로 생을 마친다.

세 개의 키워드: 분류, 양생, 용법

선조는 허준에게 의서 편찬을 명하면서 세 가지를 당부했다.「서문」 첫째, "근래에 중국 의서를 보니 모두 조잡한 것을 초록하고 모은 것이라 별로 볼 만한 것이 없으니 여러 의서들을 모아 책을 편찬"하라는 것. 즉, 기존의 의서들이 너무 잡다하니 잘 간추리고 분류하여 일목요연한 체계를 잡으라는 뜻이다. 둘째, "사람의 질병은 모두 섭생을 잘 조절하지 못한 데서 생기는 것이니 수양이 최선이고 약물은 그 다음이다." 단순히 질병과 처방을 다루는 임상서가 아니라 섭생과 수양을 우선으로 하는 양생서를 쓰라는 것. 마지막으로 세번째, "궁벽한 고을에 치료할 의사와 약이 없어 요절하는 자가 많은데, 우리나라에서는 약재가 많이 산출되지만 사람들이 제대로 알지 못하니 종류별로 나누고 우리나라에서 부르는 명칭을 백성들이 쉽게 알 수 있도록 하라." 당시는 전란과 역병의 시대였다. 하지만 백성들이 기댈 수 있는 의술은 극히 희박했다. 최선의 방법은 이 땅에서 나는 약재들을 적극 활용하는 것이다. 이 약재들의 명칭과 용법을 널리 보급하여 스스로 자신의 몸을 돌볼 수 있게 하라는 것이 선조의 당부였다. 요컨대, 기존의 의학적 전통을 집대성하고 양생술을 바탕으로 하되 그것을 조선의 백성들이 널리 활용할 수 있도록 하라는 것.

허준은 선조가 당부한 이 세 개의 키워드를 훌륭하게 구현해 냈다. 먼저, 『동의보감』에는 의학사의 양대지존인 『황제내경』黃帝內徑과 『상한론』傷寒論, 손진인의 『천금방』千金方을 거쳐 이천의 『의학입문』에 이르기까지 동아시아 의학사의 최고봉들이 총망라되어 있다. 「신형장부도」 앞에 붙어 있는 '역대의방'에는 장장 4페이지에 걸쳐 그 목록이 실려 있다. 그 덕분에 『동의보감』의 독창성을 의심받기도 하지만, 그건 그렇지가 않다. 의학은 원초적으로 '보편지'다. 생명을 다루는 의학에 국경이란 있을 수 없다. 세상 어디에 속한 것이건 생명과 질병에 관한 지혜와 기술이라면 마땅히 수용해야 한다. 생명과 관련된 분야에 함부로 독창성을 발휘해서는 곤란하다.

문제는 '이것들을 어떻게 배열할 것인가?'에 있다. 독창성이란 그때 발휘되는 법이다. 허준은 방대한 내용을 자신만의 독특한 방식으로 분류, 배열해 냈다. "허준은 엄청나게 거대한 한의학 전통에서 2천여 가지의 증상, 1400종의 약물, 4천여 가지의 처방, 수백 가지의 양생법과 침구법을 뽑아 냈는데, 그것은 한의학을 종합하기에 너무 많지도, 너무 적지도 않은 가장 적절한 분량이다." 신동원, 『조선사람 허준』 163쪽

또 오랜 기간 서로 갈라져 온 양생과 의술을 새로운 차원에서 통합하였다. 즉, 허준은 병과 처방이 아니라, 몸과 생명을 전면에 내세웠다. 내경―외형―잡병―탕액―침구로 이어지는 목차는 다른 어떤

의서에서도 발견하기 어려운 분류학의 결정판이다. 뒤에서 다시 다루겠지만 이런 식의 분류는 의서 사상 처음이라고 한다. 가장 포괄적이면서도 가장 심플한 분류법이 탄생한 것이다. "분류란 자연계의 질서의 근원에 대한 이론이며, 오로지 혼돈을 피하기 위한 무미건조한 목록 작성 작업이 아니"라는 굴드의 언술을 스티븐 제이 굴드, 『생명, 그 경이로움에 대하여』, 김동광 옮김, 경문사, 2004, 152쪽 환기시켜 주는 대목이다.

아울러 허준은 일반 백성들이 일상에서 쉽게 구할 수 있는 처방들과 약재들을 적극 포괄하고 있다. 물론 워낙 거질인 데다 책값이 비싸서 쉽게 구입할 수는 없었다. 그래서 결국은 상류 귀족층을 위한 것이 아니냐는 비판도 없지 않다. 하지만 당시는 필사가 일반화된 시대다. 즉, 책을 구입하지 못하더라도 베껴 쓰는 것은 얼마든지 가능했다. 연암 박지원도 수많은 의서들을 베껴 써서 자기만의 의서를 만들기도 했다(『열하일기』 중 「금료소초」가 그것이다). 따라서 마을에 한 사람만 책을 소장하고 있어도 마을의 모든 사람이 참조할 수 있는 구조였다. 또 글을 모르는 경우라 해도 당시는 구술문화의 시대라 얼마든지 책과의 접속이 가능했음을 환기할 필요가 있다. 요컨대, 허준은 최고의 지적 성취와 대중적 보편성이라는 두 가지 목표를 훌륭하게 실현한 것이다.

이렇듯, 『동의보감』은 생명과 우주, 삶과 질병, 존재와 자연 등을 두루 포괄하는 비전탐구서다. 물론 이것이 허준의 독자적 성취는 아니다. 프로젝트 초기는 물론이고 이후에도 허준은 이 작업을 위해 의학사 및 사상사를 장식하는 '거인들의 무등'에 올라탔다. 그리고 그 무등 위에서 몸과 우주, 그리고 운명이 하나로 교차하는 생생한 이치를 목도하였다. 거인의 무등을 탄 자연철학자, 이것이 세계기록문화의 정수인 『동의보감』의 편저자 허준의 진면목이다.

거인들의 '향연' 1: 삼교회통

『동의보감』이 기대고 있는 거인들의 자취는 크게 두 가지로 구획할 수 있다. 하나는 유불도 '삼교회통'三敎會通의 흐름이고, 다른 하나는 동양의학사의 방대한 산맥이다. 전자가 사상적 비전에 해당한다면, 후자는 담론을 구축하고 배열하는 구체적 토양이다. 먼저 첫번째 사항부터 보자.

> 정기精氣가 한번 흩어지고 육기六氣가 조화를 이루지 못하여 노쇠하고 병약해지는 것이 번갈아 백성의 재앙이 되니 그들을 위해 의술이나 약으로 요절하는 것을 구제하는 것은 실로 제왕이 어진 정치를 베푸는 데 있어 가장 먼저 해야 할 일입니다. …… 백성을 사랑하고 만물을 아끼는 덕과 기물의 기능을 향상시켜 삶을 윤택하게 하는 도가 앞뒤로 한결같아 중용의 도가 펼쳐져 천지가 바르게 자리잡고 만물이 화육되는 다스림이 진실로 여기에 있습니다.「서문」

신이 삼가 살피건대, 사람의 몸속에는 5장6부가 있고 겉에는 근골·기육·혈맥·피부가 있어 형태를 갖추며 정精·기氣·신神이 또 장부와 온

몸의 주인이 됩니다. 그러므로 도가의 삼요三要와 석씨불가의 사대四大
가 모두 이것을 말하는 것입니다. …… 도가道家에서는 청정과 수양
을 근본으로 삼고 의사들은 약이藥餌, 약이 되는 음식와 침구로 병을 치료
하니 도가는 그 정밀함을 얻은 것이고 의문醫門에서는 그 대강을 얻은
것입니다. 허준, 「집례」(集例)

이 언술들에는 의술을 중심으로 유불도儒佛道가 자연스럽게 혼용
되어 있다. 유불도, 삼교는 동양사상의 원천이다. 이 셋은 시대와 공간
에 따라 다양한 방식의 이합집산을 거듭해 왔다. 때론 불교의 이름으
로 도교를 배척하고 때론 유학의 이름으로 불교를 처단하는 등, 물론
정치적 상황에 따라 서로가 서로를 적극적으로 이용하는 시기도 있
었다. 주지하듯이, 조선은 유학의 형이상학적 집대성이라 할 수 있는
성리학을 국교로 표방하였고, 그와 동시에 불교는 깊은 산중으로 물
러나는 수모를 겪어야 했다. 도교는 기본적으로 현실정치와 거리를
둔 탓으로 직접적인 탄압의 대상이 되지는 않았지만 사상적 차원에
선 항상 이단으로 규정되었다. 이것이 우리가 아는 조선의 사상적 배
치다.

하지만 이건 어디까지나 현실정치의 공적 국면에 한정된 사항일
뿐 지성사의 흐름에 있어서는 유불도 삼교가 다양한 방식으로 넘나
들고 있었다. 원초적으로 세 사상의 기반이 서로 연결되어 있기도 하
고, 생로병사라는 일상의 차원에서 보면 불교와 도교가 훨씬 더 유용
한 때문이기도 하다. 유교는 정치적 명분과 인륜적 질서를 구획하는

데는 더할 나위 없이 정교하지만 생사의 문제나 몸의 생리, 운명의 이치 같은 문제에 대해서는 불교나 도교의 경지에 결코 미치지 못한다. 따라서 유학자라고 해도 당연히 도교와 불교의 세계를 터득하지 않을 수 없었던 것이다.

위의 언술에서 그 점을 확인할 수 있다. 병을 고치고 장수를 누리는 것은 누구나 바라는 바이고 그런 삶의 가능성을 제시할 수 있어야 비로소 제왕의 어진 정치를 실현할 수 있다. 한 사람의 몸을 한 국가의 통치와 같은 것으로 유추하는 것도 같은 맥락이다.

> 가슴과 배는 궁궐과 같고, 사지四肢는 교외에 경계가 있는 것과 같다. 관절은 백관百官의 할 일이 나뉘어진 것과 같다. 신神은 임금이고 혈血은 신하이고 기氣는 백성이니, 몸을 다스릴 줄 알면 나라를 다스릴 수 있다. 백성을 아끼면 나라가 편안해지듯이 기를 아끼면 몸이 온전하게 된다. 백성이 흩어지면 나라가 망하듯이 기가 고갈되면 사람은 죽는다. 죽은 사람은 살릴 수 없고, 망한 나라는 보전할 수 없다. 「내경편」, '신형', 15쪽

그런데 그러기 위해선 궁극적으로 임상을 넘어 양생의 도를 추구해야 한다. 양생은 한편으론 정기신을 닦는다는 의학적 '기술지'와 연결되어 있지만 다른 한편으론 그것을 바탕으로 도의 경지를 추구하는 비전을 포함하고 있다. 도란 무엇인가? '도'는 나를 넘어서 천지와 교감하는 절대적 탈영토화의 경지라 할 수 있다. 이 과정을 유교에선

수양, 도교에선 수련, 불교에선 수행이라고 한다. 셋은 아주 다른 길이지만 또 중첩되기도 한다. 특히 수련과 수행은 세속적 욕망을 비우는 점에선 동일하지만 수련은 신선술을 향해 나아가는 것이고, 수행은 연기법을 통해 무아를 터득하는 것이다. 요컨대 상통하는 듯하면서도 엇갈리는 길이 삼교다. 의술은 이 삼교가 공통적으로 마주칠 수 있는 일종의 교집합에 해당한다. 무엇을 추구하든 '몸'이라는 지평을 통하지 않고서는 불가능하다는 점에서 그렇다. 예컨대, 유학자들의 경우 경륜을 위해서나 내적 수양을 위해선 반드시 양생술을 닦아야 하고, 승려들 역시 자비의 실천을 위해서나 무아의 깨달음을 위해서는 무엇보다 몸의 원리를 깨쳐야만 한다.

그러므로 『동의보감』의 사상적 베이스가 삼교회통인 건 지극히 당연하다. 유학이야 기본적으로 깔려 있는 것이고 도교는 의학적 기술로 적극 활용되었다. 물론 그에 비하면 불교는 다소 애매한 형편이다. 가장 대표적인 언술이 불교의 생명관을 그대로 보여 주는 "사대성형四大成形: 사람은 지地, 수水, 화火, 풍風이 화합하여 만들어진다"는 항목이다. 이밖에도 '안이비설신의'眼耳鼻舌身意나 '색성향미촉법'色聲香味觸法 같은 불교 용어들이 간혹 등장하기도 한다. 하지만 전반적으로 보면 불교의 영향력을 확인하기란 쉽지 않다. 그럼에도 위에서 보듯이 허준은 기본적으로 도가와 불교의 원리를 상통하는 것으로 전제한 듯하다.

『동의보감』은 양생을 전면에 내세웠지만 그렇다고 신선술을 목표로 삼지는 않았다. 신선술의 성과들을 의술로 적극 활용하고는 있지만 어디까지나 보통 사람들이 삶을 영위하는 일상의 현장을 중심으로 한다. 일상을 떠나지 않으면서 양생을 한다고 할 때 가장 중요한 것은 마음을 비우는 수행이다.

사람은 16세부터 정기가 점점 줄어든다. 꼭 남녀의 정욕으로만 정기가 손상되는 것은 아니고, 대상에 반응하여 보고 듣고 말하고 움직이는 데 모두 정기의 원천이 소모된다. 그러므로 석씨釋迦牟尼가 면벽을 하고 선가仙家가 좌관坐關을 하는 것이다. 이것은 기초를 다지고 고행으로 자신을 단련하여 신기神氣가 소모되는 것을 막는다. 이것이 바로 장생하는 방법이다. 「내경편」, '기'(氣), 64쪽

이런 전제하에서 병을 고치는 '최고의, 최종의' 방편으로 '마음을 비우라'는 처방이 곳곳에서 등장한다. 마음을 닦는 길로는 불교만 한 것이 없다. 양생과 수행, 치유와 마음의 상호연관성, 『동의보감』과 불교가 만나는 지점이 여기가 아닐까.

아울러 삼교회통은 허준 당시의 시대적 대세이기도 했다.

김종직이 아뢰기를, "지금 문신으로 천문·지리·음양·율려·의학·복서·시사의 7학을 나누어 닦게 하셨습니다. 시사는 본래 유자의 일이지만, 그 나머지 잡학이야 어찌 유자들이 힘써 배울 학문이겠습니까? 또한 잡학은 각각 업으로 하는 자들이 있습니다. 만약 권장하는 법을 엄하게 세우고 다시 교양을 더한다면 자연히 모두 정통할 것이니, 능

통하는 데에 반드시 문신이라야만 좋은 것이 아닙니다" 하였다.

점필재 김종직은 조선 성리학의 원조에 해당하는 인물이다. 위의 인용문은 김종직이 35세 무렵 세조에게 제출한 상소문의 일부다. 당시 "세조는 열흘 전쯤 야심찬 정책을 기획하여 하달했다. 학문을 천문·풍수·율려·의학·음양·사학·시학 등 7개 부문으로 나눈 뒤, 젊은 문신들을 각각 6인씩 배정하여 전공하도록 한 것이다." 점필재의 상소문은 이에 대한 반발로 제출된 것이다. 점필재의 상소를 읽은 세조는 김종직을 경박하다고 비난하면서 파직해 버렸다.정출헌,「점필재 35세의 어느 날」,『연보와 평전』,한겨레출판, 2010

점필재와 세조 사이의 역학관계는 다른 논의에 맡겨 두고, 여기서 주목해야 할 사항은 세조가 음양, 풍수 등을 문신들에게 적극 권장하고 있다는 사실이다. 그런 학문을 중인층 이하의 직업적 술객術客들에게 맡겨 두면 마음을 오롯이 하여 도를 터득할 수 없으니 유학을 하는 문인들이 적극 나서서 배우라는 것이다. 세조는 불교를 적극적으로 지원해 준 임금이었음을 염두에 두면 조선 전기에는 유불도가 나름대로 활발하게 유통되고 있었음을 짐작케 한다. 역사학자 김호에 따르면, 16세기 후반 "유학을 중심으로 도·불을 넘나드는 학자들이 도성과 인근의 경기지역을 중심으로" 활발하게 활동하고 있었다.김호,『허준의 동의보감 연구』 일지사, 2000, 139쪽

더 결정적인 증거가 벽초 홍명희의 『임꺽정』(전10권)이다. 임꺽정의 배경은 연산군에서 중종, 인종에서 명종까지를 망라한다. 세조

로부터 한참 지났을뿐더러 명종 다음의 임금이 선조이니 허준의 시대와 아주 가깝다고 할 수 있다.

그런데『임꺽정』에는 꺽정이보다 더 흥미로운 인물이 하나 나온다. 본명은 양주팔, 중년 때 이름은 갖바치, 노년에는 병해스님. 꺽정이의 집안어른이자 스승이다. 물론 꺽정이처럼 백정 출신이다. 백정으로 태어났지만 어렸을 때부터 독학으로 유불도의 경전들을 마스터했고 훗날 묘향산에서 이천년이라는 도인을 만나 완전히 무불통지無不通知, 무엇이든 훤히 통하여 모르는 것이 없음의 경지에 이른다. 도를 깨친 이후 서울 혜화문 근처에서 갖바치피혁쟁이로 살면서 조광조와 그의 동지들의 정신적 지주 역할을 하다가 조광조의 개혁이 무참하게 좌절되자 서울 살림을 걷고 칠장사에 들어가 생불이 된다. 백정에서 생불로! 가장 천한 존재로 태어났지만 가장 고귀한 인물로 생을 마감하는, 그야말로 인생역전의 달인이다.고미숙,『임꺽정, 길 위에서 펼쳐지는 마이너리그의 향연』참조

이 인물의 궤적이 조선 전기 사상사의 흐름을 단적으로 말해 준다. 갖바치는 아주 자연스럽게 유, 불, 도의 경계를 넘나든다. 그 사이에 어떤 위계나 장벽도 없다. 음양오행론과 사주명리학을 통달하고 난 다음 유교적 도학정치의 후견인이 되었다가 그 다음에 다시 불교의 길로 들어서는 과정이 지극히 자연스럽다. 마찬가지로 그를 추종한 많은 유학자들 역시 그의 사상을 이단이라고 치부하지 않는다. 그리고 더 흥미로운 건 갖바치가 천하를 주유하면서 만나는 인물들이다. 토정 이지함, 화담 서경덕 형제, 황진이, 퇴계 이황, 승려 보우. 그야말로 당대를 주름잡은 유불도의 거인들이다. 갖바치는 허구적 인물

이지만 그의 스승으로 나오는 이천년은 정희량이라는 실존인물이다. 정희량 역시 유학자였으나 연산군의 사화로 산천을 떠돌며 음양오행을 터득하는 인물이다.

실제로 이들 가운데는 『동의보감』과 깊은 관련을 맺는 실존인물이 하나 등장한다. 앞에서 이미 보았듯이, 정렴·정작 형제가 그들이다. 북창 정렴은 『용호비결』의 저자로 도교사의 거봉이다. 정작은 그의 아우로 바로 『동의보감』 프로젝트에 참여한 유의儒醫다. 소설 안에는 정렴이 정작에게 어릴 때부터 양생의 도를 전수해 주는 장면과 정렴의 놀라운 예지력 등이 짧지만 강렬하게 묘사되어 있다. 덧붙일 것은, 서경덕의 제자 중 서얼 출신이었던 박지화는 『주역』과 도가 양생법에 매우 해박했는데, 이 인물이 바로 정작의 스승으로 정렴과 매우 절친했다고 한다.김호, 『허준의 동의보감 연구』 140쪽 말하자면, 서경덕―박지화―정작으로 이어지는 도교적 학맥이 존재했던 것이다. 정작이 『동의보감』에 참여함으로써 이 학맥의 양생술이 『동의보감』에 고스란히 흘러들었을 것이라는 것이 일반적인 통념이다. 물론 그렇기도 하다. 하지만 단지 그 방향만 있었던 건 아니다. 허준이나 기타 다른 의사들 역시 충분히 그런 사상사적 조류에 접속했을 것이다. 허준은 특히 천성적인 학자였고 당대 최고의 사대부들과 지적 교감을 나누었다. 그 네트워크에는 당연히 유불도가 역동적으로 넘나들었을 것임에 분명하다. 그 회통의 향연을 몸과 우주라는 키워드 속에 녹인 것이 바로 『동의보감』이다.

거인들의 '향연' 2: 『황제내경』에서 '금원사대가'까지

의학을 하는 사람들은 항상 황제와 기백을 언급한다. 황제와 기백은 위로 하늘의 기틀을 다 연구하고 사람의 이치를 다 궁구하여, 의학에 대해 기록하고 서술하는 작업을 탐탁하게 여기지 않았을 것이 분명하다. 그런데도 질문을 베풀어 난해한 내용들을 저술로 남겨서 후세에 의술의 방법을 제시해 주었으니 이로부터 오래 전부터 의학서적이 있게 되었다. 위로 창공倉公, 춘추전국시대의 명의, 진월인秦越人, 편작을 말함으로부터 아래로 유완소, 장종정, 주진형, 이고(동원)에 이르기까지 수많은 학파가 이어서 일어나 학설들이 어지러이 생겨나자 그 실마리가 되는 것들만을 표절하여 다투어 학파를 세우니 책은 더욱 많아졌지만 의술은 더욱 혼미해져서 「영추」의 본래 뜻과 동떨어진 경우가 많았다. 세상의 수준이 떨어지는 의사들이 이치를 연구하지 않고 혹 경전의 가르침을 위배하고서 제멋대로 하거나, 혹 옛것에 융통성 없이 얽매여 변통을 하지 못하고 선택의 기준이 없이 헤매어 그 요체가 되는 것을 놓치고 만다. 이러하기에 사람을 살리려고 하지만 오히려 죽이고 마는 경우가 많다.「서문」

이 글을 쓴 이정구 역시 당대 이름난 유학자요 문장가다. 그가 지금 말하고자 하는 바는 『동의보감』의 의학사적 맥락과 위상이다. 이미 언급했듯이 『동의보감』에는 기존의 의서들이 대량으로 인용되어 있다. 그 목록을 별도로 실어 놓기도 했다. 「집례」 다음에 나오는 '역대의방'歷代醫方이 그것이다. 여기 수록된 것만 해도 엄청난 분량이지만 이게 다가 아니다. "『동의보감』에는 '역대의방'에 실리지 않은 100여 종의 책이 더 인용되어 있으며, '역대의방'에 들어 있는『천원옥책』天元玉冊,『지교론』등은 인용되어 있지 않다." 신동원,『조선사람 허준』 87쪽 한마디로 동양 의학사의 거의 모든 문헌을 망라했다고 할 수 있다. 이걸 간추려서 재배치했다고 생각하면 정말 그 노고가 어느 정도였을지 짐작이 간다. 그 가운데 가장 핵심이 되는 몇 가지만 소개해 본다. 이 장에 있는 의사들에 대한 내용은 진대순,『각가학설』[중국편], 맹웅재 외 옮김, 대성의학사, 2001년을 참조했음.

먼저,『황제내경』. 위에서 이정구가 언급했듯이 중국 최초의 제왕인 황제 헌원씨가 신하인 기백과 주고받은 몸과 우주에 대한 탐구서다. 오천 년쯤 된 텍스트지만 문자로 기록된 것은 서한시대 BC 300년경다. 「소문」素問과 「영추」靈樞로 구성되어 있고, 후에 「운기칠편」運氣七篇이 덧붙여졌다. 내경, 소문, 영추 등으로 불리기도 한다. 음양오행론에 입각한 천인감응설天人感應說을 비롯하여 장상과 경락, 변증과 치법 등 동아시아 의학의 인식론적 기초가 두루 담겨 있다.『동의보감』에서도 중추적 역할을 담당한다. 가장 오래되었지만 그 권위는 지금도 여전하다. 한의학을 배우려면 반드시 통과해야 하는 관문이다.

그 다음 등장하는 의학사의 고봉이『상한론』傷寒論이다. 후한 말기의 의사 장중경張仲景, 150~219이 저술한 '상한잡병론'을 후대에『상한론』과『금궤요략』金匱要略으로 나누어서 편찬하였다.『황제내경』이 생명과 우주의 이치를 중심으로 했다면,『상한론』은 철저히 임상을 위주로 한 저서다. 육경(삼음삼양)전변의 원리를 바탕으로 하여 급성 열병의 처방을 주로 다루었다. 『황제내경』과 더불어 의학사의 양대 산맥을 이루고 있다. 참고로 일본 한의학은 임상 위주라서 이 『상한론』을 중심으로 배운다고 한다.

『천금요방』은 이 책의 '인트로'에 등장했던 손진인(손사막)의 저서다. 손사막은 인물 자체가 흥미롭다. 581년에서 682년까지 무려 101세를 살았다. 어릴 때부터 학문을 좋아하여 "노장 및 백가의 설들을 잘 논하였고, 아울러 경전을 논하기를 즐겼다"『구당서』 한다. 황제들이 관직을 주려 했으나 벼슬에 나아가지 않았다. 어린 시절, 풍병에 걸려 이를 계기로 의학에 힘을 쏟았는데, 젊은 시절부터 책을 숭상하여 머리가 하얗게 셀 때까지 책을 놓지 않았다. 의사가 된 이후 80년을 하루같이 백성들의 질병과 고통을 구하는 데 보내느라, 그의 족적이 사천, 섬서, 태백, 오대 등의 산악지방에까지 미쳤다. 그래서 사람들이 그를 "진인"이라고 불렀다. 죽은 후에 사람들은 오대산에 약왕묘를 세우고 그를 약왕으로 받들었다. 『천금요방』은 전 30권으로 『황제내경』 이래의 논술과 민간의 이름난 방제方劑들을 풍부하게 담아 냈다. 특히 양생에 뛰어났는데 그중 '대의정성'大醫精誠론에는 이런 대목이 나온다.

무릇 대의가 병을 치료함에는 반드시 정신을 편안하게 하고 뜻을 안정시키며 하고자 하는 것도 없고 갈구하는 것도 없이 하여 먼저 크게 자비롭고 측은히 여기는 마음을 먼저 발하고 중생들의 고통을 널리 구할 것을 맹세해야 한다. 만약 질병이 있어 찾아오는 자가 있으면, 귀천과 빈부, 연령, 외모, 친소, 중국인이든 오랑캐든, 천하든지 우매하든지 간에 모두 한결같이 대하는데 지극히 친한 것처럼 생각해야 한다. 또한 앞뒤를 돌아보아 스스로 길흉을 염려하여 자신의 목숨을 사려서는 안 된다. 남의 고뇌를 보면 자기에게 있는 것같이 하며, 깊이 불쌍하게 여기고 어려운 곳을 피하지 않으며, 낮이나 밤이나 춥거나 덥거나 배고프고 목마르며 피곤할지라도 한결같은 마음으로 구해야 하며, 공을 좇는 마음이 있어서는 안 된다. 이와 같다면 중생들의 대의라 할 수 있으나, 이와 반대라면 백성들의 큰 도적인 것이다. 진대순, 『각가학설』 477쪽

마치 『임격정』에 나오는 갓바치의 행적을 보는 듯하다. 과연 살아서는 '진인'이요, 죽어서는 '약사여래'로 칭해지기에 손색이 없다. 이후에 등장하는 네 명의 스타가 바로 금원사대가金元四大家다. 금원사대가란 금나라, 원나라 시절에 이름을 날린 네 명의 명의들을 말한다. 위의 이정구의 글에 등장하는 유완소劉完素, 이고李杲, 이동원, 장종정張從正, 장자화, 주진형朱震亨, 주단계이 그들이다. 이들은 자신이 처한 시대와 환경에 따라 독창적인 의술을 닦아 각기 일가를 이루었다. 먼저 유완소는 송나라가 남쪽으로 천도한 동란의 시기에 태어났다. 당시 중국에서는 전쟁이 그치지 않아 민중들은 추위와 배고픔에 시달렸고 거기다 온열병까지 유행하여 사망률이 엄청났다. 이런 시대적 분위기를 반영한 탓에 그의 의술은 차고 서늘한 처방으로 몸의 사기를 몰아내는 "주화론"을 정립하였다. 명청시대 온병학파의 형성에 큰 영향을 미쳤다.

다음 이동원李東垣은 비위脾胃를 특히 중시하는 의술을 개척하였다.

"그가 비위를 논하는 요점은 네 가지이다. 사람은 천양天陽의 기에 힘입어서 생하는데 이 양기는 반드시 비위에서 만들어진다는 것이 첫째요, 사람은 지음地陰의 기에 힘입어서 장長하는데 이 음기는 반드시 비위에서 만들어진다는 것이 둘째요, 사람은 음정의 받듦에 힘입어 수壽를 누리는데 이 음정은 반드시 비위에서 근원한다는 것이 셋째요, 사람은 영위營衛의 충실함에 힘입어서 양養하게 되는데 이 영기는 반드시 비위에서 통솔한다는 것이 넷째이다." 진대순, 『각가학설』, 129쪽 이런 까닭에 그를 보토파補土派라 부른다. 오행상 비위가 토에 해당하기 때문이다. 당연히 비위의 기를 북돋워 주는 '보중익기탕'을 즐겨 썼다.

장종정은 유완소의 설을 계승한 의사다. "유완소는 하북인이고 장종정은 하남인으로 두 사람이 살았던 지역은 서로 연접한 탓에 지리환경이나 주민들의 생활습관이 서로 비슷하여, 외사를 받으면 열이 쌓여 조燥로 변하기 쉬웠다." 따라서 그 역시 차고 서늘한 약을 많이 썼는데, 그의 경우에는 몸의 정기를 보충해 주는 보법이 아닌, 외부에서 침투한 사기를 몰아내는 사법—토하고 땀 내고 싸는—을 위주로 하였다. 사기를 쫓아내면 원기는 절로 회복된다는 원리하에서다.

마지막으로 주진형. 절강성 단계지방에 살았기 때문에 단계선생이라고 불렸다. '인트로'에 등장했던 주단계가 바로 그다. 어릴 때부터 학문을 좋아하였고, 30세에 어머니가 비병이 생기자 처음으로 「소문」을 읽기 시작하면서 의학공부의 길에 들어섰다. 36세에는 주희의 4대 제자인 허겸에게서 성리학을 배웠고, 40세가 되어 허겸의 병이 깊어지자 마침내 의학에만 정진했다. 당시는 원나라 시절로 20년 동안 황제가 무려 8명이나 바뀌던 때였다. "남방은 사람들의 체질이 비교적 연약하였다. 부자들은 기름진 음식을 먹으면서 술과 식욕에 빠져 정이 고갈되어 화가 치성한 사람들이 많았고, 가난한 사람들은 변변치 않은 음식과 근심이 많아 울화가 안에서 맺혀 병이 생기는 경우가 많았다."

주단계는 「소문」, 「난경」 등 의학경전을 연구하였고, 또 유완소를 비롯하여 장종정, 이동원 등 선배들의 학설과 자신의 임상경험을 융합시켜 다음과 같은 인식에 도달하게 되었다. 모든 병의 원인은 '음이 부족하고 화가 넘치기' 때문이라는 것. 이리하여 "양상유여陽常有餘, 음상부족陰常不足"양의 기운은 항상 넘치고 음의 기운은 항상 부족함이라는 유명한 테제가 탄생했다. 이것은 유학의 이치와도 상통한다. 정주학程朱學의 원조인 정호程顥에 따르면, "천지음양 운행의 오르내리고 차고 비는 것은 잠시도 쉬지 않으니, 양은 항상 차고 음은 항상 휴손된다"는 것이다. 주단계는 이런 이치를 몸의 생리에 적용한 것이다. 이런 자연현상을 정상인의 생리변화와 연계하면, "사람은 천지의 기를 받아 생명을 영위하는데, 천의 양기는 기가 되고, 지의 음기는 혈이 되므로 기는 항상 남음이 있고 혈은 항상 부족하다." 따라서 치법의 핵심은 '자음강화'滋陰降火, 곧 음을 보충하고 화를 내리는 데에 두게 된다.

이밖에도 천재적 개성과 기이한 행적으로 빛나는 수많은 명의와 의서들이 등장한다. 특히 명나라 이천李梴의 『의학입문』1575년 간행은 편찬 연도가 『동의보감』과 비교해서 불과 얼마 차이가 나지 않는다. 그런데 『동의보감』에 무려 2,737번이나 인용되었다고 하니, 거의 전면적인 수용이라고 해도 좋으리라.

아울러 『동의보감』에는 조선의 의학적 전통도 당연히 포함되어 있다. 『의방유취』와 『향약집성방』 등 특히 약재와 관련된 부분이 주 대상이다. "잘 알다시피 약재는 생산지와 불가분의 관계에 있다. 식물과 동물, 광물의 감별, 같은 종 내의 식별, 풍토와 기후에 맞는 약초의 재배와 채취법 같은 문제가 그것이다. ……『향약집성방』에서 향약을 정리한 지 이미 150여 년이 흘렀으므로 그것의 잘못을 바로잡고 새로운 것을 추가할 국내 의약상의 과제가 있었다." 신동원, 『조선사람 허준』, 83쪽 허준은 이 과제에 적극 부응하였다. 「탕액편」에 수록된 방대한 약재는 분류의 스케일도 엄청날뿐더러 내용적 차원에서도 거대한 '자연사박물관'을 방불케 하는 수준이다.

이상에서 간략히 살펴보았듯이 허준은 『황제내경』 이후 난마처럼 얽히고설킨 각종 분파와 학설들을 광범하게 수렴하여 전혀 새로운 담론의 장을 열어젖혔다. 거인의 무등을 타고 광대무변한 천지를 굽어본 셈이라고나 할까. 허준이 도달한 이 경지를 이정구는 이렇게 평하고 있다.

이 책은 고금의 의술을 포괄하고 여러 의사들의 말을 절충하여 근원을 연구하고 큰 강령을 제시하니 상세하지만 번잡하지 않고 간단하지만 포함하지 않는 바가 없습니다. …… 병자의 증후가 천백 가지로 다양하더라도 보하고 사하고 늦추고 빨리 하는 치료법을 넓게 응용하여서 빠짐없이 적용할 수 있습니다. 멀리 옛 서적을 살피거나 가까이 여러 조문을 찾을 필요없이 분류에 따라 처방을 찾으면 중첩해서 발견되니 어떤 증에 대해 약을 쓰더라도 모두 알맞게 맞습니다. 참으로 의가의 보감이요, 세상을 구제하는 좋은 방법입니다.「서문」

'동의'와 '보감'에 담긴 뜻은?

『동의보감』은 목차만 장장 100페이지가 넘는다. 아, 그렇다고 겁먹진 마시라. 이미 언급했듯이, 총목차는 단순명쾌하다. 몸속의 모습을 다루는 「내경편」에서 몸 바깥의 모습을 다루는 「외형편」, 그리고 몸 안팎의 기운들이 부딪히면서 발생하는 각종 질병을 다룬 「잡병편」, 이 세 가지가 기본뼈대고, 뒤를 이어 「탕액편」, 「침구편」으로 마무리된다(모두 5편). 다시 한번 복습해 보면, "내경―외형―잡병―탕액―침구"의 순서다. 일단 이 조감도만 기억해도 『동의보감』에 접속하기가 한결 수월하다. 그런데 왜 그렇게 목차가 두껍냐고? 각편에 속한 세부목차들을 그야말로 '세세하게' 덧붙이다 보니 이렇게 방대해진 것이다(합해서 106문). 목차가 너무 길어서 질릴 수도 있지만 다른 한편 목차만 대략 훑어봐도 충분히 내용을 가늠할 수 있다는 이점이 있다. 말하자면 목차는 이 방대한 저서의 내비게이션 역할을 하는 셈이다.

언급한 대로, 허준의 독창성은 분류학에 있다. 특히 가장 두드러진 건 "5편 106문 목차"다. 이 단순명쾌한 분류가 어째서 독창적인가? "내경편, 외형편, 잡병편, 탕액편, 침구편 등 다섯 가지 큰 묶음은 우리에게는 별로 낯선 구성이 아니다. 조선에서는 『동의보감』이 나온 이후 그렇게 의학을 보는 것이 하나의 전통이 되었기 때문이다. 너무 익숙하다 보니 우리는 그것이 동아시아 의학의 흐름에서 얼마나 이색적인 것인지를 잘 느끼지 못한다. 그러나 이렇게 다섯 편, 곧 몸 안의 세계(내경), 몸 겉의 세계(외형), 병의 세계(잡병), 약물의 세계(탕액), 침구의 세계(침구)로 나누어 살핀 예는 이전에 결코 없었다." 신동원, 『조선 사람 허준』 180쪽

호오, 참 아이러니하다. 지극히 단순하고 평범해 보이는 이 분류가 독창적인 것이라니. 믿기지 않지만 사실이다. 다른 의서들은 언뜻 목차만 훑어봐도 임상과 원리가 뒤죽박죽이다. 물론 거기에도 저자나 편자 나름의 기준이 있을 테지만 어찌됐건 『동의보감』처럼 일목요연해 보이지는 않는다. 허준 역시 그 점을 충분히 감안했을 것이다. 그래서 더더욱 목차의 체계에 심혈을 기울였으리라 여겨진다. 뿐만 아니라 『동의보감』은 다양한 방식으로 검색이 가능하도록 배열했다. 즉, 질병을 통해 처방을 알 수도 있고 처방을 통해 병증을 알 수도 있는 다중적인 참조방식을 취했다. 한마디로 다양한 검색창을 설치한 것이다. 후대의 학자들은 이것을 쓸데없는 중복이라고 비판했지만 그것은 이 책의 용법을 제대로 파악하지 못한 데서 온 편견이다. 즉, 『동의보감』 같은 의서는 처음부터 차례차례 읽는 책이 아니라, 전체의 지도를 훑어본 다음, 필요한 항목을 바로 찾아갈 수 있어야 한다는 사실을 감안해야 한다. 물론 가장 큰 독창성은 이미 언급했듯이 「내경편」을 전면에 배치함으로써 질병이 아닌 생명과 양생을 제일의적 목표로 제시한 데에 있다. 참고로 후대에 『동의보감』이 너무 번다하다고 여겨

내용을 축약한 책들이 등장했는데, 정조 23년(1799)에 나온 『제중신편』濟衆新編과 고종 21년(1884년)에 나온 『방약합편』方藥合編이 그것이다. 그럼 이 책들은 『동의보감』 가운데서 무엇을 축약했는가? 『제중신편』은 맥증치脈證治를 위주로 했고, 『방약합편』은 병증과 처방만을 다루고 있다. 결국 『동의보감』 가운데서 임상과 관련한 기술지만 취득한 것. 이것이야말로 『동의보감』의 분류와 배치가 얼마나 독특한 것인가를 거꾸로 말해 주고 있다.

그리고 이런 창의적인 태도는 '동의보감'이라는 명칭에서도 확연히 감지된다. '동의'東醫란 명칭도 지금으로선 너무나 지당해 보이지만 당시엔 그렇지 않았다. 보통 조선의 의술은 『의방유취』나 『향약집성방』처럼 '의방'이나 '향약' 등의 명칭을 붙이는 게 일반적이었다. 왜 동의인가? 앞에서 살펴보았듯이 '금원사대가' 중에 이동원은 북의로, 주단계는 남의로 일컫는다. 전자는 강소와 절강지역을 아우르고, 후자는 섬서지역을 포괄한다. 허준은 말한다. "의가에서 남북의 명칭이 있어 온 지가 오래되었습니다. 우리나라는 동방에 치우쳐 있으나 의약의 도는 면면히 이어졌으니 우리나라의 의학도 '동의'라고 할 수 있습니다." 허준,「집례」 당시 천하의 중심은 중국이었다. 중국은 '세계' 그 자체였다. 중국의 북쪽과 남쪽은 도저히 같은 나라라고 하기엔 기후와 음식이 너무 달랐다. 당연히 체질과 질병 및 치법이 전혀 다를 수밖에 없었다. 북의와 남의의 전통은 그렇게 형성된 것이다. 그렇다면 조선 역시 동쪽을 담당해야 마땅하다. 그러니까 동의라는 명칭에는 북의와 남의에 견줄 만한 또 하나의 일가를 이루겠다는 야심찬 안목이 깔려 있는 셈이다. 아, 그렇다고 여기에 민족주의적 의미를 부여할 필요는 없다. 당시 세계는 중화문명권이었고, 의학의 목표란 어디까지나 보편지의 추구에 있었지 조선적 특성을 강조하는 데 있지 않았다.

한편 '보감'寶鑑은 거울에 비친 듯 명료하다는 의미다. "거울은 만물을 밝게 비추어 형체를 놓치지 아니"한다. 하여, "환자가 책을 펼쳐 눈으로 보면 허실·경중·길흉·사생의 조짐이 거울에 비친 듯이 명확하니 함부로 치료하여 요절하는 우환이 거의 없을 것"집례이다. 여기서 눈여겨볼 것은 문장의 주어가 의사가 아니라 환자라는 사실이다. 즉, 아픈 사람이 스스로 자신을 치유할 수 있는 길을 열어 놓은 것이다. 『동의보감』은 최고의 지성을 집대성해 놓았지만, 결코 전문가나 고급 인텔리들만을 위한 저서가 아니었다. 선조도 당부했지만 허준 또한 의학이란 누구든 적극 활용할 수 있는 지침서여야 한다고 보았다. "고인들이 처방에 넣은 약재의 양과 수가 너무 많"으니 "가난한 집에서 어찌 이것을 감당하겠습니까?"집례 이것이 허준의 문제의식이었다. 하여, 허준은 약의 양과 수를 대폭 조절하여 처방은 간결하고 약효는 최대로 끌어올리는 데 심혈을 기울였다.

특히 주목할 것은 각 장마다 들어 있는 '단방'單方이다. 단방은 하나의 약재로만 이루어진 처방이다. 일상생활에서 쉽게 구할 수 있는 약재들로 이루어졌다. 콩나물, 도라지, 파 등등. 음식물을 잘 활용하여 약재로 쓸 수 있게 배려한 것이다. 요컨대, '동의'라는 명칭이 이 책이 놓인 시공간적 좌표를 말해 준다면, '보감'은 이 책이 지향하는 용법과 계층의 보편성을 말해 준다. '동의보감'이라는 제목은 이렇게 해서 탄생되었다.『동의보감』은 분명 조선의학사의 최고봉이다. 하지만 그 효과와 파급력은 조선을 넘어 동아시아 전체에 미쳤다. 특히 중국에선 30여 차례 간행될 정도로 베스트셀러가 되었고, 일본에서도 한의학의 표준적 모델이 되었다.

『동의보감』의 파급력을 말해 주는 흥미로운 자료가 하나 있다. 연암 박지원의『열하일기』가 그것이다.『열하일기』가운데「구외이문」口外異聞이라는 장이 있다. 거기에 흥미롭게도『동의보감』에 관한 진술이 나온다. 연암 박지원은 "우리나라 서적 중에 중국에서 간행된 것이 극히 드물었는데, 다만『동의보감』25권만이 성행하였다. 판본이 정묘하기 짝이 없었다" 하고, 그 다음에 능어凌魚라는 청나라 학자가 쓴 서문을 실었다. 능어에 따르면,『동의보감』의 체계는 "옛사람이 이룩한 방법을 따르면서 능히 신통하게 밝혀낸 바가 있어서 우주 사이의 결함을 보충하고 사대四大에 양기를 베풀었"다. "맨앞에「내경」을 두어 병의 근원을 소급하게 했고, 다음에「외형」을 두어서 병의 말단까지 소통하게 했으며, 다음에「잡병」을 두어서 증상을 변별하게 했고, 맨 뒤에 약탕과 뜸을 두어서 처방을 정하였다. …… 옛날 사람이 이루어 놓은 법을 좇되 능히 신령스럽게 밝히고, 두 나라의 부족한 부분을 보충하여 사람 몸에 온화하고 따뜻한 빛이 퍼지게 하였다"고 극찬했다. 동아시아 의학사에서『동의보감』이 차지하는 위상을 가늠하기에 충분한 언급이다.

헌데, 이어지는 연암의 말은 좀 서글프다. "내 집에는 좋은 의서가 없어서 매양 병이 나면 이웃에 돌아다니며 빌려 보았더니, 이제 이 책을 보고서 몹시 사고자 하였으나, 은 닷냥을 낼 길이 없어서 섭섭함을 이기지 못한 채 돌아올 제, 다만 능어가 쓴 서문만을 베껴서 뒷날의 참고로 삼으려 한다."

동양의학의 선구자들

명의(名醫) 편작(扁鵲)

사마천의 『사기』「편작·창공 열전」에는, 편작이 정(鄭)나라 사람으로 성은 진(秦), 이름은 월인(越人)이며, 춘추전국시대 초기인 기원전 655년 활동을 시작하여, 300년 가까이 의술을 펼친 것으로 나와 있다. 명의의 대명사인 편작은 맥진(脈診)과 침술에 능했는데, 특히 "한방에서 맥진을 말하는 사람은 모두 편작의 후예다"라고 할 만큼 이에 정통하여 맥진의 시조로 일컬어진다.

『동의보감』에는 명의 편작조차도 치료할 수 없는 병 6가지를 언급하고 있는데, 다음과 같다. "편작이 병에는 6가지 치료할 수 없는 것이 있다고 했다. 교만하고 방자하여 이치에 따르지 않는 것이 첫번째 경우다. 몸을 소중히 여기지 않고 재물을 중시하는 것이 두번째 경우다. 먹고 입는 것을 챙기지 않는 것이 치료할 수 없는 세번째 경우이며, 음양(陰陽)과 장기(藏氣)가 다 안정되지 않는 것이 네번째 경우다. 몸이 마르고 약을 먹을 수 없는 것이 다섯번째로 치료할 수 없는 것이며, 무당을 믿고 의사를 믿지 않는 것이 여섯번째로 치료할 수 없는 것이다.'고 하였다."(「잡병편」, '변증', 918쪽)

명의(名醫) 화타(華陀)
중국 후한(後漢) 말에 활동했던 전설적인 명의. 외과적 치료를 행한 것으로 특히 유명하여 중국에서는 외과의 비조(鼻祖)로 숭상받고 있다. 동양의학은 근대 서양의학과 달리 해부나 외과적 시술을 행하지 않았고 그에 대한 기록도 거의 없는데, 예외적인 이가 바로 화타다. 대마와 술을 섞어 만든 특별한 약초배합으로 환자를 마취시켰다고 하며, 일침방식(침을 하나만 사용하는 것) 치료로 유명했다. 평생을 민중의사로 살았던 그는 심신수련법에도 뛰어났다고 한다.『삼국지연의』에도 화타는 여러 번 등장하는데, 전투 중 독화살로 상처를 입은 관우의 팔을 뼈를 깎아 치료하는 장면이 유명하다. 위 그림이 바로 화타가 관우를 치료하는 모습이다.

장중경과 손사막

장중경(張仲景, 150?~219, 위 그림 왼쪽)은 후한 무렵의 관료이자 의사로, 의학에서 그가 이룬 뛰어난 성취들로 의성(醫聖)으로 칭해진다. 청년기에 고향사람인 장백조로부터 의술을 배웠다. 후한 말기의 혼란 속에서 더욱 창궐했던 역병(2백 명이던 친족 중 3분의 2가 10년 동안 역병으로 사망했는데, 그 7할이 '상한병'이었다고 한다)에 마음 아파하며 관직에서 물러나 의학 연구에 매진했다. 그 결과, 고대부터 전해져 온 의학서의 지식에 스스로의 경험을 더해 쓴 『상한잡병론』(뒤에 『상한론』과 『금궤요약』의 두 책으로 나뉨)을 저술하게 되었다. 그는 선인들의 지식을 존중하면서도 환자 개개인의 케이스에 따라 필요하다면 독창적인 치료도 과감히 시도했다고 한다. 그의 저서는 지금까지도 한방의학의 가장 중요한 문헌으로 꼽히고 있다.

손사막(孫思邈, 581~682, 위 그림 오른쪽). 중국 당나라 때의 의학자로 노장의 도에 통달하였으며, 의술도 뛰어났다. 어릴 때부터 신체가 약했지만, 7세부터 공부를 시작해 20세에는 제자백가를 두루 섭렵했다고 한다. 평생 명리로부터 초탈한 채 의술을 베풀어, 사람들이 그를 "손진인"(孫眞人)이라고 불렀다. 민간요법과 자신의 의료 경험을 수집하고, 선인들이 남긴 많은 의약 문헌을 모아서 분류 정리하여 의학서를 편집했다. "인명의 소중함은 천금보다 귀하고 의사의 방제가 이를 구할 수 있으므로 그 덕이 천금을 넘는다"고 하여 책 이름을 『비급천금요방』이라고 했다. 30권으로 이루어진 『천금요방』은, 의학윤리규범, 임상지식, 부인·소아·안·외과 각각의 병증과 해독·구급·양생 등을 다루고 있어, 당대 이전 의약학을 집대성한 종합의학 백과사전이라 할 수 있다.

금원사대가(金元四大家)

중국의 금나라, 원나라 시대를 풍미한 의학상의 4대학파이다. 동양의학사에 있어서 이때는 백가쟁명의 시대였다. 그 대표적인 인물이 유완소, 장종정, 이동원, 주진형 등이다. 이들 4대가의 학설은 당시와 후세의 의학에 지대한 영향을 끼쳤다. 그림은 맨 위 왼쪽부터 시계 방향으로 주진형, 장종정, 이동원, 유완소.

2장
의학,
글쓰기를 만나다:
이야기와 리듬

허준은 의사이기 이전에 학자였다. 학자란 문장가를 뜻한다. 문장이란 무릇 뜻과 스타일을 갖추어야 한다. 좋은 문장이 되려면 이치가 분명하면서도 활발한 생동감을 지녀야 하기 때문이다. 그래서 글을 쓴다는 것은 분명 의사로서의 능력과는 아주 다른 것이다. 허준이 분류학에 심혈을 기울인 이유도 여기에 있다. 하지만 그게 다가 아니다. 구체적으로 각 항목을 어떻게 구성할 것인가?가 문제다. 그것이 곧 화법 혹은 담론의 질서를 결정한다.

　보통 의서는 의학적 정보를 나열하는 것일 뿐 글쓰기라고는 생각하지 않는다. 그래서 더할 나위 없이 무미건조하다. 사람들이 의서를 독서의 범위에 두지 않는 것은 전문성 때문이기도 하지만 무엇보다 글쓰기의 부재 때문이다. 하지만 글쓰기와 결합하지 않으면 아무리 대단한 정보가 있다 한들 매뉴얼 이상이 되기 어렵다. 그리고 매뉴얼 상태로는 결코 대중적 영향력을 행사할 수 없다. 그만큼 텍스트의 가치를 규정하는 데 있어 글쓰기라는 배치는 의미심장하다. 그러고 보면 의과대학에서 글쓰기를 배우지 않는 것도 좀 의아하다는 생각이 든다. 의사들은 글쓰기를 못해도 된다고 생각하는 것일까? 그것 자체가 의학적 담론을 널리 알리겠다는 생각이 없기 때문인 건 아닐까?

『동의보감』은 그 무시무시한 두께에도 불구하고 예상 외로 재미있다. 태극이나 음양, 육십갑자 등 아주 생소한 용어들이 난무하지만 전혀 낯설지가 않다. 이유는 특유의 글쓰기 방식에 있다. 물론 『동의보감』 전체가 인용으로 이루어져 있기 때문에 이 글들이 허준 자신의 창작물인 건 아니다. 하지만 그것들을 취재하고 배열하는 방식은 분명 허준만의 독특한 스타일이다. 그중에는 구수한 이야기도 있고 감칠맛 넘치는 운문도 있다. 미적인 차원에서 보아도 발랄유쾌한 유머가 있는가 하면, 소름끼치는 호러물도 있다. 의서에 이렇게 다채로운 글쓰기가 공존하다니. 어찌 보면 『동의보감』의 진정한 독창성은 여기에 있는지도 모르겠다.

의학과 민담 '사이'

신침법神枕法 : 옛날에 태산 아래 어떤 노인이 살았는데 그 이름은 전하지 않는다. 한무제가 동쪽으로 순행하다가 길가에서 김을 매고 있는 노인을 보았는데, 그의 등에서는 몇 척이나 되는 흰 광채가 뿜어져 나왔다. 무제가 괴이하게 여겨 도술을 닦았는지 물었다. 노인이, "제가 오래전 85살이었을 때 노쇠하여 거의 죽을 것 같았고 머리는 희고 치아는 듬성듬성했습니다. 그런데 한 도사가 대추를 먹고 물을 마시며 곡식을 끊는 방법과 신묘한 베개를 만드는 방법을 가르쳐 주었습니다. 베개 속에는 32가지 약재를 넣습니다. 그중 24가지는 좋은 것으로 24절기에 해당하고, 8가지는 독이 있는 것으로 팔풍에 상응합니다. 그것을 베고 자니 다시 젊어져서 백발이 검게 변하고 빠진 치아가 다시 생기며, 하루에 300리를 다닐 수 있었습니다. 저는 지금 180살인데 자손이 그리워 속세를 떠나 산에 들어가지는 못하고 다시 곡식을 먹은 지 이미 20여 년이 지났습니다. 그렇지만 아직도 신묘한 베개의 힘으로 늙지 않고 있습니다"라 하였다. 무제가 그 얼굴을 보니 쉰살쯤 되어 보여서 이웃 사람들에게 확인해 보니 모두 사실이었다. 무제가 그 방법대로 베개는 만들었으나 곡식을 끊고 물을 마시는 것은 제대로 따르지 못했다.「내경편」,'신형', 38쪽

여름철에 더위 서늘한 곳에서 자다가 뱀이 귀나 코나 입으로 들어가서 당겨도 나오지 않을 때는 급히 칼로 뱀의 꼬리를 자르고 천초산초나무의 열매껍질 2~3알을 넣고 감싸 놓으면 나온다. 또, 뱀의 꼬리에 쑥뜸을 뜨면 나온다. 또, 어미돼지의 꼬리 끝을 잘라 나오는 피를 입 속과 뱀이 들어간 구멍 속에 떨어뜨려도 나온다. 그후 웅황황화비소를 함유한 광석가루를 인삼 달인 물에 개어 먹어 뱀독을 없앤다. 갑자기 뱀이 감

아 풀지 않을 때는 따뜻한 물을 붓는다. 뜨거운 물이 없으면 다른 사람이 거기에 소변을 보아도 풀린다.「잡병편」,'구급', 1711쪽

앞의 글은「내경편」의 첫 장인 '신형'문의 마지막 부분에 나오는 이야기다. 핵심적 내용은 베개를 활용한 양생술인데, 스토리라인이 풍부하여 한편의 민담을 감상하는 기분이다. 한무제가 나오는 걸로 봐선 역사적 사실인 듯하지만 노인의 나이가 백팔십 살이라는 데 이르면 사실과 허구 사이의 경계가 모호해진다. 뒤의 것은「잡병편」'구급'에 나오는 처방 중의 하나다. 일단 이 이야기를 보면 이 시절에는 사람들과 뱀이 아주 가까운(?) 사이였음을 알 수 있다. 자다가 보면 입이나 코, 귀로 들어가기도 할 정도로. 하긴 집집마다 곳간에 뱀이 똬리를 틀고 있으면 그게 집안을 지켜 주는 업둥이라고 여기는 풍속이 있었으니 그럴 만도 하다. 그렇기는 해도 뱀이 몸속에, 그것도 얼굴에 있는 구멍에 들어간다는 건 생각만 해도 소름이 끼친다. 그런데, 읽다 보면 왠지 웃긴다. 그 처방도 참, 가지가지다. 뜨거운 물 대신 다른 사람의 소변을 이용하는 장면은 웃음이 절로 터진다.『동의보감』을 읽다 보면 곳곳에서 이런 식의 이야기들과 마주친다. 다 모으면 민담집 하나는 될 정도다.

당시는 구술의 시대였다. 문자가 아니라 말을 통해 담론들이 흘러다녔다. 문자와 구술은 단순히 매개 수단의 차이만을 의미하지 않는다. 문자의 세계에선 담론들 사이의 경계가 선명하지만 구술의 세계에선 그렇지 않다. 분과와 장르 사이의 넘나듦도 비교적 자유롭다.

미학적 경계도 그다지 명료하지 않다. 위에서 보다시피 오싹할 정도로 무서웠다가 갑자기 웃음보가 터졌다가, 이런 식의 이질적 감정들이 나란히 공존하는 건 우리시대에는 좀처럼 맛보기 어려운 미의식이다. 이런 이야기를 통해 보건대, 근대 이전에는 의학과 민담 사이의 거리가 상당히 가까웠음을 알 수 있다. 과학과 미신이라는 선명한 이분법이 작동하지 않았기 때문이다. 그 점은 역사의 기술에서도 확인된다. 『삼국유사』는 말할 것도 없고, 『삼국사기』 같은 정통역사서에도 정치적 사건과 자연재해 혹은 신화나 전설이 자연스럽게 뒤섞여 있다. 허준 또한 민간에 떠도는 말들 중에서 의학적 유용성에 부합한다면 기꺼이 담론 안에 포섭하였다. 또 설령 의학적으로 검증되지 않았다 해도 민중의 삶에서 구체적으로 활용되는 의술이라면 적극 포섭했다.

> 밤에 악몽을 꾼 것을 말해서는 안 된다. 동쪽을 바라보며 칼을 차고 물을 입 속에 머금었다가 내뿜으면서 "악몽은 초목에 붙고 좋은 꿈은 보석이 되거라" 하고 주문을 외우면 좋지 않은 일이 생기지 않을 것이다. 또 꿈의 좋고 나쁜 것은 결코 말하지 말아야 좋다. 사향을 오래 복용하면 꿈을 꾸다가 깨지 않고, 잘 때 가위눌리지 않는다. …… 호랑이 머리뼈로 베개를 만들어서 베면 악몽이 사라지고 가위 눌리지 않는다.「내경편」, '몽', 160쪽

「내경편」 '몽'夢문에 나오는 이야기다. 악몽을 쫓는 방법이 다채롭

다. 칼을 차고 물을 머금었다 내뿜고……. 마치 행위예술처럼 보인다. 게다가 호랑이 머리뼈로 베개를 만들다니, 악몽보다 이게 더 끔찍할 거 같다.^^ 여기서도 의학과 민간풍속 사이의 긴밀한 관계를 확인할 수 있다. 이러다 보니 간혹 전설의 고향에 나올 법한 스토리도 등장한다. 예컨대 당시에는 우물이 생활의 중심이자 사건의 현장이기도 했다. 그런데 때론 우물 자체가 독기로 휩싸이는 경우도 있었던가 보다. "우물이나 무덤 속에 들어갈 때는 먼저 닭이나 오리의 깃털을 던져 본다. 곧장 떨어지면 독이 없는 것이고 왔다갔다 하면서 떨어지지 않으면 독이 있는 것이다. 먼저 술 몇 되를 그 속에 뿌리고 한참 후에 들어간다." 그리고 이런 이야기가 이어진다.

신성현의 어떤 집에 물이 말라 버린 우물이 하나 있었다. 5월에 지나가던 나그네 두 명이 돈주머니를 잃어버렸는데, 우물 속에 빠졌을까 하여 한 사람이 먼저 우물 속으로 내려갔다. 아무 소리가 나지 않아 또 한 사람이 내려갔는데 또 오랫동안 나오지 않았다. 곁에 있던 사람이 이상하게 여겨 집주인과 의논한 후, 밧줄로 나무 판때기를 묶어 그것을 타고 내려가 보았는데, 그 사람도 아무 소리를 내지 않았다. 우물에서 끌어올려 보니 정신이 혼미하여 인사불성이 되어서 찬물을 끼얹어 깨어나게 하였다. 다시 닭과 개를 밧줄에 매어 시험해 보았더니 그것들도 죽었다. 그래서 우물 둘레를 무너뜨리고 두 사람의 시체를 찾아 밧줄에 시체를 매어 올려 보냈다. 살펴보니 시체가 검푸른데 전혀 상처가 없었다. 독기에 상해서 죽었기 때문이다.「잡병편」, '구급', 1711쪽

납량특집에 해당할 만한 스토리다. 이런 이야기는 일종의 괴담으로 인구에 회자되다가 이렇게 담론 안에 포섭되었을 것이다. 생각해 보니 그렇다. 민간의 '인정물태'人情物態라는 것이 생로병사를 떠날 수 없고, 그렇다면 특히 병이나 죽음과 관련한 서사가 많은 것은 당연한 노릇 아닌가.

그런데 왜 우리는 의서에는 이런 이야기들이 포함된다는 생각을 하지 못했을까? 아마도 의학은 엄밀하게 정돈된 임상적 데이터만을 다루는 것이라고 간주하는 편견 때문일 터이다. 그리고 그런 식의 고정관념은 임상의학이 지닌 담론적 '차가움'을 반영한다. 의학은 엄격하고 체계적이어야 하며 민간의 '뜬'소문들을 담아선 안 된다는. 그러고 보면 현대는 모든 사람들에게 지식의 기회를 준다는 점에서는 평등하지만 그건 어디까지나 눈에 보이는 제도적 차원에 한정될 뿐, 막상 담론이라는 보이지 않는 무형의 차원에 들어가면 지성과 통속 사이를 날카롭게 구획하고 있다. 따라서 병원과 약국이 사방에 널려 있지만 의학에 대해 환자들이 느끼는 권위는 여전히 두텁다. 그것은 무엇보다 담론의 장벽 때문이다. 병원에는 서사가 없고, 약국에는 이야기가 없다. 그래서 의학은 재미없고 지루하고 다만 무서울 따름이다.

의술은 리듬을 타고

황제 : 양명병이 심해지면 옷을 벗고 뛰거나, 높은 곳에 올라가 노래 부르며, 며칠 동안 음식을 먹지 않고, 담을 넘고 지붕 위로 올라갑니

다. 그곳은 평소에도 높아서 올라갈 수 없는 곳인데 병이 들어 도리어 가능한 이유는 무엇입니까?

기백 : 사지는 모든 양의 근본입니다. 양이 왕성하면 사지가 튼튼해지고, 사지가 튼튼해지면 높은 곳에 오를 수가 있습니다.

황제 : 옷을 벗고 뛰는 것은 무엇 때문입니까?

기백 : 몸에 열이 심하므로 옷을 벗고 뛰려고 하는 것입니다.

황제 : 가까운 사람과 먼 사람을 가리지 않고 함부로 말하고 욕을 하며 노래하는 것은 무엇 때문입니까?

기백 : 양이 왕성하기 때문에 가까운 사람과 먼 사람을 가리지 않고 함부로 말을 하고 욕을 하며 음식을 먹지 않으려 합니다. 양이 성하므로 밥을 먹지 않으려 하고 먹을 생각도 없고 마구 달립니다.

「내경편」, '신'(神), 107쪽

『동의보감』을 읽다 보면 황제와 기백, 이 두 사람의 대화를 자주 접하게 된다. 마치 이 두 사람이 『동의보감』의 주인공처럼 느껴질 정도다. 말할 것도 없이, 『황제내경』에서 인용한 대목이다. 언급했듯이, 『황제내경』은 황제와 기백의 대화로 이루어져 있다. 대화체는 구술문화 시대에 가장 많이 활용한 화법이다. 구어체의 생동감과 단도직입적으로 문제를 다룰 수 있다는 이점 때문이다. 그런데 구어체와 대화를 많이 구사하다 보면 자연히 말에 리듬이 붙게 마련이다. 천지의 모든 소리에는 율려가 있고, 따라서 사람의 말에도 그에 걸맞은 운율이 수반된다. 불경이나 『논어』가 다 구어체로 된 이유도 여기에 있다. 불경은 거의 대부분이 운문으로 되어 있고, 특히 인도식 초기경전에는 후렴구가 장황하게 붙어 있다. 그냥 묵독을 하기에는 상당히 번거롭지만 암송을 하기에는 매우 효과적인 장치다. 뿐만 아니라, 그 소리들의 리듬감 자체가 엄청난 신체적 감응력을 발휘한다. 유불도의 가르침이 수천 년을 내려오게 된 저력도 다름아닌 이 소리 자체에 있다고 해도 무방하다.

『동의보감』의 화법도 이 리듬과 운율을 적극 활용하고 있다. 그러다 보니 수사적으로 대구와 열거법이 빈번하게 구사된다. "남자는 양이니 기를 얻으면 흩어지기 쉽고, 여자는 음이니 기를 만나면 대부분 울체가 된다." "여자는 혈을 고르게 하여 기를 소모시켜야 하고, 남자는 기를 고르게 하여 혈을 길러야 한다." "성내면 기가 거슬러 오르고, 기뻐하면 기가 느슨해지며, 슬퍼하면 기가 사그러지고, 두려워하면 기가 내려가며, 추우면 기가 수렴되고, 열이 나면 기가 빠져나가며, 놀라면 기가 어지러워지고, 피로하면 기가 소모되며, 생각을 하면 기가 맺힌다." "심은 성음의 주인이고, 폐는 성음의 문이며, 신은 성음의 뿌리이다." 등등. 이런 식으로 모든 구절들이 항상 대구형식으로 리드미컬하게 진행되기 때문에 흡사 민요나 판소리 한 대목을 읊조리는 기분이다. 그래서 이런 구절은 특히 낭송을 해야 한다. 낭송을 하는 순간, 정서적 무장해제가 이루어지고, 그 덕분에 내용이 주는 권위를 가뿐히 넘어서게 된다. 과연 노래는 힘이 세다! 개중에는 아예 이렇게 노래형식으로 굳어진 것들도 있다.

양생의 도는 정액을 보배로 삼는다

중요한 이 보배를 고이고이 간직하라

여자 몸에 들어가면 아이가 태어나고

제 몸에 간직하면 자기 몸을 기른다

아이 밸 때 쓰는 것도 권할 일이 아니어든

아까운 이 보배를 헛되이 버릴쏜가

없어지고 손상함을 자주자주 깨닫지 아니하면

몸 약하고 쉬이 늙어 목숨이 줄어들게 되리라

'양생의 도'와 '정기신精氣神의 관계'를 말하는 상당히 고원한 내용인데 이렇게 운문의 배치로 구성되어 있다. 요점은 정精을 보호해야 한다!는 것. 아무리 그래도 정액을 테마로 한 시가 있다는 건 상상하기 어려울 것이다. 의학이 아니고서야 어떻게 이런 전위적(?) 시가 가능할 것인가. 명의들은 이런 식의 운율식 잠언들을 많이 남겼다. 어떠한 내용이나 사실을 운문화하려면 산문과는 다른 고도의 응집력이 필요하다. 산만하게 흩어져 있는 말들의 에센스를 수렴하고 응축할 수 있어야 한다. 그 텍스트를 읽는 독자 역시 마찬가지다. 시를 감상할 때와 마찬가지로 운문이 주는 긴장과 압축을 깊이 음미하고, 훈련할 수 있게 된다. 즉, 의학적 메시지를 전달하기에 아주 유효한 표현형식이라는 것이다.

　아울러 이런 운문은 아주 실용적인 목적도 지니고 있다. 의학은 암기해야 할 내용들이 참으로 많다. 이것들을 그냥 산문으로 외운다는 건 실로 고통스러운 일이다. 하지만 이걸 운문으로 재구성하면 그 리듬감을 통해 난관을 헤쳐갈 수 있다. 일종의 암기용 노트인 셈인데, 의학사에는 이런 유의 노래들이 아주 많다. 「약성가」나 「병기 19조」, 「14경혈가」, 「12경맥 유주」 등등. '풍한서습조화'風寒暑濕燥火 가운데 가장 분량이 많은 '한'寒에 대한 노래도 그중 하나다. 글쓰기 형식 가운데 '부'賦의 형식을 취했기 때문에 '상한부'라고 제목을 달았다.

    상한부傷寒賦

    상한에 병이 나면 증세 변화 복잡하다
    선현들이 자세하게 연구해 놓은 원칙 따라
    후학들이 치료하는 기준 또한 삼았다네

    태양증은 두통 있고 열이 나며 등이 곧고
    양명증은 눈 아프며 코 마르고 잠 안 오네

    소양증은 귀가 먹고 늑골 통증 추위하며
    열이 나고 구역질을 하며 입이 또한 쓰다네
    태음증은 배가 그득 설사 또한 절로 나고
    척맥 촌맥 침하면서 낫지 않는다네

    소음증은 혀 마르고 입안이 깔깔하며
    궐음증은 속이 번만하여 음낭이 줄어드네

1~2일에 땀을 내서 표증을 풀어주고
3~4일에 화해해서 반표반리 낫게 하네
5~6일에 뒤 굳으면 설사를 시킬 것이고
7~8일에 안 풀리면 또다시 전경되네
하루 2경(痙) 전하면 양감(兩感)이라 하는데
전경된 지 6일 되면 하나도 못 살리리라

태양증에 땀 없으면 마황탕이 으뜸일세
태양증에 땀 있으면 계지탕을 먼저 쓰라
소시호탕은 소양증에 많이 쓰는 핵심 약이고
대시호탕은 양명증의 뒤 굳은 것 잘 푼다네

삼음증이 되면 일정한 방법 없어
데우기도 하거니와 사하기도 한다네
증상 자주 변하는 덴 알맞게 의견 내서
처방들을 그때그때 갈아 쓰라

'상한'은 찬 기운에 의한 '심한 독감'이라고 생각하면 된다. 위낙 증세가 다양한 데다 치명적이라서 이렇게 노래로 정리를 해둔 것이다. 위에서 보듯, 상한의 각종 증세와 병의 경과, 그리고 처방까지 두루 포괄하고 있다. 한의학을 배우려면 이런 식의 운문에 익숙해져야 한다. 이것도 우리시대 지식의 배치와는 사뭇 다른 지점이다. 우리시대 지식은 암기 아니면 이해, 둘 중 하나다. 둘 다 신체성이 아주 희박하다. 즉, 지식과 몸이 결합하는 밀도가 약하다는 뜻이다. 그래서 지식을 터득하는 기쁨도, 앎의 열정도 동시에 냉각되는 것이다. 지식과 신체성을 연결하는 최고의 방법 가운데 하나가 바로 이 낭송이다. 물론 처음에는 효과적인 암기를 위한 방편일 수 있다. 하지만 단지 거기에서 그치는 건 아니다. 내용을 충분히 암기한 다음에도 암송은 계속되어야 한다. 「12경맥 유주」, 「14경혈가」, 「64괘」 등 핵심적인 사안들은 매일의 일과처럼 늘 몸에 붙이고 있어야 한다. 그 안에 담긴 심오한 이치를 터득하기 위해서다. 의술이 수행이 되는 배치도 여기에 있다. 그런 점에서 한의학을 배운다는 것은 '낭송의 달인'이 된다는 뜻이기도 하다.

의사는 연출가, 임상은 리얼예능

『동의보감』 글쓰기 가운데 단연 돋보이는 것은 역시 임상의 서사다. 의서라고 하면 보통 병증과 처방이 나열된 것으로만 생각한다. 사실 대부분의 의서들이 그렇기도 하다. 전문가들끼리만 주고받는 난해한 어휘들로 가득하다 보니 대중들에겐 마치 도저히 풀 수 없는 암호문처럼 보인다. 현대의학은 더 심하다. 의사들이 주고받는 말은 완전 외계어다. 감기약 처방조차 알아듣기 어렵다. 이런 식의 언표배치는 임상을 삶과 일상으로부터 분리시키는 결과를 초래한다. 즉, 병을 치유하는 것과 그 환자의 몸, 그리고 일상과는 별 연관이 없는 일처럼 간주하게 되는 것이다. 『동의보감』은 그러한 배치가 결코 절대적인 것이 아님을 환기시켜 준다.

어떤 부인이 밤에 도둑을 만나 크게 놀란 이후로 소리만 들리면 놀라서 쓰러져 인사불성이 되었다. 의사가 심병心病으로 여기고 치료하였으나 효과가 없었다. 대인이 보고 말하기를, "경驚은 양陽이니 밖에서 들어오는 것이고, 공恐은 음陰이니 안에서 나오는 것이다. 경은 자기가 알지 못하는 것이고, 공은 자기가 아는 것이다. 담膽은 용감하게 한다. 놀라거나 두려워하면 담이 상한다"고 하였다. 그러고는 양손을 잡아 의자에 앉히고 앞에 책상을 놓고 말하기를, "부인, 이것을 보세요"라 하면서 나무로 세게 치니 그 부인이 매우 놀랐다. 조금 있다가 또 치니 놀라는 것이 조금 누그러졌고, 계속해서 4~5번 내리친 다음에는 놀란 것이 서서히 진정되었다. 감탄하여 "이것은 어떤 치료법입니까?"라고 물었다. 대인이, "놀란 경우는 안정시킨다고 하는데 안정시킨다는 것은 익숙해지게 하는 것이다. 익숙한 것을 보니 놀라지 않게 되는 것이다"라 하였다. 그날 밤에 창문을 두드려도 저녁부터 새벽까지 깊이 잠들어 소리를 듣지 못했다. 놀라는 것은 신이 위로 떠오르는 것이다. 책상을 세게 치는 것을 내려보게 한 것은 신을 거두기 위해서이다.「내경편」, '신', 95쪽

어떤 부인이 배가 고파도 음식을 먹으려 하지 않고 늘 성을 내고 욕을 하며 주위 사람들을 죽이려 하고 계속 못된 소리를 하였다. 여러 의사

들이 치료하였으나 효과가 없었다. 대인이 이를 보고, "이것은 약으로 치료하기 어렵다"고 하였다. 그리고 기녀 두 명에게 각각 붉은 분을 발라 광대처럼 분장을 시키니 그 부인이 크게 웃었다. 다음날에는 씨름을 하게 하였더니 또 크게 웃었다. 그리고 잘 먹는 여자 두 명을 늘 옆에 붙여 놓고 음식이 맛있다고 말하게 하였더니 병이 난 여자도 음식을 찾아 맛을 보게 되었다. 며칠이 지나지 않아 성내는 일이 줄고 식사량이 늘어나 약을 주지 않아도 병이 나았다. 나중에는 자식도 하나 낳았다. 의사는 재치가 있어야 하니 재치가 없으면 어떻게 임기응변을 할 수 있겠는가?「내경편」,'신', 113쪽

이런 이야기를 보면 의사는 일종의 연출자라는 생각이 든다. 웃기고 울리고 속이고. 어디 그뿐인가. 이벤트를 조직하고 몰카를 하고 장면 재연을 하고, 그야말로 리얼 예능이 따로 없다. 이런 설정 자체가 한의학의 담론적 특이성을 잘 보여 준다. 한의학에서 질병이란 특정 장소 및 세균으로 환원되지 않는다. 따라서 치유 역시 그 원인들의 제거를 통해 이루어지는 것이 아니다. 몸과 일상, 그리고 외부의 기운들이 조화롭게 어우러져야 비로소 근본적인 치료가 가능하다. 그런 까닭에 치유의 과정 자체가 한편의 풍속적 서사가 된다. 사람들이 어떻게 살았는지, 여성들이 앓는 질병이 무엇이었는지, 어떤 놀이와 음식을 동원했는지 등이 고스란히 드러나기 때문이다. 따라서 이런 서사 가운데는 질병의 시대적 성격이 고스란히 담겨 있기도 하다.

어떤 노인이 부역이 닥치자 답답해하고 괴로워하다 갑자기 광병이 생겼다. 입과 코에 벌레가 기어다니는 것 같아 두 손으로 긁는 것이 여러 해가 지났는데 낫지 않았다. 맥은 모두 밧줄처럼 홍대(洪大, 맥이 보통 이상으로 크게 뛰는 것)하였다. 대인이 단정하기를 "간은 모려를 주관하고 담은 결단을 주관한다. 부역이 닥쳤지만 재물로 면제받을 수 없었기 때문에 간에서 여러 번 생각해 보아도 담에서는 결정을 내릴 수가 없는 것이다. 억울함을 풀 수도 없고 노기를 쏟아낼 곳도 없으므로 심화가 타올라 양명인 금을 올라타는 것이다. 그러나 위는 본래 토이고 간은 목이며 담은 상화이다. 화가 목기를 따라 위에 들어가기 때문에 갑자기 발광하는 것이다"라 하였다. 그리고 따뜻한 방안에서 땀을 3번 흠뻑 나오게 하고, 조위승기탕調胃承氣湯으로 20여 번 크게 설사시켰다. 핏물과 어혈이 섞인 것 몇 되를 싼 후 그 다음날 편안해졌다. 그후 통성산通聖散으로 조리하였다. 「내경편」, '신', 111쪽

전에는 귀하였으나 나중에 천하게 된 것을 탈영脫營이라 하고, 전에는 부유했으나 나중에 가난해진 것을 실정失精이라 한다. 비록 사기가 들어오지 않아도 병이 속에서 생겨 몸이 날로 축나고 기가 허하며 정이 없어진다. 병이 심해지면 무기력하고 오싹오싹하며 때로 놀란다. 「내경편」, '신', 112쪽

노인이 되어서도 부역을 감당해야 하는 하층민, 고귀한 처지에 있다가 한순간에 추락하는 양반귀족들. 사극에서 흔히 보던 장면들이

다. 그런 식의 모순과 변곡점은 반드시 생리적 변이를 일으키고, 또 그것은 결국 병증으로 이어지기 마련이다. 특히 후자의 증상은 다른 대목에서 또 한번 거론된다. "전에 귀하게 살다가 세력을 잃으면 비록 사기가 들어오지 않더라도 안으로 정과 신이 상하여 반드시 몸이 좋지 않게 된다. 처음에 부유하다가 나중에 가난해지면 비록 사기에 상하지 않더라도 피부가 마르고 근이 오그라들며 위벽으로 경련이 인다. 갑자기 즐거워하고 갑자기 괴로워하거나, 처음에는 즐거워하다가 나중에 괴로워하면 모두 정기를 상한다. 정기가 다하여 끊어지면 형체가 훼손되어 무너진다."「잡병편」,'변증', 917쪽

아마도 우리시대는 이런 증상이 더 심할 것이다. 투기자본이 넘치니 한방에 부자가 되었다가 졸지에 파산을 하는 부자들이 얼마나 많겠는가. 하긴 요즘은 워낙 상승과 추락의 낙폭이 심하다 보니 이런 병증으로 진행되기도 전에 자살로 마감하는 경우가 더 많다. 그 또한 "정기가 다하여 끊어지면 형체가 훼손되어 무너"지는 형국에 다름 아니다. 의사라면 마땅히 이런 시대적 상황을 한눈에 꿸 수 있어야 한다. 그래야만 환자의 병증에 접근할 수 있을뿐더러 치료의 맥점을 잡을 수 있을 테니 말이다. 그런 점에서도 임상은 종합예능이다.

한편 치료과정뿐 아니라 처방전에도 다양한 방식으로 시대적 서사가 깔려 있다. 예컨대, 「잡병편」 '제상'諸傷, 여러 가지 외상 가운데 "매를 맞아도 아프지 않게 하는 법"1674쪽이라는 항목이 있다. 당시에는 죄를 지으면 곤장을 맞는 경우가 많았고 또 하인들은 주인한테 몽둥이찜질을 당하는 경우도 적지 않았다. 「흥부전」에 보면 흥부가 하는 알바

가운데 '매품'이 있다. 매를 대신 맞아 주는 알바인 것. 그 정도로 매를 맞는 일이 다반사였던 것이다. 그런 배경하에서 이런 처방이 나온 것이다.

　나아가 시대적 환난에 대비하는 처방도 있다. 「잡병편」의 '잡방' 雜方은 이런 처방으로 시작한다. "곡식을 먹지 않고 흉년을 넘기는 법." 밥을 안 먹고 살려면 물과 공기를 먹고 사는 건데. 그건 신선술 아닌가? 그렇다. "이것은 신선의 신기한 일과 관련된 것이지 세속적인 사람에게 가르칠 것은 아니"다. "그러나 흉년에 굶어 죽는 사람이 길에 넘쳐나니 참으로 애석한 일이다. 지금 그중에 쉽게 할 수 있는 것을 대략 기록하였다." 백성의 고난을 위해 신선의 비방을 공개한 것이다. 그 방법 가운데 하나는 이렇다. "배고파 죽을 것 같을 때는 입을 닫고 혀로 아래윗니를 저어서 침을 나오게 하여 삼킨다. 하루에 360번 삼키면 좋고, 점점 익혀서 1,000번에 이르면 저절로 배고프지 않게 된다." "사람이 위급한 난리통이나 사방이 막힌 곳에 있을 때는 거북이나 뱀처럼 공기를 마시면 죽지 않는다. 옛날 어떤 사람이 구덩이에 빠졌는데, 그 속에 있던 뱀이 매일 이 기운을 마셨다. 그 사람이 뱀처럼 때로는 굶다가 때로는 이 기운을 마셨다. 날마다 이와 같이 오래 하니 점차 효과가 생겨 몸이 가벼워지는 것 같더니, 경칩이 지난 후에 뱀과 함께 단번에 뛰어나왔다."1720쪽 물론 흉년 때 먹는다고 하는 '초근목피' 중에 송엽과 측백엽도 있다. 이와 관련해서도 아주 흥미로운 일화가 하나 소개되어 있다.

종남산에 어떤 사람이 있었다. 옷을 입지 않고 몸에는 온통 검은 털이 났으며, 나는 듯 구덩이를 뛰어넘고 시내를 넘었다. 사람들이 포위하여 잡으니 부인이었다. 그녀가, "나는 원래 진나라 궁녀였다. 관동에서 적이 침입하여 진왕이 항복하므로 놀라서 산에 들어왔는데 굶주려도 먹을 것이 없었다. 이때 어떤 노인이 나에게 소나무나 측백나무의 잎을 먹으라고 하였다. 처음에는 쓰고 떫다가 조금씩 먹는 것이 편해졌고, 마침내 다시 배고프지 않고 겨울에 춥지 않고 여름에 덥지 않았다"고 하였다. 진나라 때부터 한나라 성제 때까지는 이미 300여 년이 지났을 때였다. 「잡병편」, '잡방', 1721쪽

앞에 나왔던 '신침법'의 내용과 모티브가 상당히 닮았다. 하지만 내용적으로는 한층 더 업그레이드되었다. 진나라 때의 궁녀라니. 거기다 야생에서 오래 살다 보니 신체도 동물적으로 바뀌었다. 마치 영화 「아바타」에 나오는 형상이 떠오른다. 이처럼 『동의보감』의 이야기 세계는 경계가 무궁하다.

또 다른 예로 "피난갈 때 소아의 울음을 멎게 하는 방법"이라는 항목이 있다. 제목부터가 가슴을 뻐근하게 한다. 전란을 피하려면 적군의 칼날을 피해 산으로 숲으로 도주해야 한다. 그때 갓난아기가 울고 보채면 정말로 난감한 노릇이다. 아마도 그 때문에 적군에 잡혀 죽는 경우가 많았을 것이다. 그러니 이 처방이야말로 민중적 고난과 연결된 의술이다.

솜을 작고 둥글게 뭉쳐서 입에 채우되, 숨이 막히지 않게 한다. 그리고 감초 달인 물이나 단것으로 적신다. 위험할 때 아이의 입에 묶어 놓아 그것을 빨게 한다. 아이의 입에 물건이 채워져 있으니 저절로 소리를 내지 못하게 되고 솜은 부드러워서 아이의 입이 상하지도 않는다. 불행히 난리를 만나 울음이 멎지 않을 때는 적들이 들을까 염려되어 길옆에 버릴 때가 있으니, 아! 슬프구나. 이 방법을 써서 많은 사람을 살렸으니 이것을 모르면 안 된다.「잡병편」,'잡방', 1744쪽

단지 처방전일 뿐인데, 마치 역사드라마 한 편을 본 듯한 울림을 준다. 미루어 짐작컨대, 전란 중에 많은 아이들이 길가에 버려졌음을 알 수 있다. 그냥 입을 채우는 것이 아니라, 감초 달인 물이나 단것으로 채우라는 대목에선 그 자상함에 가슴이 뭉클하며, 감초와 물·솜 같은 소박한 재료가 이토록 소중하게 쓰일 수 있다는 사실이 놀랍다.

다른 한편, 일상의 희로애락을 엿보게 하는 처방전들도 있다.

- 부부를 서로 아끼게 하는 방법: 부부간에 불화가 있을 때는 원앙 고기로 국을 끓여서 몰래 먹이면 서로 아끼게 된다. 5월 5일에 뻐꾸기를 잡아 다리나 머리의 뼈를 차고 다니면 부부가 서로 아끼게 된다.「잡병편」,'잡방', 1729쪽
- 질투를 하지 않게 하는 방법: 의이인, 천문동, 붉은 기장쌀을 모두 같은 양으로 가루 내고 꿀로 반죽하여 환을 만들어 남녀가 먹으면 모두 질투하지 않는다.「잡병편」,'잡방', 1729쪽

• 음경을 위축시키는 비방: 크기에 상관없이 거머리를 9마리 잡아 물 사발에 넣고 기르다가 7월 7일이 되면 꺼내어 그늘에 말린다. 이것에 사향과 소합향을 넣고 곱게 간 후에 약간의 꿀로 떡을 만든다. 발기할 때 이것으로 왼쪽 발바닥 가운데를 약간 문지르면 즉시 위축이 된다. 하루가 지나고 다시 발기할 때 다시 문지른다.「내경편」,'정'精, 45쪽

• 정을 단련하는 비결: 한밤중 자시밤11:30~1:30가 되면 옷을 걸치고 앉아서 양손을 비벼 아주 뜨겁게 만든다. 한손으로는 외신外腎을 감싸고 한손으로는 배꼽을 덮은 후 내신内腎에 신을 모은다. …… 서번인 가운데 장수하는 사람이 많다. 매일 밤 누워서 늘 손으로 외신을 덮어 따뜻하게 하니, 이것도 한 가지 방법이다.「내경편」,'정', 46쪽

예나 지금이나 풍속의 핵심은 치정에 얽힌 에피소드가 대부분이다. 서로 사랑하는 법이나 질투를 멈추게 하는 법에도 이렇게 구체적인 처방이 가능하다니, 정말 의학이 개입할 수 없는 인간사는 없다는 생각이 든다. 이 내용들도 흥미롭지만 뒤의 두 가지는 남성들이 보면 눈이 확 떠질 것이다. 두 경우 모두 정을 잘 조절하기 위한 것이다. 남성들의 양생에는 가장 중요한 사항이기 때문이다. 그런데 방법이 좀 웃긴다. 거머리가 이런 효능이 있다니.^^ 거머리로선 불쾌한 일이겠지만 걱정할 필요는 없다. 일부러 위축시키려는 남성은 거의 없을 테니 말이다. 뒤의 정을 단련하는 방법은 참 편리하다. 약품도 비방도 필요없고 오직 자신의 신체를 활용하는 것이니 말이다. 이런 것이 진짜 양생술이다.

더 중요한 건 이런 언표배치하에선 터부가 사라진다. 지금처럼 개방된 시대에도 남녀 사이의 생리적 이야기는 공공연한 장소에선 꺼내기조차 어렵다. 각종의 통념과 정서들이 개입하기 때문이다. 하지만 의학을 공부하면 상식이나 도덕보다 몸의 생리가 더 우선이다. 그러면 자연스럽게 남녀 사이의 생리적 특징과 차이점을 주고받게 된다. 성에 관한 이야기도 그다지 부담스럽지 않다. 이것도 아주 새로운 경험이었다. 의학이 아니라면 과연 이런 식의 관계가 가능할 수 있을까? 그래서 그때 이후 나는 연인들에게 당부한다. 정말 사랑하면 함께 공부를 하라고. 특히 몸과 관련한 공부를 하라고. 그러면 서로의 몸에 대해, 남녀의 생리적, 원초적 차이에 대해 탐구하고 대화할 수 있는 소통의 회로가 열릴 거라고.

사실 따지고 보면 병과 치유에 관한 것만큼 흥미로운 서사도 없다. 질병을 통해 한 사람의 일상과 내면에 깊이 접근해 들어갈 수 있기 때문이다. 그런 점에서 의술과 서사는 긴밀한 연관관계를 지닌다. 그럼에도 이런 식의 배치는 참으로 낯설다. 의학이란 생리구조와 처방에 대한 장황한 나열일 뿐이라고 굳게 믿는 까닭이다. 게다가 의학을 다루는 소설이나 드라마는 하나같이 공포물이다. 끔찍한 불치병 아니면 엽기적 살인행각 등으로 채워져 있다. 아니면 감동의 파토스로 눈물을 왕창 쏟아내는 방식이거나. 무섭거나 슬프거나!

의학을 배우고 싶다는 욕망을 원초적으로 차단하는 것도, 자신의 몸을 스스로 치유하겠다는 생각 자체를 원천봉쇄하는 것도 이런 식의 정서적 통념에서 기인할 것이다. 『동의보감』은 이와 같은 '냉소적'

배치를 간단히 뒤집는다. 『동의보감』에 등장하는 의사들은 말한다. 의술이야말로 흥미진진한 이야기이자 노래이며, 명의란 거기에 생동감을 불어넣는 탁월한 연출가라고. 나 또한 그렇게 믿는다!

덧달기: 「민옹전」과 치유의 서사

여기 아주 흥미로운 임상의 서사가 있다. 연암 박지원의 「민옹전」_박지원 지음, 『지금 조선의 시를 쓰라』, 김명호 편역, 돌베개, 2007_이 그것이다. 이 작품은 '병이란 무엇인가?' '치유란 무엇인가?'를 다양한 차원에서 보여 주는 텍스트다. 고전소설의 관점이 아니라 임상 텍스트의 차원에서 음미해 보기 바란다.

* * *

『열하일기』는 세계 최고의 여행기다. 관찰력과 기억력이 거의 가공할 수준이라는 점에서 그러하고, 중원의 한가운데를 가로지르며 삶과 문명, 인생과 우주의 비전을 탐구한다는 점에서 그러하고, 우발적인 에피소드에서 문명에 대한 거대담론, 자연풍광에 대한 화려한 수사학에 이르기까지 문체의 향연이 펼쳐진다는 점에서 그러하다. 하여, 『열하일기』는 언제나 새롭고, 늘 경이롭다.

그 가운데 특히 놀라운 것이 바로 연암의 체력이다. 한번 간단히 따져 보자. 압록강을 건너 연경까지 2천 3백리, 연경에서 열하까지 700리. 도합 3천리에다 장장 6개월에 걸친 대장정. 게다가 계절은 폭우와 폭염이 반복되는 한여름. 설상가상으로 연경에서 열하까진 황제의 재촉으로 '무박나흘'이라는 살인적인 스케줄을 소화해야 했다. 이 엄청난 강행군 속에서도 연암은 한 번도 앓아누운 적이 없다. 한 번인가 감기 기운이 있어 소주에 마늘을 타서 먹고 잤더니 거뜬했다는 대목이 나오는 게 고작이다. 견마잡이 창대가 오히려 말굽에 밟히고 열이 펄펄 끓어서 열하에 입성할 때는 창대를 말에 태우고 본인은 걸어서 들어가기도 했다. 그리고 그렇게 고된 일정을 감당하고도 열하에 있는 엿새 동안, 낮에는 코끼리, 요술(환희), 티베트 사원 등 온갖 볼거리들을 마음껏 즐기고, 밤에는 태학의 선비들과 밤샘 필담을 나누었다. 오, 놀라워라! 이 정도면 가히 '괴력'이라 할 만하지 않은가.

과연 그렇다. 초상화를 보면 알겠지만, 연암은 몸집이 아주 크다. 단지 클 뿐 아니라, 몸 전체에 양기가 철철 넘친다. 시쳇말로 '포스'가 장난 아니다. 이 카리스마에 눌려 귀신조차 달아났다는 이야기가 전해질 정도다. 하지만, 이런 그에게도 아주 끔찍한 병력이 하나 있다. 청년기에 우울증을 심하게 앓은 것. 이 엄청난 카리스마의 소유자가 우울증을 앓았다고? 그것도 청년기에! 참으로 믿기지 않는 일이다. 헌데, 병력도 특이하지만 그걸 치유하는 과정도 아주 독특하다. 그 과정을 담은 것이 「민옹전」이라는 작품이다.

우울증, '반시대적인' 질병

"계유년(1753)과 갑술년(1754) 사이, 내 나이 열일고여덟 살 적에 나는 오랜 병으로 몹시 지쳐 있었다."

병명은 우울증. 거식증과 불면증을 동반하는 아주 지독한 병이었다. 한창 팔팔할 나이에 먹지도, 자지도 못하다니 그 괴로움이 어떠했을지 짐작이 간다. 근데, 여기서 잠깐. 질병의 시대성에 대해 한번 짚고 넘어가도록 하자. 상식적인 말이지만, 질병은 시대의 투영이다. 그 시대의 사회적 조건이나 일상의 배치를 고스란히 보여 준다는 뜻이다. 그렇다면 좀 이상하지 않은가? 조선시대에 웬 우울증?

우울증은 어디까지나 근대적 질병이다. 20세기 이후 서구문명의 유입과 함께 인간이 자연과 단절되고, 다시 인간과 인간 사이의 소외가 극심해지면서 만연되기 시작한 것이 바로 우울증이다. 닭장 같은 아파트, 서너 명을 넘기 어려운 핵가족, 집-학교-직장으로 이어지는 획일적인 동선. 이런 식의 배치는 사람과 사람 사이의 격절감을 강화시킨다. 그러다 보면, 도시화가 진행될수록 개인들이 느끼는 고립감은 더욱 심화된다. '군중 속의 고독'이 바로 그것이다. 그리고 그 격절감을 내면화하게 될 때 가장 흔하게 발병하는 것이 우울증이다. 이 병은 악화될 경우 크게 두 가지 양상으로 치닫는다. 죽거나 죽이거나. 어느 쪽이건 '죽음으로 가는 질병'이라는 점에서 치명적이다.

이런 맥락에서 보자면, 조선사회 같은 농업사회에선 무척 낯선 질병에 속한다. 왜냐하면, 농촌공동체는 가옥구조나 가족형태가 마을 단위로 '네트워크화'되어 있기 때문이다. 즉, 몸과 외부 사이의 관계지평이 현대 도시인에 비하면 상당히 두터웠다고 할 수 있다. 이런 상태에선 우울증이 발병하기 어렵다.

그런데 그런 시절에 연암처럼 양기 넘치는 청년이 우울증을 앓았다니 참으로 신기한 노릇 아닌가. 과문한 탓인지 모르지만, 조선시대 자료 가운데 우울증에 대한 기록은 연암의 경우가 유일하지 않을까 싶다. 농담 삼아 말하면, 이것이야말로 연암의 천재성을 말해 주는 것이 아닐지(^^). 시대를 앞서서, 아니, 그 시대와 전혀 어울리지 않는 '반시대적'unzeitlich(니체) 질병을 앓았으니 말이다.

아무튼 우울증이란 몸적 사건이다. 몸의 기운이 외부와 소통할 통로를 찾지 못하면, 기운이 아래로 처지면서 울결되어 버린다. 그러면, 몸이 무겁게 가라앉으면서 삶의 의욕이 통째로 증발하고 만다. '우울'憂鬱이란 단어 자체가 그런 뜻이다. 그렇기 때문에 이 병은 무엇보다 몸의 기운적 배치를 바꾸어야 하고, 그러기 위해서는 몸과 외부가 맺는 관계, 곧 존재방식을 바꾸어야 한다.

그럼, 연암은 대체 이 병을 어떻게 치유했던가? 질병 자체도 전위적(?)이지만, 치료법도 아주 파격적이다. 현대인은 병이 들면 무조건 병원엘 가서 의사의 처분에 따른다. 현대인에게 있어 의사의 권위는 거의 절대적이라 해도 무방하다. 하지만 조선시대엔 의원도 약도 몹시 귀했을 뿐 아니라, 병을 바라보는 관점도 지금과는 아주 달랐기 때문에 가능하면 스스로 고쳐야 한다는 생각이 지배적이었다. 연암 또한 그랬다. 청년 연암은 자신의 질병을 고치기 위해 거리로 나섰다. 헌데, 의원이나 약을 찾아서가 아니라, 사람들을 만나고 이야기를 나누기 위해서였다.

민옹, 거리의 철학자

　연암은 거리에서 아주 다양한 사람들과 마주친다. 신분이나 예교의 구속을 벗어나 저잣거리의 생생한 현장과 있는 그대로 접속한 탓이다. 연암이 그들에게서 원한 건 단지 웃음과 이야기였을 뿐이다. 친구와 웃음과 이야기――이것은 연암의 생애 전체를 지배하는 핵심키워드다. 그는 '친구에 살고 친구에 죽은' 우정의 달인이었고, 사흘간 웃지 않으면 옆구리가 시리다 할 정도로 웃음의 전령사였다. 친구가 있고 웃음이 있으면 이야기가 꽃피는 건 당연지사. 그래서 연암이 가는 곳엔 늘 이야기가 흘러넘쳤다. 인생과 사회와 우주에 대한 '서사'의 파노라마가. 『열하일기』가 세계 최고의 텍스트가 된 저력도 거기에 있다. 그러므로 「민옹전」에서 연암이 거리로 나가 사람들과 접선(?)을 시도하는 이 장면은 연암의 생애를 관통하는, 일종의 복선에 해당한다.

　그렇게 거리를 떠돌다 연암은 민옹이라는 기이한 인물을 소개받는다. 민옹은 첨사벼슬을 지내다 그만두고 하릴없이 놀고 있는 괴짜 노인이다. 나이는 일흔세 살. "민옹은 기이한 선비로서 가곡을 잘 부르고 이야기를 잘하는데, 말이 거침없고 기묘하여 듣는 사람치고 속이 후련해하지 않는 사람이 없다." "엉뚱하고 거침없이 행동했지만, 천성적으로 강직하고 착한 일 하기를 좋아한 분이었다. 『주역』에도 밝고 노자의 말을 좋아했으며, 책이란 책은 안 본 것이 없었다고 한다." 한마디로 저잣거리를 주름잡는 이야기꾼이자 철학자였던 것. 당시에는 이런 익명의 이인異人들이 심심찮게 있었다. 신선술을 닦으며 천하를 떠도는 '바람의 사나이' 윤영. 분뇨장수면서도 고결한 덕을 지니고 있는 예덕선생 엄항수 등등. 이들은 주류사회에선 한참 벗어난 '마이너'들이지만 성리학적 교리에 골몰하느라 삶의 현장을 망각해버린 선비들보다 훨씬 높은 경지에 도달한 인물들이었다. 연암은 이 시절, 병을 치유하는 과정에서 이런 유의 '마이너'들과 깊은 교감을 나눈다.

유머와 역설―치료의 기술

소문대로 민옹은 탁월한 이야기꾼이었다. 그의 말과 행동은 상식적인 적도로는 도서히 셀 수 없는 기상천외한 것이었다.

"그대는 무슨 병인가? 머리가 아픈가?"
"아닙니다."
"배가 아픈가?"
"아닙니다."
"그렇다면 병이 든 게 아니구먼."
그리고는 드디어 문을 열고 들창을 걷어 올리니, 바람이 솔솔 들어와 마음속이 차츰차츰 후련해지면서 예전과 아주 달라졌다.

이 얼마나 간단명료한 진단인가! 머리가 아프거나 배가 아프지 않다면 병이 아니다. 그런데도 아프다면 그건 스스로 망상을 지었기 때문이다. 병을 고치려면 일단 이 망상부터 깨뜨려야 한다. 그리고 그것은 문을 열고 들창을 걷어 올리는, 지극히 평범한 행위부터 시작하면 된다. 그것만으로도 숨통이 트이기 때문이다.

연암은 민옹에게 이렇게 고백한다. "저는 단지 밥을 잘 먹지 못하고 밤에 잠을 잘 못 자는 것이 병입니다." 그러자, 민옹은 벌떡 일어나서 연암에게 경하한다는 예를 행한다. 연암은 깜짝 놀라며 말한다. "옹께서는 어찌하여 제게 축하를 하시는 겁니까?" 민옹의 진단은 이렇다. "그대는 집이 가난한데 다행히도 밥 먹기를 싫어하니 재산이 남아돌게고, 잠을 못 잔다면 밤까지 겸해 사는 것이니 다행히도 곱절을 사는 셈이야. 재산이 남아돌고 남보다 곱절을 살면 오복 중에 수壽와 부富 두 가지를 갖춘 거지."

그야말로 통쾌한 전복이다. 한편으론 기막힌 유머요, 다른 한편으론 상황을 순식간에 역전시키는 역설이다. 유머와 역설, 이 두 가지 전략을 통해 거식증과 불면증이 졸지에 복의 근원이 되어 버렸다. 그러자, 환자 연암은 병의 망상에서 더한층 자유로워졌다. 다음 스텝은 더욱 가관이다.

> 잠시 후 밥상을 들여왔다. 나는 신음소리를 내며 인상을 찌푸리고 음식을 들지 못한 채 이것저것 집어서 냄새만 맡고 있었다. 그러자 옹이 갑자기 크게 화를 내며 일어나 가려고 하였다.

손님을 앞에 두고 혼자만 먹으려 드니 예의가 아니라는 것. 연암이 다시 음식을 차려오게 하자, 민옹은 "조금도 사양하지 않고 팔뚝을 걷어 올린 다음 수저를 시원스레 놀려 먹어 대었다." 그러자 연암도 "입에서 군침이 돌고 막혔던 가슴과 코가 트이면서, 마침내 예전과 같이 밥을 먹게 되었다." 또 밤이 되자 민옹은 느닷없이 '암송내기'를 하자고 한다. 옹은 순식간에 다 외었다고 하고는 연암에게 빨리 외라고 채근해 댄다. "옹이 자꾸 말을 걸어 몹시 피곤하게 만들어, 나는 더욱 외울 수가 없었다. 그러는 사이에 졸리더니 그만 잠이 들고 말았다." 다음날 연암이 민옹에게 "어젯밤에 외운 것을 기억할 수 있겠습니까?" 했더니 민옹의 대답이 아주 걸작이다. "나는 처음부터 아예 외우지를 않았다네."

민옹은 이런 식으로 연암의 질병을 거뜬히 치유해 냈다. 거식증과 불면증에 시달리는 환자가 밥을 먹고 잠을 잤으니 이보다 더 확실한 치유가 어디 있겠는가. 약이나 침, 뜸, 어떤 수단도 쓰지 않았다. 그저 '함께 먹고 같이 잤을' 뿐이다. 안팎으로 꽉 막힌 신체를 외부와 소통할 수 있게 스스로 창구가 되어 주었을 따름이다.

사실 따지고 보면 우울증에 이보다 더 좋은 치유책은 없다. 현대인들은 워낙 약과 수술에 의존하다 보니 우울증 같은 마음의 병도 호르몬요법이나 뇌수술 따위로 해결하려 들지만 그건 결코 근본적 치유책이 될 수 없다. 상식적인 말이지만, 모든 질병은 일상의 흐름과 긴밀하게 연동되어 있다. 따라서 병을 치유하려면 궁극적으로 일상을 재배치하지 않고선 불가능하다. 우울증은 더욱이 그렇다. 사람들 속에 들어가 웃고 떠들고 먹고 자고 하다 보면 울체된 기운은 절로 '통하게' 되어 있다. 식욕이 있고, 잠이 달콤한 사람은 결코 죽을 생각을 하지 않는다. 엄청난 실연을 당했건, 파산을 했건 아니면 그 이상의 사건을 겪었더라도 일단 뭔가 먹고 싶은 게 있고, 잠을 자고 싶다는 욕망이 있는 한 살아갈 수 있다. 그러고 보면 우울증을 치료하는 건 아주 간단한 일이다. 식욕이 돌아오도록 하루 10시간쯤을 걷게 하거나 일을 시키면 되지 않을까. 그런 점에서 「민옹전」은 아주 기막힌 '임상 보고서'라 할 만하다.

세상에서 가장 두려운 것은?
연암과 민옹의 만남은 거기서 끝나지 않는다. 이제 연암은 민옹의 친구가 되었다. 연암은 민옹의 독특한 개성에 깊이 매혹된다. 해서, 자신의 모임에 민옹을 초대해 가르침을 청한다. 잘 알려진 바와 같이, 연암은 노론 벌열 가문 출신이다. 그 시대 최고 상류층에 속하는 셈이다. 하지만, 민옹은 결코 기죽지 않는다. 아주 당당하게, 연암 주변에 포진한 상류층 인사들의 통념을 가차없이 깨뜨려 버린다.
사람들이 물었다. 신선을 본 적이 있느냐고. 민옹은 답한다. "가난뱅이가 신선이지. 부자들은 늘 세상에 애착을 가지지만 가난뱅이는 늘 세상을 싫어하거든. 세상을 싫어하는 사람이 신선이 아니겠나?" 부자와 가난뱅이에 대한 기본 전제들을 뒤집어 버림과 동시에 신선에 대한 환상도 간단히 날려 버린다. '세상에서 제일 맛있는 음식은 소금이요, 불사약은 밥'이라는 아포리즘도 비슷한 맥락 위에 있다. 가장 평범한 것을 가장 비범한 것으로 바꾸는 역설적 수법을 자유자재로 구사하는 것이다. 압권은 이런 대목이다.

"두려워할 것은 나 자신만 한 것이 없다네. 내 오른쪽 눈은 용이 되고 왼쪽 눈은 범이 되며, 혀 밑에는 도끼를 감추고 있고 팔을 구부리면 당겨진 활과 같아지지. 차분히 잘 생각하면 갓난아이처럼 순수한 마음을 잃지 않으나, 생각이 조금만 어긋나도 짐승 같은 야만인이 되고 만다네. 스스로 경계하지 않으면, 장차 제 자신을 잡아먹거나 물어뜯고 쳐죽이거나 베어 버릴 것이야. 이런 까닭에 성인께서도 이기심을 누르고 예의를 따르며, 사악함을 막고 진실된 마음을 보존하면서 스스로 두려워하지 않으신 적이 없었다네."

사람들은 보통 두려움의 대상이 외부에 있다고 여긴다. 하지만, 정작 그 두려움의 원천은 어디까지나 자신이다. 약간만 마음에 틈이 생기면 순식간에 이기심과 사악함이 침투하여 온갖 망상을 짓고 그 망상에 사로잡혀 자기 자신을 물어뜯어 버리기 때문이다. 고로, 경계하고 경계해야 마땅하다. 이 대목은 현대인들이 특히 귀담아 들어야 할 가르침이다. 앞서 언급했듯이, 현대인은 외부와의 접속을 잃어버린 대신, 내면 혹은 자의식의 방을 만들어 버렸다. 그 안에 웅크리고 앉아 자기만을 뚫어지게 쳐다보느라 이웃도, 친구도, 세상도 망각해 버렸다. 그러면서 외롭다고, 상처받았다고 한탄해 대고, 그러면서 자신을 학대하고 타자를 증오한다. 현대인의 모든 질병의 원천은 여기에 있다. 어떻게 이 자기만의 방에서 탈출할 것인가?--현대인에게 있어 이보다 더 절실한 화두는 없다. '가장 두려운 건 자기 자신'이라는 민옹의 지혜가 여전히 유효한 까닭이 여기에 있다.

질병, 인생의 변곡점

"아아! 민옹이시여 / 괴상하고 기이하기도 하며 / 놀랍고 어처구니없기도 하고 / 기뻐함직도 하고 성냄직도 하며 / 게다가 얄밉기도 하구려 / 벽에 그린 까마귀 / 매가 되지 못했듯이 / 용은 뜻있는 선비였으나 / 늙어 죽도록 포부를 펴지 못했구려 / 내가 그대 위해 전을 지었으니 / 아아! 죽어도 죽지 않았구려."

연암이 민옹에게 바친 헌사다. 민옹이 보여 준 눈부신 개성, 원대한 포부와 좌절, 그에 대한 안타까움과 그리움을 강렬하게 압축하고 있다. 눈치챘겠지만, 이것은 민옹의 초상이자 연암 자신의 자화상이기도 하다. 『열하일기』에 표현된 연암의 말과 동선은 그야말로 '괴상하고 기이하고 놀랍고 어처구니가 없다'! 연암 또한 민옹과 마찬가지로 언제 어디서건 벗을 만들고, 밤새 이야기를 나누었으며, 유머와 역설로 낡은 사유의 기반을 종횡무진 공략하였다. 우정이란 실로 그런 것이다. 낯선 존재와의 접속을 통해 이전과는 전혀 다른 존재로 변이하는 것, 그거야말로 우정의 진수다.

연암이 왜 그 시절 그런 기이한 질병을 앓았는지 그 원인은 알 수 없다. 하지만, 이 질병을 앓고 난 이후, 그가 어떻게 달라졌는지는 확실히 알 수 있다. 주류적 질서로부터 벗어나 저잣거리에서 살아가기로 결심한 것이다. 연암은 평생 과거를 보지 않았다. 부귀공명의 코스를 스스로 포기한 것이다. 여러 가지 원인이 있었을 테지만, 청년기의 문턱에서 앓았던 이 질병이 결정적인 마디가 되었으리라는 것은 충분히 짐작할 수 있다. 요컨대, 연암에게 있어 우울증은 인생의 큰 변곡점이었던 셈이다.

덧달기 하나. 니체는 이런 말을 한 적이 있다. 친구들이 이야기하는 소리를 들으며 죽음을 맞이하고 싶다고. 누구보다 강렬한 우정의 철학을 설파했지만, 정작 자신은 정신병원에서 고독하게 죽어 가야 했던 니체. 그런 니체가 꿈꿨던 죽음을 그대로 실현한 이가 바로 연암이다. 69세 때 풍비가 와서 꼼짝할 수 없게 되자 연암은 약을 물리친 다음, 친구들을 불러들여 술상을 차리고 서로 이야기를 나누도록 했다. 친구들의 이야기와 웃음소리를 들으며 죽음을 맞이했던 것이다.

서양의학의 선구자들

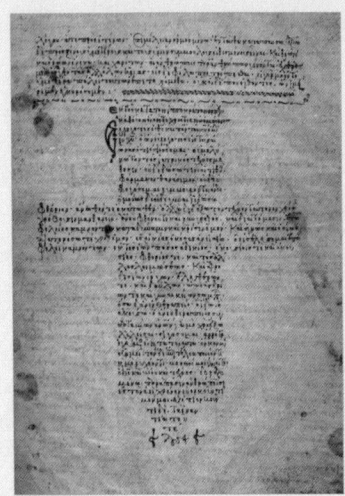 

서양의학의 아버지, 히포크라테스

고대 그리스의 의사인 히포크라테스(Hippocrates, BC 460?~377?)는 이오니아 지방 남단의 코스 섬에서 태어나고 의학을 배워 그리스 각지를 편력했다고 전해진다. 그의 가장 중요한 공적 중 하나는, 의학과 미신(주술)을 분리시켜 의학을 경험과학으로 발전시킨 것이다. 그는 임상을 존중해 철학적인 가정을 의술의 기초에 두는 일에 대해서 강하게 반발했다. 4종류의 체액의 혼합에 변조가 생겼을 때 병이 생긴다고 하는 4체액설을 주창했으며, 또 환경(자연 환경, 정치적 환경)이 인간의 건강에 미치는 영향에 대해서도 선구적인 저작을 남겼다. 히포크라테스와 그의 학파는 환자의 관찰과 기록의 작성을 임상의 원칙으로서 중시했다. 이것은 의사 각각이 임상에서 발견한 증상과 치료법을 객관적인 방법으로 명확하게 기록하는 것으로, 다른 의사가 그 기록을 참조해 치료 방법을 채용할 수 있게 하기 위해서였다. 또 그는 안색, 맥박, 열, 통증, 동작, 배설 등 많은 증상에 주위를 기울여 규칙에 맞게 기록했으며, 관찰의 대상을 환자뿐 아니라 그 가족의 병력이나 거주 환경에까지 넓혔다. 그가 의사의 윤리성과 객관성에 대해 집필한 문장은「히포크라테스 선서」로 오늘날까지 의료 윤리에 큰 영향을 미쳤다.

위 오른쪽 그림은 히포크라테스, 왼쪽 그림은 12세기 비잔티움제국 시대에 십자가 모양으로 기록된「히포크라테스 선서」.

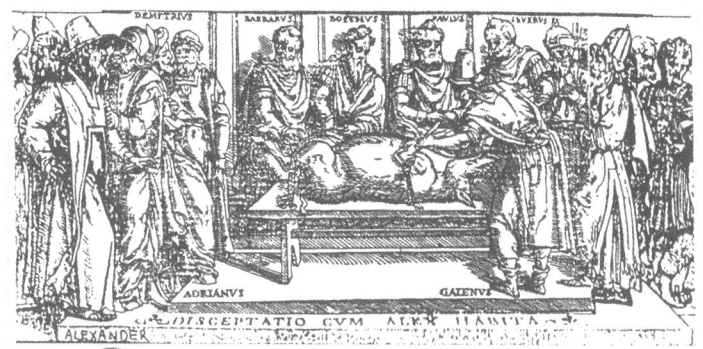

유럽의학을 지배했던 갈레노스의 이론

고대 그리스의 의학자였던 갈레노스(Claudios Galenos, 129~199)의 학설은 그의 사후에도 1,000년 이상에 걸쳐, 유럽 의학에 있어 지배적인 이론이 되었다. 유복한 건축가의 아들로 태어났던 갈레노스는 농업, 건축, 천문학, 점성술, 철학 등 다방면에 관심이 많았지만, 최종적으로는 의학에 전념했다. 20세까지 지방의 신전에서 의학의 신을 시중드는 일을 했고, 부친 사후에는 그리스 각지를 떠돌며 의학 연구를 했다. 그 뒤 고향에 돌아와서는 3~4년간 검투사들의 외과의로 근무했다. 바로 이 시기에 사고와 외상 치료에 관한 많은 경험을 축적했는데, 갈레노스는 후에 외상을 "체내의 창"이라고 보았다. 162년 로마로 옮겨 간 갈레노스는 집필 활동과 강의, 공개 해부 등을 실시했다(맨 위 그림이 갈레노스가 살아 있는 돼지를 해부하고 있는 모습이다). 로마에서 그는 명의로서의 평판과 많은 고객을 얻었다. 그의 고객은 주로 귀족층이었는데, 나중에는 로마 황제의 주치의로도 일했다. 갈레노스는 히포크라테스의 의학을 르네상스 시대에까지 전하는 데 중요한 역할을 했는데, 특히 히포크라테스의 4체액설을 기본으로 한 이론을 구축했다. 그는 또, 해부학과 철학이나 문헌학에 대한 글도 집필했다. 그의 전집은 22권이나 되는데, 거의 전 생애에 걸쳐 쉬지 않고 집필을 했다고 한다. 갈레노스의 권위는 15세기까지 서양의학을 지배했다. "갈레노스가 모두 써놓았다"라고 여겨져 해부학에 대한 실천은 정체되었으며, 피를 뽑는 사혈은 표준적인 의료 행위가 되었다. 이러한 그의 권위에 최초로 진지한 도전을 한 사람이 바로 16세기의 해부학자, 베살리우스이다.

기 드 숄리아크와 파라셀수스

서양 중세에는 전반적으로 환자를 돌보는 일이 주로 의학적 지식과 경험이 있는 수도사들의 몫이었다. 큰 수도원에는 대부분 환자 요양소가 딸려 있었고, 수도사와 수녀들은 고대 의술을 공부하며 독자적인 연구를 통해 지식을 심화시켜 갔다. 중세 중후반기로 가면서 도시에 이탈리아를 필두로 스페인, 남프랑스 등지에 전문적인 의학학교가 설립되기 시작했다.

기 드 숄리아크(Guy de Chauliac, 1300?~1368, 위 그림 왼쪽)는 중세시기 외과의 중 가장 유명한 사람이다. 그는 몽펠리에와 파리 등에서 의학을 공부했고, 볼로냐에서 해부학을 익힌 후 떠돌이 의사로 유럽 각지를 돌아다녔으며, 점차 유명인사가 되어 교황 클레멘스 6세의 주치의를 맡기도 했다. 그가 말년에 집필한 『외과학대전』은 당시의 모든 의학지식을 가장 포괄적으로 요약한 것으로, 이후 두 세기 동안 외과학의 가장 중요한 교과서가 되었다. 외과학에 대한 책답게 이 책에는 시작 부분이 해부학에 할애되어 있고, 정확한 수술기술의 묘사도 전하고 있다고 한다.

중세를 지나 르네상스기에 이르면 수세기 동안 교리처럼 내려온 갈레노스의 의학이론에 반대하는 사람들이 나타나기 시작한다. 그중에서도 파라셀수스(Paracelsus, 1493~1541, 위 그림 오른쪽)는 기존 의학의 권위에 도전한 인물로 유명하다. 그는 의학부를 졸업한 후, 진료를 하며 여행을 거듭해 이윽고 자신의 의학이 갈레노스를 넘어섰다고 생각하게 된다. 1525년 바젤대학 의학부 교수로 취임했지만, 라틴어 외에 독일어로도 강의하는 등 당시 권위에 대해 여러 가지로 이의를 제기해 동료 의사들은 물론 시의 평의회와도 충돌했고, 결국 다음해에 대학에서 추방되어 방랑의 몸이 된다. 연금술사이기도 했던 파라셀수스의 사상에는 대우주와 소우주인 인간이 조응한다는 세계관이 근저에 있었다.

현대 해부학의 창시자, 베살리우스와 그의 책 『파브리카』

안드레아스 베살리우스(Andreas Vesalius, 1514~1564)는 해부학자이자 의사이며, 인체 해부에서 가장 영향력이 있는 책인 『파브리카』(De humani corporis fabrica, 인체의 구조)의 저자이다. 그는 현대 해부학의 창시자라고 일컬어진다. 의사 집안에서 태어난 베살리우스는 프랑스와 이탈리아 등에서 의학 교육을 받은 뒤 파도바대학의 외과학과 해부학 교수로 임명되었다. 당시까지 서양에서는 강사를 돕는 이발사 겸 외과의에 의한 동물 해부에 따라 갈레노스의 고전적인 교과서를 주로 배우고 있었고, 갈레노스의 주장을 실제로 검토하려는 시도는 없었다. 하지만 베살리우스는 학생들을 모아 놓고 직접 실제 해부를 행했으며, 학생들을 위해 자신이 직접 그린 동맥과 내장 그림 3장과 더불어 『해부도 6장』(Tabulae Anatomicae Sex)을 1538년 출판하기도 했다. 1541년에 베살리우스는 갈레노스의 연구가 인간이 아닌 동물 해부학에 근거하고 있었다는 사실을 분명히 했다(고대 로마에서 해부가 금지된 이래, 갈레노스는 인간 대신에 원숭이를 해부하고, 그들이 인간과 해부학적으로 같다고 주장했다).

1543년에 7권으로 완성된 『파브리카』는, 인체 해부 역사상 혁신적인 작업이었다. 책에 실린 섬세한 도판들은 티치아노의 제자인 얀 스테판 반 칼카르(Jan Stephen van Calcar)가 그린 것으로 추정된다. 베살리우스는 이 책에서 신랄한 표현과 무수한 도해를 통해 종전의 해부학이 지녔던 200개가 넘는 오류를 폭로했다. 이 책으로 베살리우스는 학생들과 진보적 교수들에게는 열렬한 지지를 받았지만, 여전히 다수였던 갈레노스의 지지자들에게는 엄청난 비난과 무시를 당해야 했다.

위 그림 왼쪽은 베살리우스, 오른쪽은 『파브리카』 책표지.

3장

정精·기氣·신神 :
내 안의 자연 혹은 '아바타'

앞서 살펴본 대로 『동의보감』은 목차만 장장 100페이지가 넘는다. 전체 목차는 간결하지만 그 안에 있는 세부목차는 상세하기 이를 데 없다. 그래서 이 목차만 별도로 제본하여 낭송하는 것도 좋다. 물론 그것만으로도 시간과 체력이 솔찮이(!) 들긴 하지만 말이다. 그러고 보면 『동의보감』을 공부하는 것 자체가 일종의 '쿵푸'에 해당한다.

길고 긴 목차의 행렬이 끝나고 비로소 본문이 시작되면 그 첫페이지를 장식하는 건 '인트로'에서 다룬 하나의 그림이다. 「신형장부도」, 한 남자의 측면도가 그것이다. 그리고 이어지는 손진인과 주단계의 주석. 그것은 『동의보감』 전체를 아우르는 기저음이자 서곡에 해당한다. 본문을 탐사하기 전에 손진인의 멘트를 다시 한번 음미해 보자.

몸과 우주, 화려한 대칭의 '향연'

손진인이 이르기를, 머리가 둥근 건 하늘을 본뜬 것이고 발이 넓적한 건 땅을 본따서다. 하늘에 사계절이 있듯이 팔다리가 있고, 오행과 육극이 있듯이 오장육부가 있다. 팔풍이 있으니 여덟 개의 마디가 있고, 구성九星이 있으므로 몸에도 아홉 개의 구멍이 있다. 12시와 십이경맥, 24절기와 스물 네 개의 수혈, 황도 365와 365개의 골절 등등. 이런 식으로 천지와 신체 사이를 잇는 화려한 대칭의 퍼레이드가 펼쳐진다. 어디 그뿐인가. 해와 달이 빛나듯 두 눈이 빛나고 밤과 낮이 있기에 잠들고 깬다. 이 말은 지구가 움직이는 한 밤낮이 있고 밤낮이 있는 한 인간은 반드시 잠들고 깨는 리듬을 계속해야 한다는 뜻이기도 하다. 우레와 번개는 기쁨과 노함으로, 비와 이슬은 눈물과 콧물로, 샘물은 혈액으로, 풀과 나무는 모발로, 금석은 치아로…….

요컨대 내 몸의 모든 형상은 다 천지만물에 있다. 거꾸로 천지만물의 형상과 리듬은 고스란히 내 몸 안에 들어 있다. 믿든 안 믿든 기막히게 멋진 논리 아닌가. 무엇보다 이 순간 '나'라는 존재가 갑자기 '대견하게' 보이는 건 틀림없다. 내가 흘리는 눈물이 대지를 적시는 비, 그리고 뭇생명을 살려내는 바다와 같은 것이고, 내가 '열'받는 건 태양이 보내는 열에너지의 변주이며, 내 머리카락이 저 들판을 뒤덮은 풀과 같은 계열이라니. 그 어떤 초월적 매개 없이 미시와 거시가 즉각적으로 연결되는 이 역동적 대칭의 평면!

그게 말이 돼? 대체 그걸 어떻게 믿어? 아마도 많은 사람들이 기계적으로 이런 반문을 터뜨릴 것이다. 그런데 나는 거꾸로 묻고 싶다. 대체 그걸 왜 못 믿어? 소위 과학적 증거가 대체 왜 필요해? 존재와 삶이 이미 그렇게 펼쳐지고 있는데. 이미 그런 세계에 살고 있으면서……. 문제는 과학이냐 아니냐가 아니라 이런 언술을 대하는 인식론적 전제에 있다. 즉, 손진인의 멘트가 신비주의적이거나 아니면 미신적으로 보인다는 건 자연물과 인체는 전혀 별개의 차원이라는 확고부동한 믿음(?) 때문이다. 하지만 후자 역시 그다지 근거가 확실한 건 아니다. 어디서 연원했는지는 알 수 없지만 그냥 그렇게! 믿을 따름이다. 즉, 현대인들의 과학에 대한 신뢰도 실상은 '우상숭배'와 그다지 다를 바가 없다. 과학 또한 "있는 그대로의 관찰이 아니라 대개 추론에 근거한다. 실제로 전자, 중력, 블랙홀을 직접 본 사람은 아무도 없다."스티븐 제이 굴드, 『생명, 그 경이로움에 대하여』 425쪽 그냥 믿을 뿐이다. 물론 그건 근대적 에피스테메의 산물이다.

　근대의 도래와 더불어 인간과 자연 사이의 교량은 완전히 파괴되었다. 인간에게 있어 자연은 물질로 이루어진 대상물에 불과하다. '친환경' 혹은 '생태주의'조차도 많은 경우 인간적 이미지를 자연에 그대로 투사하여 '아름답게' 소유하고자 할 뿐이다.(잔디와 애완동물에 대한 학대[혹은 과잉보호]가 그 절정이다──사랑의 이름으로 야생성을 제거하고 그 순종의 미덕을 폭력적으로 전유하는 방식!) 그런 관점에서 보면 손진인의 멘트는 한편의 '낭만적 시'다. 인체와 우주 사이의 오버랩을 장중하게 읊조린 단편서사시쯤이 되려나.

　하지만 단언컨대, 손진인은 시적 은유를 구사한 것이 아니다. 있는 그대로의 사실을 말한 것뿐이다. 한치의 어긋남도 없이! 우리 몸의 모든 요소와 성분, 또 회로는 우주의 산물이자 투영이라는 것이다(솔직히 개인적으론 머리가 둥근 게 하늘의 형상이고 발이 넓적한 게 대지의 투사라는 말이 감동적이었다. 와~ 그랬구나!). 사계절과 사지四肢. 여기서 계절과 팔다리도 중요하지만 숫자도 중요하다. 4라는 숫자의 공통성. 오행과 오장간·심·비·폐·신. 그리고 다섯 손가락. 여기서는 5라는 수가 작용한다. 숫자는 단지 양적 증감을 표현하는 것이 아니라, 그 자체의 고유한 의미가 있다. 예컨대, 5에서 1을 더하면 6이 되는 것이 아니라, 5와 6은 전혀 다른 질과 원리를 표현한다. 역학을 상수학이라고 하는 것도 이런 의미다.

이렇게 정리하면 지극히 당연하게 보인다. 당연하지 않은가. 천지만물과 별개의 요소로 우리가 만들어진다면 우린 외계인, 아니 이물질이 되지 않겠는가. 그런데 왜 그 점을 생각하지 못했을까? 왜 우리는 우리 주변의 사물들과는 전혀 다른 원리에 입각해서, 아니 그래야만 인간의 고유성과 독자성이 보증된다고 믿게 된 것일까? 하지만 손진인의 첫번째 멘트를 보라. "천지에서 존재하는 것 가운데 사람이 가장 귀중하다." 요컨대 손진인의 시야에선 인간이 가장 귀중한 이유가 바로 다른 사물들과의 분리 속에서가 아니라 강도 높은 혼융 속에서 도출된다. 즉, 인간의 유일성과 고매함은 다른 동물들에 비해 천지만물들과의 대칭적 접점이 훨씬 넓고도 강렬하기 때문이다.(역학에서는 인간을 '신기지물'神機之物이라고 하는데, 대우주와 마찬가지로 자체적으로 자율적 생명력을 지녔다는 의미다.)

전제에서 결론으로 가는 과정이 전혀 다르지 않은가. 똑같이 인간의 고귀함을 말하는데, 한쪽에는 인간과 자연 사이의 천길 낭떠러지가 연출되고, 다른 한쪽에는 우주적 인드라망이 펼쳐진다. "이 모든 것은 사대四大와 오상五常을 바탕으로 잠시 형形을 빚어 놓은 것이다." 사대는 지·수·화·풍이고, 오상은 유교에서 말하는 인·의·예·지·신을 가리킨다. 이것들이 어떤 특별한 인연조건을 만나면 사람이라는 형을 이룬다. 이 최종언술에는 인간 존재의 유한성과 무한성이 동시적으로 담겨 있다. 즉, 끊임없는 변이를 통해 인간은 생명의 바다를 영원히 유영할 수 있다. 고로 몸의 이치醫와 우주의 원리易는 하나다. 나카자와 신이치中沢新一에 따르면 이러한 의역학적 대칭성에는 인간과 자연, 의식과 무의식, 유형과 무형의 장벽을 가로지르는 "고도의 유동적 지성"이 요구된다. 특히 불교적 연기법은 대칭적 사유의 절정에 해당한다.

태초에 '기'가 있었다!

> 하늘의 형은 건乾에서 나오니, 태역太易, 태초太初, 태시太始, 태소太素가 있다. 태역은 기가 아직 드러나지 않은 것이고, 태초는 기가 시작하는 것이며, 태시는 형이 시작하는 것이고, 태소는 질이 시작되는 것이다.
> 「내경편」, '신형', 11쪽

「내경편」의 첫장인 '신형'身形의 첫대목이다. 신형이라면 몸의 형태라는 뜻인데, 우주가 창조되는 순간부터 시작하고 있다. 이런 배치 자체가 몸과 생명이 우주의 탄생과 분리될 수 없음을 전제하는 것이다. 태역─태초─태시─태소, 우주는 이런 스텝을 밟아서 생성되었다. 그런데 일단 태초라는 말을 제외하곤 다 낯선 말들이다. 또 형과 질을 나누는 것도 생소하다. 좌우지간 기─형─질의 순서를 밟아야 이 세계가 구체화된다는 뜻인데, 맞고 틀리고, 동의하고 동의하지 않고를 떠나 일단 감을 잡기가 쉽지 않다. 이럴 때는 억지로 궁구하기보다 우리에게 좀더 친근한 언어들로 재구성해 보는 것이 더 낫다. 소위 '인문의 역'적 상상력을 발휘해 보는 것이다.

> 우주는 탄생 직후 10^{-34}초마다 그 크기가 두 배로 늘어나면서 정신 없이 팽창하기 시작했다. …… 구스의 이론에 따르면, 1초의 1조 분의 1조 분의 1천만 분의 1만에 중력이 출현했다. 그 직후에 전자기력과 함께 원자핵에 작용하는 강한 힘과 약한 힘이 등장하면서 지금의 물리학이 시작…… 그리고 그 다시 짧은 순간이 지난 후에 수많은 소립자들이 생겨났다. 아무것도 없던 곳에서 갑자기 수많은 광자와 양성자와 전자와 중성자를 비롯한 온갖 것들이 생겨났다. 빌 브라이슨, 『거의 모든 것의 역사』 이덕환 옮김, 까치, 2003, 30쪽

다시 정리하면, 빅뱅 이후 힘들이 생겨났다. 중력, 전자기력, 강한 핵력, 약한 핵력 등. 이것이 우주를 움직이는 기본 힘들이다. 이게 태역에서 태초로 이어지는 과정이라면, 수많은 소립자들이 생겨나는 단

계가 태시에 해당한다. 그리고 이 원소들이 '헤쳐모여' 하고 혹은 '밀고 당기고' 하면서 질이 생성되는 단계가 '태소'일 것이다. 하지만 이 상태만으로는 질이 출현하기가 쉽지 않다. 뭉치고 부딪히려면 좀더 무거운 물질들이 필요하다.

우주에 존재하는 모든 물질의 98퍼센트가 대폭발에 의해서 만들어졌지만, 그 물질들은…… 헬륨, 수소, 리튬과 같은 가벼운 원소들일 뿐이다. 탄생 직후에 터져 나온 기체덩어리에서는 우리 존재에 결정적인 역할을 하는 탄소, 질소, 산소와 같은 무거운 원소들이 만들어지지는 않았다. 여기서 문제가 되는 것은 그런 원소들이 만들어지기 위해서는 대폭발이 일어날 때와 같은 정도의 열과 에너지가 필요하다는 사실이다. 그럼에도 불구하고, 대폭발은 한 번뿐이었고, 그 당시에는 그런 원소들이 만들어지지 않았다. 그렇다면 그런 원소들은 어디에서 온 것일까? 빌 브라이슨, 『거의 모든 것의 역사』 31쪽

이 비밀을 풀어 준 것이 바로 'supernova', 곧 초신성들의 폭발이다. "초신성은 우리 태양보다 훨씬 더 큰 거대한 별이 수축되었다가 극적으로 폭발하면서 1000억 개의 태양이 가진 에너지를 한순간에 방출하여 한동안 은하의 모든 별을 합친 것보다 더 밝게 빛나는 상태를 말한다." 빌 브라이슨, 『거의 모든 것의 역사』 43쪽 이 폭발로 이산화탄소, 질소, 메탄 등과 같은 무거운 원소들이 발생했고 그것이 모여 대기가 형성되었고, 그 사이의 좌충우돌, 이합집산이 태양을 만들고 남아서 떠돌던

알갱이들이 합쳐져서 지구라는 행성을 만들어 낸다. 그 과정에서 화성 정도의 크기를 가진 별이 지구에 충돌했고 그때 퉁겨져 나간 파편에서 달이 만들어졌다고 한다.

이것이 태소의 단계라 할 수 있겠다. 물론 이후에도 우주는 쉼없이 생성소멸을 거듭해 왔다. 그 과정에서 물분자가 만들어지고 그것이 모여 바다를 이루고 바다 속에서 무수한 화학작용이 일어나다가 문득 생명이 탄생되었으리라. 동양우주론에서도 물은 만물의 근원이다. "수水는 양에서 생겨 음에서 완성된다. 기가 움직이면 양이 생기고, 기가 모여 고요히 있으면 물이 되니 이것은 입김을 불어 보면 알 수 있다. 신神은 기의 주인이므로 신이 움직이면 기가 따라 가고, 기는 수의 어미이므로 기가 모이면 물이 생긴다."「내경편」, '진액', 192쪽

물론 동양적 우주론과 현대물리학의 빅뱅이론이 정확히 대응을 이루지는 않는다. 내가 주목하는 건 스텝 혹은 궤적이다. 태역-태초-태시-태소라는 동양우주론은 그저 막연하거나 추상적인 언술이 아니라, 힘에서 기로, 기에서 형으로, 형에서 질로 이어지는 단계에 대한 구체적이고 명쾌한 언술이다. 현대물리학에서 설명하는 우주 탄생 역시 마찬가지다. 네 개의 물리적 힘이 발생하고 그 다음에 그걸 바탕으로 원자가 생겨나고, 원자들이 좌충우돌 하면서 가벼운 원소들이 발생하고, 거기서 다시 또 다른 폭발의 열기로 인해 무거운 원소들이 생겨나고 그것들 사이의 무수한 변전이 태양과 지구와 달을 만들어 냈다는 것. "태시에서 허공이 생겨났고 허공에서 우주가 생겨났으며, 우주에서 기가 생겨났다. 맑은 양기는 엷게 퍼져서 하늘이 되고, 무겁고

탁한 음기는 모여서 땅이 되었다."『회남자』'천문훈' 이 두 담론 사이의 공통점―양기는 올라가서 하늘을 만들고 음기는 무겁게 가라앉아 땅이 된다는 것. 음양의 차이에 대한 가장 단순명쾌한 설명이다. 이걸 기준으로 음과 양의 무수한 변주가 일어난다. 남성과 여성도 그중 하나다.

아, 물론 이 과정에 창조의 주재자인 신을 설정할 수도 있다. 하지만 설령 그렇다고 해도 달라지는 건 없다. 신 혹은 창조주가 있다고 해도 창조의 과정은 반드시 이런 단계를 통과해야만 한다. 창조주라고 한들 우주에 없는 걸 가지고 만들 수야 없지 않은가. 어쨌든 동양우주론과 현대물리학에는 창조의 과정만 있을 뿐, 창조의 주체가 없다. 아인슈타인과 하이젠베르크 이후의 현대과학이 첨단을 향해 가면 갈수록 동양사상과 자꾸만 친밀해지는 이유도 여기에 있다. 사용하고 있는 개념과 언표들이 아주 상이함에도 불구하고 왠지 서로 끌리는 건 담론의 배치가 서로 닮은 탓일 게다. 정화스님의 표현을 빌리면, 유위법의 극단은 무위법과 '통'하게 되어 있다. 뫼비우스의 띠처럼.

아무튼 빅뱅이라 말하건 태역이라 말하건 천지창조의 시발은 힘 혹은 에너지의 폭발(혹은 범람)이다. 동양우주론에선 그걸 기라고 총칭한다. "천하를 통틀어 하나의 기일 뿐이다."『장자』「지북유」 요컨대, 태초에 기가 있었다! 따라서 모든 존재는 이 기의 '분유'를 통해 형질을 갖춘다. 인간의 몸 역시 그러하다.

"사람은 천지의 기로써 태어난다."『소문』「육절장상론」

다시 말해, 기의 이합집산이 생명의 토대다. "하늘과 땅의 정기精氣가 새 생명의 시원이 된다. 그러나 보다 직접적으로는 천지의 정기가 어버이를 통하여 새 생명으로 구현되는 것"신동원 외, 『한권으로 읽는 동의보감』, 들녘, 1999, 22쪽이다. 이 기를 바탕으로 생명의 원천인 정·기·신이 다시 만들어진다. 정기신精氣神이란 '기의 생명적 변주'에 다름 아니다. 하여, 서로 상응하면서 동시에 대립한다. "정기신은 셋이면서 하나인 관계를 갖게 된다. 서로 다른 만물이 그 기운의 원천은 같되, 각기 다른 기운으로 작동하듯이, 인체의 정기신도 근본은 같은 기운이지만 서로 다른 역할을 담당하는 것이다."도담 강의안

이런 원리를 본격적으로 탐색하는 것이 「내경편」의 '신형'과 '정문/기문/신문'이다. 이미 언급했듯이, 이렇게 우주론을 통해 몸과 생명의 원리를 전면에 배치한 것이야말로 허준의 독창성이다. 『동의보감』이 의서를 넘어 '자연철학서'로 탄생되는 지점도 바로 여기다.

정·기·신 — 존재의 매트릭스

정기신은 낯설지만 '정신'精神이라는 말은 널리 쓰이는 용어다. 육체 혹은 물질과 대립되는 의미로서의 정신. 그런데 사실 이 정신은 정과 신의 결합이다. 정은 생명의 물질적 토대, 신은 물질을 움직이는 무형의 벡터. 이 둘이 결합한 것이 정신인 셈이다. 그러니까 동양사상에선 몸과 마음을 애초부터 분리하지 않고 통째로 다룬다. 보통 "정신차려!"라고 할 때 그건 단지 심리적 차원만을 의미하는 것이 아니라 생

리와 심리의 결합으로서의 정신인 것이다. 그런데 서구식 이분법이 들어오면서 정신은 오직 무형의 마음으로, 육체는 오직 생리적 기전으로 구획되어 버렸다. 하지만 한의학에서는 기본적으로 물질과 비물질을 선명하게 구획하지 않는다. 모호해서라기보다는 둘이 항상 중첩되어 있다고 보기 때문이다. 그래서 물질적인 것과 비물질적인 것을 나누어서 말할 때도 그것은 어디까지나 상대적인 것임을 염두에 둘 필요가 있다.

먼저, '정'이란 무엇인가? "두 사람의 신神이 서로 부딪쳐 하나가 되어 형形을 만든다. 항상 몸이 생기기 전에 먼저 생겨나는 것을 정精이라고 한다."「내경편」, '정', 42쪽 신―형―정, 그 다음에 몸이 생긴다고? 좀 어렵다. 이럴 땐 머릿속에 담아 둔 다음 일단 넘어가자. "오곡의 진액이 섞여 기름이 되는데 이것이 뼈의 구멍으로 스며들어 골수와 뇌를 채운 뒤 사타구니로 흘러간다. 음양의 조화가 깨지면 정액이 음부로 넘쳐흐르게 된다. 지나치게 빠져나가면 허하게 되고, 허하게 되면 허리와 등이 아프고 정강이가 시큰거린다."「내경편」, '정', 42쪽

오호, 이쯤 되면 약간 감이 잡힌다. 진액, 골수와 뇌, 그리고 정액! 물론 가장 구체적이고도 기본적인 물질은 혈血이다. 그렇다면 온몸을 적셔 주는 물질적 신진대사를 총칭하는 셈이다. 그중에서 핵심은 단연 정액이다. "몸속에는 모두 1되 6홉이 있는데 16세의 남자가 아직 정을 내보내기 전의 양이며 질량은 1근이다. …… 정과 기는 서로 기르므로, 기가 모이면 정이 가득 차고 정이 가득 차면 기가 성해진다. 매일 먹는 음식 중의 정수가 정이 되기 때문에 정精이라는 글자는 미米

와 청(淸)이 합쳐져 만들어졌다."『내경편』, '정', 42쪽 여기에 이르면 상당히 분명해졌다. 구체적으로 질량을 잴 수도 있다. 이 정을 얼마나 잘 갈무리하느냐에 따라 남자의 인생이 결정된다.

그럼 여자는? 월경혈이 이에 가깝다. 여성의 생식작용은 자궁, 곧 포(胞)에서 일어나기 때문이다. 그리고 이 정이 저장되는 장기가 바로 신장이다. 고로 신장이 좋지 않다는 건 이 정의 저장이 부실하다는 뜻이 된다. 임상의학에서도 좌신에서 성호르몬이 생성된다고 하니 나름 상통하는 셈이다. 신장이 정을 충분히 저장하지 못할 때 나타나는 대표적인 증상이 허리통증이다. 신장과 척수가 연동되어 있기 때문이다. 그래서 허리가 시원찮으면 장기를 못 간다는 속설이 나온 것이다. 여성 또한 신장에서 정이 잘 저장되지 않으면 자궁이 부실해진다. 예전에는 며느리를 고를 때 신체 가운데 허벅지를 유심히 봤다고 한다. 허벅지가 튼실해야 신장이 충실하다는 걸 유념했기 때문이다.

다음으로 기는? "기는 신의 할아버지고, 정은 기의 자식, 기는 정과 신의 토대"『내경편』, '기', 59쪽다. 흠 족보가 나오니까 좀 헷갈린다. 좌우지간 기가 정과 신의 원조격이라는 말이렷다. "사람은 곡식에서 기를 받는다. 곡식이 위에 들어오면 곡기가 폐에 전해지고 오장육부가 모두 그 기를 받는다. 그중에 맑은 것은 영(榮)이 되고 탁한 것은 위(衛)가 된다. 영은 맥 안을 흐르고 위는 맥 바깥을 흐른다. 영과 위는 쉬지 않고 50번을 돌아 다시 만난다."『내경편』, '기', 59쪽 정과 마찬가지로 곡식에서 유래하는데, 정과는 달리 어딘가에 저장되는 게 아니라 뭔가 왕성하게 돌아다닌다는 것임을 알 수 있다. "안개와 이슬이 만물을 적시듯 몸을 적서 주는 것을 기라고 한다. …… 몸속에는 천지의 음양을 만들어 낸 기가 온전히 갖추어져 있으므로 신중하게 써야 한다."『내경편』,'기', 60쪽 그러니까 기는 주로 몸 안팎을 돌아다니면서 항상성을 유지시켜 주는 에너지의 흐름인 셈이다. 그래서 호흡과 관련이 깊다. 주관하는 장부는 폐가 된다. 그래서, 폐기는 패기다! 패기가 없으면 폐기가 약하다. 우리시대 청춘들은 패기가 없어, 라는 말들이 많다. 그건 폐의 기가 약하다는 뜻이기도 하다. 그래서 비염이나 아토피 같은 면역계 질환들이 많은 듯하다. 둘다 폐의 기운과 관련된 질병이기 때문이다.

마지막으로 신神. 신은 GOD가 아니다. '고도의 정신활동, 변화를 주관하는 무형의 작용'에 해당한다. 그게 GOD가 아니냐고? 그럼 내 안에 '신'이 있다고 생각하면 된다. "심은 군주의 기관이니 신명神明이 나온다. 천일天一이 수水를 낳으니 사람에게서 정精이 되고, 지이地二가 화火를 낳으니 사람에게서 신神이 된다……. 형과 기가 교류할 때 신이 그 중심에서 주관하는데 이것이 삼재의 도리이다." 고도의 유동적 지성이 필요한 대목이다. 일단 형과 기가 교류할 때 그 사이를 주관하는 작용이라고 정리해 두자. 당연히 심장이 중심이다. 고로, 마음은 심장에 있다! 이것만 해도 대단한 발견 아닌가. 우리는 뇌가 마음을 온통 주관한다고 믿는다. 그래서 마음을 분석하기 위해 뇌만 뚫어지게 쳐다본다. 뇌과학은 신경다발들을 세밀하게 분석하지만 그것들이 어떻게 연결되어 마음이라는 작용을 만들어 내는지는 알지 못한다. 즉, 그것을 통해 '신'에 대해 파악하기란 어렵다는 것이다.

자, 일단 이쯤해서 정리를 해보자. 정은 생명의 기초를 이루는 물질적 토대를 의미한다. 기는 이 질료를 움직이는 에너지다. 그리고 신은 정기의 흐름에 벡터를 부여하는 컨트롤러 역할을 한다. 이 셋은 서로 맞물려 돌아가면서 변전을 거듭한다. "정은 신을 낳고 신은 정을 기른다. 서로가 서로를 낳는 이 기묘한 관계. 그런데 이 둘의 관계를 적절하게 연결해 주는 매개체, 그것이 바로 기다. 정과 신을 생성한 기가 다시 정과 신을 매개한다. 이로써 기는 정과 신의 모태이면서 동시에 정과 신을 매개하는 실제적인 에너지로 작동한다."도담 강의안

이젠 이해가 되는가? 더 헷갈린다고? 이게 동양사상의 길(혹은 늪^^)이다. 잡았는가 싶으면 저만치 멀어져 가고, 고개를 끄덕이는 순간 뒤통수를 후려친다. 주름과 펼침의 무한한 변주! 그걸 즐길 수 있을 때 비로소 이 매트릭스로의 입문이 가능하다. 이 세계에선 생리와 심리, 육체와 정신, 물질과 비물질 사이의 구획이 날카롭지 않다. 그 사이를 이리저리 유영한다. 왜냐고? 그것이 있는 그대로의 삶이자 자연이니까. 하여, 이 배치에선 개념적 정의보다 그 개념을 둘러싼 이웃 항들의 계열이 더 중요하다. 예컨대, 이런 식으로 말이다.

- 정-진액-골수-신장-생식
- 기-호흡-폐-패기
- 신-변화-무형-심장-마음

이 계열들은 또 다른 항들과 연결되어 있기 때문에 초점을 약간만 이동해도 바로 다른 식의 계열이 탄생한다. 그러니 기는 신의 할아

버지였다가, 자식이었다가 다시 매개자였다가…… 쉬지 않고 자신의 모습을 바꿀 수밖에 없는 것이다. 사실 우리도 그렇게 살고 있지 않은가? 아버지였다가 직장상사였다가 친구였다가…… 어떻게 계열화되느냐에 따라 영 딴판이 되기도 한다. 그런데 우리가 쓰는 언표들은 이 흐름과 변화의 국면들을 포착하려 하지 않는다. 오히려 개념을 부여하기 위해 흐름에서 폭력적으로 이탈시킨다. 그리고 냉각시켜 버린다. 완전 냉동 상태로 만들어 놓은 다음 그것이 순수하고도 진정한 의미라고 주장한다. 그러니 개념과 개념 사이가 유동할 일이 없다. Clear and Distinct한 세계! 그런데 문제는 생명과 우주는 그렇게 존재하지 않는다는 것. 언어와 현장 사이의 이 간극이 우리로 하여금 이렇게 언어를 더듬거리게 하는 것이다.

아이러니한 것은, 이 더듬거림을 해소시켜 주는 가장 좋은 무기가 첨단과학의 언표라는 사실이다. 첨단과학은 때론 아주 엉뚱하게도 저 고원한 산정에 숨겨져 있던 동양적 비의의 봉인을 풀어 주는 효과적인 역할을 수행한다. 예컨대, 그 유명한 $E=mc^2$이라는 공식을 보자. 알다시피 이 공식은 아인슈타인의 일반상대성원리를 뜻한다. 누구나 알고 있는 공식이지만 이것 때문에 인생관을 바꾼 경험은 없을 것이다. (그것도 참 이상하다. 어째서 이런 물리적 법칙들은 깨달음으로 이어지지 않는 것일까.) 간단히 말해서 이 식은 질량과 에너지가 동등하다는 의미를 담고 있다. 질량과 에너지는 존재의 두 가지 표현형식으로, 에너지는 물질을 해방시켜 주고, 물질은 준비된 에너지라는 뜻이다. 이 공식으로 과학자들의 오랜 문제가 하나 풀렸다고 한다. 즉, 태양이 무수히 빛을 발하면서도 왜 고갈되지 않을까? 에너지와 질량이 따로따로 있었다면 모든 것은 이미 종말이 있었으리라. 하지만 둘 사이가 교호하기 때문에 우주에는 불교에서 말하는 '부증불감', 즉 늘지도 줄지도 않는 생성과 소멸의 운동이 가능한 것이다. 여기서 우리가 포착해야 하는 것은 무형과 유형, 물질과 힘 사이의 넘나듦이다. 즉, 경계를 설정하는 방식이 아니라, 경계를 넓게 포진하는, 그래서 궁극적으로 각 항의 실체가 아니라, 항목들 사이의 관계만 남는 그런 세계 말이다.

정기신의 교류 역시 마찬가지다. 정인가 하면 그 안에 기가 내재되어 있고, 기를 움직이는 힘에는 또 신의 오묘한 이치가 작동한다. 이런 변화무쌍한 세계를 이분법과 진화론, 인간중심주의에 구겨 넣은 것이 우리가 신봉하는 근대적 표상체계다. 이 표상 안에 머무르는 한, '사이'와 관계는 포착되지 않는다. 그래서 교환과 수량의 배치를 넘어선 장에 들어서면 인생과 우주가 온통 불가사의하다. 그런 점에서 정기신은 단순히 생명의 원초적 토대일 뿐 아니라, 생명과 외부를 날카롭게 구획하는 기존의 배치를 모두 와해시키는, 이전과는 전혀 다르게 사유하도록 추동하는 아주 낯선 '매트릭스'다.

덧붙이면, $E=mc^2$에서 더 놀라운 사실이 또 하나 있다. 빛의 상수라는 c^2은 어마어마한 크기라고 한다. 따라서 이 식에 따르면 물질에 갇혀 있는 에너지의 양은 그야말로 엄청나다. 원자핵을 모아 폭탄을 만들고 중성자탄을 만드는 것이 가능한 것도 그 때문이다. 그럼, 사람은 어떨까? 우리의 몸 안에는 얼만큼의 에너지가 응집되어 있는 것일까? "특별히 건강하지 않더라도 평균 체격을 가진 성인이라면 몸속에 적어도 7×10^{18}줄$_{joule}$ 정도의 에너지를 가지고" 있다고 한다. "그것은 대형 수소폭탄 30개 정도가 터질 때의 에너지"란다. 오, 내가 그렇게 파워풀한 존재라니! 빌 브라이슨은 말한다. "세상에 존재하는 모든 것은 그런 정도의 에너지를 가지고 있다. 다만 우리는 그런 에너지를 활용하는 방법을 모르고 있을 뿐이다."빌 브라이슨, 『거의 모든 것의 역사』 136쪽

그렇다. 정기신, 이 삼박자의 리듬 역시 막강한 파워를 내재하고 있다. 『동의보감』식으로 말하면 그것은 빛의 상수 때문이 아니라, 정기신 자체가 우주에 가득한 '기'와 순환을 하기 때문이다. 즉, 우리는 물고기가 물속을 거닐 듯 '기의 바다'를 유영하고 있다. 어떻게 유영할 것인가? 그 용법이 곧 내 존재와 삶의 방향을 결정한다. 들뢰즈 식으로 말하면, 오직 흐름과 배치만 있을 뿐. 어떻게 '절단'하고 '접합'하느냐에 따라 무수히 다른 삶이 펼쳐진다. 그리고 그 길은 모두에게 열려 있다. 도道 앞에서의 만인의 평등함!

나는 '아바타'다

석씨석가모니가 논하여 말하기를, "사람은 지·수·화·풍이 화합하여 만들어진다. 근골과 기육은 모두 지地에 속하고, 정혈과 진액은 모두 수水에 속하며, 호흡과 따뜻함은 모두 화火에 속하고, 영명靈明과 활동은 모두 풍風에 속한다"고 하였다.「내경편」, '신형', 12쪽

이미 언급했듯이, 이것이 불교가 말하는 생명관이다. 땅과 물과 불과 바람이 합쳐지면 사람이 된다는 것이다. 어떤 비율과 비례, 어떤 조건으로 취합되느냐에 따라 그 사람의 특질이 형성된다. 예컨대, "흙기운이 왕성하면 뼈가 쇠처럼 굳고, 물기운이 왕성하면 정액이 구슬처럼 맑다. 불기운이 왕성하면 기운이 구름처럼 뻗치며, 바람기운이 왕성하면 지혜가 많다." 정기신보다 더 구체적인 형상의 세계를 말하고 있다. 하지만 원리는 다르지 않다. 생명이란 우주적 질료들의 재배치를 통해서 만들어진다.

한편, 서양 고대철학에도 이와 유사한 언술들이 있다. 대표적인 예로 플라톤의 『티마이오스』는 우주의 발생과 구성 원리에 대한 이야기다. 그가 기대고 있는 우주론은 엠페도클레스의 4원소설이다. 엠페도클레스에 따르면 우주 구성의 근본 물질은 불, 흙, 물, 공기 등이다. 물론 『티마이오스』에는 창조의 순간에 '데미우르고스'라는 신이 등장하긴 한다. "하지만 데미우르고스는 전지전능한 창조주가 아니다. 왜냐하면 우주 원리를 담은 형상과 우주의 재료가 되는 질료가 신에 앞서 존재하기 때문이다. 즉 데미우르고스는 자신의 마음대로 우주를 창조한 것이 아니라, 우주의 원리를 담고 있는 형상들을 본‹paradeigma›으로 삼아 제작할 뿐이다. 질료 역시 재료로 쓰기 위해서는 설득을 해야 하는 것이 신의 운명이다. 그러므로 한쪽으로는 설계도를 따르려 애쓰면서, 다른 쪽으로는 재료들과 씨름하는 장인의 모습이 데미우르고스라는 신이다. 신조차도 따라야 하는 우주의 원리가 있고, 그 원리들을 수와 기하학의 세계로 풀어낸다는 점에서 '티마이오스'는 과학에 가깝다."신근영, 『고전톡톡』, 북드라망, 2012, 36쪽 여기서 핵심은 요소와 성분들의 진리성 여부가 아니다. 지수화풍이건 4대 원소건 핵심은 인간은 우주적 질료들의 결합이라는 사실이다.

주자가 말하기를, "음양이 변화하고 합하여 처음에 수화水火가 생겨난다. 수화는 기이기 때문에 흘러 다니고 타오르기도 하지만 본체는 허하고 형은 아직 갖추지 못했다. 그 다음에 목금木金이 생기면서 형체가 확연히 드러난다. 수화는 처음에 스스로 생겨나는 것이다"라 하였다.「내경편」, '진액', 192쪽

몸의 뒷면에는 삼관이 있다. 뒷머리를 옥침관玉枕關이라 하고 척추 양옆을 녹로관轆轤關이라 하고 수화水火가 만나는 곳을 미려관尾閭關이라 한다. 삼관은 모두 정기精氣가 오르내리고 드나드는 도로이다. 만약 북두칠성의 자루가 돌듯이 삼관이 잘 돌아간다면, 정기가 위아래로 순환하는 것은 은하수가 북두칠성을 따라서 도는 것과 같을 것이다.「내경편」, '신형', 16쪽

사람의 기혈은 위아래로 왕래하며 밤낮으로 쉬지 않고 돌아간다. 마치 강물이 바다에 닿을 때까지 끊임없이 동쪽으로 흘러도 고갈되지 않는 것과 같다. 고갈되지 않는 이유는 산과 강의 구멍이 모두 서로 통하고 있기 때문이다. 물은 땅속에서 순환하여 흐른다. 해와 달의 운행도 마찬가지다.「내경편」, '신형', 16쪽

수화(물과 불)가 생겨나고 그 다음에 목금(나무와 쇠)이 생겨나면서 형체가 드러난다. 등을 타고 흐르는 삼관의 순환은 은하수가 북두칠성을 도는 것에 해당하고, 기혈이 쉬지 않고 흐르는 것은 강물과 바다, 해와 달의 운행과 같다. 이것이 『동의보감』식 언표배치다.

여기에 대한 반응은 크게 두 가지일 것이다. 하나는 앞에서도 밝혔듯이 말도 안 되는 공염불 정도로 치부하는 것. 왜냐면 과학적으로 검증할 수가 없으니까. 또 다른 하나는 크게 공감하긴 하는데, 이 모든 내용을 은유와 상징으로 받아들이는 것이다. 전자가 과학주의의 산물이라면, 후자는 낭만적 신비주의의 잔재다. 전자에 대해선 앞에서 논한 바와 같고, 여기서는 후자에 대해 집중적으로 살펴보도록 하자. 사실 어떤 면에선 전자보다 후자가 더 문제적일 수 있다. 인간과 우주 사이의 긴밀한 연관성, 만물이 하나로 이어지는 '대칭적 사유'에 깊이 공감한다고 하면서 실제로는 헛다리를 짚기 십상인 까닭이다. 자연에 대한 온갖 신비주의적 망상이 싹트는 지점이기도 하다.

자연은 결코 아름답지 않다. 아름답지 않지도 않다. 자연은 본원적으로 미추의 경계를 떠나 있다. 봄에는 살리지만 가을에는 죽인다. 여기에는 가차가 없다. 그리고 더 궁극적으로 자연에 있어서는 죽임과 살림이 다르지 않다. 이 역설을 감당하지 못할 때 '은유의 덫'에 걸려든다. 웰빙과 유기농, 전원주택, 귀농과 산정 등 에콜로지를 둘러싼 온갖 '고상한' 이미지들이 탄생한다. 물론 이것이 인간과 자연의 분리 이후, 그 연결고리를 오직 은유를 통해서만 찾고자 하는 습속의 산물임은 말할 나위도 없다. 하지만 결론부터 말하면, 은유는 없다! 『동의보감』의 언술들에 등장하는 인간의 몸과 자연의 현상은 어떤 중간 매개 없이 '곧바로' 직결된다. 곧 몸은 소우주다. 우주에 지수화풍이 있듯이 내 몸 또한 지수화풍으로 이루어져 있다. 수화와 목금이 결합해서 형체가 되고 형체가 흩어지면 다시 수화와 목금으로 나누어진다. 아, 이것들을 물질로만 생각하지 마시라. 지수화풍, 수화목금, 모든 요소들에는 보이지 않는 정신의 흐름이 내재되어 있다.

　우리가 매순간 호흡을 한다는 건 천지에 가득찬 기운을 들이마시는 것이고, 그 기운 속에는 바람도 있고, 물도 있고, 냄새도 있다. 곡식은 더 말할 나위도 없다. 곡기에는 지수화풍, 음양오행의 모든 기운이 담겨 있다. 첨단 과학의 언술을 빌리면, "지구상의 동물, 식물, 벌레 심지어 물방울까지 똑같은 사전의 코드를 이해하고 있다. 효모 세포는 인간의 유전정보를 자기 것으로 착각하고, 바다와 인간이 가진 염과 광물질의 비율은 놀라울 정도로 비슷하다. 또한 우리 몸이 허용할 수 있는 원소의 양은 지각에 존재하는 원소의 양과 직접적으로 비례한다. 그러니 우주를 본다는 것은 인간을 보는 것과 다를 바 없"는 신근영, 『고전톡톡』 39쪽 것이다. 고로 의역학에 입문하기 위해서는 자연과 우주를 은유나 상징의 차원으로 비약시키고자 하는 마음의 장벽부터 허물어야 한다.

　영화 「아바타」가 그에 대한 좋은 사례다. 알다시피 아바타는 할리우드 블록버스터다. 천문학적 제작비와 그에 걸맞은 관객동원, 게다가 3D의 효과를 만방에 떨친 작품으로 유명하다. 주제는 다들 알다시피 에콜로지, 곧 인간과 자연의 공생이다. 이런 부적절한 만남이 있나.

아니나 다를까 이 영화는 '은유의 덫'을 실로 화려하게 보여 준다.

먼저, 「아바타」에 나오는 판도라의 행성은 자연이 아니다. 언급했듯이, 자연은 그렇게 신비하지도, 아름답지도 않다. 자연이란 무엇인가? '스스로 그러함'이다. 더할 것도, 뺄 것도 없음, 그것을 일러 자연이라 한다. 자연을 산과 들, 강과 바다 같은 생태적 환경만으로 한정하게 된 것은 근대 이후 'Nature'를 번역하면서부터다. '네이처'를 자연이라고 번역하면서 자연이라는 낱말이 환경이라는 의미로 국한되어 버렸다. 그 저변에 인간 주체/자연 객체라는 대쌍이 설정된 탓이다. 그러므로 「아바타」는 자연이 아니라, 자연에 대한 인간의 판타지를 극대화한 작품이다. 하여, 아무도 「아바타」를 보고 에콜로지를 사유하지 않는다. 다만 영화기술의 눈부신 진화에 대해 감탄할 따름이다. 그리고 사람들은 이제 꿈꿀 것이다. 판도라의 행성 같은 곳이 있다면 좋겠다고. 그곳에 가서 아바타처럼 살고 싶다고.

인간/자연, 지구/별, 문명/원시······ ──이런 식의 이분법을 심화시킨 것이야말로 「아바타」가 '에콜로지에 반하는' 작품이라는 결정적 증거이다. 에콜로지란 그런 특별한 시공간을 갈망하는 것이 아니라, '지금', '자기'가 서 있는 곳을 청정하게(자연스럽게) 만드는 것이다. 아니, 그 이전에 자신이, 자신의 몸이 곧 자연임을 사무치게 깨닫는 것이다.

동양사상은 우주와 생명을 어떤 실체들의 종합으로 보는 것이 아니라, 흐름이자 운동으로 본다. 우주는 다른 말로 바꾸면 시공간이다. 시간과 공간은 둘이 아니다. 시간은 공간의 다른 펼침이다. 그리고 그 시공간이 변화해 가는 리듬을 자연이라 한다. 스스로 그러함이란 변화의 '차서'(시간적 순서와 공간적 질서)를 뜻한다. 차서를 어길 때 우리는 부자연스럽다고 느낀다. (그런 점에서 동양우주론이야말로 유물론의 지존이다. 그런데 어째서 맑스주의적 관점에선 한때 관념론의 극치로 해석되었을까? 이 또한 역사의 아이러니 혹은 역설이다.)

따라서 삶은 명사가 아니라 동사다. 동사는 운동성이 존재를 규정한다. 그때 운동은 이동, 중첩, 변이가 핵심이다. 정기신, 음양오행, 이 개념들 역시 명사가 아니라 동명사에 가깝다. 그것을 절단, 채취하는 순간 명사화된다. 명사가 아닌 동사적 흐름을 사유하는 건 일단은 쉽다. 하지만 미끄럽다. 잡았는가 싶으면 슬그머니 손을 빠져나간다. 서구 형이상학을 전복하고자 하는 니체, 들뢰즈/가타리 같은 포스트모더니즘의 철학들 역시 그렇다. 초인과 힘, 권력의지, 리좀, 탈주…… 그런데 그 개념들은 두 스텝만 가면 동어반복이거나 아니면 아득한 벼랑이다. 어떻게, 어떤 리듬으로 변화하고 어떻게 밀도를 만들어 내는가? 답이 없다. 따라서 그 담론의 배치에선 어떤 법칙 혹은 '일관성의 구도'가 잡히질 않는다.

의역학도 분명 운동의 사유다. 접속, 변이, 이동이 핵심이다. 하지만 거기에는 명확한 리듬과 강밀도가 있다. 음양오행이라는 키워드가 그 개념적 도구다. 그걸 어떻게 믿냐고? 어떤 과학적 실험과 검증보다도 더 뚜렷한 증거가 있다. 계절과 인생이 바로 그것이다. 계절은 끊임없이 돌고 돈다. 하지만 동일한 양태를 반복하지는 않는다. 지구는 탄생 이후 단 한 번도 같은 기후를 되풀이하지 않았다. 아니, 빅뱅 이후 우주는 단 한 찰나도 동일한 순간이었던 적이 없다. 다만 그 찰나들에 연속성을 부여해 주는 리듬이 있을 뿐이다. 차이 속의 되돌아옴, 그것이 순환이다.

그리고 이 순환의 우주적 리듬이 곧 역(易)이다. 역이라는 낱말의 속성이 바로 그것이다. '쉽다'와 끊임없이 '바뀐다'는 뜻을 동시에 가진. 의역을 배운다는 건, 이 자연의 쉽고도 변화무쌍한 용법을 익히는 것이다. 그리고 인생 또한 하나의 계절이다. 인생도 계절과 마찬가지로 생로병사의 리듬을 밟아 가야 한다. 주변에 있는 사람들의 삶의 주기를 면밀히 관찰해 보라.(뒷담화만 하지 말고!) 계절마다, 해마다, 3년, 5년, 10년마다 실로 변화무쌍하다. 그런 점에서 인생보다 더 흥미로운 텍스트는 없다. 그중에서도 가장 중요하고도 만만한 텍스트는 자신의 몸이다. 내 몸은 미세한 관찰과 심오한 통찰이 동시에 가능한 유일한 영역이다. 정기신이 어떻게 변전하는지, 외부와 어떻게 교감하는지, 대상에 따라 감정의 리듬이 어떻게 달라지는지 등등.

플라톤의 우주론 역시 그러하다. "우주에는 우리 삶을 이끄는 섭리가 담겨 있고, 우주의 일부분으로서 인간은 그 섭리에 따라 살아야 한다. 플라톤에게 우주는 인간을 이루는 물질적 원인만을 의미하지 않는다. 그것은 한편으로 인간의 삶을 훌륭하게 이끄는 원인이다." 즉, "그에게 '자연은 무엇인가'라는 질문은 곧 '인간은 어떻게 살아야 하는가'를 풀어 줄 열쇠였다. …… 플라톤은 하늘 속에 담긴 땅의 모습을 보았고, 땅 위에 펼쳐진 하늘의 원리를 읽었다."신근영, 『고전톡톡』 38~39쪽 우주적 이치와 생리적 원리, 그리고 윤리적 실천의 삼위일체! 그것을 자각하는 순간, 누구든 환희용약하며 이렇게 외칠 것이다. "나는 '아바타'다! 아니, 자연이다."

아파야 산다

형기가 갖추어진 다음에 아^{痾}가 생긴다. 아란 채^{瘵}이고, 채란 병을 말하는 것으로 병이 이로부터 생기는 것이다. 사람은 태역으로부터 생기고 병은 태소로부터 생긴다. 「내경편」, '신형', 11쪽

아―채―병. 이것이 『동의보감』이 말하는 질병의 진행과정이다. '아'는 기·형·질이 모두 갖춰지는 순간 발생되는 원초적 불균형을 뜻한다. '채'란 아의 후천적 진행과정으로 쉽게 말하면 피로한 상태다. 요즘 말로 하면 스트레스와 과로 상태에 가깝다. 이 피로함이 누적되거나 심화되면 병이 된다. 거시적 차원에서도 그렇고, 미시적 차원의 질병에서도 이런 단계를 밟는다. '아'는 전혀 드러나지 않는 씨앗단계, '채'는 그 씨앗들이 발아해서 점차 누적되어 가는 단계, '병'은 그것이 구체적인 증상과 함께 자신을 드러낸 단계.

일단 이런 언술에서 주목할 점은 이것이 앞에서 언급한 우주발생론 다음에 이어진다는 사실이다. 인간은 태역, 곧 빅뱅과 더불어 생겨난다. 생명과 우주가 하나의 매트릭스를 구성한다는 뜻이다. 그런데 태역에서 태소로 이어지는, 다시 말하면 기·형·질이 형성되는 과정에서 질병도 함께 탄생한다. 즉, 질병이란 특수한 고통과 결여의 상태가

아니라 생명이 태어나기 위해서는 반드시 수반해야 할 필연적 조건이다. 기의 이합집산이 형과 질을 이루는데, 이 형질을 갖추기 위해서는 반드시 감내해야 하는 왜곡 혹은 편향현상이라고나 할까. 체질에 따라, 시공간적 조건에 따라 모두 다르긴 하지만 모든 존재는 원초적으로 질병을 안고 태어날 수밖에 없다. 아니, 질병이 곧 존재의 표현형식이다.

존재가 지닌 이 태생적 불균형에 대해선 물리학적으로도 설명가능하다. 알다시피 지구는 23.5도 기울어져 있다. 태양이 도는 길인 황도 역시 찌그러진 타원형이다. 중국의 신화에 따르면, 하늘은 서북으로 기울었고 땅은 동남으로 내려앉았다. 지구가 완벽한 구의 형태를 갖추고 있고, 황도 역시 원형의 궤도를 돈다면 지구에는 어떤 생명체도 불가능했을 터이다. 완벽한 조건에선 차이가 형성되지 않고 차이와 균열이 일어나지 않으면 에너지나 열이 발생하지 않기 때문이다. 지상에 일어나는 모든 현상은 위의 신화에 나타난 우주적 결함에서 출발한다. 비록 천지가 우주적 결함 속에 돌아가지만, 이 위대한 결함이 없었다면 이 땅에 인간을 비롯한 모든 생명의 탄생도 불가능했을 것이다.전창선 어윤형,『음양오행으로 가는 길』, 세기, 1998, 142쪽 그런 점에서 평형상태란 곧 정적과 죽음을 의미한다. 요컨대 어긋남이, 기울어짐이, 울퉁불퉁함이 생명을 만들어 낸다. 불교에서 태어남 자체가 '고苦'라고 말하는 것이나, 고대 인도 아유르베다 의학에서 태어남 자체를 하나의 질병이라고 간주한 것도 그 때문일 터이다.심재관, 「고대 인도의 의철학 전통과 '건강'」,『인문의학』1집, 50쪽 여기서 특히 주목할 사항은 이런 사유에서는 생명과 질병 사이의 경계가 열려 있다는 사실이다. "『황제내경』의 건강은 "미병未病이라는 개념을 통해 건강과 질병에 대해 절대적이지 않은 연속적인 관점을 상정하면서 '미병'이 건강과 질병 사이에서 건강과 질병을 단절이 아닌 연속성으로 만들고 조화롭게 한다"고 서술하고 있다.

'미병'은 아프지 않은 상태를 가리키기도 하고, 질환으로 현상화되지 않은 상태를 가리키기도 한다. 달리 말하면 '미병'은 건강과 질병 사이에 나타날 수 있는 다양한 몸 상태를 표현하는 넓은 스펙트럼을 가진다. '미병'일 때 우리는 병으로 진행되지 않도록 치료하거나, 아프지 않은 건강사태를 유지하기 위한 노력이 필요한데 이 노력이 바로 양생이다. 곽노규·김시천, 「고대 동아시아에서 건강과 양생」, 『인문의학』 1집, 44쪽

그래서 진정한 고수는 병이 드러나기도 전에 고친다는, 그래서 환자가 치료를 받았다는 것조차 알아차리지 못한다는 역설 혹은 아이러니가 가능해진다. 편작의 형이 그랬다고 한다.

다른 한편, 이런 관점은 우리가 아는 건강/질병의 이분법을 근본적으로 해체한다. 일찍이 르네 뒤보가 말했듯이, 건강은 근대가 만들어 낸 또 하나의 환상이다. "그에 따르면 건강은 생명체와 환경의 끊임없는 상호작용인 적응의 과정에서 나타나는 일시적 균형일 뿐 도달해야 할 목표가 아니다." 강신익, 「건강은 없다: 복잡성의 진화와 의학」, 『인문의학』 1집, 20쪽
근대 이전에는 건강이라는 말이 없었을뿐더러 "영어 단어 헬스health

의 어원은 신성함, 전체성, 치유의 뜻에 있어 종교적 뉘앙스가 강했음을 알 수 있다." 하지만 17세기 이후 해부병리학이 확립되면서 "질병을 신체의 부분적 현상으로 축소시켰다. 그리고 세균을 발견하여 병의 '실체'를 확인한 18~19세기, 항생제와 각종 첨단장비를 발명해 병의 실체에 직접 접근할 수 있게 된 20세기를 거치면서 건강은 점차 '질병의 부재'를 뜻하게 되었다."

하지만 이 건강과 정상성의 척도는 백인 남성의 신체를 기준으로 삼는 까닭에 여성과 유색인종을 비롯하여, 장애인, 광인, 노숙자, 기타 사회적 약자들을 범주화하는 역할을 수행한다. 거기에는 마치 완벽하게 건강한 신체가 가능하다는 전제가 깔려 있다. 푸코가 말하는 정상성/비정상성의 경계가 탄생하는 지점이기도 하다. 하지만 진화론적 관점에 의거하면 기본적으로 정상적인 몸의 상태라는 건 있을 수 없다. 진화란 거창한 설계하에 이루어지는 장엄한 작업이 아니라, 국소적 차원에 따른 우연적 변화들이 뒤엉킨 비뚤비뚤한 세계다.

이런 과정 속에선 무엇이 정형이라 규정할 수가 없다. 또 인간은 질병이 있음으로 해서 고통을 받기도 하지만, 그 질병 때문에 목숨을 유지할 수도 있다. 『아파야 산다』의 저자 샤론 모알렘에 따르면 혈색증이나 당뇨는 분명 치명적인 질병이지만, 인간은 이 병들이 있었기 때문에 페스트를 이겨 내고 빙하의 추위를 견뎌 낼 수 있었다. 결국 병이 "있음에도 불구하고" 살아가는 것이 아니라, 병이 "있음으로 해서" 내가 살 수 있는 것이다. 다음은 골형성부전증이라는 희귀병 환자의 수기 가운데 일부다.

골형성부전증은 분명 현대의학으로 완전히 제거될 수 있는 것이 아니다. 하지만 역설적으로 그렇기 때문에 이것은 건강을 해치는 부정적인 바이러스가 아니라, 이미 내 몸 자체이며 나 자신이 되어 버린 것이다. 나는 이것을 '가지고' 살지 않고, 이것 자체로 살아왔고, 살아가고 있다. 그것은 오랜 시간의 투쟁 끝에 위험하고 심각한 질병의 범주에서 벗어났고, 내 삶의 한부분이 되어 내 몸의 독특한 운용방식을 구성하며 또 하나의 내 모습이 된 것이다. 이것은 절망의 한 요소라기보다 그 자체로 '나'라는 한 인간을 구성하는 부분이 되었다. 김원영, 「새로운 몸의 기억만들기」, 『인문의학』 1집, 176쪽

오랜 투병생활 끝에 질병이 곧 자신의 삶을 구성하는 토대임을 깨닫게 된 것이다. 한마디로 아파야 산다! 이런 관점에서라면 원초적으로 장애란 없다. 서로 다른 신체적 리듬과 강밀도가 있을 뿐! 이것이 바로 의료가 단지 기술의 영역이 아니라 삶의 비전이 되는 지점이다. 운명의 이치 또한 마찬가지다. 번뇌가 곧 나를 살리는 동력이다.(사주명리학상으론 나를 극하는 오행, 나의 팔자를 사납게 만드는 오행이 내 존재의 원천이자 구원의 열쇠가 된다.) 이런 관점하에서 병이 낫는다는 건 "원상태로의 복귀가 아니라 새로운 질서의 출현"이다. "이 과정에서 유기체의 본질적 특성의 일부가 상실되기도 하는데, 그것은 손실이기보다는 새로운 질서를 위한 밑거름이다." 강신익, 「건강은 없다: 복잡성의 진화와 의학」, 19쪽

물론 이 질서는 또 다른 질병을 창조(!)한다. 질병이 곧 존재의 축

이자 무게중심이므로. 아프지 않는 것이 아니라, 어떻게 아프냐가 삶의 척도이므로. 그 궁극적 경지는 저 유마거사가 앓았다는, 중생의 아픔을 곧 자신의 아픔으로 느끼는 우주적 병증이 아닐까. "아프냐? 나도 아프다!"

근대 이전 서양의 몸과 우주에 대한 생각

엠페도클레스와 4원소설

엠페도클레스(Empedocles, 기원전 490?~430?)는 고대 그리스의 자연철학자이자 의사, 시인, 정치가로 4원소설을 주창했다. 파르메니데스의 가르침을 받았다고 전해진다. 엠페도클레스는 자유 정신을 존중해 권력에 굴하지 않았으며, 사재를 털어 강의 오염을 막아 역병을 진정시킨 일도 있었다고 한다. "지혜로운 자를 한 명도 발견할 수 없다"고 한 사람에게 "당연하다. 지혜로운 자를 찾아내려면 우선 그 사람 자신이 지혜로운 자가 아니면 안 되니까"라고 말했다는 일화도 전해진다. 그는 사람의 영혼이 머리나 가슴이 아니라 혈액에 있다고 했으며, 영혼의 전생설을 지지해, "나는 일찍이 한 번은 소년이었으며, 소녀였고, 새였으며, 바다에서는 작은 물고기였다"라고 말했다.

무엇보다 엠페도클레스는 그 이전까지의 철학자들이 만물의 근원으로 한 가지 요소만을 내세웠던 데 비해 만물의 근원은 불, 물, 공기, 흙 네 가지 뿌리(리조마타rizomata)이며, 그것들을 결합하는 힘을 '필리아'(philia : 사랑, 친화), 분리시키는 힘을 '네이코스'(neikos: 증오, 불화)라고 했다. 이 힘들에 의해 네 개의 뿌리는 이합집산을 반복하지만 뿌리들은 불생(不生), 불멸(不滅), 불변(不變)한다고 했다. 그에게 우주는 사랑의 지배와 싸움의 지배가 계기마다 교체되는 동적(動的) 장소였다. 이 4원소설은 철학적으로 플라톤과 아리스토텔레스 등에 계승되었으며, 의학에서는 히포크라테스를 거쳐 갈레노스에 의해 집대성되었다.

4체액설
4체액설은 히포크라테스가 엠페도클레스의 4원소론에 영향을 받아서 구축한 학설이다. 네 종류의 체액을 신체의 구성요소로 간주하고 이 체액의 밸런스에 의해서 건강 상태 등이 정해진다고 보았다. 4체액은 혈액, 점액, 황담즙, 흑담즙이며, 이후 그에 상응하는 장기들(심장, 뇌, 간, 비장)과 기본성질(온, 습, 냉, 건) 등이 편입되었고, 나이, 계절, 기질 등이 추가되었다(4체액설에 의하면 혈액이 많은 사람은 낙천적이고, 점액이 많은 사람은 둔중하며, 흑담즙이 많은 사람은 우울[멜랑콜리의 어원이 흑담즙이다]하고, 황담즙이 많은 사람은 까다로운 기질을 지닌다고 한다). 질병은 체액이나 이 원소가 잘못 혼합된 상태였으며, 보통은 자연이 직접 이들의 균형을 복구하려고 애를 쓴다고 보았다. 나중에 갈레노스는 이 4체액설을 바탕으로 고대 의학이론을 구축했고, 이는 19세기가 되기 전까지 막대한 영향을 미쳤으나, 현대의학에는 계승되지 않았다.
그림은 4체액설에 따른 기질을 묘사한 것으로 맨위 왼쪽부터 시계방향으로 점액질형, 황담즙형, 흑담즙형, 혈액형이다.

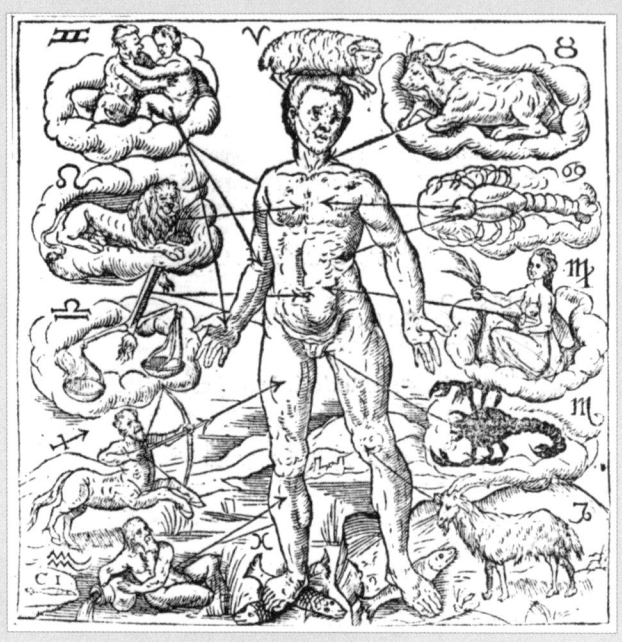

점성 의학(astrological medicine)
천구상에서 황도가 통과하는 12개의 별자리(황도12궁)가 인체의 각 부분을 컨트롤한다는 믿음은 서양에서 오랜 기간 널리 퍼져 있었다. 예를 들어 황도12궁의 열두번째 자리인 물고기자리에 태어난 사람은 그들의 발에 문제가 생길 거라고 간주되는 식이었다(위 그림을 보면 발에 배당된 별자리가 물고기자리임을 알 수 있다). 이 점성 의학은 서양에서 오랜 기간 치료방법으로 권위를 가졌던 사혈 요법과 긴밀한 관계가 있다.

파라셀수스의 대우주와 소우주

해부학의 아버지로 불리는 베살리우스와 거의 동시대를 살았지만, 파라셀수스는 "인체 내부의 모든 것은 외부에서도 관찰 가능하다"며, 해부에 적대적인 모습을 보였던 의사이자 연금술사였다. 별의 영향, 독의 효과, 자연적 기질과 영혼과 신의 영향 등에 의해 병이 발생한다고 믿었던 파라셀수스는 지상세계, 천상세계(별의 세계), 영적세계로 이루어진 3가지 대우주에 대응하여 소우주인 인간은 신체, 정기, 영혼으로 이루어졌다고 생각하였다. 그에 따르면 지상계-신체와 천상계-정기는 눈에 보이는 세계이며, 그것을 지배하는 영적 세계-영혼은 눈에 보이지 않는 세계이다. 이런 사상은 신플라톤주의의 계보를 잇는 자연신비주의로서의 측면을 가지고 있다. 또한 그는 모든 물질을 유황·수은·소금의 3개 원소로 환원할 수 있다고 생각했는데, 유황은 영혼, 수은은 정신, 소금은 신체를 의미했다(그는 이 3요소의 조합으로 황금을 만들 수 있다고 생각했다).

141

4장
'통하였느냐?':
양생술과 쾌락의 활용

황제 : "상고시대의 사람들은 모두 나이가 백 살이 되어도 동작이 노쇠하지 않았다고 들었습니다. 그런데 요즘 사람들은 나이가 쉰만 되어도 동작이 노쇠하게 되는 것은 시절이 달라져서입니까? 아니면 사람들이 도를 잃어서입니까?"

기백 : "상고시대의 사람들은 도를 알았기 때문에 음양을 따르고 술수에 잘 맞추며 음식에는 절도가 있었고 생활에는 법도가 있었으며, 함부로 힘을 쓰지 않았습니다. 그래서 형形과 신神을 온전히 보존하여 천수를 누리다가 100세가 되어서야 죽었습니다. 요즘 사람들은 그렇지 않습니다. 술을 물처럼 마시고 멋대로 행동하며 술에 취한 채로 성교하여 정을 고갈시키고 진을 소모하며, 정을 채워둘 줄 모르고 아무

때나 신을 써서 마음의 쾌락에만 힘을 씁니다. 이렇게 양생의 즐거움에 역행하여 생활에 절도가 없기 때문에 50세만 되어도 노쇠하는 것입니다."「내경편」, '신형', 14쪽

『동의보감』에 따르면 인간의 자연스러운 수명은 120세다.「내경편」, '신형', 20쪽 육십갑자가 두 번 도는 시간에 해당된다. '인생은 환갑부터'라는 말이 결코 허언이 아닌 것이다. 더 중요한 건 단순히 오래 사는 것이 아니라, 위의 기백의 말처럼 "형과 신을 온전히 보존"하며 활기차게 사는 것이다. 봄여름가을겨울, 사계절이 각기 나름의 고유성을 지니듯 노년의 시간도 그저 죽음을 기다리는 '엑스트라' 기간(여생)이어서는 곤란하다. 겨울이 겨울다워야 봄이 아름답듯이 인생의 노년기도 그에 걸맞게 충분히 빛나야 한다. 이것이 양생의 전제다. 그렇기에 무릇 의사란 "신명과 통하고 조화를 부려 요절할 사람을 장수하게 할 수 있고 장수할 사람은 신선이 되게"「내경편」, '신형', 14쪽 해야 한다. 양생과 의학의 '고차원적' 결합이란 바로 이런 의미다. 단지 드러난 병을 잠재우고 수명을 늘리는 데만 골몰하는 것과는 아주 다른 지평이다.

물론 양생의 기술은 만만치 않다. 기백의 한탄처럼 대부분의 사람들은 주색의 쾌락에 빠져 절도를 잃어서 쉰 살만 되어도 이미 '정기신'이 고갈되어 버린다. 기백의 시대가 그러했으니, 허준의 시대야 말할 나위가 있으랴.(그럼, 우리시대는? 상상초월) 허준은 이 점에 특히 주력하였다. 그래서 「내경편」의 '신형'과 '정/기/신' 항목에는 생명의 원천에 대한 서술과 더불어 다채로운 양생의 기술로 가득하다.

양생의 척도―'태과/불급'을 넘어라

위생을 목표로 삼는 의학과 양생을 비전으로 삼는 의학은 아주 다른 체계다. 위생도 하고 거기에 양생술을 보태면 금상첨화일 거 같지만 그게 그렇지가 않다. 왜냐하면 그저 스타일만 다른 것이 아니라, 발 딛고 서 있는 지반 자체가 완전히 다르기 때문이다. 즉, 양생의 기술을 닦는다는 건 몸과 우주, 삶과 죽음에 대한 전혀 다른 윤리적 태도를 갖는다는 것을 의미한다. 일단 양생의 관점에 서게 되면 병에 대한 규정 자체가 달라진다.

예컨대, 인도의 고대의학인 "아유르베다는 일상적 인간 행위의 중요성을 강조하면서 질병의 가장 큰 원인으로 무엇보다 '지혜의 결핍'을 꼽는다. 지혜롭지 못하여 어떤 행위를 유발하는 판단에 착오가 생기고, 그 착오로 인해 잘못된 행위를 이끌게 되어 그것이 질병의 원인이 되는 것이다. …… '건강'을 의미하는 산스크리트어 '아로갸'는 '파괴되지 않은', '파편화되지 않은' 것을 의미한다. 확대 해석하면 신체 내부의 활동이 원활하게 소통하는 것뿐만 아니라 신체와 세계와의 균형 있는 소통에 단절이 없는 것을 말한다. 자아와 세계 사이의 단절 없는 소통은 인간의 지혜와 판단력에 달려 있다."심재관, 「고대 인도의 의철학 전통과 건강」, 『인문의학』 1집, 61~62쪽 소통과 지혜 같은 윤리학의 범주가 의학의 영역에 깊이 들어와서 자연스럽게 혼용되고 있는 것이다.

헌데, 이 점은 고대 그리스철학에서도 마찬가지였다. 자기배려와 자기수련 혹은 자기치유, 이것이 그리스시대 양생술의 핵심이었다.

특히 거기에선 성(섹스)이 중심 테마였다. 고대 이래 성은 늘 불안정하게 요동하는 자연의 힘으로 간주되었다. 따라서 "고대 그리스에서 바람을 피운 남자는 자신의 정욕 하나 제어하지 못한 '어리석고 나약한' 인간이었지. 인간의 윤리를 어기고 가족을 파괴하는 범죄자가 아니었다. 색에 빠진 자가 잃는 것은 가족이 아니라 자존심이었다."(채운 강의안) 다시 말하면 성은 금기나 처벌의 대상이 아니라 쾌락의 활용과 관련된 영역이었다. 그런 점에서 양생술이란 특정 질병이 아니라 존재 전체를 포괄할뿐더러, 외부적으로 주입되는 의술이 아니라 자기의 욕망을 스스로 조율하는 '삶의 기술'을 의미한다. 이를테면, 소통의 지혜이자 자기배려로서의 기술인 것.

『동의보감』의 양생술은 이러한 비전이 가장 드넓은 세계다. 나를 이루는 정기신은 자연과 연동되어 있다. 나는 이 정기신의 활용을 통해 선천적 질병을 심화시킬 수도 있고, 아니면 새로운 신체로 변용될 수도 있다. 어떻게 하면 내 안에 있는 이 자연의 동력을 최대한 활용할 수 있을 것인가? 이것이 양생의 출발점이다.

- 형과 기가 서로 맞으면 장수하고 서로 맞지 않으면 요절한다. 피부와 살이 서로 잘 맞물리면 장수하고 잘 맞물리지 않으면 요절한다. 혈기와 경락이 형을 감당하면 장수하고 감당하지 못하면 요절한다.
- 곡기가 원기를 이기면 살이 찌며 장수하지 못하고, 원기가 곡기를 이기면 몸이 마르며 장수한다.

핵심은 '형과 기가 맞는다'는 사항에 있다. 즉, '많고 크고 강한' 것이 아니라, 뭐가 됐건 서로 어울릴 수 있어야 한다는 것. 그 어울림의 접점이 어긋나는 순간 존재는 무너지고 만다. "기가 실하면 형도 실하고, 기가 허하면 형도 허한 것이 정상이다. 이것과 반대이면 병이다. 맥이 실하면 혈도 실하고 맥이 허하면 혈도 허한 것이 정상이다. 이것과 반대이면 병이다."「잡병편」, '변증', 920쪽 요컨대 태과와 불급 모두 위험하다. 태과는 넘치는 것인데, 넘친다는 건 이미 그 자체로 사기邪氣다. 좋은 기운(정기)이었다고 해도 어느 단계를 넘어서는 순간 그것은 나쁜 기운(사기)으로 전화된다. 불급은 모자라는 것인데, 모자란다는 건 꼭 필요한 정기가 부족하다는 뜻이다. 한의학에서 자주 등장하는 허실의 개념도 그렇다. 기가 허하다는 건 '정기'가 충분치 않다는 뜻이고, 기가 실하다는 건 '사기'가 꽉 차 있다는 뜻이다. 정기와 사기가 원래 따로 있는 것이 아니라, 조건에 따라 무상하게 변화한다는 걸 말해 준다.

따라서 태과는 불급만 못하다. 태과는 덜어내야 하고 불급은 채워야 하는데, 덜어내는 것이 채우는 것보다 훨씬 더 힘들기 때문이다. 그런 점에서 우리시대를 지배하는 미덕인 다다익선은 최악이다. 돈에 대한 욕망은 물론이려니와 몸에 좋은 것은 다 섭취하겠다는 발상도 양생에는 치명적인 결과를 초래한다. 앞에서 다루었듯이, 존재는 이미 질병을 안고 태어난다. 후천의 삶이란 이 어긋남을 어떻게 조절할 수 있는가에 달려 있다. 만약 태과와 불급으로 그 어긋남을 심화시킨다면? 당연히 질병의 양상이 더 심화될 것이고 결국 요절을 면치 못하게 될 것이다. 더 중요하게는 삶 전체가 심하게 어그러져 버릴 것이다.

몸이 어긋나는데 어찌 사회적 관계나 일의 성취가 가능할 것인가? 마찬가지로 관계와 활동이 어그러졌는데 어찌 또 몸이 건강할 수 있으랴. 또 그런 상태로 생사의 마디를 제대로 넘기란 불가능하다.

결국 병을 고친다는 건 존재의 원초적 간극을 넘어서는 것이면서 사회적으로, 나아가 영적으로 자신의 '본래면목'을 찾아가는 길이라 할 수 있다. 그러기 위해선? 태과도, 불급도 넘어서라! 아, 오해해서는 안 될 것이 이것은 결코 가운데가 아니다. 평균이나 절충 따위는 더더욱 아니다. 굳이 말하자면 '사이'에 더 가깝다. '사이'란 정해진 척도를 따라가는 것이 아니라 조건과 배치에 따라 매순간 달라지는 존재의 무게중심 같은 것이다. 유교가 말하는 '중용', 불교의 '중도', 노자의 '무위자연'이 그러하듯이. 따라서 이것을 닦아 나가려면 수양(유교), 수행(불교), 수련(도교)을 동시적으로 실천해야 한다. 양생술이 단지 무병장수의 '은밀한 비결'을 넘어 삼교회통의 '사상적 바다'를 유영하는 이유가 여기에 있다.

정(精)을 보호해야 한다—'에로스'와 도(道)

양생술의 첫번째 테제는 '정을 보호해야 한다'. 정은 생명의 물질적 기초라는 광범한 의미를 가지고 있지만 그 핵심은 신장에 저장되어 있는 정액(성호르몬)이다. 따라서 '정을 보호해야 한다'는 테제는 성욕의 문제와 뗄 수 없이 결합되어 있다. 성욕은 인간의 욕망 가운데 가장 강렬한 추동력을 지닌다. 성행위를 하는 순간 몸 안에 스며들어 있는 진액들이 성기 주변으로 일제히 모여들면서 신장에 고이 저장해 두었던 정의 에센스인 정액이 빠져나간다.

역대 명의들이 모두 양생술의 대가였지만 그중에서도 최고 경지를 자랑하는 이는 이제 우리 귀에도 익숙한 손진인이다. 손진인의 양생술 가운데 이런 게 있다. "늘 땅에 침을 뱉지 않는 습관을 길러야 한다." 왜냐하면 "입안의 진액은 금장과 옥례이다. 하루 종일 침을 뱉지 않고 늘 머금고 있다가 삼키면 사람의 정기가 늘 머물러 얼굴과 눈에서 빛이 난다. 사람의 몸은 진액이 근본이다. 피부에서는 땀이 되고, 살에서는 피가 되며, 신腎에서는 정이 되고, 입에서는 침이 되며, 비에 잠복하면 담이 되고, 눈에서는 눈물이 된다. 땀이나 피나 눈물이나 정(액)은 나온 뒤에는 돌이킬 수 없지만, 오직 침은 돌이킬 수 있다. 돌이키게 되면 낳고 낳는 뜻을 계속 이어갈 수 있다."「내경편」, '진액', 195쪽 오호, 침은 더러운 거라는 통념을 한방에 날려 버리는 멘트다. 실제로 한의학에서 혈액과 침과 정액, 땀은 같은 계열을 이룬다. 그러니 모두 소중하게 잘 활용해야 한다. 침이 이럴진대 하물며 정액임에랴.

성은 원초적 본능이자 활동이다. 그런데 그걸 위해서는 생명의 물질적 보배인 정액을 대가로 치러야 한다. 이것이 성과 생명 사이의 딜레마다. 그럼 어떻게 할 것인가? 아마 논리적으로는 이런 견적이 나올 것이다. 쾌감은 고도화하고 정액은 아끼면 되지 않을까? 방중술이나 밀교, 그리고 『매저키즘』(들뢰즈) 등에서 말하는 절정의 '무한지연'이 바로 그것이다. 하지만 여기엔 아주 큰 함정이 가로놓여 있다. 논리적으로는 그럴 듯한데, 그걸 구현하려면 몸이 받쳐 줘야 한다. 정기신이 맞물려 돌아가듯. 이런 경지를 추구하려면 몸 안에 있는 욕망의 회로가 활발하게 순환할 수 있어야 하고, 그러기 위해선 고도의 수련이 필요하다. 그렇지 않을 경우, 이 방중술은 자칫 '변태적 실험'으로 치닫기 십상이다. 거기에 빠져 버리면 생을 기르는 기술이 아니라 죽음을 향한 질주가 되어 버린다. 생각해 보라. 기본기가 없이 쾌감을 고도화하기 위해 절정을 지연시키면 그 에너지를 돌리느라 원료탱크가 바닥이 날 테고, 또 쾌감이 어설프게 연장되면 불완전연소로 끝나고 말 테니 진액이 엄청 탁해질 게 뻔하다. 한마디로 태과와 불급 사이를 정신없이 '왕복달리기' 하게 된다. 따라서 함부로 방중술에 의존해서는 곤란하다.

『동의보감』에선 성을 도덕적 금기로 다루지는 않는다. 죄의식이나 억압의 대상이 되면 그것 자체가 양생에 더 해롭기 때문이다. 그런데 보다시피 방사를 통한 양생은 참으로 고도의 수련을 요한다. 한마디로 '목숨을 건 수행'에 해당한다. 그 구체적 사례를 알고 싶다면『불교가 좋다』나카자와 신이치·가와이 하야오, 김옥희 옮김, 동아시아, 2007, 104쪽를 참조하시라. 밀교에 대한 환상이 한방에 날아갈 것이다. 하여, 보통의 많은 사람들이 공유하는 의학적 비전으로는 부적절하다. 그렇기 때문에 양생술의 초점을, 가능한 한 정을 소모시키지 않는 쪽으로 잡았다.

절제하여야 하는데 절제할 줄 모르고 끊어야 하는데 끊지 못하면 생명을 잃게 되니, 이는 스스로 화를 불러들이는 격이다. …… 사람이 40살이 되기 전에는 제멋대로 굴다가 40살이 넘으면 문득 기력이 쇠

퇴한 것을 깨닫는 경우가 많다. 일단 기력이 쇠한 다음에는 여러 가지 병이 벌떼처럼 일어나고 오랫동안 치료하지 않으면 마침내 구할 수도 없게 된다. …… 또 성욕이 갑자기 생기더라도 반드시 삼가고 억제해야지, 마음을 풀어 놓고 뜻대로 하면 스스로 해를 입게 된다. 한 번 참으면 욕망의 불길이 한 번 꺼지게 되고 기름을 한 번 아낀 셈이 된다. 만약 참지 못하고 욕망에 몸을 맡겨 정을 내보낸다면 등잔의 불이 꺼지려고 하는데 기름을 없애는 격이니, 스스로 막아야 하지 않겠는가? …… 고요히 앉아 있으면 신수腎水가 저절로 올라가고, 혼자 살면 색욕이 저절로 끊어진다.「내경편」,'정', 45쪽

단계의『색욕잠』에, "사람의 삶은 천지와 함께 한다. 곤도坤道는 여자를 만들고 건도乾道는 남자를 만든다. 이들이 짝을 지어 부부가 되니 낳고 기르는 것은 부부로부터 시작된다. …… 저 우매한 사람들은 욕망에 몸을 맡기니 오직 정력이 부족한 것만 두려워하여 조燥하고 독한 약을 먹는다. 기는 양이고 혈은 음인데 사람의 신神이다. 음을 고르게 하고 양을 잘 간직해야 나의 몸이 언제나 젊음을 누린다. 혈기가 얼마나 된다고 스스로 아끼지 않을 수 있겠는가? 나를 태어나게 한 행위가 도리어 나의 적이 될 수도 있다. ……" 하였다.「내경편」,'신형', 29쪽

이 언술을 보면 남성들에게 성욕을 절제한다는 것이 얼마나 힘든 일인가를 저절로 짐작케 된다. 오죽하면 "나를 태어나게 한 행위가 나의 적"이라는 이런 과격한 협박(?)까지 하겠는가. 또 이것은 직접적인

성행위만의 문제도 아니다. 그냥 생각만으로도 감정이 진액을 누설시켜 정이 소모된다고 한다. "심心은 군화君火인데, 대상에 자극을 받으면 쉽게 움직인다. 심이 움직이면 상화相火도 움직이고, 상화가 움직이면 정이 흔들린다. 상화가 일어나면 성교를 하지 않더라도 저절로 흘러나온다. …… 심해지면 밤에도 계속 새어 나오고 낮에도 줄줄 흘러나와 멈추지 않는다."「내경편」, '정', 47쪽 군화는 심장의 불이고, 상화는 뿌리가 없이 떠도는 불이다. 주로 간과 신장에서 작용한다. 그렇다면, 인용문이 말하는 바는 결국 상하의 불이 다 망동하게 되면 정액이 시도때도 없이 샌다는 뜻이다. 이런 언술을 볼 때면 착잡하기 그지 없다. 우리시대는 온라인이고 오프라인이고 온통 포르노그래피인 데다 하루 온종일 거기에 노출되어 있다. 그냥 접속만으로도 상화가 망동할 텐데……. 아닌 게 아니라 몽설(몽정을 통해 정을 내보내는 것), 유정(성교를 하지 않는데도 정이 저절로 새는 것), 정활(음탕한 생각과 상상만으로 정이 새는 것) 등에 시달리는 남성들이 진짜 많다고 한다. 아, 그러니 이 노릇을 어찌하면 좋단 말인가?

예나 이제나 방법은 다른 게 없다. 스스로 자신의 욕망을 조절하는 능력을 키우는 수밖에는. 포르노그래피가 홍수처럼 범람하는 우리시대는 더더욱 이 능력을 필사적으로 키워야 한다. 그러기 위해선 먼저 자신의 욕망의 흐름을 정확히 볼 수 있어야 한다. 욕망이 일어나고 사라지는 생리적·정서적 흐름도 중요하고, 더 나아가 이 욕망을 조종하는 사회적 표상과 자본의 원리도 꿰뚫어볼 수 있어야 한다.(흠, 공부할 게 아주 많군. 그래서 에로스는 쿵푸다!는 속담이 있는가 보다^^)

당연히 그것은 일상의 모든 행위와 연결되어 있다. 손진인이 제시하는 양생의 계명을 들어보자. "사람이 몸으로 일을 하면 온갖 병이 생기지 않는다. 술을 취하게 마시지 않으면 모든 질병이 생기지 않는다. 밥을 먹고 나서는 100보를 걸으면서 손으로 배를 자주 문지른다. …… 생각을 많이 하면 신神이 많이 상하고 희로애락이 심하면 기가 많이 상한다. …… 봄여름에는 덜 내보내고 가을겨울에는 성생활을 줄여야 한다."「내경편」, '신형', 27쪽(그럼, 대체 언제 마음대로 하라는 말인가? 쩝!) 여기서 보건대 성욕과 술과 음식은 하나의 회로를 이루고 있다. 술은 기본적으로 화기로 이루어져 있으니 말할 나위도 없고, 음식은 정을 만드는 필수적인 행위지만 그것도 과도해지면 생명의 정기를 오히려 손상시킨다.

단계의 『음식잠』에 "…… 저 어리석은 사람들은 입맛대로 맛있는 음식을 지나치게 먹으니 질병이 벌떼처럼 일어나 병에 걸리는 것이다. 그 기미는 아주 미약하지만 입맛이 당기는 대로 지나치게 먹다 보면 자기도 모르게 갑자기 병이 생기게 된다. …… 산골에 사는 가난한 사람들은 담박한 맛에 익숙하므로 움직임이 굼뜨지 않고 몸도 편안하다. …… '음식을 절제하라'고 한 것은 『주역』의 상사象辭이고, '작은 것을 아끼다가 큰 것을 잃는다'고 한 것은 맹자가 풍자한 것이다. 입은 병을 불러오고 또한 그대의 덕을 해친다. 술병의 주둥이처럼 입을 막아 놓고 가려 먹으면 음식을 먹어도 싫증이 나지 않을 것이다"라 하였다.「내경편」, '신형', 28~29쪽

『주역』이랑 맹자의 권위를 빌린 것도 모자라 술병의 주둥이처럼 입을 막으라는 속어까지 구사하는 주단계의 마음은 절박하다. 병을 불러오고 덕을 해치는 것, 이것이 식탐의 재앙이다. 결국 최악의 시나리오는 이런 것이다. 술에 취하고 기름진 음식으로 배를 한껏 불린 다음 성생활을 하는 것.(흠, 이게 우리시대의 전형적인 코스인데……. 그렇게 따지면 폭탄주에 노래방에 성접대로 이어지는 '사회지도층'의 유흥문화는 양생의 적들은 다 모아 놓은 셈이다.) 손진인에 따르면 이렇게 하면 오장이 모두 뒤집힌다. 술도 화기요, 기름도 화기요, 성$_{sex}$도 화기니 몸이 불구덩이에 들어가는 격이다. 이렇게 하면서 오래 잘 살기를 바란다는 건 정말이지 어불성설이다. 손진인이 던지는 최후의 일침. "오래 살고 일찍 죽는 것에 대해 운명을 따지지 말고 수행을 해야 하는 것이니, 수행을 하느냐 마느냐는 본인에게 달려 있다." 결국 양생의 도는 수행으로 이어진다. 수행을 해야만 쾌락의 능동적 활용이 가능하기 때문이다.

좀 엉뚱하지만, 그런 점에서 『동의보감』이야말로 최고의 성교육 텍스트라 할 만하다. 지금 우리 사회에 횡행하는 성교육은 대개 금지거나 방어다. 즉, 성욕을 공공연하게 드러내선 안 된다는 것이 첫번째고, 또 어떻게 하면 성적 피해로부터 벗어날 것인가가 두번째다. 그래서 정작 왜 성욕이 그토록 중요한지에 대한 생리학적, 존재론적 사유는 거의 없다. 사회 전체에는 포르노그래피가 범람하는데, 개별 주체들에겐 무조건 참고 피하라는 게 전부다. 정말 미치고 팔짝 뛸 노릇 아닌가. 미셸 푸코에 따르면 성이 과도하게 중시되면서 동시에 은밀하게 유통하게 된 것은 근대 국민국가와 임상의학의 합작품이다. 근대 규율권력에서 "섹스 문제가 정치적으로 중요한 것은, 섹스가 신체에 대한 감시와 인구통제, 이 두 가지가 교차하는 지점에 위치하기 때문이다." "성은 훈련, 강화, 힘의 분배, 그리고 에너지의 조정과 절약 등 인체에 대한 규율의 수단인가 하면, 또 한편으로는 성이 유도할 수 있는 모든 글로벌한 효과와 함께 인구를 조절하는 수단이다. …… 사람들은 규율의 모태로서, 그리고 조절의 원칙으로서 성을 이용했다."
『성의 역사 1 : 앎의 의지』 이규현 옮김, 나남, 2004 이렇게 국가가 성을 관장하면서 사람들은 스스로 자신의 쾌락을 활용하고 조절하는 능력과 권한을 잃어버렸다. 자본과 상품의 조종에 의거하여 방탕하게 놀아나거나 아니면 깊은 죄의식에 시달리거나, 즉 성적 들뜸과 차가운 금욕 사이를 대책 없이 오락가락할 따름이다.

이에 비하면 근대 이전, 성은 거리에서 공공연하게 말해졌다. 우리의 통념과는 달리, 사대부들 역시 성에 대한 농담집(대표적인 예가 서거정이 편찬한 『태평한화골계전』이다)을 내기도 했고, 아주 지독한 외설로 이루어진 시조나 사설시조를 부르기도 했다. 「변강쇠가 타령」 같은 하드코어 포르노를 열린 마당에서 각 계층이 두루 즐겼음을 환기해 보라. 지금도 농촌에 가면 할머니들이 구사하는 유머의 대부분은 성과 관련된 것이다. 그 농도는 더할 나위 없이 찐! 하고 구수하다. 그만큼 성은 일상의 현장과 밀착되어 있었다. 요컨대 우리의 예상과는 달리 전근대 사회가 우리시대보다 쾌락의 자율적 공간이 훨씬 더 넓었다고 할 수 있다. 『동의보감』의 양생술 역시 이런 시대적 배치를 반영하고 있다. 물론 앞에서 보다시피,『동의보감』은 성욕의 범람을 경계하고 또 경계한다. 하지만 성담론 자체를 금지하거나 죄악시하지 않는다. 오히려 성욕의 심리적, 생리적 기전을 적극 드러냄으로써 그것을 통해 도를 이야기한다. 에로스와 도,『동의보감』이 추구하는 양생의 최고경지는 이 둘의 긴밀한 결합에 있었다.

덧달기: 황진이의 파격적 '러브라인'

조선시대의 성담론이 우리시대와 얼마나 판이한가를 잘 보여 주는 고전이 바로『임꺽정』이다. 임꺽정에는 실로 다양한 성적 양태가 흘러넘치는데 그 가운데 양생술과 관련된 대목만 음미해 보기로 한다. 2권 '피장편'이 주요무대다. 피장편의 주인공은 갓바치인데, 그의 친구 가운데 심의라는 선비가 있었다. 갓바치가 유람을 떠나 돌아오지 않자 심의는 홧김에 화담 서경덕을 찾아 송도엘 갔다. 마침 화담은 초당에서 황진이와 함께 있었다. 심의는 진이의 고고한 듯 담백한 지성미에 한눈에 반했다. 이윽고 밤이 되자, 진이가 기상천외의 제안을 한다.

> "나는 혼자 자기 싫어요. 손님이나 선생님이나 두 분 중에 한 분이 혼자 주무시지요."
>
> "손님더러 혼자 자랄 수야 있나. 내가 혼자 자지."(화담)
>
> "이 방에서 셋이 자지 못할까?"(심의)
>
> "그래도 좋겠지."(화담)

이렇게 해서 세 남녀의 아주 파격적인 동침이 시작되었다. 더 놀라운 건 진이는 이런 파격적 러브라인의 '선수'라는 것. 처음 진이가 화담을 찾아와서는 화담을 시험하느라 한방에 자면서 온갖 유혹을 다 했지만 화담은 조금도 동요하는 빛이 없었다. 그러자 진이가 크게 감복하여 그의 제자로 입문한다. 당대 최고의 사상가와 조선 최고의 명기가 '사제지간'이 된 것이다. 그 뒤로는 이렇게 틈만 나면 화담의 초당에 와서 태연하게 동침을 하곤 했던 것이다. 한마디로 어떤 도덕이나 관습에도 걸림이 없는 '자유의 경지'를 누린 것이다. 이날 밤도 진이가 심의를 시험하느라 다리를 배에 얹기도 하고 팔을 목에 감기도 했다. 하지만 심의는 요지부동이었다. 진이는 '화담의 친구값을 하는구나' 하고 탄복하고, 심의는 진이에 대해 '한낱 속물 기녀로구나' 하며 실망한다. 다음날 아침, 화담이 심의더러 "밤에 잘 잤나?" 하니 심의는 "겉으로 보기는 선녀 같으나 속은 종시 기녀이데" 하며 못내 아쉬워한다.

참, 충격적인 장면이다. 화담과 진이, 그리고 심의, 이들에게 있어 사랑과 성이란 대체 무엇일까. 심의는 분명 진이에게 반했다. 그녀는 신분상으로 천한 기생이다. 당시 관념으론 기생이 선비에게 수청을 드는 거야 당연지사. 그런데 심의는 오히려 진이의 성적 유혹에 몹시 실망한다. 그렇다면 그는 진이와 어떤 관계를 원했던 것일까. 또 진이는 무슨 심사로 이런 당돌한 짓을 태연하게 저지르는 것일까. 실망에 빠진 심의에게 화담은 이렇게 말한다. "진이가 저의 맘대로 장난을 치는 것은 눈에 세상이 '비어' 보이는 까닭이야. 불가의 말로 '유희삼매'

라고나 할지." 유희삼매라? 이게 대체 어떤 경지일까? 솔직히 가늠조차 하기 어렵다. 다만 분명한 건 우리시대의 표상과는 참으로 거리가 멀다는 것뿐.

주지하듯, 우리시대의 사랑과 성은 두 개의 표상 사이를 오락가락한다. 멜로와 포르노 사이가 그것이다. 사랑에 대해서는 멜로적 낭만이, 성에 대해서는 포르노적 쾌락이 지배한다. 멜로의 핵심은 순수와 불멸이다. 사랑은 순수하고, 그래서 그 순수함은 영원히 지속되어야 한다. 이것이 멜로적 낭만의 공식구다. 물론 그 배후에는 일찍이 미셸 푸코가 『성의 역사』에서 갈파한 바대로, "성욕을 오로지 부부의 침실 안으로 흡수하고자 하는" 근대권력의 통치전략이 깔려 있다. 푸코의 말마따나, 근대권력이란 "신체를 파고들고, 신체를 파괴시키고, 마침내 재구성해 내는" 권력이었던 것이다.

헌데, 이런 배치하에서 성욕은 필연적으로 억압받게 마련이다. 성욕은 결코 순수하지도, 지속적이지도 않기 때문이다. 그 억압된 성욕을 배설하는 '홈파인 회로'가 바로 포르노다. 포르노는 '어둠의 자식'으로 출발했지만, 이젠 더 이상 지하에서 웅크리고 있지 않는다. 자본이 고도화될수록 각종 대중문화의 외피를 입고 점차 지상을 활보하면서 사람들의 영혼과 일상을 잠식한다. 그렇다면 우리시대야말로 에로스의 충만함을 만끽하는 시대인 셈인데, 정작 벌어지는 상황은 정반대다. 청년들은 '연애불감증'에 시달리고, 중년들 역시 성에 대한 판타지를 좇기 바쁘다. 요컨대, 사랑과 성에 대한 이미지는 범람하는데 정작 그 주체들은 결핍과 갈증에 허덕이는 이 아이러니!

그런 관점에서 화담과 진이의 파격적 '러브라인'을 다시 조명해 본다면, 이들에게 에로스는 일종의 양생술이다. 화담은 조선을 대표하는 기철학자이면서 도교 양생술의 대가였다. 양생의 관점에서 볼때, 에로스는 억압의 대상도, 금지의 결과도 아니다. 그것은 어디까지나 생명의 에너지를 활용하는 '삶의 기술'일 뿐이다. 도덕이나 관습의 울타리를 넘어 '자기배려'로서의 성을 탐구해 가는 것, 그 여정에서 에로스는 필연적으로 도道와 마주친다. 미셀 푸코가 『성의 역사』를 쓰면서 그리스시대의 양생술로 회귀한 것도 이 비슷한 맥락이 아니었을지. 에로스와 '양생의 도道'라? 우리로서는 상상조차 하기 어렵다.

헌데, 그 연관성을 보여 주는 아주 좋은 예가 하나 있다. 인도의 첫 요가수행자는 과연 누구였을까? 뜻밖에도 구도자가 아니라, 아주 지독하게 사랑에 빠졌던 남성이라고 한다. 그는 연인을 너무 사랑한 나머지 불안과 공포에 마음이 짓눌리기 시작했다. "이 즐거움이 저 연인에게 의존하여 생기는데, 과연 나의 연인은 항상 내 옆에 있어 줄 수 있는가? 세상에 죽지 않는 생명이 없는데, 죽음이 갈라놓을 것이 뻔한데, 그때의 이별의 고뇌를 나는 감당할 수 없다." 하여, 그는 그 공포와 불안에서 벗어나고자 자기 내면으로 침잠해 들어가기 시작했다. 그리고 이렇게 결심했다. '나 스스로 기필코 의지하지 않는 즐거움을 발견해서 저 사랑스러운 연인에게도 가르쳐 주리라.' 그리고 치열한 수련 끝에 마침내 그는 성취했다. 연인에 의지하지 않는 커다란 환희를! 김홍경, 『건강으로 가는 주역 탐구』 신농백초, 1997 참고 그렇게 해서 탄생한 것이 요가라는 것. 집착과 불안으로 이어지는 뻔한 길을 벗어나 에로스적 충만함을 그 자체로 누릴 수 있는 아주 새로운 길을 연 것이다.

이런 식의 탐구가 가능하다면 우리시대 또한 멜로와 포르노의 폐쇄회로에서 벗어날 수 있지 않을까? 치열하게 사랑하지만 상대에 의존하지 않고, 그 사랑이 그 자체로 자유와 환희로 이어질 수 있는 길, 다시 말해 집착과 쾌락에서 벗어나 '지금, 여기'를 오롯이 향유하는 원초적 생명력으로서의 에로스를 말이다.

"우리는 욕망들을 지닌 채, 욕망들을 통해서 성을 이해해야 하며, 새로운 형식적 관계, 새로운 형식의 사랑, 새로운 형식의 창조를 진행해야 한다. 성은 숙명이 아니다. 성은 창조적인 삶을 위한 가능성이다."

푸코, 「성, 권력, 정체성의 정치학」, 1984

기(氣)를 조절하라 — '자기배려'와 소통의 윤리

물론 양생술은 단지 에로스의 영역만을 다루지 않는다. 양생이란 생명의 원기를 잘 다스리는 것이고, 그것은 무엇보다 '잘' 살기 위함이다. 잘 산다는 건 여러 층위가 있지만 무엇보다 좋은 관계를 구성한다는 뜻이기도 하다. 일차적으론 혈연을 나눈 가족들과의 관계, 그 다음엔 혈연을 넘어선 사회적 관계, 더 나아가선 자연 혹은 우주와의 실존적 관계 등등. 기초적인 생업을 위해서도 삶의 성취와 구원을 위해서도 관계의 기술은 중요하다. 공자가 "모든 행동에 규율을 요구하는 공동생활(작게는 동문[同門] 내에서의 생활)이야말로 한 개인을 완성된 인간(眞人)으로 만들어 주는 완벽함(誠)의 원천"마르셀 그라네, 『중국사유』, 유병태 옮김, 한길사, 2010, 486쪽이라 여긴 것도 이런 맥락이다. 이른바 윤리의 영역이 바로 여기에 해당한다. 따라서 양생술에는 좋은 관계를 위한 윤리적 실천도 포함된다. 이 방면과 직접적으로 연결되어 있는 개념이 정기신 중 바로 '기'다.

황제 : "저는 모든 병은 기에서 생긴다고 알고 있습니다. 성내면 기가 거슬러 오르고, 기뻐하면 기가 느슨해지며, 슬퍼하면 기가 사그러지고, 두려워하면 기가 내려가며, 추우면 기가 수렴되고, 열이 나면 기가 빠져나가며, 놀라면 기가 어지러워지고, 피로하면 기가 소모되며, 생각을 하면 기가 맺힙니다."「내경편」, '기'氣, 67쪽

노권상(勞倦傷), 피로한 것은 아무 이유 없이 생길 때가 있다. 꼭 무거운 것을 들거나 가벼운 것을 잡고 하루 종일 힘쓴다고 해서 생기는 것이 아니고 한가한 사람에게서 이 병이 생길 때가 많다. 한가롭게 노는 사람은 몸을 움직여 기력을 쓰는 때가 많지 않고 배불리 먹고 앉아 있거나 눕는다. 이렇게 하면 경락이 통하지 않고 혈맥이 막혀 노권상이 생긴다. 그래서 귀한 사람은 겉모습이 즐거워 보여도 마음은 힘이 들고, 천한 사람은 마음이 한가해도 겉모습은 힘들어 보인다. 귀한 사람은 아무 때나 욕심을 채우고 금기해야 할 것을 알지 못하며 진수성찬을 먹은 뒤에 곧바로 드러눕는다. 그러므로 사람은 항상 힘을 써야 하되, 너무 피로할 때까지 일을 해서는 안 된다. 영위가 잘 흐르고 혈맥이

고르게 퍼지게 일하는 정도가 좋은 것이다. 흐르는 물은 썩지 않고 지도리는 좀을 먹지 않는 것과 같다. 「내경편」, '기', 65~66쪽

기를 움직이는 건 크게 감정의 오르내림과 몸의 에너지를 돌리는 것으로 나눌 수 있다. 물론 둘은 서로 맞물려 있다. 일차적으로 모두 호흡작용과 연결된다. "숨을 내쉬어 기를 내보내는 것은 양이 열리는 것이고, 숨을 들이마셔 기를 들여보내는 것은 음이 닫히는 것이다." 「내경편」, '기', 62쪽 수명은 결국 '호흡의 수'에 달려 있다. 호흡이 곧 생명줄인 셈이다. 당연히 좋은 공기를 마셔야 하고 아울러 폐기능이 활발해야 한다. 하지만 그것만으론 부족하다. 호흡의 작용에는 외부의 기 못지 않게 감정의 흐름도 크게 관여하기 때문이다. 감정이 격해진다는 건 달리 말하면 호흡이 가빠진다는 것이고 그때 기가 소모되는 건 당연한 이치다. 정말 기가 막히고 코가 막힌다 그죠?, 기도 안 찬다. 기분이 꿀꿀해. 같은 일상적 표현들도 다 거기서 유래한 것이다. 그래서 감정이 조절되지 않으면 기의 손실을 피할 수 없다. 게다가 기쁨이나 슬픔이나 기의 분포를 바꾸는 건 동일하다. 다만 벡터가 다를 뿐이다. 여기서도 포인트는 지나치지 않는 것. 기쁨이나 즐거움도 과도하면 병이 된다.

물론 그중에서도 화를 내는 것이 가장 기의 손실이 크다. 화는 간에서 주관하는 것으로 아래에서 위로 솟구치는 힘이다. 위에서 아래로 내려가는 것보다 아래에서 위로 솟아오를 때 더 많은 에너지가 소모되는 법. 그래서 화가 날 땐 일단 심호흡을 크게 하는 것이 좋다. 호

흡을 크게 하면 기가 안에서 스스로 조절할 수 있는 공간을 확보할 수 있다. 이건 그냥 꾹 참는 것과는 다르다. 참는 것은 올라오는 힘을 눌러 놓는 것에 불과하다. 연못에 흙탕물이 일었다고 치자. 흙탕물이 가라앉으면 겉보기엔 맑아 보여도 전체 진흙의 양은 다를 바가 없다. 그것과 같은 이치다. 꾹꾹 참다가 임계점을 넘으면 지금까지 당한 백배, 천배 복수를 한다──자기를 파괴하거나 타인을 해치거나. 묻지마 살인이나 묻지마 자살이 이런 원리에 근거하고 있다. 조절이란 이렇게 동일한 맥락에서 벡터만 바꾸는 것이 아니라, 맥락 자체를 재구성하는 힘이다. 그러기 위해선 사건이나 대상과 거리를 두는 '객관화의 능력'이 필요하다. 그래야 비로소 기의 부질없는 소모를 방지할 수 있다. 그래서 이것을 '자기배려'의 기술이라고 부른다. 왜냐하면 이런 기의 조절은 타인을 위해서나 사회적 질서를 위한 것이 아니라 가장 먼저 자신을 위한 것이기 때문이다. 자기를 충분히 배려할 수 있어야 비로소 윤리적으로 좋은 관계를 이룰 수 있다는 원리이다.

 현대는 기본적으로 자기를 내세우는 시대다. 그래서 오행상으로 보면 목木과 화火기운을 가장 많이 쓴다. 목은 나무가 흙을 뚫고 나오는 기운이고 화는 말 그대로 불이 타오르는 기운이다. 둘다 아래에서 위로 솟구치는 기운이다. 이것이 민주주의를 이루고, 이 엄청난 기술문명을 이루었다는 점은 부인할 수 없다. 그런데 뭐든 지나치면 몸에 해로운 법, 오랫동안 소유와 경쟁에 시달리다 보니 늘 불안하고 늘 화가 나 있다. 불안과 분노, 모두 목기와 화기의 태과에서 유래한다. 그것이 자본의 무한증식과 결합하면 점입가경이 된다. '부자되세요', '열심히 하겠습니다'는 말을 입에 달고 산다. 하지만 양생적으로 볼 때 이건 치명적이다. '열심'이란 심장을 늘 덥힌다는 뜻 아닌가. 심장이 늘 뜨거우면? 수명이 줄어든다! 설상가상으로 몸을 쓰는 일은 현저히 줄어들었다. 항상 박탈감과 분노로 간의 기운은 치성하고 심장은 뜨근뜨근하다. 그런데 몸은 통~ 쓰지를 않아서 몸 곳곳이 막혀 있다. 예전에는 부자는 기운이 막혀서 문제고 서민은 과도한 육체노동이 문제였는데, 지금은 부자고 서민이고를 막론하고 감정은 태과요 신체는 불급이다. 기를 조절하기가 훨씬 더 어려워진 셈이다.

    에로스와 관련된 양생술이 도교적 수련으로 이어진다면, 기의 조절이라는 국면은 유교적 수양과 더 깊은 관계가 있다. 유교는 관계의 철학이다. 그 배경은 역시 음양오행이라는 우주론이다. 그 우주의 이치에 합당하는 '이용, 후생, 정덕'의 구현이 유교가 추구하는 질서요 예의다. 사대문의 이름에 담긴 오행론(흥인문興仁門, 숭례문崇禮門, 돈의문敦義門, 숙정문肅靖門)을 보라. 물론 이것은 아주 종종 권력의 도구와 지배이데올로기로 현현한다. 그때 인의예지신仁義禮智信은 사회적 소통을 막는 폭력과 도그마로 기능하게 된다. 지배층은 탐욕에 들끓고, 피지배층은 분노와 증오로 이글거린다. 부자는 기의 울체로 병이 들고, 빈자는 굶주림으로 인한 내상과 중노동으로 인한 노권상에 시달린다. 이것을 바로잡는 것이 유자儒者들의 소명이었다. 그들이 꿈꾸었던 요순시대의 정치란 권력이 개입하지 않아도 인민들이 스스로 감정과 노동을 조절할 수 있는 체제였다. 이른바 공동체적 순환 속에서 '소유'의 태과불급이 사라지는 것, 이것이 유자들이 꿈꾼 최고의 정치였다.

동시에 그것은 몸이 가장 원활하게 소통하는 원리이기도 하다.

심은 군주에 해당하는 기관으로 신명神明이 나온다. 폐는 재상에 해당하는 기관으로 치절治節이 나온다. 간은 장군에 해당하는 기관으로 모려謀慮, 어떤 일을 꾀하는 생각가 나온다. 담은 중정中正에 해당하는 기관으로 결단이 나온다. 전중양 젖꼭지 사이 중앙에 있는 혈자리은 신하에 해당하는 기관으로 기쁨과 즐거움이 나온다. 비위는 창고에 해당하는 기관으로 오미五味가 나온다. 대장은 전해 주는 기관으로 변화가 나온다. 소장은 받아 담는 기관으로 음식물을 변화시키는 작용이 나온다. 신은 강력한 힘을 내는 기관으로 기교가 나온다. 삼초는 도랑과 같은 기관으로 수도水道가 나온다. 방광은 물이 모이는 기관으로 진액을 저장하는데 기화에 의해 배출한다.「내경편」, '신형', 15쪽

몸 안에 우주가 있다. 그런데 여기서 발현되는 우주는 사회적 관계이다. 군주와 신하, 창고, 전달자, 기관 등등. 이 모든 것이 고루 어우러질 때 기가 원활하게 작동한다. 아니, 기가 활발하면 이 모든 기관들이 조화롭게 발현된다. 사회를 움직이는 원리가 몸 안에 고스란히 오버랩되어 있는 것이다. 핵심은 각자의 위상에 맞는 역할을 제대로 수행하는 것. 그런데 그러기 위해선 타기관들과의 연계가 능동적으로 이루어져야 한다. 양생술이 추구하는 윤리적 지침도 바로 그것이다. 즉, 일상의 관계 안에서 스스로 자신의 기를 조절하는 주체가 되는 것. 그런 점에서 양생이란 철두철미 자기배려의 기술이라 할 수 있다.

자기배려의 윤리는 고대 그리스에서 가장 활발하게 추구했던 바이기도 하다. 기원후 1~2세기는 "자기배려의 황금기"라 칭해진다. 당시 그리스인들은 이렇게 생각했다. 타인을 통치하기 위해서는 무엇보다 자기배려가 필요하다고. 그리고 자기배려에는 진실을 향한 고투가 필요하다. 하지만, "진실은 주체의 존재를 걸었을 때 얻어질 수 있는 것이고, 따라서 주체의 변형, 즉 주체를 현 상황으로부터 벗어나게 하는 활동이나 노력 없이는 진실이 존재할 수 없다." 채운 강의안 이것이 자기배려의 철학적 근거였다. 그에 반해 근대는 진실을 오직 인식과 방법의 문제로 간주함으로써 앎과 삶이 소외되고, 영혼과 육체가 분리된다. 데카르트의 인식론이 「방법서설」인 건 결코 우연이 아니다. 푸코가 근대철학의 계보학을 탐구하다가 고대철학의 양생술로 도약한 데는 이런 맥락이 놓여 있다.

그럼 이 기의 조절능력을 기르기 위해선 어떻게 해야 하는가? 가장 중요한 척도가 자연의 변화, 곧 주야와 계절이다. 먼저 밤낮의 운행원리를 보면, "양기는 낮에는 몸의 외부를 주관한다. 새벽에 양기가 생겨나 정오에 융성해지고 해질 무렵에는 허해져 기문이 닫힌다. 그러므로 저녁에는 양기가 수렴되어야 내부에서 사기를 막을 수 있으니 근골을 움직이지 말고 안개나 이슬을 맞지 말아야 한다. 새벽, 정오, 해질 무렵의 시간에 거슬러 살면 몸이 힘들어진다."「내경편」, '기', 60쪽 그러니 밤낮을 뒤바꾼 삶이 얼마나 양생에 치명적인지는 더 말할 나위가 없다. 밤에 작업을 하면 낮에 하는 것보다 두세 배의 에너지가 소모된다.

현대인들이 이런 리듬에 익숙하게 된 건 도시의 화려한 불빛 아래서 밤이 사라진 탓이기도 하고, 몸을 워낙 쓰지 않기 때문이기도 하다. 만약 밤에 육체노동을 죽도록 해야 한다면, "나는 밤에 더 생생해지는 체질이야"라는 따위의 말이 절대 나올 수 없을 것이다. 자연의 운행을 거슬러서 산다는 게 그만큼 어렵다는 뜻이다. 고3 수험생들의 삶이 저질인 건 바로 이런 과정을 습관적으로 반복하기 때문이다. 밤엔 공부도 하지 않으면서 야식을 먹고, 낮의 수업시간엔 기절해 있고……. 당연한 말이지만 이렇게 밤낮이 뒤바뀌면 관계가 다 어그러진다. 타인과 교감할 수 있는 폭이 현저히 줄어들 수밖에 없는 까닭이다. 따라서 기의 조절은 우선 하루의 일상을 태양의 리듬을 따라가는 것에서부터 시작하면 된다. 하루는 곧 일생의 축소판이다. 즉 인간은 매일 아침 태어나고 매일 밤 죽는다. 탄생과 소멸을 매일 반복하는 것이다. 따라서 하루는 이 과정을 성찰하고 훈련하는 최고의 현장이다. 어떻게 잠들 것인가? 이것이 곧 내가 '죽음의 강'을 건너는 모습에 다름 아니다. 어떻게 일어날 것인가? 이것이 곧 다시 태어나는 순간의 생생한 현장이다. 죽음과 내세에 대한 훈련으로 이보다 더 분명하고 쉬운 건 없다.

다음으로 중요한 것이 삶을 계절의 리듬에 맞추는 것.

봄철 석 달을 발진發陳이라고 하는데 천지가 모두 생겨나고 만물이 자라난다. 이때는 밤에 잠자리에 들고 아침 일찍 일어난다. …… 무엇이든 살려야지 죽여서는 안 되고, 주어야지 빼앗아서는 안 되고, 상을 주어야지 벌을 주어서는 안 된다. 이것은 봄기운에 호응하는 것이니 양생의 방법이다. …… 여름 석 달을 번수蕃秀라고 하는데 천지가 사귀며 만물이 꽃 피우고 열매 맺는다. …… 햇볕을 지겨워하지 말고, 성내지 말고, 꽃봉오리를 피어나게 해야 한다. …… 가을 석 달을 용평容平이라고 하는데 천기는 쌀쌀해지고 지기는 맑아진다. 일찍 잠자리에 들고 일찍 일어난다. 닭이 울면 깨어나서 마음을 편하게 하여 가을의 엄한 기운을 누그러뜨리고, 신기神氣를 거두어 준다. 가을 기운을 조절하고 밖으로 마음을 두지 않으며 폐의 기운을 맑게 한다. 이것이 가을 기운에 호응하는 것이니 양수養收의 방법이다. …… 겨울철 석 달을 폐장閉藏이라고 하는데 물이 얼고 땅이 갈라지며 양이 움직이지 못한다. 일찍 잠자리에 들고 해가 뜬 뒤에 일어나야 한다. 마음을 숨기는 듯, 딴 생각이 있는 듯, 무엇인가 있는 듯이 한다. …… 양장養藏의 방법이다. 이것을 지키지 않으면 신腎을 상하고 봄에 다리가 약해져 살리는 힘이 적어진다. 사시와 음양은 만물의 근본이다. 그리하여 성인이 봄여름에는 양을 기르고, 가을겨울에는 음을 길러 그 근본을 따른 것이다. 「내경편」, '신형', 18~19쪽. 강조는 필자

과연 자연보다 더 훌륭한 '멘토'는 없다! 봄여름가을겨울의 흐름이야말로 인간이 어떤 리듬으로 살아야 하는가를 말해 주는 윤리적 척도다. 실제로 이것은 공간과 시간, 법률과 제도 등등에 모두 반영되어 있다. 아울러 생로병사란 곧 사계절의 다른 표현에 다름 아니다. 고대 그리스철학 역시 이런 지혜를 윤리적 지침으로 적극 활용하였다.

"인생의 주로는 정해져 있네. 자연의 길은 하나뿐이며, 그 길은 한 번만 가게 되어 있네. 그리고 인생의 매 단계에는 고유한 특징이 있네. 소년은 허약하고, 청년은 저돌적이고, 장년은 위엄이 있으며, 노년은 원숙한데, 이런 자질들은 제철이 되어야만 거둬들일 수 있는 자연의 결실과도 같은 것이라네."

"세월이 정말로 젊은 시절의 가장 위험한 약점으로부터 우리를 해방시켜 준다면, 그것은 세월이 우리에게 주는 얼마나 멋진 선물인가!"

"젊은이들에게서는 폭력이, 노인들에게서는 완숙이 목숨을 앗아간다네. 그리고 내게는 이런 완숙이란 생각이 너무나 즐거워, 내가 죽음에 더 가까이 다가갈수록 마치 오랜 항해 끝에 마침내 육지를 발견하고는 항구에 입항하려는 거 같은 느낌이 든다네."

키케로, 『노년에 관하여/우정에 관하여』 천병희 옮김, 숲, 2005

청춘이 봄이고 노년이 겨울이라는 언술에는 어떤 매개도 필요 없다. 삶의 있는 그대로의 모습일 뿐이다. 봄에 피어나는 나무와 풀의 기운이 청춘을 맞이한 청년들의 몸에 고스란히 들어 있고, 노년이 된다는 건 이 봄의 기운이 가을과 겨울의 기운으로 바뀌는 것을 의미한다. 청춘이든 노년이든 중요한 건 소통이고 순환이다. 그리고 이것에는 기혈의 흐름뿐 아니라 사람 사이의 관계, 시공간적 배치 등이 모두 함께 작용한다. 소통과 공감이란 존재 전체의 장에서 일어나는 '사건'이기 때문이다. '기를 조절하라!'는 양생적 대원칙이 자기배려의 기술이자 소통과 순환이라는 윤리적 실천으로 변주되는 건 이런 원리에서

다. 구체적인 지침 가운데 가장 단순하고도 핵심적인 사항을 정리하면 다음과 같다.

> 섭생을 잘 하려는 사람은 하루와 한 달의 금기를 어기지 말고 일 년 사계절에 맞춰 살아야만 한다. 하루의 금기는 저녁에 포식하지 않는 것이고, 한 달의 금기는 그믐에 만취하지 않는 것이고, 일 년의 금기는 겨울에 멀리 여행하지 않는 것이고, 평생의 금기는 밤에 불을 켜고 성생활을 하지 않는 것이다. 「내경편」, '신형', 26쪽

신(神), 마음을 비워라 ── 존재의 '절대적 탈영토화'

양생이란 잘 사는 것이라고 했다. 그런데 잘 사는 것은 잘 죽는 것이기도 하다. 잘 살기 위해선 잘 먹고 잘 쉬고 적당히 움직이고 좋은 관계를 맺으면 된다. 그러면 잘 죽는 것은? 아마 다들 말문이 막힐 것이다. 어떻게 해야 잘 죽는 거지? 양생이 웰빙이나 낭만적 자연주의와 결별하는 지점이 여기다. 자연스럽게 산다는 말에는 동의하지만 자연스럽게 죽는다는 말은 다들 피하고 싶어한다. 특히 자본주의는 죽음을 모른다. 근대 권력은 살아 있는 인구만 열심히 관리·통제할 뿐, 죽으면 바로 내팽개치고 눈앞에서 멀리 치워 버린다. 그런데 그럴수록 죽음에 대한 공포는 더욱 증식된다. "과거에는 죽음이 일상적이었던 반면, 현대는 확실히 과거에 비해 죽음이 덜 일상적입니다. 자신의 아이가 돌이 채 되기도 전에 죽는 것을 보고, 가족 중의 누군가가 병에

걸려 죽고, 혹은 이웃집의 누군가 상을 치르는 것을 자주 가까이서 지켜보아야 했으니까요."황상익,『인문의학』1집, 146쪽 그래서 "이전에는 죽는다고 해도 억울함이 적었던 것 같아요. 사후 세계와 긴밀하게 연결된 의식 구조 속에서 살아가고 있었으니까요. 그러나 지금은 그러한 연결 의식이 사라졌습니다. …… 불명확한 사후라는 것은 확실한 지대에 발을 딛고 있다가 허공을 밟는 아찔한 느낌과 비슷할지도 모르겠군요."신동원, 같은책 이러니 잘 죽기는 영 틀린 셈이다. 하지만 잘 죽는 길, 곧 죽음의 지혜 없이 존재의 구원은 불가능하다.

소설『임꺽정』에는 죽음과 관련하여 아주 인상적인 장면이 나온다. 갓바치의 스승 이천년은 자신의 죽음을 시간까지 정확히 예측한다. 그리고 그 시간에 조용히 눈을 감는다. 제자인 갓바치 역시 칠장사의 생불로 지내다 86세의 나이로 '좌탈입망'한다. 말하자면 두 사람 모두 자신의 죽음을 완벽하게 통찰할 수 있었던 것이다. 도교의 역사나 선불교의 역사에는 이보다 더 파격적인 죽음의 스타일이 수두룩하다. 아메리카 원주민들의 경우에는 한술 더 떠 자신이 죽을 시기를 정확히 알아서 모두를 초대해 즐거운 분위기 속에서 죽어가는 것을 가장 이상적인 죽음으로 여겼다고 한다.—"오늘은 죽기에 안성맞춤인 날이다"는 식으로.나카자와 신이치·가와이 하야오,『불교가 좋다』88쪽 대체 어떻게 그럴 수가?『동의보감』은 말한다. 마음을 닦으라고. 마음을 닦으면 얼마든지 가능하다고. 마음을 닦는다는 건 궁극적으로 생사의 문턱을 넘는, 죽음에 대한 공포로부터 자유로워지는 훈련에 다름 아니다. 도교적 양생술과 불교적 깨달음이 오버랩되는 지점이 바로 여기다.

그럼 마음은 도대체 어디에 거처하는가? 정기신 모두가 마음과 연결되지만 그중에서도 특히 신神이 거기에 해당한다. 그런데 신을 주관하는 건 심장이다. 심장은 신명을 간직하는데, 이 신명은 다시 일곱 가지로 나뉜다. 신, 혼, 백, 정, 지, 의, 지. 이른바 칠신이 이것이다. 그런데 이 각각의 정신활동은 여러 장부에 다 배속된다. 일단 심장은 신을, 간은 혼을, 폐는 백을, 비는 의와 지智를, 신장은 지志와 정精을 간직한다. 현대의학에선 마음과 관련된 작용은 주로 뇌와 연결짓지만 한의학에선 이렇듯 오장육부 전체가 다 마음의 작용과 연결되어 있다. 그 내용들도 구체적이다.

> 신이란 정기가 변화하여 이루어진 것이다. 백이란 정기를 바르게 도와주는 것이다. 혼이란 신기를 보필하는 것이다. 의意란 기억하여 잊지 않는 것이다. 지志란 생각을 한결같이 하여 바꾸지 않는 것이다.『내경편』, '신', 87쪽

이 가운데 혼백은 영혼이나 무의식의 개념에 가깝다면 의意, 생각와 지智, 지혜, 그리고 지志, 뜻는 의식작용에 해당한다. 이런 활동이 다 이루어지고 나면 그것은 다시 '정'이라는 물질적 상태로 변형된다. 요컨대, 마음의 작용이 활발하게 이루어지면 그 결과가 신장에 저장되는데, 이것이 소위 '내공!'인 셈이다.(물론 이게 마음 작용의 전부는 아니다. 그 위에 '희로우사비경공'喜怒憂思悲驚恐이라는 일곱 개의 감정이 또 각각의 장부에 배속된다. 이 점은 오장육부 편에서 다루기로 한다.) 그러니까

마음을 비우라는 말은 그저 막연한 명제가 아니라 이런 식의 생리적, 의식적 순환을 활발하게 하라는 의미이다. 그래서 결국 병을 고치는 건 도를 닦는 행위로 이어진다.

도道로써 병을 치료한다: 태백진인이 "그 질병을 치료하려면 먼저 그 마음을 다스려야 한다. 먼저 그 마음을 바르게 해야만 도에 의지할 수 있다"고 하였다. 병자로 하여금 마음속에 있는 의심과 생각들, 모든 망념과 모든 불평, 모든 차별심을 다 없애고 평소 자신이 저질렀던 잘못을 깨닫게 하면, 곧 몸과 마음을 비우고 자기의 세계와 사물의 세계를 일치시킬 수 있다. 이 상태가 지속되어 마침내 신神이 모이게 되면 저절로 마음이 편안해지고 성정이 화평하게 된다. 결국 세간의 모든 일이 공허하고 종일토록 한 일이 모두 망상이며 나의 몸이 모두 헛된 환영이고 화복은 실제로 있는 것이 아니며 생사가 한낱 꿈이라는 것을 깨닫게 될 것이다. 확실히 알아 한순간에 모든 것이 풀리게 되면 마음이 저절로 깨끗해지고 질병은 저절로 낫게 된다. 이와 같으면 약을 먹기도 전에 질병은 사라진다. 이것이 도를 가지고 마음을 다스려 질병을 치료하는 진인의 큰 법이다.「내경편」, '신형', 19쪽. 강조는 필자

마음을 비워 도道와 하나가 된다 : 사람이 마음을 비우면 도와 하나가 되고 마음을 두면 도와 어긋난다. 이 '무無'라는 글자는 모든 유有를 남김없이 포괄하는데 만물을 낳고도 스러지지 않는다. 천지가 비록 크다고는 하지만 유형의 것을 부릴 수 있어도 무형의 것은 부릴 수 없고,

음양이 비록 묘하다고는 하지만, 기가 있는 것은 부릴 수 있어도 기가 없는 것은 부릴 수 없다. 오행이 지극히 정미롭다고는 하지만 수가 있는 것은 부릴 수 있어도 수가 없는 것은 부릴 수 없고, 온갖 생각이 어지러이 일어나도 인식할 수 있는 것은 부릴 수 있어도 인식할 수 없는 것은 부릴 수 없다. 지금 이 이치를 수양하는 방법 중에 형을 단련하는 것이 가장 좋다. 형을 단련하는 묘미는 신神을 모으는 데 있다. 신이 모이면 기가 모이고 기가 모이면 단丹이 만들어지고 단이 만들어지면 형이 단단해지고 형이 단단해지면 신이 보전된다.「내경편」, '신형', 20쪽. 강조는 필자

요컨대, 비우고 또 비우라는 것이다. 그러면 병을 치유할 수 있을 뿐더러 도와 하나가 된다. 도란 다른 것이 아니라 구체적으로 '몸과 세계', '마음과 사물'이 일치되는 것을 뜻한다. 그것이 이루어지면 신과 기가 모여 형이 단단해진다. 그렇게 형성된 신체적 잠재력은 엄청나다. "심이 고요하면 신명과 통하여 일이 일어나기 전에 알 수 있다. 문밖을 나가지 않아도 천하를 알고 하늘의 도를 아는 것과 같다." 마음을 비워 천하를 들이는 경지가 바로 이것이다.

그럼 대체 뭘 비워야 하는가? 비움의 대상도 아주 구체적이다. 그에 대해서는 혜강의 양생규칙을 옮겨 놓았다. 혜강은 위진남북조 시대를 풍미한 죽림칠현의 하나로 빼어난 문장과 기이한 행적으로 유명한 인물이다. "양성養性에는 다섯 가지 어려움이 있다. 명리를 버리지 못하는 것이 첫째 어려움이고, 희로喜怒를 없애지 못하는 것이 둘째 어려움이며, 소리와 색을 버리지 못하는 것이 셋째 어려움이고, 기름

진 음식을 끊지 못하는 것이 넷째 어려움이며, 신이 허하고 정이 흩어지는 것이 다섯째 어려움이다. 이 다섯 가지가 가슴속에 없으면 믿고 따르는 마음이 날로 두터워지고 도와 덕이 날로 온전해져서 선을 구하지 않아도 복이 오고 오래 살기를 바라지 않아도 절로 장수하게 된다. 이것이 양생의 큰 요지이다."

명리와 희로, 소리와 색, 기름진 음식, 신이 허하고 정이 흩어지는 것. 이 다섯 가지를 비워야 한다. 결국 우리가 좋아하는 건 다 비우라는 말씀? 그렇다. 비움 혹은 내려놓음의 과정에는 끝이 없다. 비우고 또 비워 타자와의 공감의 장을 확장해 가야 한다. 박노해의 표현을 빌리면 "다른 사람이 될 수 있는 능력", 들뢰즈식으로 말하면 '되기'$_{\text{devnir}}$가 바로 이것이다. '정을 보호해야 한다', '기를 조절해야 한다'는 원리와 상통하면서도 한층 더 고양된 단계에 해당한다. 그렇게 공감의 영역을 확장하다 보면 몸과 우주 사이의 능동적 소통도 가능해진다. 천지만물과 공명하기 혹은 존재의 절대적 탈영토화——비움이란 바로 이 경지를 향한 멈추지 않는 행진이다. 죽음에 대한 훈련은 이때 비로소 가능하다. 죽음을 우주적 순환의 과정으로 받아들일 수 있어야만 비로소 그 공포와 두려움에서 벗어날 수 있을 테니 말이다.

양생술은 보통사람과 특별한 사람을 구별하지 않는다. 누구나 진인, 성인의 경지에 도달할 수 있다고 전제한다. 게다가 양생의 테크닉이라는 것도 평범하기 그지없다. 가장 좋은 음식은 '밥물이 걸죽하게 고인' 것, 가장 훌륭한 삶은 담백하고 진솔한 일상, 수련법은 이빨을 맞부딪히는 고치법, 맨손체조, 식후 100보 걷기, 생각은 적게 몸은 많이. 일상적인, 너무나 일상적인! 이런 언술이야말로 누구든지 모두 이런 비움의 경지에 도달할 수 있음을 말하는 것이리라. 즉, 사람으로 태어난 이상 누구든 정기신을 조절하는 능력이 있고, 그것을 바탕으로 '도'의 경지까지 나아갈 수 있음을 설파하는 것이 아닐지. 이런 배치 하에서라면 죽음은 더 이상 지옥의 묵시록이 아니라, 생명의 또 다른 얼굴이자 최고의 선물이 될 수 있을 것이다. 지금의 내 삶이 어떤 사건과 활동의 결과물이듯 죽음은 이 삶의 미래적 형상이다. 그래서 잘 죽는 것은 정말로 중요하다.

덧붙이면, 죽음에 대한 탐구, 마음을 비우는 철학은 결코 노년의 몫이 아니다. 모든 살아 있는 존재는 죽음을 동시에 체험한다. 요절이 안타까운 이유는 죽음의 지혜를 터득하기도 전에 죽음을 맞이했기 때문일 터. 그러니 이 공부에는 어떤 예외도 있을 수 없다. 고대 그리스철학에선 이렇게 말한다.

젊을 때 철학하는 것을 주저해서는 안 되고, 또 나이가 들어서 철학하는 것을 게을리해서는 안 된다. 자신의 영혼을 돌보는 일에는 이른 것도 늦은 것도 있을 수 없다. 철학을 아직 시작할 때가 아니라고 말하는 자나 철학을 할 때가 더 이상 아니라고 말하는 자는 행복에 아직 도달할 때가 아니라고 말하거나 행복에 더 이상 도달할 때가 아니라고 말하는 자와 같다. 따라서 젊을 때나 나이가 들어서나 사람은 철학을 해야 하며, 후자의 경우 신과의 접촉을 통해, 또 지난날들을 회고하며 회춘하기 위해 철학을 하고, 전자의 경우 어리더라도 노인들과

마찬가지로 미래 앞에서 확고해지기 위해 철학을 해야 한다. 에피쿠로스,

『쾌락』, 오유석 옮김, 문학과지성사, 1998

'통즉불통'—주체는 없다!

- 매우 지혜로운 사람은 심장에 7개의 구멍과 3개의 털이 있고, 지혜로운 사람은 심장에 5개의 구멍과 2개의 털이 있으며, 약간 지혜로운 사람은 심장에 3개의 구멍과 1개의 털이 있다. 보통 사람은 심장에 2개의 구멍이 있으나 털은 없으며, 어리석은 사람은 심장에 1개의 구멍이 있고, 가장 어리석은 사람은 심장에 아주 작은 1개의 구멍이 있거나 구멍이 없어 신(神)이 출입할 문이 없다.
- 심장에는 7개의 구멍과 3개의 털이 있다. 7개의 구멍은 북두칠성에 대응되고 3개의 털은 삼태성에 대응된다. 그러므로 마음이 지극히 진실하면 하늘이 응하지 않는 바가 없다.

「내경편」, '심장', 241쪽

이 두 언술이 말하는 핵심은 '천인감응'(天人感應)이다. 내용도 아주 구체적이다. 심장에 있는 구멍의 숫자와 털의 개수는 북두칠성과 삼태성에 짝한다. 그래서 구멍과 털이 많을수록 감응의 정도가 높아지고, 따라서 지혜롭다. 반면, 구멍과 털이 거의 없다는 건 감응의 회로가 막혔다는 뜻이고 따라서 어리석다. 말도 안 된다고? 일단 논리적 진실성 여부는 제쳐두기로 하자. 이 담론의 핵심은 몸과 우주가 구체

적으로 소통한다는, 또 소통해야 한다는 확고한 전제다. "현자와 순결한 이들의 몸은 모든 구멍, 즉 얼굴의 7공너과 이에 상응하는 체내의 7공이 열려 자유롭게 소통한다." 죽으면 신체의 모든 구멍은 막힌다. 고인의 눈을 감겨 주고 입을 닫아 준다. "산 자로서의 자격은 얼굴의 7공이 열리는 순간이 있음으로써 얻어진다. 생명력은 대우주와 소우주의 삼투작용이 그 무엇에도 방해받지 않을 때 절정에 이른다. 구멍이 중시된 이유가 여기에 있다." 마르셀 그라네, 『중국사유』 393쪽 그리고 생명의 원리가 그러하다면 양생의 방향 역시 그래야 한다. 여기에서 바로 '통즉불통'이라는 『동의보감』을 대표하는 아포리즘이 탄생한다. '통즉불통'은 이중의 의미를 담고 있다. '통하면 아프지 않다'通則不痛와 '아프면 통하지 않는다'痛則不通. 요컨대 건강하다는 것, 잘 산다는 건 '통'한다는 뜻이다. 그리고 이 '통'의 경계는 실로 무궁하다. 몸과 마음, 몸과 몸, 몸과 외부, 몸과 사회, 몸과 우주 등등. 반대로 아프다는 건 '불통', 곧 막힌다는 뜻이다. 진액이 막히면 담음이 된다. 이 담음이 만병의 근원이다. 그래서 나온 사자성어가 십병구담열 개의 병 가운데 아홉 가지가 담이라는 뜻! 통즉불통과 짝을 이루는 대표적인 한의학적 '사자성어'다.

    이런 점에서 현대인들이야말로 양생의 기술이 실로 절실하다. 자본주의 문명은 그 자체로 담음의 절정이다. 물질적 태과와 정신의 불급, 이 간극만큼 몸의 기혈이 막혀 있다. 일본 대지진과 후쿠시마 원전 폭발이 잘 보여 주었듯이, 물질적 파괴력은 가공할 수준이지만 그것을 움직이고 조절하는 정신의 영역은 한없이 빈곤하다. 사람으로 치자면 엄청난 파워를 지니고 있지만 그 힘을 조절하는 마음의 근육은

형편없다 보니 자신의 힘을 오직 뭔가를 빼앗고 해치는 방향으로만 쓰고 있는 꼴이다. 이런 사람을 보면 누구나 위태롭다!고 느낄 것이다. 그게 바로 우리 문명의 초상이다.

이 태과불급이 낳는 질병이 바로 암과 우울증이다. 암은 자본, 그리고 방사능물질의 행태와 꼭 닮았다. 불멸을 선언한 세포와 반감기가 무지막지하게 긴 원소들은 여지없이 한통속이다. 불통즉통不通則痛의 극치. 또 자신이 살겠다고 숙주의 몸 전체를 결국 죽음으로 이끄는 암세포의 행진과 인간을 위해 지구 생명계 전체를 언제든 파괴할 준비가 되어 있는 자본의 질주 역시 일란성 쌍둥이처럼 빼다 박았다. 탐진치貪瞋痴의 종결자! 또 우울증은 정기가 고스란히 쌓이고 쌓여 통로를 잃어버린 경우다. 예전에 기의 울체는 유한계급의 질병이었는데, 이젠 거의 보편적인 질병이 되어 버렸다. 이건 무슨 뜻인가? 지금 보통의 사람들이 누리는 물질적 풍요는 근대 이전의 귀족계층들이 누리는 것보다 훨씬 수준이 높다. 아무리 힘들다고 아우성을 쳐도 사냥이나 농사를 짓고 살 때와는 비교할 수 없을 정도로 몸을 쓰지 않는다. 대신 망상은 하늘을 찌를 정도로 높다. 스마트폰은 이런 심신의 불균형을 더더욱 심화시키고 있다. 그 최악의 버전이 '묻지마 자살'이나 '묻지마 살인'이다. 밖으로 발산되지 못한 정기가 안으로 누적되면서 임계점을 넘어 버리면 폭발하게 되는데, 그것이 밖을 향하면 살인이 되고 안으로 향하면 자살이 된다. 방향만 다를 뿐 존재에 대한 참을 수 없는 파괴본능, 곧 죽음을 향한 질주라는 점에선 동일한 셈이다.

선은 이성에서 발하고 악은 기질에서 발하네. 선은 경청한 데서 나오고 악은 중탁한 데서 생기네. 선은 광명의 속이요 악은 암흑의 속이네. 선은 투명한 데서 나고 악은 막힌 데서 생기네. 선은 정하고 공한 데서 나오고 악은 집착하는 데서 생기네. 사람이 기분이 맑고 상쾌할 때는 선한 마음이 나고 기혈이 어지러워 기분이 탁할 때에는 불선한 마음이 나네. 또 사람의 기혈이 진정된 때에는 정신이 통명하고, 또 기혈이 흐린 때에는 정신이 암미하게 되네. 그러므로 통명은 선의 속이 되고 암미는 악의 속이 되네. 선한 마음이 나는 때는 마음이 경청하여 열린 때이고, 악한 마음이 날 때는 심정이 중탁하여 막힌 때이네. 또 선한 마음이 날 때는 사아(私我)의 염에 대한 집착이 없는 때요, 악한 마음이 날 때는 사념이 가득찬 때이네. 한규성, 『역학원리강화』, 예문지, 1997, 274쪽

동양사상에선 선과 악이 적대적으로 대립하지 않는다. 선은 언제든 악으로 전화할 수 있고, 그 반대도 마찬가지다. 그럼, 선과 악을 나누는 기준은 무엇인가? 기의 분배가 그것이다. 가볍고 맑은 것이 선이라면 무겁고 탁한 것이 악이 된다. 잘 통하면 선이고, 꽉 막히면 악이다. 막히면 집착에 빠지고 통하면 사방과 연결된다. 고로 '집착에서 통명(通明)으로', 이것이 바로 선이다. 양생술이란 이 선을 닦아 가는 것을 이른다.

가장 쉽게 실천할 수 있는 일은 자가용으로부터 탈출하는 것. 쉽게 말하면 걷기다. 몸의 기운을 순환시킴으로써 망상을 멈추게 하는

것, 핵심은 거기에 있다. 솔직히 차만 버려도 에콜로지에 엄청나게 기여할 수 있다. 같은 맥락에서 잘 먹는 것보다 더 중요한 건 '덜 먹기'이다. 그 옛날 생산력이 지금보다 형편없이 낮을 때도 명의들은 이구동성으로 덜 먹으라고 했는데, 지금 같은 '비만천국'에서야 더 말할 나위가 있으랴. 양생술의 지존인 손진인의 양생지침에도 식탐을 줄이라는 말이 수시로 등장한다. "관중이라는 곳의 사람들은 검소하기를 좋아하여 부엌의 반찬이라야 절인 채소 정도인데도 사람들이 병이 적고 오래 살며, 강남의 냉표라는 곳은 풍요하여 땅과 바다의 어류와 육류가 갖추어지지 않은 것이 없으나 사람들이 질병이 많고 일찍 죽는다." "양생을 잘하는 자는 배가 고파야 먹고, 갈증이 나야 마신다. 자주 조금씩 먹으며 한꺼번에 많이 먹지를 않는데, 많이 먹으면 소화하기가 어렵다. 항상 배부른 가운데 배고픈 듯하게 한다." "밤에는 지나치게 취하거나 먹지 말라." 그런가 하면, 다음은 우리시대의 의사가 제시하는 양생법이다.

    조식粗食 : 소박하게 먹자.

    소식 : 적게 먹자.

    절식 : 절도있게 먹자.

    합식 : 함께 먹자.

    안식 : 편안하게 먹자

마이너스 건강법으로 유명한 손영기 의사의 처방이다. 이어지는 논리는 훨씬 더 근본적이다. "사람은 각자 평생 먹을 양만큼의 식록을 갖고 태어나므로 서둘러 먹어 치울수록 빨리 병들어 죽는다는 미즈노 남보쿠의 가르침은 미신이 아니다. 소식해서 남은 음식을 남에게 베풀면 팔자에 없던 복이 생기고, 그 복이 자손에까지 미친다는 '적선지가필유여경'積善之家必有餘慶은 인과의 법칙에 따른 진리다." 손영기, 『별난 한의사 손영기의 먹지마 건강법』, 북라인, 2005, 167쪽 그러니까 덜 먹는 것은 곧 음식을 타인에게 베푸는 일이기도 한 셈이다.

그렇다! 중요한 건 우리가 가진 물질적 부의 순환이다. 이 점이 생략된다면 어떤 양생술도 도로아미타불이다. 왜냐하면 우리 존재는 이미 자본의 그물망에 꼼짝없이 얽혀 있다. 자본이란 일찍이 맑스가 설파했듯이 "머리에서 발끝까지 피를 흘리며 등장한다". 다시 말해 수많은 타자들의 죽음 위에서 구축된 것이다. 고로 그 인과의 그물망에서 벗어나려면 증여의 동그라미 속으로 들어가야 한다. 기를 조절하는 것이 최고의 자기배려라고 했다. 그것은 사회적 관계에 대한 윤리적 실천과 긴밀하게 조응한다. 그렇다면 우리시대에 있어 자기배려의 윤리란 바로 자본에 누적된 소유와 집적―기의 울체―의 인과를 해체하는 것과 무관할 수 없다. 주변을 잠깐만 돌아봐도 부가 주는 번뇌의 장은 엄청나다. 그런데 사람들은 번뇌의 원천이 돈이라는 생각을 전혀 하지 못한다. 상대방의 도덕적 결함이나 오해에서 비롯된다고 여길 뿐이다. 돈에 들러붙어 있는 무겁고 탁한 기운을 전혀 파악하지 못하고 있는 것이다. 하지만 그것을 해소하지 않고서 번뇌로부터 자유로울 수 있는 길은 없다.

물론 최종단계는 마음의 순환이다. 보이지 않는 무형의 가치가 "통"할 수 있어야 진정한 순환이라 할 수 있다. 마음에 새겨진 온갖 소유의 흔적들을 지울 수 있어야 한다. 소유의 그물망에 걸린 채로는 결코 그 누구와도 마음을 '터놓기' 어려운 탓이다. 결국 모두가 수행자가 되어야 한다. 이런 결론에 대해 혹 이렇게 반문할지도 모르겠다. 보통 사람이 그렇게까지 할 필요가 있겠냐고? 하지만 그런 생각 자체가 자신에 대한 모독임을 명심하라. 당신은 돈이나 벌면서 사세요, 라거나 당신은 평생 노예처럼 일만 하고 실존적 고민 같은 건 일체 하지 마세요, 라고 하면 다들 발끈할 것이다. 왜 나는 내 인생의 주인이 되면 안 되는가? 왜 나는 생사의 문턱을 넘는 고매한 비전을 탐구하면 안 되는데? 그렇다. 그것이 모든 인간의 자연스런 '본래면목'이다. 만약 그렇지 않다면 그 사람은 지금 심각하게 아픈 것이다. 무엇보다 우리시대 의학의 배치 자체가 이렇다. 의학은 다만 질병을 고치는 것일 뿐이고 수행은 종교의 영역이라 간주한다.

과학은 항상 중립적이거나 그보다 낮은 상태에 관심을 가져 왔다. 질병에 걸렸거나 장애를 가진 사람 혹은 기껏해야 '정상적인' 사람에게만 초점을 맞추었다. …… 사실상 모든 의학은 사람들을 중립상태로 끌어올리는 것에만 집중할 뿐, 그 이상에는 관심이 없다. 질병이 없으면 그것으로 만족하기 때문이다. **샤론 베글리, 『달라이 라마, 마음이 뇌에게 묻다』 이성동 옮김, 북섬, 2008, 341쪽**

다시 말해, "과학자들은 정상적 형태가 최선이며 이를 더 벗어난 상태에 도달한다는 것은 성인들에게나 해당하는 예외적인 일이라고 암묵적으로 가정"해 왔다. 소위 정상인들이 "불행이나 좌절을 경험하면 '누구나 다 그렇지 뭐' 하고 말하며, 마음이 공허하여 삶이 지루하고 시시해질 때도 '이게 정상적인 거야'라고 말"한다. 이것이 바로 현대 임상의학의 한계지점이다. 양생술이란 바로 이 한계지점을 돌파하는 것이다. 덜 불행한 것, 덜 고통받는 것이 목표가 아니라 존재가 통째로 자유의 시공간을 향해 달려가는 것. 존재와 외부 사이에 공감의 지대를 확장해 가는 것. 그것이 생리를 소통시키는 일이자 좋은 관계를 위한 윤리적 실천이다. 또 그것이 존재의 무상성을 체득하는 수행이기도 하다. 내가 나 아닌 존재로 변이할 수 있는 것, 그것이 곧 무상성이자 자연이다. 이 자연의 역동적 흐름에는 고정된 주체 같은 건 없다! 생명의 무수한 변이만이 있을 뿐! 이것이 '통즉불통'의 세계다. "통하였느냐? 그러면 아프지 않다!"

동양의 몸에 대한 생각

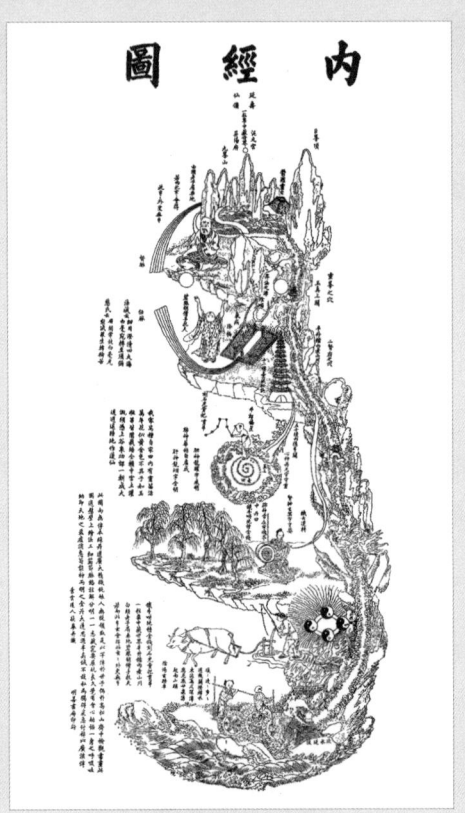

외부의 풍경으로 본 몸속 풍경, 「내경도」(內經圖)
동양의학의 관점을 잘 드러내 주는 17세기 중국의 그림이다. 「내경도」혹은 「무극내경도」(無極內景圖)라고도 불리는 이 그림에서 신체는 자연 풍광으로 표현되어 있다. 예컨대 가장 밑부분은 미려혈 부분으로 수기운을 주관하는 신장과 관련이 있는데, 어린아이가 수차를 돌려 물을 역류시키고 있다. 이렇듯 동양의학에서는 마치 농부가 논밭에 씨를 뿌리고 김을 매고 돌보듯이 몸 역시도 씨 뿌리고 돌보고 손질을 하면 좋은 생육의 장이 될 거라는 생각을 가지고 있었다.

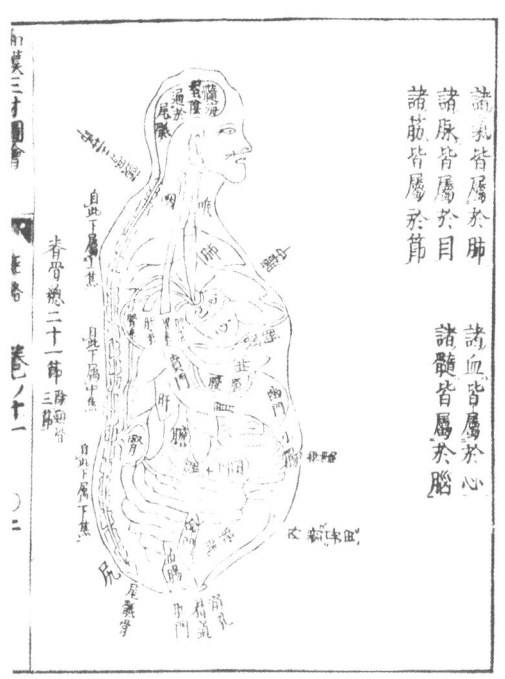

중국의 「신형장부도」
위 그림은 『황제내경』의 「신형장부도」를 본떠 그린 그림으로, 18세기에 의사 출신인 데라시마 료안(寺島良安)이 편집한 일본의 백과사전 『화한삼재도회』(和漢三才圖會)에 실린 것이다. 『동의보감』에 실린 「신형장부도」와 대체로 비슷하나, 가장 큰 차이는 배꼽 부분에 호흡의 일렁임을 표현한 주름이 보이지 않는 것이다.

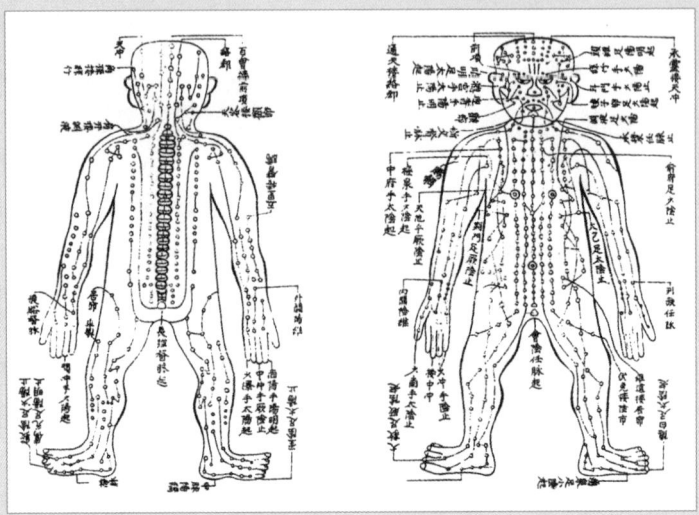

조선시대 「경혈도」
위 그림은 조선 선조 때 편찬된 의서(醫書) 『침구요결』(鍼灸要訣)에 실려 있는 '경혈도'이다. 『침구요결』은 중국 명나라 때 이천(李梴)이 편찬한 종합의서 『의학입문』(醫學入門)의 침구편 내용을 조선시대 명재상 중 한 명으로 꼽히는 유성룡이 발췌, 저술한 책이다. 동양의학의 가장 중요한 개념 중 하나가 기(氣)인데, 이 기가 운행하는 통로가 바로 경락이다. 경락의 기혈이 신체의 표면에 모여 통과하는 부위를 경혈이라 하는데, 바로 이곳에 침을 놓거나 뜸을 떠서 내부 장기의 이상을 치료하는 것이다.

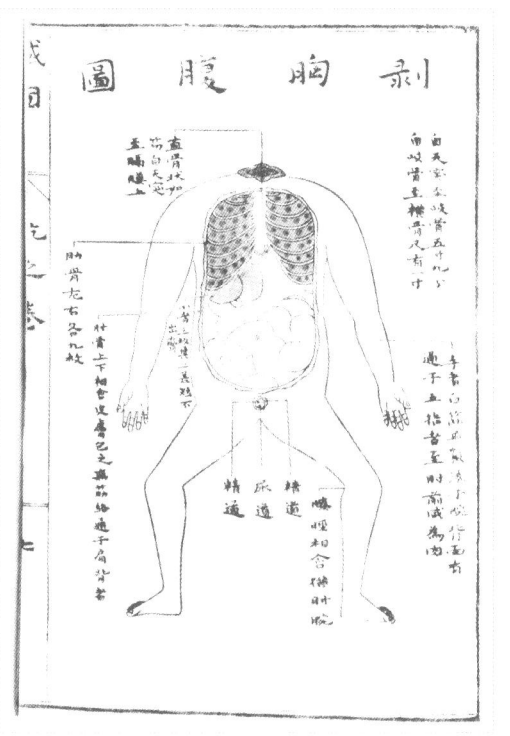

18세기 일본의 해부도
일본은 난학의 영향을 받아 동아시아 3국 중에서 가장 일찍 서양의 의학을 받아들였다. 특히 그중에서도 서양식 해부학에 대한 관심이 아주 높았다. 위 그림은 그런 가운데에도 고대 중국 의술의 복고를 지향했던 교토의 의사 야마와키 도요가 쓴 『장지』라는 책에 나온 그림이다.

5장

몸,
타자들의 공동체:
꿈에서 똥까지

정화스님에 따르면 종교란 '으뜸가는 가르침'이란 뜻이다. 그런데 큰 가르침이란 두 가지를 축으로 삼는다. 하나는 낯선 삶과의 마주침, 또 다른 하나는 존재에 대한 위대한 긍정. 낯설다는 건 지금 나의 동일성을 깨는 타자들을 의미한다. 그건 구체적인 대상일 수도 있고 사건일 수도 있고, 또 시간의 흐름일 수도 있다. 그것들과의 마주침을 통해 현재의 상태로부터 벗어나게 될 때, 그때 비로소 차이의 향연이 시작된다. 차이가 곧 생명력이다. 그래서 차이 속으로 들어가야만 비로소 존재에 대한 긍정이 가능해진다. 차이가 기존 표상의 낡은 틀을 깨는 것이라면 그 과정을 통해 자신의 우주적 연기조건을 보게 되는데 이것이 곧 깨달음(깨다/도달하다)이다. 그리고 그 속에서만이 자기 자신의 존재성을 온전히 긍정할 수 있는 힘이 나온다. 너무 고매한가? 하지만 그 첫스텝은 아주 단순하다. 타자와의 마주침.

그런데 타자는 바깥에만 있지 않다. 내 안에도 있다. 아니, 있는 정도가 아니라, 너무 많다. 대중가요 노랫말에도 있듯이 내 안에 '나 아닌 내'가 너무도 많아~ 이 타자들이 없이는 내 생명 자체가 영위되지 않는다. 「내경편」의 중심은 생명의 토대에 해당하는 '정기신'과 그 구체적 표현형식인 '오장육부'다. 그런데 그와 더불어 이것들 '사이'에 존재하는 타자들 또한 놓치지 않는다. 이 낯선 존재들이 있음으로 해서 내가 있는 것이므로.

내 몸은 '나의 것'이 아니다

먼저 「내경편」의 구성을 전체적으로 살펴보자.

「내경편」1권: 신형—정—기—신
「내경편」2권: 혈—몽—성음—언어—진액—담음
「내경편」3권: 오장육부—간장—심장—비장—폐장—신장—담부—위부—소장부—대장부—방광부—삼초부—포—충
「내경편」4권: 소변—대변 (강조는 필자)

'신형'에서 '정기신'으로 이어지는 1권은 충분히 이해가 간다. 헌데, 그 다음이 좀 의아하다. 정기신의 구체적 생리현상이 혈이라는 점

에서 정기신과 혈은 한통속이다. '기혈'이라는 단어가 말해 주듯이 기(양)와 혈(음)은 분리되지 않는다. "혈은 물과 같고 기는 바람과 같다. 바람이 물 위로 부는 것이 혈과 기의 모습이다." 「내경편」, '혈', 122쪽 진액과 담음 역시 혈의 또 다른 변주에 해당한다. "뼈를 적셔서 관절을 움직이게 하고 윤기를 퍼뜨려 뇌수를 보하며 피부를 윤택하게 하는", 말하자면 몸 전체의 신진대사를 담당하는 것이 진액이라면 이 진액이 제대로 순환하지 못해서 뭉치고 막히면 그것을 일러 담음이라 한다. 담은 끈적하고 탁한 것, 음은 맑고 투명한 것. 언급했듯이, '열 가지 병 중에 아홉이 담'이라는 뜻의 '십병구담'이라는 사자성어가 있을 정도로 담음은 만병의 근원이다. 결국 혈, 진액, 담음은 서로 하나의 계열이라 할 수 있다.

그렇다면 몽, 성음, 언어는 대체 뭔가? 꿈과 목소리, 그리고 말이라니? 푸코를 경탄하게 했던 보르헤스의 분류법처럼 갑자기 분류의 범주를 건너뛰는 느낌이다. 분명 몸 안의 풍경이긴 한데, 그렇게 생각해 본 적이 없는 것들이다. 3권도 마찬가지다. 여기서도 오장육부가 다 배열된 다음에 '포와 충'이 덧붙어 있다. 포(자궁)는 여성에게만 있는 기관이니까 별도로 다루었다고 치더라도 '충'은 또 뭔가? 오장육부와 벌레가 같은 급이라고? 기분은 좀 거시기하지만 부인할 도리는 없다. 분명 몸 안에 있는 건 틀림없으니까. 아니, 있는 정도가 아니라 어마어마한 숫자로 존재한다. 세포 안에도 있고 장부에도 있고, 혈액과 림프절에도 있고, 뇌수에도 있다. 충이 없는 곳을 찾기란 불가능하다. 앗, 그러면 이것들이 내 몸의 주인인 셈인가? 대략난감! 난감한 건 4권도 마찬가지다. '소변, 대변'이 전부다. 허 참. 생명의 근원적 활동을 다루는 「내경편」의 대단원이 오줌과 똥이라니.

몽과 성음聲音, 목소리, 언어, 그리고 충과 똥오줌——이렇게 배열해 놓으니 더더욱 난감해 보인다. 도무지 일관성도 없고 공통점도 없어 보인다. 여기서도 역시 분류의 동일성이 깨지는 경험을 하게 된다. 그런 점에서 이들은 타자들이다. 내 안에 있지만 나의 일부라고 생각해 본 적이 없을뿐더러, 그렇게 생각하기 '싫은' 존재들이라는 점에서 그렇다. 즉, 낯설 뿐 아니라 그 존재성 자체를 인정하기가 다소 불편하다는 점에서 일종의 '하위주체들'이다.

『동의보감』의 탁월함은 바로 이런 대상들을 과감하게 「내경편」에 포함시켰다는 데 있다. 이것들은 분명 내 몸 안의 풍경이다. 하지만 그 위상학적 좌표는 불분명하다. 꿈은 어디에 있는가? 뇌에 있는가? 아니면 마음에 있는가? 성음과 언어 또한 그렇다. 내 안에서 나오는 건 분명한데, 딱히 그 거처와 경로를 규정하기 어렵다. 또 충은 몸 안팎을 무시로 들락거리고, 소변·대변 역시 몸 안에 있지만 늘 바깥으로 나올 준비가 되어 있다. 요컨대 이 타자들은 안과 밖, 그 사이 혹은 경계에 존재한다. 한 사회의 건강성은 내부자가 아니라, 주변인 혹은 경계에 있는 존재들에 의해 표현된다. 같은 이치로 이 타자들은 내 몸의 수준과 층위를 알려 주는 중요한 척도다.

따지고 보면 우리 몸 자체가 타자들의 집합이다. 오래 전 세포에 침략한 미토콘드리아가 타자들의 원조일 것이다. 이 침략자는 뻔뻔하게 세포 안에 들러붙었다. 덕분에 세포의 능력은 한층 업그레이드되었고, 이제 어떤 세포도 미토콘드리아 없이는 생명을 유지하기가 어렵다. "미토콘드리아는 인체활동에 필요한 에너지의 90%를 생산하는 세포의 발전소다." 게다가 세포에 침략한 지 무려 10억 년이 지났음에도 여전히 자신만을 위한 DNA를 가지고 있다. 한마디로 같이 살긴 하지만 딴살림을 차리고 있는 것이다. 아무튼 이런 식의 침략과 공생으로 인해 원핵세포에서 진핵세포로, 또 단세포에서 다세포로의 전이가 이루어진 것이다.

이처럼 생명의 역사란 타자들과의 대결과 동거, 접속과 변이의 과정에 다름 아니다. 그런 점에서 내 안에 무수한 타자들이 있다는 건 지극히 당연할뿐더러 그것 자체가 나의 생명력이자 토대이기도 하다. 질병에 대해서도 이런 식의 사유가 가능하다. "오늘날 인체의 기능은 수백만 년 동안 감염인자와 주고받은 상호작용과 직접 연관되어 있다. 감각에서 외모, 혈액 화학작용에 이르기까지 인간의 모든 것은 질병에 대한 진화 반응에 의하여 형성되었다. 심지어 성적 매력까지 질병과 관련이 있다. 성적 매력을 느끼는 사람의 향기는 왜 그렇게 매혹적일까? 그것은 그 사람과 나의 면역 시스템이 다르다는 표시이다. 면역 시스템이 서로 다른 부모에게서 태어나는 자녀들은 부모에 비해 더 광범위한 면역력을 갖춘다." 샤론 모알렘, 『아파야 산다』, 130쪽 요컨대 핵심은 미토콘드리아건 질병이건 모든 존재의 생명력은 타자들과의 관계 속에서 표현된다는 사실이다. 관계가 존재에 선행한다!

그런데 내가 알지도 통제할 수도 없는 것들로 가득하다면 내 몸은 과연 '나의 것'일까? 내 몸을 곧 나라고 할 때 그 나에는 이런 것들이 포함되는가? 아닌가? 포함시키자니 정체를 모르는 '넘'들이고 빼 버리자니 목숨이 위태롭다. 결국 내 몸은 '나의 것'이 아니다! 내 몸인 데 '나의 것'이 아니라니. 선문답이 따로 없다. 이것만 잘 궁구해도 인 생에 대한 큰 깨달음에 도달할 수 있을지도 모를 일이다.

꿈은 사라져야 한다

꿈은 아름답다. 꿈은 이루어진다. 꿈꾸지 않으면 청춘이 아니다 등등. 귀에 못이 박히도록 듣는 말이다. 이때 꿈이란 미래에 대한 희망이라 는 뜻일 터이다. 그래도 희망은 있다. 어떤 상황에서도 희망의 끈을 놓 치지 말아라. 유캔두잇! 등의 말은 듣기엔 그럴싸하지만 곰곰이 따져 보면 그렇지도 않다. 희망은 미래에 속한 것이다. 따라서 미래에 내가 이루어야 할. 도달해야 할 어떤 목표를 기준으로 지금의 나를 보는 것 인데, 이는 매우 위태로운 일이다. 현재를 오로지 과도기적 단계로 보 게 된다는 점에서 그렇다. 다시 말해 '지금, 여기'는 늘 뭔가를 위한 수 단에 불과하게 된다. 그럴 경우. 꿈을 이루지 못하면 자신에 대한 비하 감이 더욱 커질 것이고, 설령 이룬다고 해도 그 다음엔 또 다른 꿈을 향해 달려가야 한다는 강박에 시달리게 된다. 결국 한 번도 '지금, 여 기'를 살아 보지 못한 채 삶의 '무한지연'을 경험하게 될 수도 있다. 양 생술의 관점에서 보면 아주 저급한 인생이다.

   아무튼 이것이 꿈에 대한 통념적 표상이라면 프로이트가 말하는 꿈은 무의식의 표현이다. 내 안에 잠복한, 혹은 억압된 콤플렉스가 꿈을 통해 표현된다는 뜻이다. 대개는 유년기 때 입은 섹슈얼리티와 관련된 상흔들이다. 엄마랑 자고 싶어, 그런데 아빠가 너무 무서워, 이것이 그 유명한 오이디푸스 콤플렉스다. 이 욕망은 영원히 해소될 수 없는 결핍이다. 그래서 무의식의 창고에 꽁꽁 억눌려 있다가 꿈을 통해 계속 다양한 방식으로 이미지를 투사한다는 것이다. 이렇듯 우리에게 꿈이란 미래에 대한 망상이거나 아니면 성적 충동이 잠복해 있는 무의식적 기제다. 어느 쪽이건 꿈을 꾼다는 게 그다지 바람직한 일은 아니다.

『동의보감』이 꿈을 다루는 방식은 그에 비해 아주 쿨하다. 먼저 꿈은 뇌파의 작용이 아니다. 물론 뇌파에 신호가 오긴 하지만 그 출발지는 어디까지나 오장육부다. 오장육부에 칠정이 다 결합되어 있다고 보았듯이 꿈 역시 그것의 표현일 뿐이다. 또 유년기의 트라우마 같은 건 없다. 지금 내가 어떤 상태인지를 보여 줄 뿐이다. 성욕의 억압도 마찬가지다. 억압이건 항진이건 그건 어디까지나 지금 내 몸의 기운의 배치를 보여 주는 것이지 흘러간 과거의 잔영 따위가 아니다. "꿈은 모두 혼백이 사물에 작용하여 생기는 것이다. 또 몸이 사물을 만나면 일이 생기고, 신이 사물을 만나면 꿈이 된다." 즉, 혼백이나 의식이 외부와 마주치는 방식이라는 것이다. "심(장)이 실하면 걱정하거나 놀라거나 괴이한 일에 대한 꿈을 꾼다. 허하면 혼백이 날아다니고 어지러운 꿈을 많이 꾼다."「내경편」,'몽', 151쪽 요컨대 사기가 안으로 흘러오면 오장으로 흘러들게 되고 그 다음엔 혼백과 함께 정처 없이 떠돌기 때문에 꿈을 꾸게 된다는 것이다.

꿈의 내용 역시 사기의 정체에 따라 달라진다. 음기가 왕성하면 물을 건너는 꿈을, 양기가 왕성하면 큰불이 타오르는 꿈을 꾼다. 물이 음기를, 불이 양기를 대표하는 사물이기 때문이다. 꿈을 다루는 '몽' 부분에 처음 등장하는 처방이 별리산別離散이다. 별리란 이별의 다른 표현인데, 그럼 이별하게 하는 약이란 말인가? 그렇다. 심장에 바람이 들어 "남자가 꿈에서 여자를 보고 여자가 꿈에서 남자를 보는 것을 치료한다."「내경편」, '몽', 151쪽 다시 꿈에서 만나지 말라고 '별리'라고 한 것이다. 이거야말로 우리시대에 꼭 필요한 처방이라는 생각이 든다. 모르긴 해도 이런 병증에 시달리는 청춘들이 정말 많을 것이다. 24시간 내내, 사방팔방에서 포르노와 섹시화보가 넘쳐나는데 꿈에 어른거리지 않고 배길 것인가. 『동의보감』식으로 말하면 '심장에 바람이 들' 수밖에 없다. 그럼 사랑하는 연인에 대한 꿈은 어떤가? 그것 역시 마찬가지다. 자꾸 꿈에 등장한다면 그건 사랑의 열정이 아니라, 심장에 사기가 침범했다는 증거다. 그 사랑이 진정으로 깊고 넓다면, 무엇보다 잠이 편안해야 한다.

이런 식으로 "간기가 성하면 성내는 꿈을 꾸고, 폐기가 성하면 울부짖는 꿈을 꾸며, 심기가 성하면 잘 웃고 두려워하는 꿈을 꾸며, 비기가 성하면 노래 부르고 몸이 무거워서 움직이지 못하는 꿈을 꾸고, 신기가 성하면 요추가 둘로 끊어져 이어지지 않는 꿈을" 「내경편」, '몽', 152쪽 꾼다. 다음 장에서 본격적으로 다루겠지만 여기 등장하는 각각의 양상들은 모두 오장육부가 지닌 오행적 속성과 연동되어 있다. 예컨대, 간은 오행상 목木이고, 감정으로는 화내는 것, 폐는 금金이고 슬퍼하는 것, 심은 화火고 감정으로는 잘 웃는 것 등등. 위에 묘사된 꿈들도 그 연장선상에 있다. 꿈에 나타나는 형상들 역시 마찬가지다.

> 생식기로 들어오면 성교하는 꿈을 꾸고, 목덜미로 들어오면 참수를 당하는 꿈을 꾸며, 정강이로 들어오면 걷거나 달려도 앞으로 나아가지 않거나 깊은 땅굴에서 자는 꿈을 꾸고, 넓적다리와 팔뚝으로 들어오면 예의 바르게 절을 하는 꿈을 꾸며, 방광과 직장으로 들어오면 대소변을 보는 꿈을 꿉니다.「내경편」, '몽', 152쪽

> 간기가 허하면 버섯이나 향기 나는 싱싱한 풀을 보는 꿈을 꾸고, 실하면 나무 밑에 엎드려 감히 일어나지 못하는 꿈을 꾼다. 심기가 허하면 불을 끄거나 양물을 보는 꿈을 꾸고, 실하면 불길이 타오르는 것을 보는 꿈을 꾼다. 비기가 허하면 음식이 부족한 꿈을 꾸고, 실하면 담을 쌓거나 지붕을 올리는 꿈을 꾼다. 폐기가 허하면 흰 것을 보거나 사람이 베어져 피가 낭자한 것을 보는 꿈을 꾸고, 실하면 전쟁하는 것을 보는 꿈을 꾼다. 신기가 허하면 배와 물에 빠진 사람을 보는 꿈을 꾸고, 실하면 물 속에 빠져 두려워하는 꿈을 꾼다.「내경편」, '몽', 153쪽

꿈을 병증의 표현이라 본 것은 프로이트와 마찬가지인데, 그것을 해석하는 방식이나 프레임이 전혀 다르다. 후자가 주로 심리적 상징에 주목했다면, 『동의보감』은 생리가 더 일차적이다. 생리적 기전氣轉에 문제가 생기면 그것이 다양한 방식으로 심리적 영상을 만들어 낸

다고 본 것이다. 더 근본적인 차이점은 프로이트의 경우 모든 꿈을 가족 삼각형이라는 오이디푸스적 틀 안에서 해석하고 있지만 『동의보감』은 그런 식의 전제가 일체 없다. 가족 문제건 성적 문제건, 아니면 외부의 사기가 침투한 때문이건 모든 사항을 음양오행이라는 자연주의적 원리에 입각하여 해석한다. 꿈도 우주적 연기조건에서 벗어날 수 없다고 본 것이다. 따라서 치료법 역시 그 원리하에서 도출된다.

어떤 부인이 귀신과 교접하는 꿈을 꾸고 유난히 놀라고 무서워하였다. 또 꿈에서 신당, 저승사자, 배, 노, 다리를 보기도 하였다. 이렇게 15년이 지났다. 결국 임신도 못하게 되었고 모든 방법으로 치료했지만 효과가 없었다. 대인이, "이것은 양화가 상부에서 성하고 음수가 하부에서 성하기 때문이다. 귀신은 음의 영험이고, 신당은 음의 장소이며, 배·노·다리는 물과 관련된다. 양촌맥이 모두 침복한 것은 가슴속에 담이 실하기 때문이다"라 한 뒤에 3번 토하고 3번 설사하고 3번 땀을 내게 하였다. 10일이 지나지 않아 꿈을 꾸지 않게 되고 한 달 뒤에 임신하였다.「내경편」, '몽', 152쪽

귀신, 신당, 저승사자, 배, 노, 다리 등. 이런 현상에 대한 해석체계는 다양할 수 있다. 그런데 여기서는 음양의 부조화를 원인으로 잡고 있다. 상부에선 양화가 성하고 하부에선 음수가 성하다는 건 다음 장에서 본격적으로 다룰 터이지만, 전형적으로 '수승화강'이 안 되는 상태를 지칭한다. 그 결과 가슴속에 담음이 가득차게 되었고, 그것이 꿈

에서 귀신을 비롯하여 '음기'와 관련된 온갖 이미지들을 만나게 된 이유라는 것이다. 결국 토하고 싸고 땀을 내자 담음이 흩어지게 되면서 동시에 꿈이 사라지게 되었다.

그렇다. 비단 이 경우만이 아니라 건강한 사람은 꿈을 꾸지 않는다. 꿈을 자주 꾼다는 것 자체가 잠을 푹 자지 못한다는 뜻이다(불면증이란 서양생리학적으로 말하면 렘수면에서 '서파수면'slow-wave sleep으로 넘어가지를 못하는 것이다). 따라서 수면부족은 건강에 치명적이다. 우울증의 가장 두드러진 징표도 불면증 아닌가. 따라서 꿈보다 더 소중한 건 잠이다. 잠보다 더 좋은 보약은 없다. 꿈을 꾼다는 건 자면서도 쉬지 못하고 계속 깨어 있을 때처럼 의식이 활동하고 있다는 뜻이다. 그러니 몸이 얼마나 피곤하겠는가. 그래서 "옛 진인들은 잘 때 꿈을 꾸지 않았다. 잘 때 꿈을 꾸지 않는 것은 신이 온전히 존재하기 때문이다."「내경편」, '몽', 151쪽 수행이 높아지면 자면서도 깨어 있게 되는데, 이 말은 불면증이라는 뜻이 아니라 잠을 잘 때도 무의식이 청정하게 살아 있어서 일체 망상에 끄달리지 않는다는 의미라고 한다. 결국 좋은 꿈과 나쁜 꿈이 있는 것이 아니라 꿈은 그 자체로 몸과 마음의 병리적 표현인 셈이다. 따라서 건강하고 청정한 삶을 위해서 꿈은 사라져야 한다.

이것은 생리적 차원에서뿐 아니라 표상의 단위에서도 그러하다. 앞서도 말했지만 희망이란 미래에 대한 비전이다. 그것으로 인해 현재가 망각될 때 희망은 비전이 아니라 망상이 된다. 그럴 경우, 점차 이미지와 현실 사이의 간극이 벌어지고 결과적으로 그 희망 때문에 삶이 추락되는 경우가 더 많다. 일찍이 중국 근대문학의 선구자 루쉰은 이렇게 말한 바 있다. "희망은 허망하다. 절망이 그러한 것처럼." 그러므로 희망에 대한 집착이 현실을 외면하게 된다면 그런 꿈은 마땅히 버려야 한다. 지나간 것에 매달려서도 안 되지만 오지 않은 것에 대해서도 끄달리지 말아야 한다. "지금 당장 행복하기 위해서가 아니라면"_{박노해} 우리가 대체 이토록 노력해야 할 이유가 없다. 꿈을 꾸지 않는 잠이 가장 건강하다는 건 그런 점에서도 참으로 소중한 의학적 지혜다.

그럼 어떻게 해야 꿈이 없이 푹 잘 수 있을까?『동의보감』에선 그 방법을 이렇게 제시하고 있다. "잘 때 모로 누워 무릎을 굽히고 자면 심기를 도울 수 있다. 일어날 때 기지개를 켜면 정신이 흩어지지 않는다. 반듯하게 누워 자면 마귀와 귀신을 부르게 된다. 공자가 시체처럼 반듯하게 누워 자지 않았던 것도 이 때문이다. 낮잠을 자면 안 되는 것은 기가 빠지기 때문이다. …… 사람이 잘 때는 하룻밤에 늘 5번씩 돌아누워야 한다." 결국 침대 광고에 나오듯 똑바로 누워 자는 것은 오히려 몸에 해로운 셈이다. 하긴 아이들의 경우 자면서도 얼마나 왕성하게 움직이는가? 그런 맥락에서 "손을 가슴 위에 얹으면 가위에 눌릴 수 있다"「내경편」, '몽', 159쪽고 한다.

그리고 상식적인 말이지만 잠을 푹 자려면 머리가 차가워야 한다. 머리에 있는 피가 간으로 다 수렴되어야 하기 때문이다. 간이 피를 불러 모으는(간장혈) 작용이 시원치 않으면 밤이 되어도 머리에 여전히 피가 돌아다니고 그러면 혼백과 의식도 정처 없이 떠돌게 마련이다. 이때 온갖 망상과 잡념이 제멋대로 날뛰게 되는 것이다. 불면증에 시달린다는 건 맑은 정신으로 잠이 오지 않는 것이 아니라, 잠을 들 수도 깨어서 뭔가를 할 수도 없는 상태를 의미한다. 한마디로 비몽사몽. 그런 상태로 밤을 보내고 나면 몸은 한없이 무거워진다. 잃은 것은 활기요, 남은 건 다크서클뿐! 그래서 잠이 오지 않으면 온도를 낮추어야 한다. "밤에 편안하게 자지 못하는 것은 이불이 두터워 열이 나가지 못하기 때문이다. 빨리 이불을 치우고 땀구멍을 닦아야 한다."「내경편」, '몽', 159쪽 그러니 부디 명심할 일이다. 배는 따뜻하게, 머리는 차갑게!

호모 로퀜스

이 글을 쓰는 요즘(2011년 여름) '나가수' 열풍이 한창이다. 세시봉 붐이나 '위대한 탄생' 등 오디션 프로가 주가를 올리더니 드디어 가수들의 경합이 대중들의 이목을 집중시키고 있다. 비주얼의 공세에 침묵당했던 소리들이 갑자기 웅성거리기 시작한 것이다. 혹은 시각에 억눌린 청각의 봉기라고나 할까. 주지하듯 우리시대의 문화는 비주얼과 스펙터클이 대세다. 오감 중에서 오직 시각만이 특권화된 시대인 것이다. 그러다 보니 소리와 청각이 얼마나 중요한지를 망각해 버렸다. 얼굴에서도 눈이 부각되다 보니 귀는 거의 소외된 실정이다. (눈을 성형하는 사람은 많아도 귀를 성형하지는 않는다. 그나마 다행인 건가?) 그 덕분에 소리와 말, 음색과 어조가 얼마나 삶과 몸에 중요한 사항인지도 잊혀지고 있다. 그런 점에서 소리와 말은 내 안의 '소수자'다.

실제로 녹음기를 통해 자신의 목소리를 들어 보라. 아마도 깜짝 놀랄 것이다. 헉, 저게 내 목소리라고? 자신이 듣는 '자신의 소리'와 타자들의 귀에 들리는 '나의 소리'가 전혀 다른 탓이다. 음파의 경로와 매질이 다르기 때문일 터. 그렇다면 과연 저 낯선 소리가 나의 것이라고 할 수 있을까? 표현형식만 이렇겠는가. 내가 하루 종일 내는 갖가지 소리들 ─ 재채기, 하품, 신음, 쩝쩝거림 ─ 을 들어 보면 더 놀랄 것이다. 내가 저렇게 이상하고 후지고 못난 소리들을 내뱉고 있단 말인가? 더 끔찍한 건 나도 모르게 그런 소리들을 내고 있다는 점이다. 대체 내 몸의 안팎에선 나도 모르는 일들이 왜 이다지도 많단 말인가?(흑!) 아무튼 그런 점에서도 소리와 말은 내 안의 타자다.

『동의보감』에선 '성음'(聲音, 목소리)에 대해 이렇게 설명한다. "심은 성음의 주인이고, 폐는 성음의 문이며, 신은 성음의 뿌리이다." 심과 폐, 신장이 모두 소리와 연관되어 있다. 그러니 소리야말로 내 몸의 상태를 알려 주는 매우 중요한 표지다. 다시 말해 소리가 매끄럽게 잘 나오려면 심장과 폐, 신장이 두루 화평해야 한다. 특히 신장에 정이 충분하지 않으면 목소리가 위로 올라오질 못한다. 목소리가 기어들어 간다는 게 바로 이런 말이다. 또 가뭄 때 논두렁 밭두렁 갈라지듯 빽빽하게 나는 소리도 마찬가지다. 그리고 더 중요한 건 소리가 매끄럽게 나오지 않으면 외부와의 관계가 단절되어 버린다. 소리는 나와 외부 사이를 연결해 주는 메신저이기 때문이다.

- 환자의 말소리가 개미소리만큼 조용한데 자주 놀라 소리치는 것은

관절에 병이 있기 때문이다. 말소리에 힘이 없어 끝을 맺지 못하는 것은 심격 사이에 병이 있기 때문이고, 말소리가 벌레소리처럼 가늘고 길게 나는 것은 머릿속에 병이 있기 때문이다.

• 간병에는 목소리가 슬프고, 폐병에는 목소리가 급하다. 심병에는 목소리가 굳세고, 비병에는 목소리가 느리며, 신병에는 목소리가 가라앉는다. 대장병에는 목소리가 길고, 소장병에는 목소리가 짧다. 위병에는 목소리가 빠르고, 담병에는 목소리가 맑으며, 방광병에는 목소리가 약하다.

• 금의 소리는 울리고, 토의 소리는 탁하다. 목의 소리는 길고, 수의 소리는 맑으며, 화의 소리는 메마르다. 토의 소리는 깊은 독 속에서 말하는 소리와 같다. 또 습이 성하면 목소리가 독 속에서 나오는 것 같고, 물 속에 있는 것처럼 습하다.

이상 「내경편」, '성음', 164쪽

요컨대, 목소리의 이상징후는 몸의 생리적 이상과 맞물려 있다. 이 점을 거꾸로 유추하면 목소리는 그 사람의 오장육부의 상태를 반영한다고 말할 수 있다. 장부의 증상에 따라 정서와 속도, 장단, 청탁 등 다양한 차이들이 구성된다. 그리고 병증을 떠나 근본적으로 오장육부의 원천인 오행의 기운적 배치에 따라 각기 다른 음색들이 존재한다. 세번째 인용문이 바로 그 점을 말해 주고 있다. 즉, '나가수'에 나오는 가수들의 목소리나 음색은 그 가수의 '몸 안의 풍경'인 셈이다. 허영만의 관상만화 『꼴』 9권에 보면 한 할머니가 나온다. 이 분은 50

세까지 날리는 관상가였는데 눈이 보이지 않자 음성을 집중적으로 연구해서 맹인상법을 완성하였다고 한다. 목소리만 듣고 그 당사자의 운세를 점치는 것이다. 음성은 뼈고 뼈는 마음이다, 는 것이 핵심 요지다. 뼈를 담당하는 장기 역시 신장이다. 소리-뼈-신장이 하나의 계열을 이루고 있는 것이다. 또 뭔가를 끈기있게 하는 힘도 신장에서 나온다. 그러니까 목소리만 들어도 일의 흐름과 성패를 단번에 꿰뚫을 수 있는 것이다.

그와 관련해서 요즘 청년들의 목소리도 흥미로운 분석대상이다. 언급했듯이 요즘은 스펙터클의 시대라 청각은 상대적으로 소외되어 있다. 그리고 주로 이어폰을 끼고 생활하기 때문에 청력이 하나같이 약하다. 당연히 소리의 뿌리가 두텁지 못하다. 말하자면 자기 소리를 잘 내지도 못하고 남의 소리를 잘 듣지도 못한다. 거기다 과잉보호 속에 살다 보니 미성숙한 경우가 많다. 이런 현상을 잘 보여 주는 병증이 '성대결절'이다. 요즘 청년들이 많이 앓는 병이라고 한다. 성대결절은 인후 부분에 돌기가 생기는 것이다. 원인은 오랫동안 어린애처럼 고음을 내어 인후에 상당한 무리를 준 탓이란다. 한마디로 변성기를 제대로 거치지 못한 셈이다. 유추하건대 어릴 때 귀여움을 받던 목소리 상태를 그대로 유지하려고 하다 보니 이런 증세로 이어진 게 아닐까 싶다. 우리 사회 전체를 지배하는 '동안열풍'과도 무관하지 않을 것이다. 미성숙함이 불러온 환란이라고나 할까.

앞에 나온 맹인상법이 말해 주듯, 목소리에 힘과 내공이 있으면 외모 따위는 사실 별 문제가 되지 않는다. '나가수' 열풍이 바로 그 증거 아닌가. 가수 얘기가 나온 김에 덧붙이면 노래를 주관하는 장부는 비장이다. "비는 음악을 좋아한다. 이는 비의 본성이다." 그래서 비위가 발달한 사람이 노래를 잘한다. 사람들 앞에서 노래한다는 것 자체가 '비위가 좋다'는 증거이기도 하다. 하지만 여기에도 병증이 있다. 비위에 문제가 생기면 노래가 병이 된다. "족양명足陽明맥의 병이 심하면 높은 곳에 올라가서 노래를 부른다. // 전광癲狂이나 사수邪祟가 있으면 모두 노래를 부르거나 통곡을 한다."「내경편」,'언어', 179쪽 족양명맥이 바로 비위와 연관된 경맥이다. 전광, 사수는 다 정신적 질병이다. 노래방에서 한번 마이크를 잡으면 죽어도 놓지 않는 경우도 비슷한 증세라 할 수 있다. 또 술만 먹으면 고래고래 소리를 지르거나 우는 사람도 마찬가지다. 뭐든 지나치면 문제가 되는 법이다. 기침, 하품, 재채기 등은 물론이고, 잘 웃는 것도 과하면 병이 된다. "심장에 문제가 있으면 얼굴이 붉고 입이 마르며 잘 웃는다." 심에 화가 쌓인 탓이다.

어떤 부인이 웃음이 그치지 않는 병에 걸렸다. 반 년이 지났지만 어떤 치료로도 효과를 보지 못했다. 대인이, "이것은 치료하기 쉽다"고 하였다. 회백색의 소금 덩어리 2냥 정도를 불에 벌겋게 달구었다가 식혀서 곱게 빻았다. 큰 사발로 강물 1사발을 떠서 함께 달여 데워 3번 먹인 후 비녀로 목구멍을 더듬어 열담을 4~5되 토하게 하였다. 그 다음 황련해독탕을 복용하게 하니 며칠 후에 웃음이 멈췄다. 『내경』에 "신神이 지나치면 웃음이 멈추지 않는다"고 하였다. 신은 심화이다. 바람이 불면 불이 활활 타오르는 것이 웃는 모습이다. 오행 중에서 웃음은 화에만 관련된다. 예전에 웃음이 멎지 않고 침을 흘리는 한 노인을 치료한 적이 있었다. 황련해독탕에 반하·죽엽·죽력·생강즙을 넣어 복용하니 웃음이 멈추었다. 「내경편」, '언어', 176쪽

소리가 일으키는 양상은 이토록 다양하다. 특히 언어는 성음의 결정체다. 인간에게 있어 언어는 단지 소통의 매개가 아니다. 언어를 통해 표상을 만들고 세계를 구성한다. 로고스(지성)가 곧 로퀜스(언어)인 것. 즉, 내 언어의 한계가 곧 내 삶의 크기이자 운명의 지도다. 그런 점에서 인간은 원초적으로 호모 로퀜스다! 『동의보감』에서도 언어의 중요성을 충분히 간파하고 있다. "스스로 말하는 것을 언言이라고 하고 다른 사람에게 대답하는 것을 어語라고 한다." 언어의 상호관계성을 분명히 한 것이다. 말하자면, 분명하게 말하고 똑바로 대답하는 것이 언어인 것이다. 그래서 말을 잘 한다는 것은 심신의 소통이 원활하다는 의미이기도 하다. 거꾸로 말을 제대로 못한다는 건 언어적 테크닉의 문제가 아니라 심신의 교통에 문제가 있다는 뜻이다. 예를 들면 이런 경우다. "섬譫은 어지럽게 말하는 것이다." "혼자 중얼거리거나 잠꼬대하거나 신음 소리가 그치지 않고, 심하면 미친 소리를 하고 욕을 한다." 위열이 심을 누르기 때문이다. "눈을 감고 평소에 있을 수 있는 일을 말하는 것은 섬어이다. 눈을 크게 뜨고 다른 사람에게 전에 듣지도 보지도 못했던 일을 말하는 것이 광언이다." 「내경편」, '언어', 173쪽 쉽게 말해 이렇게 말이 헛나가는 건 성격 탓이 아니다. 몸과 마음이 심하게 어긋나 있는 탓이다.

정성鄭聲: 정이란 반복한다는 뜻이다. 말을 계속 반복하고 음성이 모호하여서 정나라·위나라의 좋지 않은 노랫말 같다는 뜻이다. 정성이란 말이 이어지지 않는 것으로 정기가 빠진 것이다. 정성이란 음성이 떨리고 힘이 없으며, 말이 이어지지 않고 알아듣지 못하는 소리가 목에서 나오는 것으로 모두 큰병을 앓은 후에 생긴다.「내경편」, '언어', 175쪽

공자가 채집, 정리했다는 『시경』詩經의 노래 장르 가운데 '정풍, 위풍'이 있다. 모두 남녀상열지사를 담은 통속적인 노래라는 뜻이다. 그걸 전고로 삼아 병적 증상을 명명하고 있는 점이 흥미롭다. 그렇다고 환자가 음란한 이야기를 떠들어 댄다는 뜻이 아니라 계속 같은 말을 반복하면서 알아듣기 어려운 말을 한다는 뜻이다. 하긴 음란하다는 말이 본래 '성적으로 야하다'는 의미가 아니라, 넘치고 어지럽다는 의미이다. 넘치고 어지러운 것 가운데 가장 대표적인 것이 남녀상열지사다 보니 원래의 의미는 슬그머니 사라지고 '야하다'는 의미로 굳어져 버린 것이다. 따라서 위의 인용문에서 말하는 정성은 말과 소리가 정도를 잃고 어지러워졌다는 뜻으로 원래의 의미에 더 가깝다.

그런데 사실 이런 경우는 아주 흔하다. 특히 똑같은 이야기를 15분 이상 반복하면 치매를 의심해 봐야 한다. 치매란 단기기억의 상실로 바로 앞에 한 이야기를 계속 반복하게 되면서 시작된다. 그런 점에서 반복만큼 무서운 증상도 없다. 루쉰魯迅의 소설 가운데 「축복」이라는 작품이 있다. 루쉰, 「축복」, 서광덕 옮김, 『방황』(루쉰문고 04), 그린비, 2011, 11~36쪽 그 주인공은 샹린댁祥林嫂이라는 과부인데, 이 과부의 기구한 인생역정 가운데

가장 끔찍한 장면이 늑대가 아이를 잡아먹을 때의 상황을 주구장창 반복하는 대목이다. 처음 그 사연을 들을 때는 다들 그녀에게 동정을 보내지만 그녀가 시도 때도 없이 똑같은 이야기를 똑같은 어조로 되풀이하자 나중에는 모두들 한낱 '지겨운 타령'으로 간주해 버린다. 그녀는 병증으론 치매가 아니었지만 모든 기억이 그 고통의 시간에 묶여 버림으로써 존재 자체가 소통불능의 상태가 되어 버린 것이다. 이런 점으로 미루어 보면, 섬어나 정성이 얼마나 무서운 병인지를 짐작하게 된다. 소리와 말을 컨트롤하지 못한다는 건 생리적 기전은 물론이고, 사회적 소통의 단절을 의미한다는 점에서 실로 치명적이다. 소리를 잘 다스리기 위한 생활규칙이 몇 가지 있다.

첫째, 해가 진 뒤에는 말하지 말아야 한다. 말을 한다는 건 하초의 기운을 위로 끌어올리는 행위다. 해가 진 뒤에는 머리와 상초에 있던 양기가 아래로 내려가야 한다. 그래야 머리에 있던 피가 간으로 저장되면서(간장혈) 잠이 들 수가 있는 것이다. 그런데 큰 소리로 말을 하게 되면 '간장혈'이 어려워진다. 당연히 잠이 들 수가 없다. 엠티 가서 밤새 수다를 떨다 보면 밤을 꼴딱 새게 되는 것도 이런 이치다.

둘째, 식사할 때는 말하지 말 것. 이건 뭐 말할 것도 없다. 먹는 것도 입이고 말하는 것도 입이니, 먹을 때는 말할 수 없고, 말할 때는 먹을 수 없다. 먹으면서 동시에 말을 하면? 밥알과 침이 튀어나올 것이다. 뭐, 그렇다고 엄숙하게 밥만 먹으라는 뜻이 아니라, 밥을 먹을 때는 밥에 집중하는 게 좋다는 뜻이다.

셋째, 누운 채로 크게 말을 하면 안 된다. 누운 채로 말을 하면 안 되는 이유는, 오장은 종과 경쇠와 같아서 매달아 놓지 않으면 소리가 나지 않기 때문이다. 그래서 밤에 누운 채로 이야기를 하다 보면 점차 호흡이 거칠어질뿐더러 몹시 피곤해진다. 평소 말하는 것보다 두 배 이상의 기운을 썼기 때문이다.

넷째, 길을 걸을 때는 말을 하지 않아야 한다. 만약 말을 하고 싶으면 반드시 멈춰선 후 말을 해야 한다. 어찌 보면 지극히 상식적인 말이지만 곰곰이 따져 보면 쉬운 일은 아니다. 특히 이 대목에서 떠오르는 것이 우리시대 댄스가수들이다. 예전에는 기생이 가무를 익혔지만 가와 무를 동시에 하지는 않았다. 가창을 할 때는 줄풍류에 맞춰야 하니까 다소곳이 앉아서 소리에 최대한 집중을 했고, 춤을 출 때는 오직 춤만 추었다. 그런데 요즘은 춤과 노래를 동시에 해야 한다. 그것도 아주 과격하게 근육과 뼈를 움직이는 춤이 대부분이다.『동의보감』이 제시하는 규칙에 따르면 최악의 버전인 셈이다. 누워서도 큰 소리로 떠들고 뛰면서 또 말을 하는 격이 아닌가. 심장과 폐, 비위에 엄청난 무리를 주는 것은 말할 나위도 없다.

그리고 이건 비단 가수들만의 문제가 아니다. 이 문화를 즐기는 대중들에게도 역시 치명적이다. 아이돌 문화에 익숙해지면 춤과 노래의 과격한 리듬에 비례하여 소통의 언어는 현저히 줄어든다. 차분하게 이야기를 주거니 받거니 할 기회가 거의 없기 때문이다. 아닌 게 아니라 요즘 사람들의 언어능력은 몹시 심각한 수준이다. 자신의 경험에 서사적 육체를 입히는 능력도, 타인의 서사에 귀를 기울이는 능력도 동시적으로 하락하고 있다. 이 상태로 가면 결국 두 가지 방식만

남게 될 것이다. 모두가 집단적으로 모여서 '샤우팅'을 하거나 그게 아니면 홀로 독백을 하거나.

이런 양극단을 오가지 않으려면 무엇보다 자신의 소리에 귀를 기울일 줄 알아야 한다. 언급했듯이, 소리와 말은 내 안의 타자다. 이 타자들과의 교감이 이루어지지 않으면 다른 존재에게로 다가가는 교량 또한 폭파되고 만다. 참고로 자신의 소리와 교감하는 최고의 방법 가운데 하나가 고전을 낭송하는 것이다. 고전에 담긴 문장은 율려 자체가 신체적 감응력을 높여 준다. 묵독을 통해서는 형해화된 뜻을 취하고 말지만 소리 내어 읊게 되면 그 지혜가 율려를 타고 내 몸속으로 흘러들어 오게 된다. 만약 좋은 벗들과 함께 할 수 있다면 이보다 더 멋진 '쿵푸'는 없으리라.

이 대목에서 반드시 되새겨야 할 명제 하나. 인간은 언어로 사유하고 언어로 삶을 창조하고 언어로 세상을 만든다는 것. 마침내 언어의 길을 끊고 언어 저편의 '도'를 깨우치기 위해서도 반드시 언어라는 매개항을 통과해야 한다는 것. 고로 인간은 '호모 로퀜스'다!

충(蟲), 내 안의 이주민들

이 장을 시작하려는 순간 문득 『아기공룡 둘리』가 떠오른다. 알다시피, 이 작품에는 수많은 이주민들이 등장한다. 이주민들의 국적도 동남아나 연변 정도가 아니다. 수억 년 전의 시대로부터 빙하를 타고 떠내려 온 공룡 둘리. 머나먼 별나라에서 온 도우너, 서커스단을 탈출한

오리같이 생긴 또치. 그뿐인가. 옆집의 흑인 백수 마이콜까지. 인종 간 경계는 물론이고 동물과 인간, 지구와 별, 나아가 시공의 경계를 넘어 어느 낯선 곳으로부터 여기에 온 이주민들이 다 등장한다. 이 정체불명의 인물 군상들이 '성질 드러운' 고길동 집에 들러붙어 살 수 있었던 건 희동이 때문이다. 항상 젖병 꼭지를 물고 기저귀를 차고 다니는 꼬마 희동이. 희동이한테는 자기 가족과 이주민을 구별하는 경계가 불분명하다. 인간이건 동물이건, 외계인이건 흑인이건 각양각색이고 그래서 신기할 뿐이다. 하지만 고길동에게는 그렇지 않다. 고길동에게는 둘리나 또치, 도우너는 함께 상종할 부류가 아니다. 일단 인간의 범주에 속하는 것들이 아니다. 마이콜은 인간이긴 하지만 또 '인간 같지 않은' 인간이다. 한마디로 뭐라고 분류할 수 없는 존재들이다. 희동이처럼 그래서 신기하고 재밌는 게 아니라, 거북살스럽고 귀찮고 꼴보기 싫다. 그래서 고길동과 이 이주민 떼거리들 사이에는 갈등과 다툼이 끊이지 않는다.

우리 몸도 마찬가지다. 둘리, 도너, 또치 같은 애들이 너무나 많다. 샤론 모알렘의 말처럼, "우리는 혼자가 아니"다. "지금 침대에 누워 있든, 해변에 앉아 있든 간에 박테리아, 벌레, 균류 등등 수천 가지 생명체와 함께하고 있다. 이들 중 일부는 우리 몸속에 있다. 소화기관은 음식의 소화를 돕는 중요한 역할을 하는 수백만 마리의 박테리아로 가득 차 있다." 샤론 모알렘, 『아파야 산다』, 14쪽 『동의보감』에선 이 모두를 통칭하여 '충'이라고 명명했다. 벌레라는 뜻이지만 우리가 통상적으로 아는 그 벌레는 아니다. 아니, 꼭 아니라고 하기도 어렵지만 좌우지간 그것보다는 범위가 아주 포괄적이다. 쉽게 말하면 뭔가 불편하고 이상하게 기분이 나쁘고 이질감을 주는 것들의 총칭이라고 할 수 있다. 그야말로 고길동이 둘리네를 대할 때의 감정과 꼭 닮았다. 둘리네들처럼 충이 우리 몸에 흘러오게 된 유래도 가지가지다. "음식을 제대로 먹지 않았거나 비린 회나 날것, 찬 것을 많이 먹어 적積이 된다. 이것이 오래되어 열이 생기고 습열이 훈증하여 담이나 어혈이 뭉쳐 오행의 기를 따라서 변화하여 여러 가지 기괴한 형상이 되는 것이다. 이런 충은 아홉 가지가 있다."

또 피로하면 열이 나고 열이 나면 충이 생긴다. "산골짜기에서 뱀이나 거머리가 정액을 내보내는데 그 물을 잘못 먹거나, 과일이나 채소의 밑에 충이 모여 있는 것을 모르고 잘못 먹으면 명치가 찌르는 듯 아프다가 멎었다가 한다." 역시 충이 저지르는 만행이다. "밤에 물을 마실 때 거머리를 잘못 삼켜서 배로 들어가면 사람의 간혈을 먹기 때문에 참을 수 없이 배가 아프다. // 봄과 가을에 교룡의 정액이 묻은 미나리를 우연히 먹으면 병이 생긴다."「내경편」,'충', 324쪽 거머리에 교룡의 정액까지, 정말 징한 넘들이다. 이에 비하면 우리가 아는 기생충들은 아주 착한(?) 부류에 속한다. 회충, 편충, 요충 같은 애들은 워낙 경로나 생김새 등이 모범적이라 퇴치하기도 한결 수월한 편이다. 실제로 근대 위생권력 덕분에 이런 기생충들은 거의 몰아낸 상태다. (내가 어릴 적만 해도 대변검사 봉투를 내는 게 큰 숙제였고, 실제로 내 동생은 회충이 하도 많아 입으로 한 무더기를 토하기도 했었다. 욱!)

하지만 그건 정말 빙산의 일각일 뿐이다. 우리 몸은 그보다 훨씬 작고 특이해서 포착불가능하고 지각불가능한 충들로 득시글거린다. 아무리 몰아내려고 해도 몰아낼 수가 없다. 기생충들과는 달리 이 충들은 형태나 속성이 제멋대로 변이하기도 한다. 그럴 때는 박테리아나 바이러스, 세균들과 닮은 것도 같다. 하여튼 어디서부터 어디까지가 충인지를 종잡기가 어려울 지경이다.

『아파야 산다』를 보면 한 기생충의 생존경로가 자세하게 포착되어 있다. 주인공은 기니충. 수천 년에 걸쳐 아시아와 아프리카 전역에서 인간을 괴롭혀 왔다고 한다. 이 벌레의 유충은 열대 지역 호수나 물웅덩이에 많이 사는 물벼룩에게 잡아먹힌다. 사람이 이 물을 마시면 물벼룩도 같이 먹게 된다. 물벼룩은 당연히 소화되어 버리지만 유충은 살아남는다. 이 '넘'들은 소장에서 나와 몸속으로 이동하여 성장하다가 서로 짝짓기를 한다. 약 1년이 흐르면 암컷 성충은 스파게티 한 가닥 크기로 자란다. 뱃속에 새 유충을 가득 품은 이 암컷 성충은 보균자의 피부로 이동한다. 그 다음 산을 분비하여 살갗을 태워 구멍을 뚫는 것이다. 물집이 잡힌 후 터지는 순간, 벌레가 빠져나오기 시작한다. 타는 듯한 통증을 느끼는 인간 숙주는 아픔을 가라앉히고자 찬물을 끼얹으면 물을 감지하자마자 수천 마리의 유충으로 가득찬 우윳빛 액체를 방출한다. 샤론 모알렘, 『아파야 산다』 128쪽

오 마이 갓! 이렇게 용의주도하고 이렇게 치밀한 전략을 구사하다니. 물론 이 기니충처럼 우리를 이용해 먹고 튀는 것들만 있는 건 아니다. 소화기관에 있는 장내세균들은 음식을 분해하는 데 결정적 역할을 하기도 하고 면역시스템을 튼튼하게 해주는 데 기여하기도

한다. 좌우지간 우리 몸은 세균들의 잔칫상이다. "성인 몸에는 포유류 세포보다 '외부' 세균 세포가 열 배나 더 많다."『아파야 산다』 130쪽 앗, 그럼 우리가 주인이 아닌 건가? 숫자만 많은 게 아니다. 실제로 우리의 생각과 행동을 배후에서 조종하기도 한다.

> 삼시충 : "첫째는 상충으로 뇌 속에 있고, 둘째는 중충으로 명당에 있으며, 셋째는 하충으로 뱃속에 있다. 이것들을 팽거, 팽질, 팽교라고 한다." 충은 사람이 도에 나아가는 것을 싫어하고 뜻을 버리는 것을 좋아한다. 상전上田은 원신元神이 있는 궁으로 사람은 이 관문을 열 수 없다. 시충이 여기에 살기 때문에 생사윤회가 끝없이 반복되는 것이다. 만약 이 원신을 장악하여 본궁에 머무르게 하면 시충은 자멸하고 진식眞息이 저절로 안정될 것이다. 이른바 "한 구멍이 열리면 모든 구멍이 열리고, 큰 관문이 통하면 모든 뼈마디가 통한다"는 것이니 천진天眞의 기운이 내려오면 신령스럽지 않은 신이 신묘하게 되는 것이다.『내경편』, '충', 321쪽

뇌와 명당, 뱃속까지 요소요소에 고루 있는 데다가 윤회를 주관하다니. 이거야말로 진정한 배후세력이다. 근데 하는 짓이 '도에 나아가는 것을 싫어하고 뜻을 버리는 것'을 좋아한다고? 거의 모든 사람이 그렇지 않은가? 그렇다면 우리가 보통 '인지상정'이라고 여긴 것들이 삼시충의 장난질이었단 말인가? 말도 안 돼, 설마 그럴 리가…… 하고 생각할지 모르지만, 생물학자들이 포착해 낸 기생충의 '숙주 조종'

삼시충의 모습. 당나라 때의 중국 책 『태상제삼시구충보생경』(太上除三尸九蟲保生經)에 있는 삼시의 그림이다. 오른쪽에서 순서대로 상시, 중시, 하시.

을 보면 '설마가 사람 잡는다'는 말을 실감할 수 있을 것이다. 예컨대, 앞에서 기니충에 감염되었을 때 차가운 물에 담그려는 충동을 느끼는 것도 일종의 숙주 조종에 해당한다. 가장 드라마틱한 예는 기생말벌의 경우인데, 이 벌레는 침으로 호랑거미를 마비시킨 후 그 뱃속에 알을 낳는다. 그러면 뱃속에서 유충이 태어난 후 배에 구멍을 뚫은 후 서서히 피를 빨아먹는다. 그러다 누에고치를 만들어 탈바꿈하려는 단계에 이르면 유충은 화학물질을 주입한다. 이 순간 호랑거미는 자신들을 위한 거미줄을 치는 대신 유충의 고치를 위한 특별한 거미줄을 만든다. 그러다 자정 무렵이 되면 호랑거미는 그 거미줄 가운데에 꼼짝 않고 앉는다. 그러면 유충은 거미를 단번에 빨아먹어 말려 죽인다음, 그 껍질을 정글 바닥에 내다 버린다. "다음날 밤, 유충은 스스로 몸 주위에 고치를 짠 후, 죽은 거미가 지은 강화 거미줄에 걸어 놓고는 최종 생장과정에 들어간다. 약 1주일 반이 지나면 고치에서 말벌 성충이 나온다."샤론 모알렘, 『아파야 산다』 134쪽 이 책의 저자도 그렇게 비유했지만, 실로 셰익스피어의 비극 한 편을 보는 듯하다.

　이밖에도 자신의 이동을 위해 숙주의 자살을 유도하거나 아니면 미쳐서 날뛰게 하거나 아예 다른 생물체로 만들어 버리기도 한다. 쥐로 하여금 고양이를 무서워하지 않도록 조종하는 기생충도 있다. 고양이 몸속으로 들어가기 위해 쥐를 '또라이'로 만들어 버리는 것이다. 그거야 동물들 이야기고 인간이야 어디 그렇게까지 조종되겠냐는 생각이 들겠지만, 그것도 오산이다. 벌레들이 쓰는 무기는 화학물질이고, 인간의 신진대사를 조절하는 호르몬도 따지고 보면 화학물질이다. 게임중독, 쇼핑중독도 보기에 따라선 벌레들의 숙주 조종이라고 볼 수 있지 않을까? 나아가 삼시충처럼 인간의 욕망과 생사까지 조종하는 것들도 얼마든지 가능하다. 그렇다면 나는 벌레인가? 벌레의 숙주인가?

　삼시충 말고 주목할 만한 벌레로는 다음 두 가지가 있다. 하나는 응성충應聲蟲. 말을 할 때마다 목구멍에서 대답을 하는 소리가 들리는데, 충이 원인이라고 본 것이다. 치료법도 흥미롭다. "의사가 본초를 읽게 하니 약물에 따라 모두 대답을 하다가 뇌환에 이르러 대답이 없었다. 그래서 뇌환 몇 개를 복용하였더니 나았다."『내경편』,'충', 328쪽 소리에 집착하는 충이니 소리를 통해 치법을 찾아낸 것이다.

　또 하나는 노채충勞瘵蟲. 노채충은 상당히 치명적인 병이다. "노채는 전시병이라고도 한다. 사람이 죽은 뒤 다시 일가친척 중 한 사람에게 옮겨 가기 때문에 전시라 하고, 전주라고도 한다. // 노채병의 원인은 아직 혈기가 안정되지 않았을 때 주색에 상하여 그 열독이 쌓여 이 물이나 악충이 생기는 것이다."「내경편」, '충', 329쪽 증상은 조열과 도한, 각혈, 유정, 설사 등이 있다. 홍미로운 건 이 충에 걸려들면 다른 사람의 잘못을 들추기를 좋아하고 늘 불평불만을 품게 된다. 몸이 허약한 틈을 파고들어 노채충이 배후에서 조종을 하는 것이다. 남의 뒷담화 아니면 투덜거리기—이거야말로 거의 모든 현대인들의 '인지상정' 아닌가. 그렇다면 현대인들은 거의 대부분 노채충 환자인 셈이다. 생리적 이상은 늘 행위와 관계의 어그러짐을 불러온다는 사실을 새삼 환기시켜 주는 사항이다.

그래서 노채충을 치료할 때는 약물에 대해 환자에게 알려서는 안 된다. 왜냐하면 충이 알아차리면 교묘하게 도주나 은신을 할 수 있기 때문이다. 이쯤 되면 내 몸이 일종의 격전지가 되는 셈이다. 충의 발호를 제압하기 위한 전투가 벌어지는. 그렇다고 현대의학처럼 항생제로 군비경쟁을 하는 건 결코 해법이 아니다. 무기가 진화할수록 기생충이나 미생물들도 더 세고 강하게 진화한다. 이 게임에서 인간은 결코 승리할 수 없다. 지구의 진짜 주인은 벌레들이기 때문이다. 어떻게든 평화공존의 전략을 찾아내야 한다. 『동의보감』의 최종 전략은 이렇다. "노채는 36종이 있는데 오직 음덕이 있어야 단절시킬 수 있다." 음덕이라니? 구체적으로 말하면, "이 병에 걸렸을 때는 산에 들어가거나 고요한 방에 거처하여 마음을 맑게 하고 고요히 정좌하며, 이를 맞부딪치고 분향을 하며, 음식을 절제하고 욕심을 끊으며, 의식을 집중하여 보양해야 한다. 이렇게 하면 거의 나을 수 있을 것이다."〔내경편ㅣ, '충', 331쪽〕 헉! 이건 수행을 하라는 뜻이 아닌가. 그렇다. 충이 정신과 의식을 교란했으니 일단 집중력을 높여서 그 힘으로 제압을 해야 한다는 것. 말하자면, 충을 순한 버전으로 길들여서 상생의 길을 도모하자는 것이다. 하긴 우리가 손님 처지니 달리 방도가 없긴 하다.

충은 특히 단맛을 좋아한다. 그래서 "충에 의한 병이 들었을 땐 감초를 금해야 한다. 신맛을 보면 흠칫 멈추고 쓴맛을 보면 안정되고 매운맛을 보면 고개를 숙인다." 흠. 벌레들도 쓴맛에는 꼬리를 내리는군. 그래서 입에 쓴 약이 몸에는 이롭다고 한 것이리라. 이런 언술도 깊이 되새겨 볼 만하다. 현대인들은 단맛에 거의 중독되어 있다. 패스트푸드라는 것이 모든 재료를 ─ 육식이든 채소든 ─ 가공하는 것인데, 그 가공의 핵심은 달고 부드럽게 만드는 것이다. 재료의 원맛을 단맛으로 범벅을 해놓는 것이다. 그래서 한번 맛을 보면 계속 끌리게 되어 마침내 중독되어 버린다. 『동의보감』 식으로 말하면 이런 음식들은 단맛을 좋아하는 충들을 더더욱 날뛰게 만드는 셈이다. 현대의학에서는 이런 양상을 단맛을 먹으면 뇌에서 도파민이라는 쾌락물질을 분비하기 때문이라고 해석한다. 어느 쪽이건 여기에 맛들이다 보면 중독증으로 이어지는 건 마찬가지다. 따라서 이런 음식을 계속 먹는 한 중독증에서 벗어날 길은 없다.

위에서 보았듯이 우리 몸은 이주민들의 천국이다. 그런데 아주 역설적이게도 이 이주민들이 나를 활기 있게 한다. 왜냐면 이질성을 퇴치하기 위해 백혈구를 비롯하여 각종 면역계가 맹렬하게 움직이기 때문이다. 그래서 이것들을 무작정 몰아내면 내적 긴장감은 뚝 떨어지고 만다. 그 결과, 백혈구가 작동하지 않거나 아니면 자기편을 공격하게 된다. 이것이 바로 아토피를 비롯한 각종 면역계 질환이다. 결국 충과의 전투에서 패배한 셈이다. 오히려 충의 성질만 '더럽게' 만들어 버렸다. 슈퍼박테리아의 귀환이나 온갖 유형의 중독증들이 그 증거다. 어차피 내 몸은 '나의 것'이 아니다. 각종 우주의 미생물들이 거처하는 서식지라면 차라리 이 이주민들의 다양성을 확보하는 것이 더 중요하지 않을까. 그래야 서로를 견제하느라 일방적인 독재가 이루어지지 않을 테니 말이다. 팁으로 노채충이 맺어 준 기막힌 로맨스 하나를 추가한다.

> 만리어(뱀장어) : 전시와 노채충 및 여러 가지 충을 없앤다. 오랜 병으로 피로하고 초췌한 사람에게는 양념한 뱀장어를 익혀서 늘 먹이면 좋다. 혹은 볕에 말린 것을 고소하게 구워서 늘 먹는 것도 좋다. 옛날에 어떤 여자가 노채를 앓아서 집안 사람들이 관 속에 넣어 강물에 띄워 보냈다. 한 어부가 건져서 살펴보니 아직 살아 있었다. 뱀장어를 많이 삶아 먹였더니 병이 나았고, 마침내 그 여자는 어부의 아내가 되었다.「내경편」, '충', 339쪽

이 '잔혹 낭만극'의 교훈은? 사람 팔자 알 수 없다. 질병은 삶을 새로운 차원으로 인도한다. 마지막으로, 뱀장어는 충의 천적이다!^^

똥오줌, 익숙한 것들과의 결별

충이 외부에서 흘러들어 온 낯선 타자들이라면 그 반대의 경로도 있다. 즉, 이미 내게 너무나 익숙해진 것들과의 관계가 그것이다. 외부를 받아들이려면 오래되고 낡은 것은 떠나야 한다. 사실 우리 몸에는 낯선 것들이 쉬임없이 들어오기도 하지만 다른 한편 내 안에 있던 것들이 끊임없이 나가기도 한다. 땀과 눈물, 재채기와 가래 등등. 똥과 오줌은 그중에서도 가장 대표적인 경우에 속한다.

아프다는 것은 무엇인가? 가장 일차적으로는 식욕이 떨어진다는 것을 의미한다. 아픈데 식욕이 왕성한 경우는 거의 없다. 그런데 식욕이 없다는 건 달리 말하면 배설이 제대로 안 된다는 뜻이기도 하다. 나오지를 못하니 받아들일 수가 없는 것이다. 그래서 동서고금을 막론하고 진단의 과정에는 반드시 똥오줌이 포함된다. 지금도 소변검사를 통해 거의 모든 생리적 징후를 찾아내고 있지 않은가. 또 예전에는 왕이 위독할 지경이 되면 어의들이 왕의 대변을 직접 맛보기도 했다고 한다. 하지만 이런 중요성에 비하면 똥오줌에 대한 배려와 인식은 너무 헐하다. 아니 헐한 정도가 아니라 아예 경멸에 가깝다. 단지 더럽고 추하다는 이유에서다. 20세기 초 서구에서 도래한 근대문명은 이 똥오줌을 가시권에서 치우면서 시작했다고 보아도 좋다. 근대 이전만 해도 뒷간은 일상과 연결되어 있었다. 절에서는 뒷간을 특별히 해우소라고 한다. '근심을 덜어 내는 곳'이라는 뜻이다. 보기에 흉하고 악취가 진동한다고 생각하지만 그건 어디까지나 근대적 배치하에서만 그런 것이다. 농촌의 두엄 냄새가 그러하듯 일상과 연결되어 있으면 똥오줌의 냄새 역시 자연스럽게 느껴진다.

사람은 음식과 호흡, 그리고 칠정으로 삶을 영위한다. 그런데 이것들이 원만하게 순환하려면 충분히 부숙썩어서 익음되고 남은 것들은 몸 바깥으로 나가야 한다. 똥과 오줌이란 어찌 보면 이미 너무 익숙해져서 새로운 관계가 더 이상 가능하지 않은 존재에 해당한다. 그럴 때는 미련 없이 떠나야 한다. 만약 이것이 아깝다고 붙들고 있으면 몸 안에 담음과 어혈, 소화장애 등 각종 병을 일으키는 건 말할 것도 없다. 익숙하고 낡은 것들과의 결별, 배설이란 바로 이런 과정에 다름 아니다. 그건 우리 몸을 위해서뿐 아니라 이 배설물들에게도 반드시 필요한 과정이다. 똥오줌 역시 몸 바깥으로 나오면 다시금 외부의 조건들과 만나 순환이 가능해진다. 분해되고, 날아가고, 흘러가고, 곡식을 키우고 동물을 먹이고 그렇게 헤아릴 수 없이 변전을 하다 보면 그것들은 전혀 새로운 모습으로 다시 내게로 온다. 물이 되고 바람이 되고 햇빛이 되고 또 밥이 되고 친구가 되어…… 그야말로 우주적 순환의 동그라미가 펼쳐진다. 만약 배설이 원만치 않으면 이 장엄한 순환의 고리가 막힌 것이나 마찬가지다. 그러니 이 어찌 소중하지 않으랴.

『동의보감』「내경편」이 '정기신'에서 시작하여 소변, 대변으로 마무리를 한 점은 그런 맥락에서 보면 실로 자연스럽다.

마신 것이 위로 들어가서 정기가 넘치면 바로 올라간다. 비기가 정을 흩어서 폐로 올려보내면 폐는 수도를 조절하여 방광으로 내려보낸다. …… 소변은 마신 것의 정미한 기가 상승하여 비와 폐가 운화한 후에 만들어지는 것이다."「내경편」, '소변', 342쪽

비장에서 폐로, 폐에서 다시 방광으로. 이 과정이 원활하지 않으면 모두 병증이다. "소변이 뿌연 것은 모두 열에 속한다. 소변이 누런 것은 아랫배에 열이 있기 때문이다. 간열로 병이 있으면 소변이 먼저 누렇게 된다." "음허하면 소변을 누기 어렵다. 소변이 잘 나오지 않는 것은 혈이 화에 졸아들어 하초에 혈이 없어 기가 내려가지 못하여 스며 나가는 기능이 잘 되지 않기 때문이다."「내경편」, '소변', 344쪽 등등. 고인 물이 썩듯이 소변 통로가 막히면 그 스트레스로 열이 발생한다. 그것은 당연히 각종 통증으로 이어진다. '소변융폐'가 대표적인 병증이다.

어떤 사람이 소변이 나오지 않아 배가 불러 오르고 다리가 부으며 두 눈이 튀어나오고 밤낮으로 잠을 못 자는 등 고통을 말로 표현할 수가 없었다. 또, 구토와 딸꾹질이 심하였는데 여러 의사들이 치료하여도 효과가 없었다. 동원이. "방광은 진액의 집이다. 기화氣化가 되면 소변이 나간다. 소변융폐는 음이 없고 양기가 운화되지 못해서 생긴 것이다. 이 사람은 너무 기름지고 맛있는 음식을 먹어 열이 쌓였기 때문에 신腎의 부腑인 방광이 오랫동안 말라붙어서 소변을 만들지 못한 것이다. 지금 관關·격格의 병을 모두 갖추어 죽음이 눈앞에 있지만 하초만 치료하면 병이 저절로 낫게 된다"고 하였다. 이 약을 처방하여 먹게 하니 곧 소변이 샘솟듯이 나오며 나았다.「내경편」, '소변', 346쪽

소변융폐도 열과 통증을 불러일으키는데, 그 원인도 열이 쌓인 것에 있다. 기름지고 맛있는 음식을 먹으면 열이 쌓이고 그것으로 인해 방광이 좁아들어서 소변을 못 만든다는 것이다. 물론 반대 현상도 있다. 소변이 자기도 모르게 나오는 증상이다. 이것은 방광이 조여 주지 못하는 탓이다. 이 경우엔 폐기가 허해서다. 정기신을 다룰 때 나왔듯이 폐는 기를 주관한다. 따라서 폐가 약해지면 방광을 조였다 풀었다 하는 기능이 떨어지게 되는 것이다. 폐경기 이후에 많이 겪는 '요실금'도 그런 경우에 해당한다. 소변은 생식기와 연동되어 있는 터라 당연히 성생활도 깊은 관계가 있다. 특히 술에 취하거나 포식을 한 후 성욕을 남용하면 소변에 장애가 생긴다. 또 음란한 생각이 지나쳐도 역시 마찬가지다. 결국 여기서도 핵심은 태과/불급을 넘어서는 것. 나올 때 나오고 멈춰야 할 때 멈추면 된다. 대변 역시 마찬가지다.

대장과 소장이 만나는 곳을 난문이라 한다. 위에서 수곡이 삭혀지면 위의 아래 출구에서 소장의 위쪽 입구로 전해진다. 소장의 아래 출구에서 청탁이 나뉘어 수액은 방광으로 들어가 소변이 되고 찌꺼기는 대장으로 들어가 대변이 된다. 이렇게 난문에서 나뉘는데, 빗장으로 막혀서 나누어지므로 난문이라고 한다.「내경편」, '대변', 379쪽

대변에 문제가 생기는 것을 통틀어서 '대변불통'이라고 한다. 대변이 원활하지 않다는 뜻이다. 가장 흔한 것이 '손설'飱泄이다. 손설이란 먹은 것이 소화되지 않은 채 고스란히 나오는 것이다. 음식이 몸

안에서 충분히 교감을 하지 못했을 때 일어나는 증상이다. '손설'의 반대가 '변비'다.

> 대변불통 : 변비는 대변이 늘 말라 있어 대변을 보기가 힘든 것이고, 불통은 며칠 동안 대변이 나오지 않고 막혀서 배가 불러 오르는 것. 열사가 속으로 들어가면 위에 마른 똥이 생기고, 삼초에 열이 잠복하면 진액이 속에서 마른다. 이것은 대장에 열이 있기 때문이다.『내경편』, '대변', 427쪽

대변의 통로인 대장은 특히 중요한 장부다. 오장육부는 다 짝을 이루고 있는데, 대장은 폐와 표리를 이루기 때문에 "모든 기가 흘러 다니는 도로의 관문"이다. 따라서 대변불통을 고치려면 "폐기가 돌아가게 하는 것이 치료법의 핵심이 된다."『내경편』, '대변', 427쪽 이렇듯 대장은 단지 똥을 만들어서 밖으로 내보내는 운반책 정도가 아니라, 소화기관의 전체 흐름을 주도하는 역할을 담당한다. 현대의학에서도 "신경전달물질과 호르몬의 측면에서 볼 때, 장은 화학적으로 두뇌와 가장 유사한 기관이다. 장에 분포되어 있는 신경은 장을 둘러싼 근육을 움직여서 음식물이 아래로 이동하게끔 한다. 장이 음식물을 밑으로 내려보내 배설까지 이어지는 과정은 마치 인기 연예인 매니저가 팬들이 보낸 편지를 훑어보는 것과 같다."마이클 로이젠 · 메멧 오즈, 『내몸 사용설명서』, 유태우 옮김, 김영사, 2007, 191쪽 그만큼 섬세하고 그만큼 치밀하다는 뜻이다. 과민성 대장질환이 많은 이유도 여기에 있다. 동시에 이것은 생명활동에

서 똥의 배설이 얼마나 중요한지를 말해 주는 것이기도 하다.

그런가 하면 소변과 대변이 뒤섞이는 병증도 있다. 교장증이 그것이다. 소변과 대변의 경로가 뒤바뀌는 아주 희귀한 병이다. 아래에서 보듯이 치명적이다.

> 어떤 부인이 평소 술을 좋아했는데 늘 대단히 많이 마셔도 취하지 않았다. 그런데 갑자기 대변이 전음으로 나오고 소변이 후음으로 나오며 육맥이 모두 침삽하였다. …… 이 부인은 술을 많이 마셔 기가 오르기만 하고 내려오지는 않아 양이 극도로 허해졌다. 게다가 주습(酒濕)이 오래 쌓여 열이 생겨 혈을 졸였기 때문에 음도 매우 허하게 된 것이다. 음양이 모두 허하였지만 잠시라도 살아갈 수 있었던 것은 형이 실하고 술 속의 곡기가 남아 있었기 때문이다. 3달 후에 죽는다고 했는데 과연 그렇게 되었다.「내경편」, '대변', 372쪽

예방책은 간단하다. 가장 먼저 자신의 똥오줌을 잘 살피는 일부터 해야 한다. 예전에는 뒷간이 닫혀 있는 구조가 아니라, 텃밭이나 개천으로 이어져 있어서 이래저래 똥오줌의 상태를 자연스럽게 볼 수 있었지만 지금은 그렇지 않다. 화장실이 세련되면 될수록 똥오줌을 직접 볼 기회는 거의 없다. 아니, 없다기보다 볼 생각이 사라졌다는 말이 더 정확할 거 같다. 나오기가 무섭게 물로 처리해 버리기 때문이다. 또 본다고 해도 더럽다는 거 이상의 감식안(?)이 없다. 그래서 자기 몸에서 무슨 일이 일어나는지를 알아채기가 쉽지 않다. 똥오줌과의 소

외, 이 또한 우리시대가 앓고 있는 소통단절의 대표적 예에 속한다. 이 소외를 극복하려면 일단 직접 보는 연습을 해야 한다. '알면 보인다'고, 똥오줌에 대한 공부를 좀 할 필요가 있다. 또 '아는 만큼 사랑한다'고 공부가 깊어질수록 똥오줌이 한결 친근한 텍스트가 될 것이다.

부연하면, 화장실이 독립되면서 목욕탕과 샤워실이 집 안으로 들어와 버렸다. 아니, 이젠 방마다 화장실과 샤워실이 있다. 도시인들은 하루에도 몇 번씩 샤워를 해댄다. 『동의보감』에선 일주일에 한 번 이상은 몸에 해롭다고 했다. 그러니까 우리시대 샤워문화와 양생의 리듬은 서로 어긋나는 셈이다. 사실 샤워문화처럼 에콜로지에 '반하는' 요소도 없다. 엄청난 물을 소비하기 때문이다. 지구의 사막화 현상도 이와 무관하지 않을 터, 이 또한 똥오줌과의 분리에서 비롯된 생태적 재앙 가운데 하나다. 똥오줌을 시야에서 치워 버리는 것과 청결강박증은 함께 간다. 똥오줌을 멀리하는 것에 비례하여 몸에 있는 각종 더러운 것들, 곧 바이러스와 세균들에 대한 공포도 커진다. 그 결과 사람들은 씻고 또 씻는다. 지구는 곧 물의 재앙이 시작될 것이다. 동시에 현대인들의 피부는 나날이 건조해지고 있다. 그 병증이 곧 아토피다. 전 세계적 사막화도 지구가 앓는 일종의 아토피인 셈이다.

연암 박지원은 『열하일기』에서 "청 문명의 장관은 똥부스러기와 기왓조각에 있다"는 유명한 문구를 남겼다. 청나라 인민들이 버려진 말똥을 하나하나 주워서 돈대를 쌓고 깨진 기왓조각을 주워서 온갖 무늬를 만드는 걸 보고 한 말이다. 말똥과 기와 파편 같은 하찮은 것들을 전혀 새로운 것으로 만들 수 있는 그 순환의 능력에서 청나라 문명의 저력을 본 것이다. 우리의 몸 또한 마찬가지다. 건강의 지표는 식스팩이나 롱다리가 아니다. 가장 먼저 소화가 잘되는가? 그리고 똥오줌이 잘 나오고 있는가? 다시 말해 외부에서 들어오는 타자들을 잘 수용할 능력이 있는가? 그리고 이미 익숙해진 것들과의 작별을 기꺼이 감내하고 있는가? 핵심은 거기에 있다. 어디 생리현상만 그러하랴. 인생살이 또한 마주침과 결별의 끊임없는 연속이 아니던가. 낯선 존재들과의 만남을 두려워하지 않고 동시에 익숙해졌을 때 기꺼이 결별할 수 있는 용기, 그것이 곧 깨달음이라고 했다. 그 과정에 어떤 잉여도 남기지 않을 때 '지금, 여기'에 대한 무한한 긍정이 가능하다는 것. 이것이 똥오줌을 비롯한 내 안의 타자들이 전해 주는 메시지다.

덧달기 : 청결의 이율배반

아래 글은 몇 년 전에 쓴 컬럼이다. 청결이라는 키워드를 가지고 우리 시대 위생관념의 이중성을 논한 글이다. 이 장에서 다루는 주제와 연계해서 한번 생각해 보기를 바란다.

* * *

2005년 미국 이타카에 있을 때의 일이다. 이타카는 뉴욕주 동북부에 속한 작은 도시로 계곡과 폭포, 숲이 어우러져 곳곳마다 환상적인 풍광을 연출하는 곳이었다. 도시 한가운데를 가로지르는 코넬대학은 내가 아는 한 세계에서 가장 아름다운 캠퍼스를 가지고 있었다. 캠퍼스 주변 언덕에 위치한 칼리지타운 역시 마치 달력사진에나 나올 법한 전원주택들로 감싸여 있었다. 이런 곳에서 청춘을 보낼 수 있다니 참, 복들도 많구나! 캠퍼스 주변을 산책할 때마다 부러움과 시기심을 동시에 느끼곤 했다.

헌데, 아주 우연찮게 그 집들의 내부를 들여다볼 기회가 있었다. 중간에 숙소를 옮기느라 중개인의 안내에 따라 칼리지타운에 있는 집들을 살펴보게 된 것이다. 맙소사! 집 안은 온통 쓰레기 하치장이었다. 대개의 주택이 유학생들 몇몇이 공동으로 쓰고 있었는데, 기본적으로 청소가 안 된 건 말할 것도 없고, 침대 위에 고양이와 워커(혹은 운동화), 피자 찌꺼기, 맥주캔 등이 함께 뒹굴고 바닥엔 속옷, 겉옷, 양말 따위가 사방에 널브러져 있었다. 어지간히 비위가 강한 나로서도 속이 메슥거릴 정도였다. 예닐곱 군데를 다녔는데, 하나같이 그런 상태였다. 한마디로 '밖에서 보면 천국, 안에 들어서면 지옥'이었던 것.

결벽증에 가까울 정도로 위생을 따지고 날마다 샤워를 해대는 습속과 노숙자들보다도 더 열악한 이 주거환경 사이의 극단적 대비를 어떻게 이해해야 할까? 또 교육수준이 높기로 유명한 명문대 학생들이 자신의 사적 공간을 이렇게 폭력적으로 방치하다니, 그렇다면 그 교육의 내용에 '공간의 용법'에 대한 것은 전혀 포함되지 않는다는 뜻인가? 여러 모로 혼란스러웠다.

헌데, 그게 남의 나라 일이 아니었다. 우리나라 대학생들의 경우도 그 점에선 타의 추종을 불허한다. 자취방은 말할 것도 없고 서클실의 지저분함은 거의 가공할 수준이다. 문건들과 책과 집기, 개인용품

들이 어지럽게 널려 있고, 문앞에는 대개 중국집 접시가 쌓여 있으며 그 위엔 파리떼가 들끓는 곳──이게 대학생 서클실의 일반적 풍경이다. 그리고 졸업 후에도 그 습관이 계속되는 것일까? 사회운동단체들이 쓰는 공간도 그 정도까지는 아니지만 대체로 그 비슷한 수준이다. 더 많은 사람을 배려하고 더 나은 삶을 위해 불철주야 애쓰는 이들이 어째서 자신들의 활동이 일상적으로 이루어지는 공간을 이 정도로밖에는 활용하지 못하는 것일까? 배려와 진보 같은 가치에는 공간의 용법 같은 것은 애시당초 없다는 뜻인가? 이타카 칼리지타운에서보다는 덜했지만 역시 당혹스러웠다.

그리고 정반대의 지점에 도시를 화려하게 장식하는 수많은 고층 빌딩들이 있다. 이 공간들은 정말이지 티끌 한점 찾아보기 어려울 정도로 깔끔하다. 청소원들을 고용하여 열심히 쓸고 닦기 때문이다. 언뜻 보기엔 공간을 소중히 여기고 끔찍하게 배려하는 것처럼 보인다. 물론 그건 전적으로 오해다. 그렇게 열심히 쓸고 닦는 이유는 어디까지나 공간의 상품성을 높이기 위해서다. 즉, 배려가 아니라, 소유욕의 표현인 것. 주택이나 아파트를 값비싼 가구로 꾸미는 것 역시 마찬가지 경우에 속한다.

이처럼 우리 주변에는 공간에 대한 두 개의 극단적 태도가 존재한다. 한쪽은 공간을 방치하다 못해 아예 쓰레기통처럼 다루고, 다른 한쪽은 공간을 마치 무슨 우상이나 되는 양 떠받든다. 모든 양극단들이 그러하듯, 이 두 가지 태도 역시 서로 맞물려 있다. 먼저, 둘 모두 사람과 공간이 어떻게 소통하고 공명할 것인가에 대한 고려가 전혀 없다. 이를테면, 사람 따로 공간 따로인 것이다.

　이 양극단의 또 다른 공통점은 둘 다 외부자를 배제한다는 사실이다. 우선, 공간이 지저분할 경우, 외부인들은 그 공간에 선뜻 발을 들여놓지 못한다. 공간이란 더러운 만큼 좁아지고, 그에 비례하여 외부를 수용할 수 있는 능력이 현저하게 떨어지는 것이다. 한편, 자본가의 빌딩들은 인테리어가 화려한 만큼이나 안과 밖의 경계가 선명하다. 따라서 그 공간들은 그만한 경제적 대가를 치르는 이들에게만 열려 있다. 즉, 그곳에선 외부자는 물론 다른 종류의 활동은 일체 허용되지 않는다. 따라서, 대부분의 공간은 비어 있는 시간이 훨씬 많다. 결국 늘 비어 있는 공간을 열심히 쓸고 닦는 격이 되는 셈이다.

　그러면 "더러워도 안 되고 깔끔해도 안 되고, 대체 어쩌란 말이냐?"고 물을 것이다. 답은 아주 간단하다. 공간과 신체를 연속적으로 사유하면 된다. 즉, 공간을 대상화하지 말고, 삶이 구체적으로 표현되는 장으로 여기면 된다는 것이다. 그러므로 몸이 청결해야 하는 것처럼 공간 역시 청결해야 한다. 그런데 우리가 몸을 씻고 닦는 이유가 무엇인가? 건강한 일상을 위해서다. 그리고 건강한 일상이란 타인들과 능동적으로 접속하면서 삶의 경계를 넓혀 가는 것을 이른다. 만약 우리가 몸을 제멋대로 방치하거나 아니면 오로지 타인에 대한 과시만을 목적으로 한다면 우리의 신체적 잠재력(접속하고 변이하는 힘)은 현저하게 떨어지고 말 것이다. 공간 또한 마찬가지다. 얼마나 다양한 흐름과 접속할 수 있는가 혹은 능동적으로 변이할 수 있는가가 그 공간의 능력을 표현한다.

공간에 대한 소유욕이야말로 우리시대를 움직이는 힘이다. 그러다 보니 재테크나 부동산에 종사하지 않는 사람들조차 공간으로부터 소외되는 현상이 일반화되었다. 바야흐로 사람과 공간이 공명하는, 공간을 신체의 연장으로 사유하는 지혜가 절실한 시점이다. 크건 작건 화려하건 누추하건 그 어떤 곳이건 간에.

서양의 해부도

베살리우스의 해부학 강의
위 그림은 현대 해부학의 창시자로 불리는 베살리우스가 파도바대학에서 해부학 강의를 하는 모습을 묘사한 그림으로, 19세기에 에두아르 아망이 그린 것이다. 당시 파도바대학은 해부학을 시연했던 베살리우스 덕분에 의학의 중심지로 부상했다고 한다. 베살리우스는 골격, 근육, 혈관, 신경, 생식기, 흉부, 뇌 등 총 7권으로 구성되어 있는 해부학 책 『파브리카』(인체구조에 대하여)를 집필하기도 했다.

17세기에 출간된 『소우주도보』(小宇宙圖譜)
파라셀수스는 자연이라는 대우주에 상응하는 소우주가 인간이라고 했다. 요하니스 레멜리니는 『소우주도보』에서 기독교 미술의 도상을 둘러싼 실제 인체 해부도를 보여 주었다. 즉, 이 남성상과 여성상은 하느님이 만든 최초의 자녀, 곧 아담과 이브에 해당한다. 이 책은 의사용 해부서는 아니었고, 해부학의 상징적 가치에 대해 사고하려는 사람들에게 인기를 끌었다고 한다.

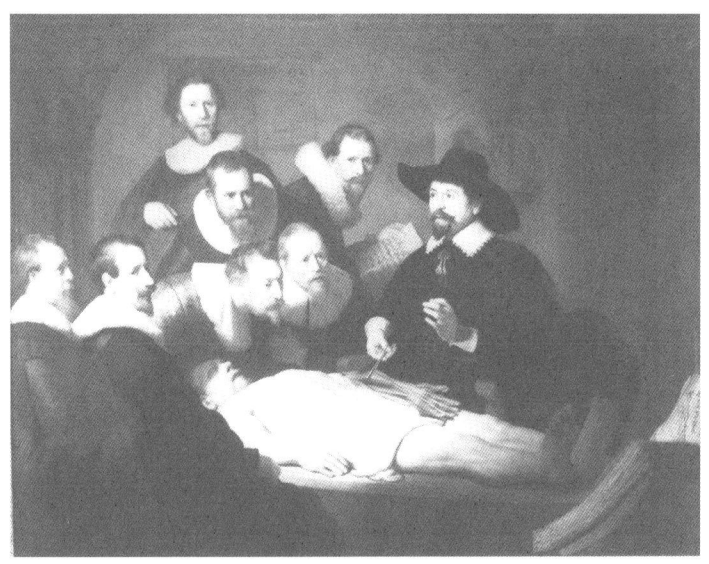

툴프 박사의 해부학 강의
렘브란트의 유명한 그림 「툴프 박사의 해부학 강의」에 등장하는 툴프 박사는 당시 암스테르담의 베살리우스라고 불릴 정도로 유명한 해부학자로 실존 인물이다. 그림 속 한 사람이 들고 있는 쪽지에는 원래는 해부도가 그려져 있었다고 한다. 이 그림에 대해 타이먼 스크리치는 "(이 그림은) 해부학 강의의 역사적 한 장면을 묘사한 것이 아니다. 우리가 보는 것은 인체를 절개해서 내부를 들여다보는 행위가 얼마나 신의 탐구와 같은지를 보여 주려는 상징적 구성물이다. 툴프 박사가 지금 막 절개해서 보여 주려는 것이 손을 움직이는 힘줄인 데는 이유가 있나. 손 덕분에 사람은 동물 상내에서 벗어났고, 신에 대한 탐구와 숭배를 시작했다. …… 툴프 박사는 해부 기술을 가르친다기보다는 내부로 향하는 시선의 가치를 가르치는 셈이다."(타이먼 스크리치, 『에도의 몸을 열다』, 박경희 옮김, 그린비, 2008, 30쪽)

6장
오장육부,
그 마법의 사중주

드디어 오장육부의 차례가 도래하였다. 오장육부는 「내경편」의 하이라이트에 해당한다. '정기신'과 '몽—담음'까지가 생명활동의 기본 베이스에 속한다면, 그것들이 구체적으로 활동하는 무대는 바로 오장육부다. 오장육부를 활발하게 돌리면서 상생상극의 운동을 펼치도록 하는 것이 정기신의 소임이기도 하다. 정기신이 자연의 아바타라면, 오장육부는 정기신의 아바타인 셈이다.

「내경편」이 끝나면 「외형편」이 이어진다. 「외형편」은 머리에서 발끝까지 몸 바깥의 형상을 하나씩 짚어 가는데, 하이라이트는 단연 얼굴이다. 얼굴은 오장육부의 아바타다. 눈은 간이요, 귀는 신장이며, 코는 폐고, 혀는 심장이다. 결국 얼굴은 모든 아바타들이 살아 숨쉬는

'판도라의 행성'인 셈이다. 얼굴이 정기신이고, 얼굴이 오장육부다. 아바타는 다시 아바타를 낳고 아바타들의 무한 연쇄가 이루어지는 것이 우리의 몸이다. 다시 한번 말하지만, 관계는 존재에 선행한다! 이 매트릭스에서 고독과 소외란 없다. 일단 접속이 시작되면 이웃항들의 연쇄가 멈추질 않는다. 이것이 있으매 저것이 있고, 저것이 사라지매 이것이 생겨난다. 이것과 저것 사이의 위계는 없다. 미시적인 것과 거시적인 것의 구별도 무의미하다. 그 모든 것이 '뫼비우스의 띠'처럼 하나로 맞물려 돌아간다.

따라서 몸이 곧 우주라는 테제는 경이도 신비도 아니다. 그저 스스로 그러함, 곧 '자연'일 뿐이다. 이 자연의 '고차원적 유동' 속에서 무엇을 '절단, 채취'할 것인가? 수많은 계열이 가능할 터이나, 여기서는 '오장육부와 계절, 그리고 칠정과 얼굴'로 이어지는 마법의 사중주에 귀를 기울여 보자.

내 몸속의 '사계'

상당히 멀리 오긴 했지만 인트로의 그림 「신형장부도」를 다시 환기해 보자. 거기서 몸이란 정기신의 흐름이 만들어 내는 기운의 분포도였다. 그때 핵심은 유동성이다. 정기신은 생명의 원천이지만 끊임없이 변전한다. 몸의 세포 곳곳에 미분화되어 있다가 기운을 집중해야 할 때 한곳으로 모여들어 고도로 응축된 뒤에 미련 없이 소진된다. 다시 말하면, 비가시적·비물질적인 흐름으로 존재하다가 문득 가시적인 물질적 상태로 바뀌는 것이다. 무형에서 유형으로, 산포와 집중, 생성과 소멸을 무수히 반복하는 것이다. 같은 이치로 장부는 구체적인 장기이면서 동시에 기운의 분포도다. 예컨대, 간은 간이면서 간의 기운이 작용하는 영역과 흐름을 동시에 의미한다. 다른 장기 역시 마찬가지다. 이 점이 임상의학과 확연히 구별되는 지점이다. 따라서 『동의보감』에서 장기의 건강성 여부는 그 장부의 기운이 미치는 전체 영역의 유동성과 연관되어 있다. 즉, 리듬과 강밀도가 관건인 것. 경락이라는 개념이 바로 그것이다. 폐경맥은 폐가 아니라 팔다리에 퍼져 있다. 폐기와 관련된 병이 생기면 폐를 직접 치료하는 것이 아니라, 이 폐경이 흐르는 팔과 손에 침을 놓는 것도 이런 원리이다. 그리고 리듬과 강밀도의 분포에서 가장 중요한 건 순환과 접속이다. 다른 장기들과 기운을 원활하게 주고받는가, 그리고 자기가 담당하는 구역에 제대로 된 에너지를 순환시키고 있는가 하는. 그리고 그러한 순환과 접속은 몸의 내부에 한정되지 않는다. 당연히 외부와의 관계에서도 마찬가지다. 오장육부가 봄여름가을겨울이라는 계절적 순행과 맞물려 돌아가는 것은 그런 이치로 인해서다.

먼저, 오장은 간, 심, 비, 폐, 신, 육부는 담, 소장, 위, 대장, 방광, 그리고 구체적인 장기가 아닌, 기운의 분포도를 말하는 삼초부를 말한다. 삼초는 몸통을 상초, 중초, 하초로 나눈 것을 총칭하는 말이다. "상초는 명치에 있으니 격막 아래로 위의 위쪽 입구에 있다. 주로 받아들이며 내보내지는 않는다." "중초는 중완혈이름에 있으니 위로도 아래로도 치우치지 않는다. 수곡을 삭히는 일을 주관"한다. "하초는 배꼽 아래 방광의 위쪽 입구에 해당하는 부위"로, "청탁을 분별하는 것을 주관하는데, 주로 내보내고 받아들이지는 않"는다. 요컨대, "상중하의 삼초는 하나의 기로 몸을 지키는 일을 한다. 삼초는 진정한 의미의 장부가 아니므로 형은 없고 작용만 있다."『내경편』, '삼초부', 291쪽 삼초부를 빼면 오장오부가 되고, 이들은 바로 음양의 관계로 묶인다. 오장이 음, 육부가 양이다. 오장은 내부를 구성하는 장기이고, 육부는 외부적이다. "오장은 정기를 저장하나 내보내지 않는다. 그러므로 가득 차 있되 실제로 채워지지 않는다. 육부는 오곡을 소화시키나 저장하지 않는다. 그러므로 실제로 채워지기는 하나 가득 차 있지는 않다."『내경편』, '오장육부', 226쪽 음과 양으로 되어 있으니 서로 끌어당기게 마련이다.

그중에서도 특히 서로 뗄 수 없이 결합되어 있는 '운명의 커플'들이 있다. 간/담, 심/소장, 비/위, 폐/대장, 신/방광 등이 그것이다. 간/담과 비/위, 신/방광의 짝은 나름 익숙할 것이다. 간담이 서늘하다, 비위가 거슬린다, 등골(신장)이 서늘하다와 오줌보(방광)가 지린다(둘 다 무섭다는 뜻이고, 그 감정은 이 장기들과 연관되어 있다) 등으로 함께 묶어서 이야기하는 경우가 많기 때문이다.

그에 비하면 폐/대장, 심/소장, 이 커플들은 왠지 좀 낯설다. 심/폐가 하나로 엮이고 대장/소장이 하나로 엮이는 게 더 자연스럽지 않나? 맞다. 전자는 호흡기관, 후자는 배설기관이기 때문이다. 기능을 중심으로 묶으면 당연히 그렇게 묶인다. 하지만, 그건 이 장부들이 가지고 있는 속성 가운데 일부일 뿐이고, 오행적 차원에선 그렇지 않다. 심/소장이 화火기운, 폐/대장이 금金기운을 공유하기 때문이다.

내친 김에 장부의 오행배속으로 넘어가자. 음양의 구별은 이미 언급한 바와 같고, 음양의 다음 단계가 오행이다. 다시 한번 확인하자면, '천지에는 하나의 기가 있을 뿐'이다. 그런데 이 기가 작동하기 시작하면 처음 음양으로 분화한다. 음양이 다시 다섯 가지의 스텝으로 변주되는 것이 오행이다. 이름하여, 목화토금수. 이 순서는 상생의 흐름이다.

첫째, 목생화, 목은 화를 낳는다. 나무와 불의 관계를 떠올리면 될 것이다. 불을 만들려면 나무를 태우는 게 가장 빠르다. 둘째, 화생토, 화는 토를 낳는다. 불이 꺼지면 재가 남고 그 재가 흙이 된다. 한편 불이 크게 났을 때 흙을 덮어 버리면 쉬이 꺼진다. 모자관계이기 때문이다. 셋째, 토생금, 토는 금을 낳는다. 흙이 굳어지면 단단한 돌이나 쇠가 되는 이치다. 흙이 지층화되어 수많은 암석들이 만들어진다. 넷째, 금생수, 금이 수를 낳는 건 용광로에서 쇠를 녹여 물을 만드는 것이나 아니면 깊은 산속 옹달샘 옆엔 늘 멋드러진 기암괴석이 있음을 염두에 두면 된다. 이 다섯 가지 스텝은 천지만물의 운행을 주관한다. 따라서 내 안에 장부가 있는 것도 이런 원리의 투사라 할 수 있다. 오장은 일반적으로 '간심비폐신'의 순서로 호명된다. 이 순서가 바로 목화토금수의 리듬이다. 즉, 간(담)은 목, 심(소장)은 화, 비(위)는 토, 폐(대장)는 금, 신(방광)은 수가 된다.

좀 어려운가? 어렵다기보다 생소하다는 말이 더 적절할 것이다. 이 어색하고 낯설음을 통과하기 위해선 어느 정도의 브레인 운동이 필요하다. 오행을 기억하는 가장 좋은 방법은 계절이다.

목은 봄이다. 봄은 바람과 함께 온다. 고로, '봄-바람'은 하나의 의미를 이룬다. 방향은 동쪽이다. 동쪽은 해가 뜨는 방향이다. 봄바람은 동쪽에서 불어오고 그래서 따뜻하다. 이 바람이 신맛을 낳고 신맛이 간을 낳는다. '봄-바람-동쪽-신맛-간(담)'――이렇게 하나의 계열이 탄생했다.

다음, 여름은 불이다. 불은 남쪽의 열기를 불러온다. 남대문을 기억하면 된다. 사대문 가운데 왜 하필 남대문이 불탔을까? 그것도 무자년(불의 해)에. 남쪽은 태양이 가장 뜨거운 곳이다. 그 치열함이 쓴맛을 낳고 쓴맛이 심장을 낳는다. 심장은 군주지관君主之官으로 모든 장기의 으뜸이다. '여름-화-남쪽-쓴맛-심(소장)'이 또 하나의 계열을 이룬다.

그리고 가을. 우주의 대혁명이 일어나는 시절이다. 여름, 그 무성했던 불꽃이 삽시간에 식어 버리고 대지에 찬서리가 내린다. 가을에도 바람이 분다. 봄바람은 변덕스럽고 요란하다. 하지만 가을바람은 땅을 획~ 휩쓸고 지나간다. 잎새를 떨구고 마침내 소멸케 하는 기운이기 때문이다(전설의 고향에 나오는 바람들처럼). 이 무서운 대변혁을 감당하기 위해선 매니저가 필요하다. 모든 것을 포용하고 흡수하는 대지의 역능이 발휘되는 시점. 그것이 곧 늦여름 혹은 환절기다. 이것은 달콤하다. 단맛이 낳은 장기가 비장이다. 비장은 대지의 전령사다. 모든 것을 흡수하고 소화시켜 필요한 곳에 공급해 준다. 섞고 나누고 전해 주고…… 그래서 몸통의 한가운데 중앙에 있다. 그야말로 내조의 여왕이자 헌신적인 매니저다. '토-중앙-단맛-비위'로 이어지는 이 매니저 덕분에 금화교역金火交易이 무사히 이뤄진다. 토를 환절기에 배치한 건 이런 연유에서다. 다시 가을로 돌아오면, 가을은 심판의 계절이다. 열매만 남기고 모든 것은 사라져야 한다. 서방정토라는 말이 환기하듯이 서쪽은 죽음과 소멸의 방향이다. 서방의 살기가 매운맛을 낳고 매운맛이 폐를 만든다. '가을-금-서쪽-매운맛-폐(대장)'

겨울은 열매조차 사그러든다. 땅속 깊숙이 씨앗만을 저장한 채 하늘과 땅은 굳게 닫혀 버린다. 안으로 안으로 더 이상 작아질 수 없을 때까지 응축하고 또 응축한다. 그 결정체가 생명의 근원인 물이다. 모든 생명체는 물에서 시작되었다. 물은 근원이자 모태고 최소단위다. 바닷물이 그렇듯, 물은 짜다. 이 짠맛이 신장을 낳는다. 적막과 고요의 시절. '겨울-수-북쪽-짠맛-신(방광)', 이것이 이 파노라마의 종결자다. 하지만 그 적막은 생명의 열정을 끌어안고 있다. 적막과 열정의 치열한 공존! 그것이 겨울이다.

오행 전체의 흐름을 다시 정리해 보면,

간(담), 바람(풍)이 전해 주는 봄의 교향곡
심(소장), 천지만물의 화려한 불꽃(화)놀이
비(위), 대지(토)의 전령사 혹은 매니저
폐(대장), 금화교역—우주의 대혁명
신(방광), 적막과 열정의 '겨울소나타'

이 정도면 대강 감이 잡힐 것이다. 물론 이 항목들을 그냥 외기만

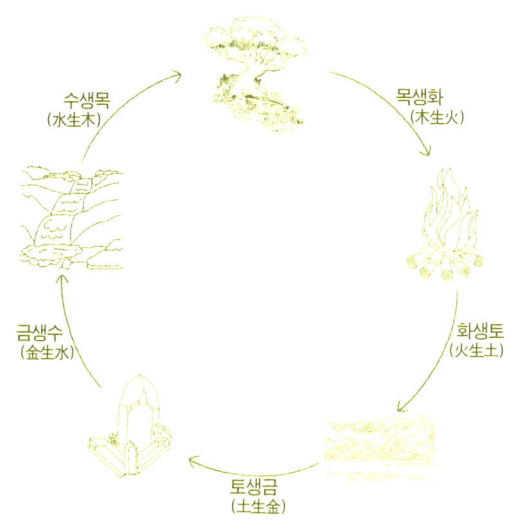

계절	기운	오행	방향	맛	장부	색
봄	풍	목	동	신맛	간	푸른색
여름	열	화	남	쓴맛	심	붉은색
환절기	습	토	중앙	단맛	비	노란색
가을	조	금	서	매운맛	폐	하얀색
겨울	한	수	북	짠맛	신	검은색

해서는 별 의미가 없다. 익히고 터득하고 즐길 수 있어야 한다. 그러기 위해선 가장 먼저 계절을 주시하라. 일 년이 열두 달이면 계절은 세 달씩 네 개의 마디로 이루어져 있다. 또 한 달은 두 개의 절기로 이루어져 있고, 그래서 모두 24절기다. 결국 한 절기는 보름씩이고, 이 보름은 다시 5일씩 나누어진다. 상당히 세밀하게 분화되는 셈이다. 물론 오행은 하루 중에도 고스란히 재현된다. 새벽 3시 30분부터 목기가

시작된다. 간이 활동을 시작하면 눈이 떠진다. 낮은 화기, 심장이 활발하게 움직이는 시간이다. 오후는 금기, 노을이 지는 모습을 보면서 무상함을 느끼는 건 폐의 기운이다. 밤에는 수기다. 몸의 활동들이 위축되면서 잠이 찾아온다. 토기는 모든 변화의 마디에 다 들어가 있다. 매니저이기 때문이다. 모든 수행공동체들이 밤 9시~10시에 잠들고 새벽 3시~4시에 일어나는 것으로 규칙을 삼는 건 이런 흐름을 타기 위해서다. 하루가 연출하는 오행의 리듬을 탈 때 신체와 의식이 가장 청정하게 움직일 거라고 본 것이다.

그런 점에서 현대인들의 일상은 저주받은 리듬이다. 문명이 발달할수록 밤이 사라진다. 도시의 불빛이 어둠을 삼켜 화려한 불야성을 연출하고 그 불꽃을 쫓아다니느라 사람들은 새벽까지 부산스럽다. 그러곤 동이 터오를 때 잠들기 시작한다. 오행적으로 보면 모든 기운이 응축해야 할 시점에 깨어서 움직이고 기운이 활발하게 움직일 때 늘어져 자는 셈이다. 밤낮을 바꾸면 에너지는 두 배, 세 배로 소모된다. 태양의 에너지를 하나도 쓰지 못하고 내 안에 있는 기운을 쥐어짜기 때문이다. 그뿐인가. 밤에 활동하는 경우, 그 내용이 결코 생기발랄한 것일 수가 없다. 형식이 내용도 규정하는 법, 점점 더 삶이 혼탁해질 수밖에 없다. 중독되거나 우울해지거나. 최소한 하루의 리듬에 대한 공통감각만 있어도 그런 식의 악순환에 빠지지는 않을 것이다.

복습 삼아 좀 다른 방식으로 익혀 보자. 시간은 공간의 또 다른 모습이다. 즉, 시간이 공간이고 공간이 곧 시간이다. 시간과 공간은 따로 있는 것이 아니라 하나로 중첩되어 있다. 예컨대, '지금'과 '여기'는 분리될 수 없다. 그리고 이 '지금, 여기'들이 무수히 이어져 우주적 시공간이 된다. 본디 시공간엔 이름도 주인도 없다. 다만 '생성소멸'하는 흐름만이 있을 뿐. 그 변화의 국면에 차서(질서와 순서)를 부여한 것이 달력이다.

한해의 시작은 설날이 아니라 입춘양력 2월 4일경부터다. 태양력과 태음력을 합친 절기력을 기준으로 하기 때문이다. 물론 입춘이 되어도 여전히 춥다. 하지만 하늘에선 서서히 바람이 용틀임을 하고, 그에 부응하여 깊은 땅속에선 씨앗들이 꿈틀거리기 시작한다. 더불어 사람들의 마음도. 한해에 대한 각종 비전들로 설레인다. 청춘남녀의 마음은 더 말할 것도 없다. 몸 안에선 간(담)이 활발하게 활동을 시작한다. 곧 나무(목)가 흙을 뚫고 나오는 것과 같은 이치다. 이것이 봄의 시공간성이다. 여름은 불의 시절이다. 심장이 뜨거워지기 시작한다. 불이 사방으로 흩어지듯 사람들의 마음 또한 불꽃처럼 허공을 향해 질주한다. 그 더위의 절정에서 문득 입추양력 8월 7일경가 된다. 가을은 심판과 결실의 계절이다. 여름날, 그 무성했던 모든 것들은 이제 땅에 떨어져야 한다. 그래야 열매를 맺을 수 있으므로. 이걸 주도하는 것이 폐기운이다. 그리고 겨울. 천지가 닫히면서 씨앗들은 무서운 속도로 응축한다. 생명의 심연에 대한 대성찰이 이루어지는 것이다. 신장의 수기운이 이 성찰을 주도한다. 이것이 우리의 시공간이 연출하는 1년의 리듬이다. 이 리듬은 항상적이되 동일하진 않다. 이미 언급했듯이, 지구는 탄생 이래 단 한 번도 같은 기후를 반복하지 않았다. 차이가 순환을 낳고 그 순환이 곧 생성의 원동력인 까닭이다. 그런 점에서 한해는 결코 짧지 않다. 사계절이 오고가는 동안 천지는 낳고 기르고 거두고 수렴하는 모든 과정을 다 해낸다.

하지만 현란한 스펙터클과 디지털 문명에 포위된 탓일까. 인간은 이 차이와 생성의 향연에 참여하는 법을 망각해 버렸다. 한마디로 '스텝이 꼬인' 것이다. 봄이 오면 발심을 하지만 그것이 저 생명의 밑바닥에서 올라오질 못한다. 그래서 대체로 허황하다. 이 뿌리 없는 목표들을 우리는 종종 '희망'이라고 부른다. 간(담)기운이 부질없이 뻗치거나 다른 것들과의 순환을 만들어 내지 못할 때 바로 이런 현상이 일어난다. 이 허망한 희망들은 여름을 견디지 못하고 폭염과 더불어 산산이 흩어져 버린다. 여름만 되면 심장의 기운이 항진하여 정신줄을 놓는 사람들이 많다. "덥다 더워, 올 여름은 왜 이렇게 찌는지 모르겠어"라는 말을 매년 똑같이 반복하면서.

여름을 이렇게 보내고 나면, 가을이 되어도 거둘 것이 없다. 남들은 추수에 바쁜데 홀로 텅 빈 가슴 부여잡고 정처 없이 떠돌 수밖에. 우울증이 발생하는 것도 이 지점이다. 그런 이들에게 겨울은 그저 춥고 스산할 따름이다. 해서, 겨울은 성찰이 아니라 봄을 기다리는 '과도기'가 되고 만다. 언제 봄이 오나? 이것만 기다리고 있는 것이다. 그 순간 특히 신장은 소외되고 만다. 신장의 기운이 성글어지면 열정과 끈기의 밀도는 점점 떨어지고 만다. 이러고 나면 한해는 늘 너무 짧다. 해가 바뀔 때면 늘상 시간은 화살처럼 빠르고 삶은 덧없노라는 한탄들이 반복된다. 차이는 생성을 낳지만 반복은 망상을 낳는다. 망상이란 한마디로 시간과 공간이 따로 노는 것을 뜻한다. 겨울엔 봄을 기다리고 봄엔 가을을 꿈꾸고, 여기에선 저곳을, 저기에선 또 다른 곳을…… 이런 '엇박'들 속에서 '지금, 여기'의 시공간성은 해체되어 버린다. 남는 것은 오직 부질없는 망상들의 쳇바퀴뿐. 이 '차이 없는 반복' 속에선 아무것도 생성되지 못한다. 인생도, 우주도.

그러므로 그 부질없는 쳇바퀴를 벗어나려면 무엇보다 '지금, 여기'라는 현장을 오롯이 주시할 일이다. "겨울에 여름을 그리워하지 않고 밤에 새벽을 기다리지 않는" 툰드라의 유목민들이 그러하듯.

상생과 상극, 그 어울림과 맞섬

목화토금수는 상생의 리듬이다. 상생이 있으면 상극이 있다. 상생은 좋고 상극은 나쁘다?는 느낌이 든다면 역시 은유의 덫에 걸려든 것이다. 상생만 있는 운동도 없지만 혹 있다고 해도 그것은 일방통행이 되기 십상이다. 상극은 이 흐름에 문턱을 부여함으로써 하나의 국면을 형성하게 해준다. 물이 흐르다가 장애물을 만나면 샘물을 이루고 웅덩이를 이루고 혹은 강을 이루듯이 말이다. 자연은 상생이고 문명은 상극이다, 는 관점도 부적합하다. 자연이야말로 상생과 상극의 아수라장이다. 세렝게티 초원에 '위대한 홍수'가 시작되면 뭇생명들이 모여들어 상생의 축제를 벌인다. 하지만 그들에게 축제란 먹고 먹히는 살육의 시간이기도 하다. 먹으면서 동시에 먹히는 아수라장! 이것이 자연의 현행現行이다. 고로 상생과 상극은 동시적이다. 상생이 있으려면 상극이 있어야 하고 상극이 있어야 또 상생이 가능하다. 목화토금수가 상생의 흐름이라면 수화금목토는 상극의 순서다. 먼저, 수극화—물은 불을 제압한다. 이건 쉽게 이해될 것이다. 다음, 화극금—불은 쇠를 녹인다. 용광로에서 쇠를 달구는 장면을 떠올리면 된다. 다음, 금극목—쇠는 나무를 극한다. 도끼가 나무를 치는 이치다. 목극토—목은 토를 극한다. 봄날 언 땅을 뚫고 나오는 새싹들을 연상하라. 마지막으로 토극수—토는 수를 극한다. 물의 흐름을 막는 것은 흙이다. 물을 가두어 놓은 저수지를 떠올리면 된다. 정리하면 이런 순서가 된다. 수극화-화극금-금극목-목극토-토극수. 목화토금수와 수화금목토. 둘을 잘 비교하면 상생과 상극이 교묘하게 맞물려 있음을 알 수 있다. 즉 내가 낳는 것이 나를 극하는 존재를 다시 극한다. 헉! 헷갈린다고?

예를 들어 보자. 수생목—물은 나무를 낳는다. 그런데 이 물을 극하는 건 흙(토)이다. 토극수. 그럼 토를 물의 원수라고 하자. 그런데 이 토를 극하는 게 바로 나무다(목극토). 곧 나의 자식이 나의 원수를 갚아 주는 격이다. 복수혈전^^ 수극화는 어떤가? 물은 불의 원수다. 원수를 갚아 주는 건 내 자식이라고 했다. 그럼 불의 자식은? 흙이다—화생토. 오호라, 이 토가 다시 수를 극한다. 토극수. 상생은 상생을 낳고, 복수는 또 복수를 낳는다. 나머지 오행도 다 마찬가지다. 요컨대, 상생이 있으면 상극이 있고 상극이 있으면 상생이 있다. 상생인가 싶으면 상극이고, 상극인가 싶으면 순식간에 상생으로 이어지고. 그래서 인생과 우주는 아이러니와 역설투성이인가 보다.

몸 안에서도 마찬가지다. 간심비폐신이 목화토금수라면 이들 사

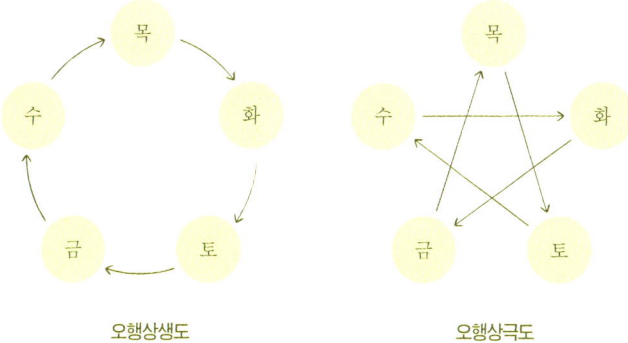

오행상생도 　　　　　오행상극도

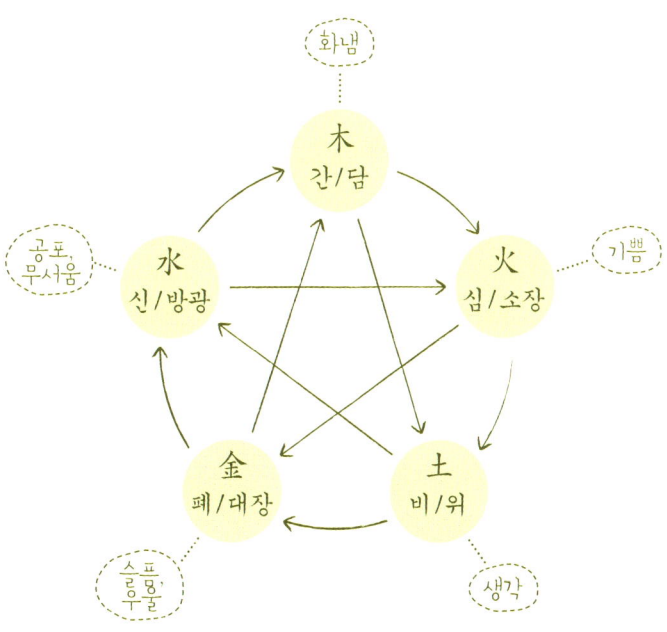

오행에 따른 오장육부 상생상극도

이에도 상생과 상극의 흐름은 끊임없이 일어난다. 먼저, 상생의 흐름을 보자. 간은 심장을 낳고 심장은 비장을, 비장은 폐를 낳는다. 또 폐는 신장으로 이어진다. 여기서 잠깐. 다다익선은 금물이다. 상생은 좋으니까 많을수록 좋겠지, 라는 악마의 속삭임이 들려올 수 있다. 천만의 말씀이다. 상생이 원활하다는 건 태과/불급에 빠지지 않는다는 뜻이다. 만약 지나치거나 모자라면 당연히 병에 걸린다. 즉, 간기운이 안 좋으면(태과하거나 불급하면) 그 잉여의 몫을 자식에 해당하는 심장에 떠넘기려 할 것이고, 심장이 활발하지 못하면 역시 자식격인 비위에다 부담을 전가한다(화기가 많은 사람은 많이 먹어도 살이 잘 찌지 않는다. 소화를 활발하게 시켜 주기 때문이다. 반면, 화기가 부족한 사람은 똑같이 먹어도 살이 잘 찐다. 연소하기보다 저장하려는 속성이 강해서다). 같은 이치로, 비위가 나쁘면 자식인 폐에 영향을 줄 것이고, 폐기운이 신통치 않으면 역시 그 자식인 신장의 물도 정체될 것이다. 예컨대 화기운이 충만한 사람의 경우, 화생토의 원리에 따라 늘 위에 열이 잠복하게 된다. 잘 먹고 잘 소화시키지만 피로가 누적되면 위열이 작동하면서 마구 토한다. 이것이 상생이 지나칠 때의 한 증상이다. 사주명리학에서도 나를 낳아 주는 상생의 기운이 많으면 좋을 것 같지만 천만의 말씀이다. 기껏해야 마마보이 아니면 파파걸이 되기 십상이다.(자수성가나 '미친 존재감'은 상극의 원리를 체득할 때 비로소 가능하다.)

상극의 원리 또한 마찬가지다. 간은 비위를 극한다. 비위는 신장을, 신장은 심장을, 심장은 폐를, 폐는 간을 극한다. 돌고 돌아 원점으로 귀환한다. 여기서도 마찬가지로 태과불급이 없어야 한다. 상극 자체는 반드시 필요한 흐름이다. 간이 비를 극해 주지 못하면 비가 제대로 운화작용을 할 수 없다. 비위가 신장을 제어하는 것도 마찬가지다. 문제는 지나치거나 모자라는 것이다. 제어하고 붙들어 주어야 하는데 그 역할을 과도하게 하면 상대가 찌그러들 것이고, 대충 하면 만만하게 볼 것이다. (남대문이 탈 때, 소방차가 아무리 물을 뿜어 대도 불을 제어할 수 없었다. 수극화, 곧 물이 불을 극한다는 원리가 통하지 않았다. 오히려 불길이 물을 압도해 버렸다. 이런 경우를 일러 화모수[불이 물을 깔본다]라고 한다. 일종의 우주적 '하극상' 혹은 쿠테타가 일어난 것이다.)

상생과 상극. 이걸 합쳐서 생극이라고 한다. 이 생극의 흐름에 따라 다양한 변이가 일어난다. 예컨대 간의 대표적 질환이 간기울결이다. 이 병에 걸리면 소화가 잘 안 된다. 간기가 비위를 극하기 때문이다. 목극토를 한 것이다. 이때 주로 옆구리 통증을 호소하는데, 간경맥이 옆구리로 이어지기 때문이다. 간이 비위를 치면 비위는 또 만만한 신장에다 고통을 전가한다. 토극수를 하는 것이다. 그래서 신장이 위축되면 심장에 물을 공급하지 않는다. 심장의 불은 물이 공급되어야 정미롭게 타오를 수 있다. 만약 신장이 물 공급을 중단해 버리면 불은 제멋대로 타버린다. 열이 위로 뻗치고 정신줄을 놓기도 하는 것은 바로 이 때문이다. 문제를 일으킨 건 심장인데, 알고 보면 신장이 키를 쥐고 있다. 또 심장이 약한 사람은 폐가 약한 경우가 많다. 심장이 폐에다 전가해 버린 탓이다. 화극금을 한 것이다. 그러면 폐는 또 다시 간에도 화풀이를 한다. 금극목이다. 병이 상생으로 이어지면 고치기 쉽지만, 상극으로 이어지면 고치기 어렵다고 한다. 이어지는 장기들이 받는 부하가 더 크기 때문일 것이다.

하지만 거꾸로 이 상극의 흐름을 역이용해서 병을 고치기도 한다. 예컨대 소화가 안 될 경우, 비위를 직접 치료하는 것이 아니라, 비위를 괴롭히고 있는 간담을 손보는 것이다. 누구든 자존감이 있으면 절대 타자들에게 폭력을 행사하지 않는다. 장기들 역시 마찬가지다. 불만족스럽다는 건 태과와 불급에 빠진 것이다. 이 태과와 불급을 해소시켜 주면 순환이 이루어진다. 만만한 상대한테 전가하는 짓 따위를 안 한다는 뜻이다. 그래서 간을 잘 달래 주면 비위를 괴롭히지 않을 테고, 또 비위가 원활해지면 신장을 괴롭히는 짓을 하지 않게 될 것이다. 몸이 좋지 않으면 여러 병증이 동시에 일어나는데, 그것들은 다 이렇게 상생상극으로 얽히고설켜 있다. 따라서 맥점을 어떻게 잡느냐에 따라 '치유의 서사'가 아주 달라진다. 그래서 한의학의 치료는 마치 장인의 기예나 바둑의 고수들이 몇 수 앞을 보듯이 입체적으로 진행된다.

어떤 부인이 생각이 많아서 2년 동안 잠을 자지 못하였다. 대인이, "양 손의 맥이 모두 완緩한 것은 비가 사기를 받은 것이다. 비는 생각을 주관하기 때문에 그렇게 된 것이다"라 하고, 부인을 성나게 하여 자극을 주기로 남편과 의논하였다. 재물을 많이 받고 며칠 동안 술을 마신 후 1개의 처방도 내지 않고 가버렸다. 그 부인이 매우 화를 내어 땀을 흘리고는 그날 밤 곤히 잠들어 이 상태로 8~9일 동안 깨어나지 않았다. 이때부터 음식을 먹으면서 맥이 화평해졌다. 이것은 담이 허하여 생각을 주관하는 비를 조절하지 못해 잠들지 못한 것이다. 성나게 하여 자극을 주니 담이 다시 비를 조절할 수 있게 되어 잠들게 된 것이다.「내경편」, '몽', 157쪽

이것이 바로 상극(구체적으론 목극토)을 이용한 치법이다. 이 여인의 병증은 일단 불면증이다. 간이 장혈을 못하고 있으니 간이 문제다. 그런데 맥을 짚어 보니 비에 문제가 있다. 간담이 비위를 쳐서 소화도 되지 않고 잠도 못 자는 증세가 나타난 것이다. 부인에게 화를 내게 하는 건 간의 목기를 이용해 비위의 사기를 흩어 버리기 위함이다. 일종의 사기극을 벌여 부인이 노발대발하게 했더니 잠이 들었다. 간기가 솟구쳐 비위의 부질없는 생각들을 흩어 버린 것이다. 잠과 음식이 동시에 해결되었다. 치료 끝!

이런 식의 서사적 치법이 가능한 것은 병을 관계의 표현으로 보기 때문이다. 특정 장기의 국소적 병인을 제거하는 것이 아니라, 그 병증과 연관된 계열들을 찾아내고 그 계열 전체를 원활하게 돌아가도록 하는 것, 그것이 치유의 원칙이다. 그러기 위해선 상생과 상극, 그 어울림과 맞섬의 원리를 명쾌하게 꿰뚫어야 한다.

'수승화강' vs '음허화동'

원리를 알면 반드시 응용이 필요하다. 원리와 현장 사이의 관계가 곧 나의 '앎'이다. 하여, 앎은 늘 현장에서 새롭게 구성된다. 오장육부가

음양오행이자 사계이며 상생이자 상극이라고 했다. 이 개념들을 가로지르는 키워드는 흐름과 운동성이다. 따라서 어느 부분을 '절단, 채취'하느냐에 따라 동일한 양상도 전혀 다른 것이 되어 버린다. 그렇다고 그 변이가 '랜덤'한 것은 아니다. 즉, 이 역동적 흐름을 주도하는 핵심적인 테제가 하나 있으니, 그것이 바로 '수승화강'水昇火降이다.

심장 : 아직 피지 않은 연꽃과 같고 가운데에 9개의 구멍이 있다. 천진의 기운을 끌어당기며 신神의 집이다. …… 심장에는 7개의 구멍과 3개의 털이 있다. 7개의 구멍은 북두칠성에 대응되고 3개의 털은 삼태성에 대응된다. 그러므로 마음이 지극히 진실하면 하늘이 응하지 않는 바가 없다. // 심장은 폐 아래, 간 위에 있다. …… 오장에 병이 있으면 먼저 심을 침범한다. 심계는 위로 폐에 이어지고, 따로 갈라진 가지는 폐의 양쪽 잎의 가운데에서 뒤쪽으로 척추를 통하여 신으로 가고, 신으로부터 방광으로 가서 방광막의 낙맥과 함께 소변이 나오는 곳으로 간다. 「내경편」, '심장', 241쪽

신장 : 신장은 2개가 있다. 그 모양은 팥과 같은데 서로 마주보고 굽은 채로 등의 근육에 붙어 있다. …… 정을 간직하는 일을 주관한다. …… 왼쪽은 수水에 속하고 오른쪽은 화火에 속한다. 남자는 좌신을 위주로 하고 여자는 우신을 위주로 한다. // 왼쪽은 신장이고 오른쪽은 명문이다. 명문이라는 것은 정신이 머물러 있는 곳이고 원기와 관련된 곳이다. 남자는 여기에 정을 간직하고, 여자는 이곳이 포胞로 이어져 있다. 「내경편」, '신장', 261쪽

『동의보감』 속 오장의 그림

간에는 2개의 퍼진 잎과 1개의 작은 잎이 있고, 초목의 싹이 트는 모양과 같다. 각각의 잎에는 낙맥의 줄기가 가운데 있어서 화평한 양의 기운을 퍼뜨린다. 「내경편」, '간장', 234쪽

심장의 형태는 아직 피지 않은 연꽃과 같고 가운데에 9개의 구멍이 있다. 천진(天眞)의 기운을 끌어당기며 신(神)의 집이다. 「내경편」, '심장', 241쪽

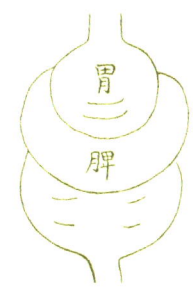

비의 형상은 말발굽 같고, 안쪽으로 위완을 감싸고 있다. 이것은 토를 본뜬 형태이다. 의(意)가 머무는 곳이다. 「내경편」, '비장', 248쪽

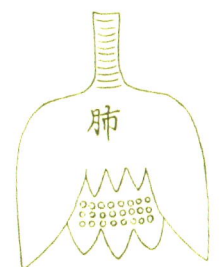

폐의 형태는 사람의 어깨와 비슷하다. 2개의 퍼진 잎과 여러 개의 작은 잎이 있으며, 가운데에 24개의 구멍이 늘어서서 여러 장기의 청탁의 기를 나누어 퍼뜨린다. 「내경편」, '폐장', 255쪽

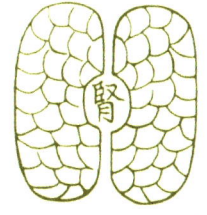

신장은 2개가 있다. 그 모양은 팥과 같은데 서로 마주보고 굽은 채로 등의 근육에 붙어 있다. 겉은 기름으로 싸여 있고, 속은 희고 겉은 검다. 정(精)을 간직하는 일을 주관한다. 「내경편」, '신장', 261쪽

오장육부 가운데 가장 핵심적인 축은 심장과 신장이다. 심장은 가슴 한가운데 폐 바로 밑에 있고, 신장은 등쪽에 두 개가 있다. 심장은 '군주지관'이다. 오장육부를 다 거느리고 주관한다는 뜻이다. 뿐만 아니라 외부, 곧 우주와 소통하는 관제탑이기도 하다. 그래서 통로가 많아야 한다. 앞에서도 잠깐 나왔다시피, 7개 정도의 레이다가 있으면 그야말로 제갈공명처럼 방안에 앉아서도 천하를 꿰뚫을 수 있다.

이 심장과 맞짱을 뜰 수 있는 장부가 바로 신장이다. 신장은 정을 저장하는 곳, '물의 나라'다. 물은 생명의 원천이자 지혜의 근원이다. 아이디어가 속출하려면 가장 먼저 신장에 물이 넉넉하고 또 잘 돌아야 한다(서양신화에서도 물의 신은 지혜를 상징한다). 이 정이 척추를 타고 올라가서 뇌를 이룬다. "뇌에서 꼬리뼈까지는 위아래로 정수가 오르내리는 길이다."「외형편」, '머리'(頭), 444쪽 신장이 곧 뇌의 원천인 셈이다. 신장이 나쁘면 정력이 떨어질 뿐 아니라, 허리가 시원치 않고, 더 나아가 뇌가 활발하게 작용하지 못한다. 그럴 때 발생하는 증상이 건망증이나 치매, 우울증 등이다. 그뿐 아니다. 맹인상법 이야기에서도 나왔듯이 신장은 골수, 곧 뼈를 주관한다. 특히 오복의 하나로 간주되는 치아도 역시 신장과 관련되어 있다. "치아는 뼈의 여분으로 신이 길러 준다. …… 신이 쇠하면 치아 사이가 벌어지고 정이 왕성하면 치아가 든든해지며, 허열이 있으면 치아가 흔들린다."「외형편」, '치아', 596쪽 양생술의 기초인 고치법은 치아를 튼튼하게 하는 것이면서 동시에 신장의 기운을 북돋우기 위함이다. 신장은 두 개인데, 위에서 보듯이 좌신左腎과 우명문右命門이 그것이다. 이 명문을 둘러싼 의학자들의 논쟁은 참으로 연원이 깊다. 명문은 '상화相火'다. 이 명문화의 위치가 논쟁의 핵심이다. 좌신과 우신 '사이'에 있다 혹은 우신에 있다, 아니다, 양신 모두에 있다. 등등 논쟁은 계속되고 있지만 우신을 명문으로 보는 설이 가장 일반적이다. 그래서 흔히 '좌신, 우명문'이라고 부른다.

그럼, 명문의 화가 왜 중요한가? 신장의 기운이 잘 돌려면 물이 풍부해야 하고 그 물을 돌리는 불기운이 있어야 한다. 신장을 괘상으로 표현하면 '중수감'괘가 되는데, 감괘는 두 음효 사이에 양효가 있다(☵). 겉은 음이지만 속은 양이라는 뜻이다. 이게 물의 속성이다. 반대로, 심장은 군화이고, 이 불로 사지말단까지 혈액을 보낸다. 그런데 이 불은 물이라는 연료가 받쳐 줘야 정미롭게 탄다. 심장을 나타내는 괘는 '중화리'괘인데, 리괘는 두 양효 사이에 음효가 있다(☲). 겉은 양이지만 속은 음이라는 뜻이다. 만약 음이 충분히 받쳐 주지 않으면 불이 제멋대로 타올라서 곳곳에서 사고를 일으키게 된다. 심한 경우, 몸이 한쪽은 뜨겁고 한쪽은 차가워지기도 한다. 물은 안에 불을 품고 있고, 불은 속에 물을 품고 있다. 이처럼 모든 존재는 자신과 대립되는 것을 끌어안고 있어야 한다. 그래서 극한 상황에 이르면 자신과 완전히 반대되는 힘으로 전화하기도 한다. 이런 관계를 일러 '대대待對의 원리'라고 한다. 이분법적 대립이나 적대성과는 아주 다른 관계다.

이쯤 되면 '수승화강'이라는 테제가 왜 등장했는지 대강 짐작이 갈 것이다. 물은 본디 내려가고 불은 위로 올라가는 것이 자연스럽다. 하지만 우리 몸에선 그 반대의 운동이 일어나야 한다. 우리의 몸 자체가 상극의 산물이기 때문이다. 즉, 신장의 물은 위로 올라가서 연료가 되어 주고, 심장의 불은 그 연료들을 데리고 아래로 내려와야 한다. 이것만 잘 이루어져도 심신은 기본적으로 태평하다. 반대로 이 수승화강에 문제가 생긴다면? 그때 발생하는 것이 '음허화동'陰虛火動이다. 풀어쓰면 음이 비어서 화가 동한다는 뜻. 음이 신장의 수에 해당한다면 화는 심장의 불이다. 그러니까 신장의 음이 약해서 올라가질 못하면 심장의 불이 제멋대로 망동한다는 뜻이다. 현대인들한테 가장 많은 증상이기도 하다. 요즘 사람들, 특히 10대·20대는 대체로 하체가 약하다. 하체를 쓸 일이 거의 없기 때문이다. 미적으로도 허벅지가 얇은 8등신이 기준이 되다 보니 더욱 하체빈곤이 심각하다. 자연스럽게 신장이 약할 수밖에 없다. 그 결과 불은 상체로 치성한다. 얼굴이 뜨거워지고 머리가 달아오르면서 망상 속을 헤매게 된다. 여성들의 경우 감정조절이 안 되어서 툭하면 눈물을 흘리거나 피해망상에 시달리고, 남성들의 경우 성욕이 대책없이 항진되어 뜻하지 않은 '사고'를 치기도 한다. 유정이나 몽설, 허리통증 등이 대표적 증상에 속한다. 심하면 강박증이나 분열증으로 이어지기도 한다. 다른 한편 물이 올라가지 못해서 아래로 고이는 것도 문제다. 고인 물은 어떻게 되는가? 썩는다! 몸에서도 마찬가지다. 무릎관절에 습이 적체되면서 관절염이나 부종, 자궁질환 등에 시달릴 수 있다. 남성들이 주로 화기가 치성한 쪽이라면, 여성들의 경우는 수기가 적체되는 쪽이 더 일반적이다.

  만병의 근원인 스트레스 역시 따지고 보면 수승화강이 안 되는 데서 일어난다. 상하가 따로 놀다 보니 머리엔 망상이 그치질 않고, 하체는 한없이 늘어진다. 그래서 또 아주 사소한 일에도 스트레스를 받는다. 스트레스가 음허화동을 낳고 음허화동이 스트레스를 키우는 격이다. 아래 처방에 나오는 증상도 그런 경우다.

> 교감단交感丹: 여러 가지 기의 울체를 치료한다. 모든 공사公私의 일로 답답해하고 명리가 뜻대로 되지 않아 억울해하고 번뇌하면, 칠정에 상하여 음식 생각이 없고 얼굴이 누렇게 되며 몸이 여위며, 가슴이 막히고 답답한 여러 가지 증상 등에 신효가 있다. 수화를 잘 오르내리게 한다. 「내경편」, '기', 77쪽

'교감단'이라는 약이름이 아주 재미있다. 이 이름이 말하는 바, 수승화강이 안 된다는 건 물과 불이 이어지는 교량이 끊어졌다는 뜻이다. 그러면 물은 물대로, 불은 불대로 각자의 근성을 제멋대로 발휘한다. 상극의 원리가 작동되지 못할 때 일어나는 비극이다. 이로써 유추컨대, 나의 본질을 구현해 주는 것은 나를 제어하는 상극의 힘이라는 것, 참으로 의미심장하지 않은가. 이 궤도에서 이탈할 때 음허화동이 일어난다. 음허화동에서 수승화강으로! —— 양생의 대원칙은 이렇게 규정될 수 있다.

방법은 비교적 간단하다. 일단 하체를 많이 쓰면 된다. 제기차기, 자전거타기, 달리기, 108배 등등. 제일 좋은 건 '걷기'다. 걸음아, 날 살려라!는 말이 이 경우엔 참으로 적실하다. 규칙적으로 등산을 하는 것도 좋고, 아니면 일상 속에서 틈나는 대로 주변 공간을 걷는 것도 좋다. 굳이 돈 들여서 헬스클럽을 다닐 필요가 없다는 뜻이다.(걸으면 돈

이 와요!^^) 일상과 결부된 운동은 무시하고 꼭 특별한 코스를 밟아야만 건강해질 거라는 믿음, 그것도 자본과 상품이 조장하는 일종의 음허화동이다. 수승화강이 안 되면 생각의 회로 역시 고착되어 버린다. 삶을 운용하기보다 하나에 꽂혀 중독증으로 치닫게 마련이다.

덧붙이면, 선비들의 양생술이었던 고치법 역시 이 수승화강을 이루기 위함이었다.

"입에서는 은교와 승장, 항문에서는 장강과 회음 때문에 독맥과 임맥이 단절되어 있는 것이다. 그러므로 딱딱딱 이빨 부딪치기는 입에서 끊긴 은교와 승장을 연결하고, 움찔움찔 항문 조이기는 항문에서 끊긴 승장과 회음을 연결하는 것이다." "하늘과 땅의 기운을 조화시키는 도인 운동이다. …… 독맥을 따라 물이 오르고 임맥을 따라 불이 내리면서 입에 침이 고이고 아랫배가 따뜻해질 때 한의학에서 추구하는 최상의 건강 상태인 수승화강이 이루어진다."_손영기, 『별난 한의사 손영기의 먹지마 건강법』 246쪽

'칠정'(七情)의 파노라마

"심장이 터질 거 같아!"
"이 안에 너 있다!"
멜로드라마에 단골로 나오는 대사들이다. 이 말에 주석을 붙이면 너를 사랑하는 마음이 심장에 있다는 것이다. 맞는 말이다. 실제로 누군

가를 좋아하면 심장이 두근거리고 가슴이 뻐근해진다. 갈등이 생겨 결별이 선언되면 등골이 서늘해진다. 그렇게 느껴지는 것이 아니라, 실제로 그렇다. 감정 역시 생리의 발현이기 때문이다. 누군가 '수가 만물의 근원'이라는 것을 증명할 수 있느냐고 물었다. "사람의 몸에서 증명할 수 있다. 탐욕스런 마음이 움직이면 침이 나오고, 슬퍼하는 마음이 움직이면 눈물이 나오며, 부끄러운 마음이 움직이면 땀이 나오고, 욕망이 움직이면 정이 나온다. 마음이 고요히 움직이지 않을 때가 태극이다. 이처럼 마음이 움직이면 태극이 움직여서 양이 생겨나고, 마음이 한 번 움직이면 수水가 생겨난다."「내경편」, '진액', 192쪽 침, 눈물, 땀, 정은 모두 수액대사에 해당한다. 현대의학적으로 말하면 호르몬 분비가 여기에 해당할 것이다. 그런데 이 수액대사를 움직이는 건 감정이다. 감정이 조절되지 않으면 신진대사가 교란되어 버린다. 감정은 마음의 중요한 작용이긴 하지만 전부는 아니다. 의식, 무의식, 혼백, 기타 많은 것들이 마음의 영역을 구성한다.

그렇다면 마음은 어디에 있는가? 이 테마는 인류 지성사의 오랜 숙제였다. 근대 임상의학 이전에는 심주설과 뇌주설이 공존했다. 심장이 정신활동의 군주라는 것이 심주설이고, 삼관의 절정인 뇌수해가 더 핵심이라는 도교적 입장이 뇌주설이다. 하지만 병리학의 발달 이후 정신작용의 모든 것은 뇌에서 이루어진다고 보게 되었다. 이때의 뇌는 '기의 바다'가 아니라 뉴런들의 다발이다. 뇌과학의 진보와 더불어 뇌의 특권적 지위는 한층 드높아졌다. 하지만 『동의보감』은 뇌에다 특권성을 부여하지 않는다. 가장 중요한 기관은 오장육부고 정신의 움직임 역시 이 기관들을 중심으로 이루어진다. 뇌는 이 장부에서 보내는 기운을 받아서 정보를 처리하는 기관에 해당한다.

정기신을 다룰 때 심장이 '칠신'을 주관하는 점에 대하여 서술한 바 있다. 그때 신은 혼백과 의지, 지와 정 등 상당히 복합적 층위를 지닌 것이었다. 칠정七情, 기쁨·노여움·근심·생각·슬픔·놀람·두려움은 그에 비하면 좀더 구체적이고 일상적인 심리작용에 해당한다. '칠신'이 각 장부에 배속된 것처럼 칠정 역시 그러하다. 심장은 군주지관이라 당연히 칠정 전반의 흐름을 조율한다. 모든 감정은 심장과 연결되어 있다고 보면 된다. 그 기반 위에서 각 장부들의 전문영역이 나누어진다.

간은 분노를 주관한다. 열받아서 화가 치받칠 때 주로 쓰는 기운은 간의 기운이다. 간의 기운이 센 사람은 화를 내면 카리스마가 넘친다. 그렇지 못한 사람이 화를 내면 악을 쓴다는 느낌이 들어서 스타일 완전 구기고 만다. 반대로 간기가 약한 사람은 화를 잘 내질 못한다.(착해서가 아니라는 뜻.^^ 그래서 부질없이 착하게 살면 간기울결에 걸리기 십상이다.) 간과 분노의 감정이 결합되는 건 자연의 이치다. 봄에 새싹이 대지를 뚫고 나오는 그 속성이 감정에선 분노의 기운인 것.

다음으로 심장은 기쁨을 주관한다. 아, 물론 군주지관이니 전체 감정을 다 통어하지만 세부전공은 기쁨이다. 여름의 '화'기운이 바로 그것이다. 심장이 발달한 사람은 잘 웃는다. 얼굴도 다소 스마일형이다. 기쁨은 물론 좋은 정서다. 하지만 이미 언급했듯이, 기쁨도 지나치면 역시 병이 된다. 그래서 심장마비로 사망하는 경우, 나쁜 일로 인한 충격 때문이 아니라 지나치게 좋은 일이 갑작스럽게 일어났을 때가 더 많다. '좋아 죽는다'는 말이 이런 것인지도 모르겠다.

세번째 비위는? 비위는 사思, 곧 생각이다. 생각도 감정의 하나다. 비위가 활발하면 좋은 아이디어가 많이 떠오르고 친화력도 좋지만 그렇지 못할 경우 생각이 많아서(잡탕으로 뒤섞이는 것) 소화불량에 시달리게 된다. 생각이 많은 것이 왜 능력이 아니고 병증인가? 이때 생각은 사고력을 의미하는 것이 아니다. 부질없는 눈치와 견제, 자의식과 인정욕망 등을 의미한다. 이런 식의 잡념에 사로잡히게 되면 비위의 기능이 떨어지면서 소화불량에 관계불량까지 겪게 된다. 현대인들한테 신경성 위염이 많은 건 이 때문이다. 과도한 서비스 정신, 콤플렉스의 과잉, 참을 수 없는 존재의 얄팍함 등등으로. 앞에서 짚었다시피 과도하게 노래를 부르는 것, 노래를 부르다가 통곡을 하는 것도 비위에 문제가 있는 것이다.

슬픔悲/憂을 주관하는 건 폐다. 폐는 가을의 기운이고 가을이 되면 만물이 다 떨어진다. 이 하강하는 기운이 슬픔의 감정이다. 눈물이 아래로 흐르는 것, 큰 슬픔을 만났을 때 털썩 주저앉는 것, 저절로 어깨가 축 처지는 것, 모두가 가을 금기의 하강 기운이다. 낙엽이 질 때 우수에 잠기는 건 지극히 자연스럽다. 폐는 외부와 마주치는 관문이기 때문에 감수성과도 깊은 연관성이 있다. 슬픔을 느낄 수 있는 것, 타인의 고통에 공명하는 것도 일종의 능력이다. 이것이 모자라면 일단 패기가 없을 뿐 아니라 타인에 대한 호기심도, 감응력도 동시에 다 떨어진다. 혹은 반대로 툭하면 우는 사람이 있다. 이건 감수성이 아니라 일종의 피해망상이다. 늘 시선이 외부를 향해 있기 때문에 약간의 자극에도 눈물이 줄줄 흐르는 것이다. 폐와 대장은 부부지간이니 슬픔에 민감한 이들은 자칫 과민성 대장증세에 시달릴 수 있다. '대변' 부분에서 언급했듯이 요즘 의학자들은 장을 가리켜 제2의 뇌라고 말한다. "장의 '미세 융모'와 뇌의 '신경세포'를 동격으로" 볼 수 있기 때문이다. 손영기, 『별난 한의사 손영기의 먹지마 건강법』 175쪽

한편, 폐결핵은 퇴폐적 낭만주의를 대변하는 병이자 근대문학사를 주도한 질병이다. 우리나라의 경우도 20세기 초 근대문학에는 폐결핵이 단골소재로 등장했다. 이때 폐병이란 순수한 사랑으로 인한 불행의 상징이었다. 그 불행이 세속적인 삶과 자신을 구별해 주는 고결한 표지라 여겼던 것이다. 이것이 바로 수전 손택의 『은유로서의 질병』이다. 병과 은유의 관계에 대해 좀더 덧붙이면 폐결핵의 백신이 발견되면서 '폐병 낭만주의'는 종말을 고하게 되었다. 그러자 바야흐로 암의 시대가 도래하였다. 암은 폐병과는 이미지가 영 다르다. 자기증식하는 세포라는 것도 그렇지만 모든 장기에서 다 발생하기 때문에 폐병과 낭만주의처럼 '은유적 찰떡궁합'은 불가능하다. 하지만 그렇다고 은유가 아주 사라진 것은 아니다. 암도 어느 부위에서 발병하느냐에 따라 이미지가 영 달라진다. 예컨대 멜로드라마에선 상초의 장기에 있는 병, 예컨대, 백혈병이나 폐암 등을 좀더 선호하는 편이다. 상초에 있어야 좀더 멋지고 우아하게 보이기 때문이다. 그에 반해, 하초에 있는 질병들, 대장암이나 췌장암, 전립선암 등은 상대적으로 폄하된다. 왠지 지저분하고 촌스러운 느낌이 들어서다. 몸의 상중하에도 계급이 있고, 병에도 역시 품격이 있다. 쳇, 멜로의 주인공들은 왜

치질이나 당뇨 같은 걸 앓으면 안 된단 말인가? 아니 거꾸로 그런 질병을 앓으면 낭만적 연애는 불가능하다는 뜻인가? 아무튼 이런 식으로 병의 은유는 계속될 전망이다. 암의 시대가 끝난다 해도 역시 마찬가지다. 대신 더 참신하고 끔찍한 병이 도래할 것이고, 동시에 그 병을 둘러싼 은유의 장막 역시 두터워질 것이다.

마지막으로 신장의 수기운은 공포恐/驚를 주관한다. 신장은 겨울의 기운이고, 겨울은 극도의 응축력이다. 사람이 공포에 질릴 때 신장의 기운을 쓰게 된다. 생명을 지키기 위한 최후의 보루인 셈이다. 임상의학적으로도 우신에는 성호르몬이, 좌신에는 극단적 상황에서 헐크 같은 힘을 발휘할 수 있는 아드레날린이 저장되어 있다. 신장이 약하면 작은 두려움에도 중심을 잃게 된다. 현대인을 지배하는 정체 모를 불안의 정서 역시 신장기운의 저하와 깊은 연관이 있다. 거꾸로 신장이 튼실하면 인생에 대한 성찰적 능력이 커지게 된다. 그것이 심장의 '신'으로 이어지면 그게 바로 심신 혹은 정신의 축이다 ── 유형과 무형 사이의 능동적 교섭! 그리고 그것이 곧 존재의 무게중심이다.

오장육부와 칠정이 내재적 평면을 이룬다면 의사는 마땅히 생리와 심리의 교차지점을 정확히 포착해야 한다. 「외형편」 '배腹'문에 이런 사례가 나온다.

한 남자가 어깻죽지 밑에서 한 줄기 통증이 일어나 어깨로 올라가 가슴과 옆구리까지 아파서 통증이 밤낮으로 멎지 않았다. 맥을 짚어 보니 현삭하였는데, 더 누르자 대맥이 나타났으며 좌측이 우측보다 크게 뛰었다. 견갑골에는 소장경이 지나고 흉협에는 담경이 지난다. 이번 경우는 틀림없이 생각을 많이 하여 심을 상하였는데 심장은 병들지 않고 소장이 먼저 병들어 통증이 견갑골에서 일어난 것이고, 생각만 하고 결단을 하지 못해 담에 영향을 미쳐 그 통증이 가슴과 옆구리까지 이른 것이라 생각되었다. 이것은 소장의 화가 담목을 누른 것이다. 자子가 모母를 누른 격이라 실사實邪이다. 환자에게 물어봤더니 과연 생각하던 일을 이루지 못하여 병이 생긴 것이었다.「외형편」,'배', 645쪽

마치 탐정이 추리를 하듯, 신체 곳곳에 숨어 있는 정서와 의식의 기호들을 낱낱이 짚어 내고 있다. 그걸 읽어 내는 의사도 대단하지만, 몸이 그 모든 것을 표현하고 있다는 사실도 새삼 놀랍다. '흉'胸문에 나오는 또 하나의 사례. 한 사람이 아버지가 적에게 피살되었다는 소식을 듣고 크게 슬퍼하며 통곡하였다. 울음이 그치자 심통心痛이 생긴 것을 알게 되었다. 백약이 무효로 날이 갈수록 심해지자 "대인이 무당을 불러 헛소리를 섞어 환자를 웃기게 하였더니 환자가 웃음을 참지 못하고 며칠 동안 벽을 바라보고 나서 가슴에 있던 덩어리가 모두 사라졌다."「외형편」,'배', 659쪽 슬퍼하면 기가 뭉치고 기뻐하면 기가 흩어진다는 원리를 활용한 것이다. 무당이 오늘날로 치면 개그맨 역할을 한 셈이다. 이것이 바로 '의사는 연출가요, 임상은 리얼 예능'인 장면이다.

자, 그럼 복습삼아 칠정이 가장 활발하게 요동치는 사랑에 대해 알아보자. 누군가를 좋아하게 되면 감정이 끓어오르기 시작한다. 당연히 오장육부에 신호가 와야 한다. 그냥 필이 꽂혀서는 곤란하다. 필

이 꽂히는 건 뇌파가 움직이는 건데 이건 음허화동으로 인한 허열일 가능성이 높다. 아찔하거나 숨이 막히는 사랑은 심화가 치성하다는 뜻이다. 그래서 첫눈에 확! 꽂히는 사랑일수록 치명적이다. 이 경우, 다른 장기들에 있는 다른 감정들을 블랙홀처럼 흡수해 버릴 위험성이 높다. 심장이 두근반 네근반 하는 건 그보다 좀 나은 경우다. 그것은 기쁨의 표현이고, 상대적으로 태과불급에 덜 빠진 상태라 할 수 있다. 그런데 그 불꽃이 지속되려면 신장에서 물이 안정적으로 공급되어야 한다. 만약 신장이 약하면 불안증세가 늘 따라다닐 테니 사랑의 기쁨을 만끽하기가 어려워진다. 상사병으로 드러눕거나 눈동자에 얼이 빠진 상태가 이런 경우일 터. 기쁨이 자연스런 흐름을 타면 몸 전체에 생기를 전해 줄 것이다. 심장이 칠정 전체를 주관하기 때문에 다른 감정들한테도 자신의 기쁨을 분사해 주기 때문이다.

그런데 만약 이때 신장이 흔들리면 간 역시 동요하기 마련. 그 결과 짜증과 화가 폭발하게 된다. 연애할 때면 늘 가족이나 친지들에게 히스테리를 부리는 경우가 이런 케이스다. 이 과정이 심화되면 결국 음허화동이 된다. 연애만 시작되면 두통이나 소화불량, 몸살 등을 주기적으로 앓는 사람이 있는데, 이것은 감정의 기복이 심해서 장기들의 순환에 문제가 생겼기 때문이다.

갑자기 기뻐하면 심이 흔들려 혈을 만들지 못한다. 갑자기 성내면 간이 상하여 혈을 간직하지 못한다. 근심이 쌓이면 폐가 상하고, 생각을 많이 하면 비가 상하며, 뜻대로 되지 않으면 신이 상하는데, 이것은 모두 혈을 움직인다. …… 갑자기 기뻐하여 심을 상하면 기가 늘어져 심장이 피를 내보내지 못해 간은 받을 것이 없게 된다. 갑자기 성내어 간이 상하면 기가 거슬러올라 간으로 혈이 못 들어와서 피가 돌아갈 곳이 없게 된다. 또 성생활이 과도하여 음화가 끓어오르면 혈이 화를 따라 올라가 경맥을 벗어나 마구 돌아다닌다.「내경편」,'혈', 123쪽

이 언술들의 공통 키워드는 과속이다. '갑자기'란 자기속도가 아니라는, 다시 말해 자연스런 리듬을 깼다는 뜻이다. 뭐든 과속은 위험하다! 기쁨이건 근심이건 혹은 생각이건 분노건 속도가 지나치면 가장 먼저 혈에 문제가 생긴다. 더구나 성욕과 관련한 음화가 끓어오르면 피가 경맥을 이탈하여 제멋대로 돌아다니게 된다. 생각만 해도 위태롭지 않은가? '사랑할 땐 다 그런 거 아닌가?'라고 생각하겠지만, 아니, 그렇지 않다!

한의학적으로 보면 사랑을 할 땐 평온해야 한다. 첫사랑을 열병이라 하고, 제비들의 사랑이 불꽃같다고 하는 건 쉬이 피었다 지기 때문이다. 평온이란 이런 허열에 휘둘리지 않는 '사랑의 환희'를 의미한다. 그게 어떻게 하는 거냐고? 발바닥으로 사랑을 하면 된다. 발바닥에 다름아닌 신장의 경맥이 흐르기 때문이다. "발바닥에 있는 족소음신경足少陰腎經의 용천혈발바닥에 있는 혈은 땅에서 지기地氣를 받는다. 그 기는 족소음신경을 타고 오르다 장강혈꼬리뼈가 끝나는 부분에 있는 혈에서 독맥督脈과 만난다. 독맥으로 이어진 기운은 미려, 녹로, 옥침의 삼관을 뚫고 백회로 올라온 뒤 뇌수에 지기를 전달한다. 결국, 발은 뇌와 직

접 연결되어 있는 셈이다. 발에 늘 적절한 자극이 주어져야 뇌도 활발한 운동을 할 수 있다. 걷는 것은 발에 있는 모든 근육을 동원해야 하는 운동이다."도담 강의안 즉, 사랑을 하면 발바닥도 그것을 느낄 수 있어야 한다. 용천혈에서 사랑이 감지되어야 그 신호가 온몸을 부드럽게 감쌀 수 있다는 것이다.(그런 점에서 킬힐은 현대판 전족!이다.) 이것이 사랑이라는 감정이 장기들과 맺는 관계다. 어디 연애만 그렇겠는가? 삶의 모든 이치가 그렇다. 발바닥이 있는 곳이 곧 내 삶의 현장이다. 복습 삼아 시 한편을 소개해 본다. 늘 음미하고 다니면 양생과 에로스, 두 마리 토끼를 한꺼번에 잡을 수 있을지도 모른다.

발바닥 사랑

사랑은 발바닥이다

머리는 너무 빨리 돌아가고
생각은 너무 쉽게 뒤바뀌고
마음은 날씨보다 변덕스럽다

사람은 자신의 발이 그리로 가면
머리도 가슴도 함께 따라가지 않을 수 없으니

발바닥이 가는 대로 생각하게 되고
발바닥이 이어주는 대로 만나게 되고
그 인연에 따라 삶 또한 달라지리니
현장에 딛고 선 나의 발바닥
대지와 입맞춤하는 나의 발바닥
내 두 발에 찍힌 사랑의 입맞춤

그 영혼의 낙인이 바로 나이니

그리하여 우리 최후의 날
하늘은 단 한 가지만을 요구하리니
어디 너의 발바닥 사랑을 좀 보자꾸나

박노해, 『그러니 그대 사라지지 말아라』, 느린걸음, 2010, 58쪽

음양과 기억 : 지나간 것은 지나가게 하라

오장육부는 보이지 않는다. 그리고 내 뜻대로 되지도 않는다. 칠정 역시 그렇다. 잡을 수도, 뒤집을 수도 없다. 잊으려 해도 잊혀지지 않고, 참으려고 하면 더더욱 부글거린다. 그런데 현대인들은 이 감정의 흐름을 자기 자신이라 여긴다. 그것이 만약 자신의 모습이라면 자신의 뜻대로 되어야 하지 않는가? 아니면 그렇게 정처 없이 요동치는 것 자체를 자신이라고 간주하는 것인가? 그렇다면 뜻대로 안 된다고 아우성칠 필요도 없지 않은가. 아무튼 그럴 때 내 뜻이란 대체 무엇인가? 그리고 뜻과 감정 사이의 간극은 어느 정도인가? 뜻은 어디서 연원하고 감정의 원천은 어디인가? 일단은 이것 자체를 면밀히 살펴보는 것이 양생의 출발이다. 관찰하는 훈련, 그것이 곧 성찰이자 통찰의 시작이다. 아는 만큼 보이고, 보이는 만큼이 곧 앎이다.

훈련의 방향은 간단한다. 지나간 것은 지나가게 하라! 그렇지 못할 때 과거에 대한 집착과 미래에 대한 불안이 현재를 잠식해 버린다. 어제 먹은 음식이 아직도 위장에 고스란히 남아 있다면? 혹은 오징어를 먹었는데 오징어가 자신의 정체성을 지키겠다고 위 속에 계속 머

물러 있으면? 아마 죽거나 죽도록 아프거나 할 것이다. 감정 역시 마찬가지다. 어제 겪은 감정의 잔여물을 그대로 머무르게 하면 내 몸은 여기저기 뭉쳐서 딱딱하게 경직된다. 머릿속은 뭔가 뒤숭숭하고 께름칙하다. 이런 상태가 바로 스트레스다. 그러므로 스트레스를 받는다는 건 지나간 감정에 붙들려 다음 스텝을 밟지 못한다는 뜻이다.

이런 식의 잉여가 쌓이고 쌓이면 소위 '상처'가 된다. 상처는 사건이 아니라, 사건에 대한 기억이다. 더 정확히 말하면 사건을 해석하는 특수한 '마음의 형식'이다. 카메라의 렌즈 혹은 영화의 미장센과 비슷하다. 그래서 과거의 잔영이지만 미래를 창조한다. 미래를 창조한다고 하면 참, 진취적이고 멋진 말인 것 같지만 이 경우엔 그게 아니라 과거가 미래까지 규정해 버린다는 뜻이다. 어떤 사건이 와도 그 형식에 맞추려고 하는 중력장이 작용하기 때문이다. 이렇게 말하면 왠지 오싹해지는 느낌이다. 그러다가 어느 순간 거기에다 자신의 본질이나 정체성이라는 가치를 부여해 버리면 그것과 자신의 인생은 완벽하게 오버랩되어 버린다. 상처뿐인 인생! 살아오면서 수많은 경험을 하고 희로애락을 겪었음에도 오직 자신의 인생은 상처투성이라고 생각하는 사람들이 늘어나고 있다. 이것이 우리시대를 지배하는 마음의 행로일 터이다. 『임꺽정』을 보면 거기에 등장하는 인물들은 어지간해선 원망이나 미련, 죄의식 따위에 휘둘리지 않는다. 불가촉천민에다 온갖 산전수전을 겪었음에도 불구하고 과거의 상처로 괴로워하는 영혼은 없다. 복수를 해야겠다고 여기면 그저 복수를 할 뿐이다. 누군가가 그리우면 그 사람을 향한 구체적인 행동을 할 뿐이다. 그 와중에 새로운 사건을 겪으면 또 거기에서 다시 시작한다. 다만 그뿐이다. 그러니까 사건을 해석하는 감정의 회로가 우리와는 전혀 달랐던 것이다.

그에 비하면 현대인은 자의식 덩어리다. 자의식이란 자신에 대한 의식이다. 다른 말로 '내면'이라고도 한다. 근대 이후 이 내면이라는 공간이 특화되면서 사람들은 거기에다 감정을 차곡차곡 쌓아 두기 시작했다. 문명이 발달할수록 기운을 쓸 일이 없으니 점점 더 이 내면의 공간이 깊어만 갔다. 그 결과, 사람들은 이제 아주 사소한 사건이라도 몇날 며칠, 아니 몇년씩을 가슴에 담아 둔다. 어깨통증과 소화불량, 두통, 어지럼증 등을 기꺼이 감내하면서 말이다. 이런 토양 속에서 상처라는 특수한 기억의 형태가 자라난다. 니체가 말했던가. 의학 실험에 동원된 동물들의 고통을 다 합친 것보다 현대의 한 독신여성이 느끼는 하룻밤의 고독이 더 사무칠 것이라고.

남자는 양이니 기를 얻으면 흩어지기 쉽고, 여자는 음이니 기를 만나면 울체가 된다. 그래서 남자는 기병이 적고 여자는 기병이 많다. 여자는 혈을 고르게 하여 기를 소모시켜야 하고, 남자는 기를 고르게 하여 혈을 길러야 한다.「내경편」, '기', 79쪽

남자는 많이 써서 문제고 여자는 너무 안 써서 문제라는 것이다. 남녀와 음양의 원초적 차이를 말하고 있는 것이다. 이런 차이는 정자의 단위에서도 확인된다. 남성염색체를 가진 정자와 여성염색체를 가진 정자는 양태가 사뭇 다르다. 전자는 토끼처럼 빠르지만 후자는 거

북이 같아서 여기저기 기웃거리다가 도착한다._{마이클 로이젠 메멧 오즈, 『내몸사용설명서』 230쪽} 물론 일찍 간다고 수정에 성공할 수 있느냐 하면 그건 아니다. 난자가 기다리고 있지 않으면 아무 소용이 없다. 오히려 두리번거리다 뒤늦게 도착한 여성정자가 더 유리할 수 있다. 중요한 건 타이밍이지 속도 자체가 아닌 것이다. 그런가 하면, 쇼핑을 하는 방식에서도 차이는 매우 뚜렷하다. 남성은 자기가 사고 싶은 것을 향해 곧장 직진하기 때문에 시간낭비는 하지 않는 대신 다른 매장의 물건들과 비교할 기회를 놓쳐 버리지만, 여성은 도중에 이곳저곳을 돌아보기 때문에 좀더 좋은 제품을 살 수 있는 반면 원래 사려고 했던 것보다 더 많은 쇼핑을 하게 될 수도 있다. 물론 요즘은 점점 남녀의 격차가 줄어들고 있는 중이다. 그래서 감정의 기전도 비슷해질뿐더러 외모는 더더욱 그렇다. 솔직히 요즘 아이돌 스타들을 보면 남성들이 여성들보다 훨씬 더 예쁘다. 거기다 몸매도 남성이 더 볼륨감이 넘친다— 풍만한 가슴, 잘록한 허리. 따라서 성별의 차이로 접근하는 건 별 의미가 없다. 하지만 남녀의 스타일이 어떻게 달라지건 음양의 원초적 이치는 다르지 않다.

　음양의 이치상, 기쁨은 발산하는 양기다. 슬픔은 침잠하는 음기이고. 그래서 전자는 쉽게 잊혀지고 슬픔은 오래 간다. '은혜는 물에 새기고 원수는 돌에 새긴다'는 식이다. 복은 내탓이고 화는 남의 탓이 되는 것도 이런 원리다. 사랑의 기쁨은 산산이 흩어지지만, 사랑의 아픔은 천년이 지나도록 절대 잊혀지지 않아야 하는 것도 이런 법칙의 산물이다. 그래서 어쩔 수 없다는 말을 하는 것이 아니다. 이런 이치를 깨우침으로써 오히려 감정의 무의식적 벡터를 벗어나라는 뜻이다. 기쁨은 쉽게 잊어버리고 슬픔은 차곡차곡 쌓아 두는 건 결코 페어플레이가 아니다. 무엇보다 삶의 주인이 되는 길을 스스로 차단해 버린다는 점에서 그렇다.

특히 현대인들은 그 임계점을 넘어 버렸다. 쇼와 이벤트에 길들여지다 보면 기쁨은 더 이상 쾌락과 구별되지 않는다. 그 결과 사람들의 성향은 업!되지 않으면 다운된다. 기쁨은 쾌락의 불꽃이 되어 산산이 흩어지고 누리면 누릴수록 공허해진다. 동시에 슬픔은 아주 작은 것이라도 자의식의 공간 안에 차곡차곡 쌓아 둔다. 아니, 그냥 흘러가지 못하도록 꼭꼭 붙들어 둔다. 몸의 기운 역시 이 회로를 따른다. 스마트폰의 시대엔 손가락 말고는 쓸 일이 거의 없다. 오장육부의 기운이 자연스럽게 순환하기는 실로 어렵다. 갑자기 분노가 폭발하거나 아니면 아무런 이유 없이 불안에 시달린다. 이런 구조가 심화되면 어떤 일을 겪어도 상처가 되어 버린다. 사건 자체가 아니라 사건을 해석하는 감정의 회로가 기억이라고 했다. 자의식이라는 구조와 오장육부의 기운적 배치, 이런 조건이라면 어떤 사람도 콤플렉스 덩어리가 되기 마련이다. 암과 우울증, 그리고 자의식 ─ 이것이 현대인들의 삶을 지배하는 삼종세트다. 이런 몸으론 외부와 부딪힐 때마다 상처투성이가 된다. 거기다 어딘가 나만을 전적으로 이해해 주는 누군가가 있을지도 모른다는 과대망상이 결합하면 자기만의 '외딴 방' 혹은 '얼음궁전'에 갇혀 버린다. 그 속에서 삶은 오직 더할 나위 없는 슬픔과 외로움으로 재구성된다. 즉, 기쁨의 정서는 다 날려 버리고 오직 괴로움만을 붙들어서 보관한 다음 계속 시간과 더불어 숙성시키는 꼴인 것이다. 날조된 기억, 그것이 상처의 정의다. "과거의 한 선분에 고착된 상태. 그래서 그 과거가 현재에도 작동하고 있는 상태. 정신분석학은 이를 트라우마라고 부르고, 불교는 업이라고 말한다."근영 강의안

이것을 주관하는 기관이 바로 흉부다. "장부의 경맥은 모두 횡격막을 뚫고 흉부를 지난다. 그리고 그 경맥을 따라 감정이 흉부에 모인다. 감정이 처음 들어올 때도, 몸을 거치고 나갈 때도 이곳을 거친다. 따라서 모든 기억은 현재의 다양한 감정과 접속하기 마련이다. 그런 의미에서, 기억은 흉곽에서 늘 조작되고 있다."도담 강의안 옛말에 가슴을 열어 보면 속이 시커멀 것이라고 하는 말이 여기에서 유래한 것 같다. 감정들이 그렇게 사무치게 쌓이다 보면 곧 한이 된다. 이 한에 사로잡히면 죽어서 귀신이 된다. 귀신이란 음기의 결정체다. 그것도 아주 탁한 음기. 그래서 죽은 다음에도 이승을 떠나지 못하고 구천을 맴돌게 된다. 어떤 공간, 지역에 들러붙어 그 주변을 배회한다. 슬픔의 감정으로 혼백이 얼어붙은 것이다(농담 삼아 말하면, 그래서 귀신은 철저히 '지역구 의원'이다). 그런 점에서 귀신은 무서운 존재가 아니라 참 불쌍한 존재다. 예전엔 굿을 해서 이 얼어붙은 상태를 풀어 주었던 것이다. 그래야만 다른 세상에서 다른 존재로 변이해 갈 테니 말이다.

니체는 슬픔이나 원한감정을 통해서 존재감을 느끼는 걸 약자요 노예라고 했다. 진정 강자라면 슬픔이나 결핍 같은 부정적인 힘이 아니라 능동적인 가치에 의해 자신의 삶을 고양시킬 수 있어야 한다. 그러기 위해선 칠정을 자연스럽게 흘러가게 해야 한다. 다시 말하면 삶

을 있는 그대로 보아야 한다. 있는 그대로 본다는 건 과거와 미래를 철저히 '지금, 여기'의 관점에서 보는 것이다. 다시 말해 자기가 현재 서 있는 지점을 기준으로 시간을 재구성하는 것을 뜻한다. "과거는 무한한 가능성이 교차하고 있는 시간이다. 그 시간에서 어떤 것을 현행화시키고 있는지는 전적으로 지금 나에게서 나온다." 근영 강의안 이것은 결코 종교적 아포리즘이 아니다. 첨단과학의 '다중우주론'에서 도출된 것이다. 이 방면의 명인인 스티븐 호킹은 말한다. "역사가 우리를 창조하는 것이 아니라, 우리가 관찰을 통해서 역사를 창조한다." 『위대한 설계』, 전대호 옮김, 까치, 2010 이런 법칙을 개인들의 기억에 적용하면 이런 논리가 탄생한다.

어린 시절의 경험을 생각해 보라. 당신이 명확하게 기억하는 것, 자신이 실제로 거기에 있는 듯이 보고 느끼고 나아가 냄새까지 맡을 수 있는 것, 어쨌거나 당신은 당시에 실제로 거기에 있었다. 그렇지 않은가? 그렇지 않으면 어떻게 기억하겠는가? 그러나 여기에 깜짝 놀랄 일이 있다. 당신은 거기에 없었다는 것이다. 현재 당신의 몸에 있는 원자는 단 하나도 그 사건이 일어났을 당시에 거기에 없었다. …… 물질은 이곳에서 저곳으로 흐르며 순간적으로 모여서 당신이 된다. 따라서 당신이 무엇이든, 당신을 구성하는 재료들은 당신이 아니다. 그것이 당신의 머리카락을 쭈뼛 일어서게 하지 않는다면, 그럴 때까지 다시 읽어라. 중요하기 때문이다. 리처드 도킨스, 『만들어진 신』, 이한음 옮김, 김영사, 2009, 570쪽 머리카락이 쭈뼛할 정도는 아니지만 소름이 오싹하는 건 사실이다. 내가 뭔가를 기억하는 순간, 나는 이미 그 기억 속의 내가 아니라는 사실. 양자역학적으로 말하면, 나는 오직 지금, 여기만을 살 수 있을 뿐이다. 지금, 여기들이 무수히 모여 나라고 하는 것들이 구성될 뿐이고. 그러니 슬픈 일이 오면 슬픔 자체가 되고, 분노할 일이 오면 분노 자체가 되고, 기쁨이 오면 기쁨 자체가 되어야 한다. 추울 때는 추위가 되고, 더울 때는 더위 자체가 돼라. 그리고 그 모든 것을 다 지나가게 하라.

얼굴, 우주로 통하는 일곱 개의 '창'

오장육부와 사계절, 그리고 칠정. 여기에 얼굴이 합세해야 이 마법의 사중주가 완성된다. '내경'이 몸 안의 풍경이라면 '외형'은 몸 바깥의 형상이다. 내경이 본체라면 외형은 작용에 해당한다. 몸 안의 자연은 몸 바깥의 형태로 이어진다. 「내경편」이 우주의 탄생에서 정기신, 오장육부와 똥오줌으로 이어지는 과정을 다루고 있다면, 외형편은 말 그대로 겉으로 드러나는 형상을 샅샅이 훑는다.

「외형편」1권: 머리頭 — 얼굴面 — 눈眼

「외형편」2권: 귀耳 — 코鼻 — 입과 혀口舌 — 치아牙齒 — 인후咽喉 — 목頸項 — 등背

「외형편」3권: 흉胸 — 젖乳 — 배腹 — 배꼽臍 — 허리腰 — 옆구리脇 — 피부皮 — 살肉 — 맥脈 — 힘줄筋 — 뼈骨

「외형편」4권 : 수手―족足―모발毛髮―전음前陰―후음後陰

머리에서 얼굴로, 다시 몸통에서 근육, 사지와 생식기가 두루 포함된다. 외형의 모든 색깔과 형태, 동작은 다 내경의 표현이다. 예컨대 요즘 지하철을 타면 다리를 심하게 떨거나 자기도 모르게 머리를 흔드는 사람들이 많은데, 그건 간기의 순환이 원활하지 않은 것이다. 작은 일에도 짜증을 내고 화를 폭발시키는 것 역시 마찬가지다. "모든 풍으로 몸을 떨고 어지러운 것은 다 간에 속한다."「외형편」, '머리'(頭), 447쪽 한편, 잘 넘어지거나 다리를 잘 삐는 사람은 기본적으로 신장에 문제가 있다. 이빨이 약해서 치과를 자주 들락거리는 사람도 마찬지다. 뼈는 신장의 기운으로 만들어지고, 치아는 뼈의 기운이 이르는 최후의 종착지이기 때문이다. 목덜미가 뻣뻣한 것은 여자의 경우 담화, 남자는 정의 부족으로 인해서다. 어깨가 좁은 사람은 폐결핵을 앓기 쉽고, 어깨가 지나치게 넓은 사람은 만성기관지염을 앓기 쉽다. 왼쪽은 간의 영역으로 혈병이 많고 오른쪽은 폐의 영역으로 기병이 많다. 기타 등등. 한마디로 몸 전체가 몸 안의 풍경과 연동되어 있는 셈이다. 자연의 모든 사물에 천지의 비의가 담겨 있는 것과 같은 이치다.

이중에서 포인트는 뭐니뭐니 해도 얼굴이다. 「외형편」 중에서 '눈―귀―코―입과 혀'가 여기에 해당한다. 동물에겐 얼굴이 없다. 동물은 머리라고 말하지 얼굴이라고 하지 않는다. 하지만 인간은 머리와 얼굴이 분리되어 있는 존재다. 들뢰즈/가타리는 이것을 얼굴의 '탈영토화'라고 명명했다. 그들의 명저 『천의 고원』에는 안면성에 대한 탐구가 하나의 장을 이루고 있다. 그만큼 얼굴은 인간과 동물을 구분

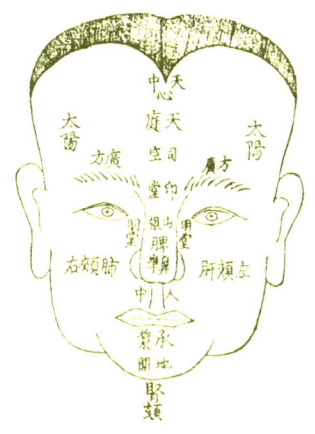

명당부위(明堂部位)
코의 바로 위에 있는 발제 부위(머리털 난 곳)를 천중(天中)이라 한다. 천중 아래는 천정(天庭)이라 하는데, 이마를 가리킨다. 천정 아래를 사공(司空)이라 한다. 사공 아래를 인당(印堂)이라 하는데 양 눈썹의 가운데이다. 인당 아래를 산근(山根)이라 하며 두 눈 사이를 가리킨다. 산근 아래는 비준(鼻準)인데, 이곳이 곧 명당이다. 비준 아래를 인중(人中)이라고 하고 인중 아래를 승장(承漿, 혈의 이름)이라 한다. 승장 아래를 지각(地閣)이라 하는데 턱을 가리킨다. 양쪽 이마 모서리를 방광(方廣)이라 하는데, 태양혈(太陽穴)이라고도 한다. 천중, 천정, 사공, 인당, 액각(額角)과 방광 부위에서 병의 예후를 알 수 있다. 이곳은 생기가 드러나는 곳인데도 의사들이 잘 살피지 않는다. 「외형편」, '얼굴', 470쪽

하는 핵심 표지에 해당한다. 의역학적으로도 역시 그렇다. 관상학은 바로 이런 원리를 원용한 것이다. 허영만의 『꼴』에 잘 드러나 있듯이, 얼굴을 보면 다 알 수 있다. 오장육부와 정기신의 기운적 배치를. "이마는 천정으로 심에 속하고, 턱은 지각으로 신에 속한다. 코는 얼굴 중앙에 있어 비에 속하고, 왼쪽 뺨은 간에 속하며, 오른쪽 뺨은 폐에 속한다."「외형편」, '얼굴'(面), 470쪽 어디 그뿐인가. 각 부위별로 시간적 흐름까지 다 새겨져 있다. 눈은 20대, 코는 40대, 콧망울은 50대, 턱은 60대 이후 등으로. 다시 말해 얼굴 자체가 운명의 지도인 셈이다. 혹은 서로 다른 시간적 지층들이 차곡차곡 접혀 있는 주름이기도 하다. 가장 중요한 건 표정, 곧 얼굴의 색과 빛깔이다. 이것은 심상의 '표현형식'이다. 그래서 타고난 '꼴'이 좋지 않아도 꼴의 빛깔이 달라지면 인생이 바뀐다.(관상보다 더 중요한 게 심상이라는 말이 여기서 나온다.) 이런 식으로 끊임없는 전변의 과정이 펼쳐지는 무대가 얼굴이다.

얼굴은 명당이다. 12경맥 가운데 양맥陽脈 6개는 모두 얼굴에 모인다. 그래서 아무리 추워도 얼굴만은 바깥에 내놓고 다닐 수 있는 것이다. "그 정기 중의 양기는 눈으로 올라가서 볼 수 있게 하고, 거기에서 갈라져 귀로 가면 들을 수 있게 한다. 종기는 코로 올라가서 냄새를 맡을 수 있게 하고, 탁기는 위에서 나와 입술과 혀로 가서 맛을 볼 수 있게 한다. 이러한 기에서 나온 진액은 모두 얼굴로 올라가 데워 준다."「외형편」, '얼굴', 471쪽 6양맥 가운데 특히 족양명위경의 맥이 얼굴에 그물처럼 얽혀 있다. 그래서 여드름이나 두드러기, 열이 나거나 얼굴이 시린 것 등은 모두 양명경의 기가 잘 순환하지 못하는 때문이다. 물론 다른 장부의 기운도 얼굴에 다 표현된다. 가장 기본적인 것으로, "얼굴이 푸르고 자주 성내는 것"은 간의 외증이다. '푸르다, 화, 간'이 하나의 계열을 이룬다. "얼굴이 벌겋고 자주 웃는 것"은 심의 외증(붉음, 웃음, 심장)이고, "얼굴이 누렇고 자주 트림하는 것"은 비의 외증이고, "얼굴이 희고 자주 재채기를 하는 것"은 폐의 외증이고, "얼굴이 검고 자주 두려워하고 하품을 하는 것"은 신의 외증이다.

사람의 몸에는 구규가 있다. 아홉 개의 구멍이라는 뜻이다. 그중에 일곱 개가 얼굴에 모여 있다. 눈 두 개, 귀 두 개, 콧구멍 두 개, 입 하나.(나머지 두 개는 전음과 후음, 곧 생식기에 있다.) 그중에서 눈은 가장 중요한 구멍이다. "오장육부의 정이 모인 곳이고, 영위와 혼백이 머무르는 곳이며, 신기가 생겨나는 곳이다. ······눈동자와 검은자위는 음을 본받고 흰자위와 핏줄은 양을 본받아 음양이 합하여 정명精明이 된다."「외형편」, '눈'(眼), 483쪽 그래서 흰자위와 검은자위, 눈동자, 눈꺼풀 등의

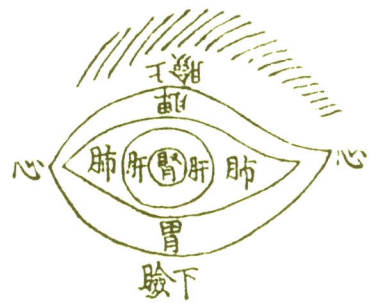

오륜도(五輪之圖)
흰자위는 폐에 속하고, 기의 정이 모였기에 기륜(氣輪)이라고 한다. 검은자위는 간에 속하고, 근의 정이 모였기에 풍륜(風輪)이라고 한다. 위아래의 눈꺼풀은 비에 속하고, 육의 정이 모였기에 육륜(肉輪)이라고 한다. 내자와 외자는 심에 속하고, 혈의 정이 모였기에 혈륜(血輪)이라고 한다. 눈동자는 신에 속하고 골의 정이 모였기에 수륜(水輪)이라고 한다. 「외형편」, '눈', 484쪽

각 부위를 통해 내경의 전 양상을 다 파악하는 '홍채학'이 따로 존재할 정도다. 하지만 일단 눈을 총괄하는 건 간맥이다. "간의 구멍은 눈이다." 간기가 허하면 눈이 어두워진다. "간은 목을 쓰고 신은 수를 쓰는데, 수는 목을 낳을[수생목] 수 있으므로 자모가 서로 합쳐진다. 그러므로 간신의 기가 충분하면 눈이 밝고, 간신의 기가 부족하면 눈이 어둡고 어지럽다." 또 "심은 혈을 주관하고 간은 혈을 저장한다. 혈에 열이 생기면 열은 눈으로 올라와 퍼진다." 요컨대, 간맥이 주도하는데, 신장과 심장이 배후에서 서포터즈로 활약하고 있는 셈이다. 따라서 눈병은 주로 '화'로 인해 생긴다. 치료법은 "심을 맑게 하고 간을 식히며, 혈을 고르게 하고 기를 순조롭게 하는 것"이다. 구체적인 방법으로는 "열이 나게 손바닥을 비빈 후 두 눈을 14번 문지르면" 된다. 독서나 도박, 게임 등으로 눈병을 앓는 것을 간로라고 하는데, 이 경우엔 "어두운 방에 바르게 앉아 눈을 81번 돌리고 눈을 감은 채 신을 모았다가 다시 눈을 돌리는 것을 반복"「외형편」, '눈', 531쪽하면 된다.

귀는 "신장의 구멍"이다. 신장에서 수기운이 올라와야 귀의 청력

이 작동한다. "신腎이 조화로우면 귀가 오음을 들을 수 있다."『외형편』, '귀(耳)', 548쪽 신장은 정이 저장되는 곳이라고 했다. "몸에 들어온 소리는 경맥을 따라 흐르는데 경맥을 채우고 있는 음혈[진액]이 바로 매질에 해당한다. 음혈의 원료는 음정이고, 음정은 신장이 주관한다. 따라서 소리가 안정적으로 유동하기 위해서는 충분한 음액을 확보하고 있어야 한다."도담 강의안 만약 "욕심을 절제하지 않거나 일을 지나치게 많이 하거나, 나이가 중년을 넘어섰거나 큰병을 앓은 뒤에는 신수가 마르고 음화가 타오른다."『외형편』, '귀', 549쪽 짐작하고 있듯이, 이것이 '음허화동'의 전형이다. 이럴 때 나타나는 대표적인 증상이 "귀가 가렵고 소리가 난다. 그 소리는 매미가 우는 것 같거나 종이 울리는 것과 같다." 즉, 이명이다. 이명이 들린다는 건 청력도 문제지만 신장의 기운이 부족하다는 신호이기도 하다. 귀는 단지 소리를 듣는 것만이 아니라, 남의 말을 듣는 힘이기도 하다. 청력이 약하면 잘 듣질 못한다. 한마디로 타인들과의 소통능력에 문제가 생긴다. 특히 요즘처럼 소음과 이어폰에 노출되어 있으면 청력은 더더욱 떨어질 수밖에 없다.

귀에는 큰소리보다 더 해로운 것이 없다. 85데시벨을 넘는다면 어떤 소리든 영구적인 청력 손실로 이어질 수 있다. 참고로 나뭇잎이 바스락거리는 소리는 0데시벨, 속삭이는 소리는 20데시벨이다. …… 록 콘서트의 경우 110데시벨로, 45분 동안 지속적으로 노출될 경우 영구청력 상실까지 초래할 수 있다. 마이클 로이젠·메멧 오즈, 『내몸사용설명서』, 266쪽 좀 충격적이다. 요즘은 라이브와 콘서트의 시대 아닌가. 뭔가 재미있는 이벤트다 싶으면 기본적으로 엄청난 소음이 수반된다. 거기다 청소년들이 이어폰으로 주로 듣는 건 거개가 다 시끄러운 댄스 음악들이다. 하나같이 청력에는 치명적인 조건들이다. 아닌 게 아니라, 요즘 사람들은 자신의 이야기를 남에게 하는 힘도 약하지만 다른 사람의 이야기를 끈기 있게 듣는 능력도 현저히 떨어진다. 청력이 약하면 평형감각도 같이 추락하게 된다. 현대의학의 용어를 빌리면 '중이'가 운데 귀에 있는 전정기관에 문제가 생긴 탓이다. 평형을 잃는다는 건 생리적 사건이기도 하지만 사건을 통째로 보는 힘, 다시 말해 맥락을 온전히 파악하는 힘이 딸린다는 의미도 된다.

그럴 때 나타나는 증상을 흔히 충동이라고 한다. 즉, 충동이란 외부적 힘에 맹목적으로 이끌려 가는 것을 뜻한다. "좌측 귀가 먹은 것이 부인에게 많은 이유는 분노가 많기 때문이다. 우측 귀가 먹은 것이 남자에게 많은 이유는 색욕이 많기 때문이다. 좌우측 귀가 먹은 것은 기름지고 단 음식을 많이 먹은 탓이다." 『외형편』, '귀', 552쪽 정말 뜨끔한 소리다. 분노와 섹스, 패스트푸드(달고 기름진). 우리시대를 지배하는 키워드 아닌가. 이것만으로도 우리시대가 왜 그토록 소통이 안 되는지 충분히 이해할 수 있을 것이다. 천지에 율려가 가득한 바, 귀가 들을 수 있는 소리는 실로 무궁하다. 하여, 근대 이전 지도자의 자격과 카리스마의 원천은 '천시'天時를 듣는 귀에 있었다. 그야말로 우주와 소통하는 가장 중요한 창인 셈이다. 귀를 튼튼하게 해주려면 귓바퀴를 자주 손으로 문질러 주면 좋다. 물론 그 이전에 이어폰을 빼고 분노와 성욕, 식탐을 제어하는 훈련을 먼저 해야 하는 건 말할 나위도 없다.

코는 천기가 드나드는 통로다. "얼굴은 양중지양陽中之陽이고 코는 얼굴의 중앙에 있으니 몸속의 혈 가운데 지극히 맑고 순수"「외형편」,'코'(鼻), 573쪽하다. 그래서 관상학에서도 코는 바로 '자기 자신'을 나타낸다. 지나치게 높으면 인복이 없고, 지나치게 낮으면 줏대가 없다고 본다. 비조라는 말이 있다. 시조, 원조와 같은 뜻인데, "맨 꼭대기 조상을 코 비자를 써서 비조라고 하는 이유는, 예전 어른들은 엄마 뱃속에서 어린애가 사람 모양을 갖출 때, 코가 먼저 생기고 귀가 나중에 생긴다고 보았기"정렴,『윤홍식의 용호비결 강의』, 42쪽 때문이다. 호흡기관이니 당연히 폐의 구멍이다. 입은 원기, 진기가 새어 나가는 통로다. 그래서 숨은 코로 쉬어야 한다. 단학에서는 입술 위의 인중 부위를 중심으로 하늘과 땅을 나누어서 본다. 그러므로 "콧구멍으로는 하늘에 해당하는 기운을 흡입하고, 입으로는 땅에 해당하는 액체와 고체의 '음식'을 흡입하는 것이 천지인의 원리에 합당"하다.같은 책, 64쪽 즉, "서방의 백색이 들어오면 폐와 통하고 코에서 그 구멍을 열어 준다."「외형편」,'코', 565쪽

따라서 코를 통해 폐의 상태를 관찰할 수 있다. 코가 막히는 건 '풍한사가 폐를 침범한' 탓이고 누런 콧물이 나오는 건 '폐에 습열이 쌓인' 탓이고, 딸기코 역시 '폐에 열이 있을 때' 나타나는 증상이다. 코피를 자주 흘리는 것도 폐열이나 위열이 위로 치솟을 때 일어난다. 반대로 코에서 맑은 콧물이 흐르는 것은 폐가 차가워진 탓이다. 우리시대의 불치병 가운데 하나인 알레르기 비염 역시 폐기의 균형이 깨지면서 생겨난 것이다. 주증상은 재채기와 콧물, 눈과 입천장, 귀 등이

가려운 것인데 모두 점액이 분포하는 곳에서 나타난다. "현대의학적으로는 과민해진 면역계가 꽃가루나 먼지 같은 사소한 적을 향해 총포를 쏘아 대는 것에 비유할 수 있다. 한의학적으로 보면, 한사가 피모를 속박할 경우 양기가 몸 밖으로 빠져나가지 못한다. 이 양기가 폐와 코에 응체되고 그것이 가려움증과 재채기를 유발한다. 화가 금을 이긴 형국이다."_{도담 강의안}

    코와 관련하여 유의할 사항은 후각이다. 후각은 오감 중 가장 오래된 시원의 감각이다. 그래서 시각이나 청각과는 달리 후각은 뇌의 구피질_{대뇌피질의 하나}에 해당하는 변연계의 편도체로 직진한다. 그만큼 원초적 본능과 연결된 감각이라는 뜻이다. 하지만 문명의 발달과 더불어 후각은 점차 사라져 가고 있다. 이제 사람들은 바람의 냄새도, 동물들의 체취도, 꽃과 나무의 향기도 맡을 줄 모른다. 자연과의 대화를 묵살한 대가다. 그 때문인지 아예 후각 자체를 잃어버리는 병증도 있다. 후각이 없다고 뭐 크게 불편할까, 싶지만 결코 그렇지 않다. 우주로 통하는 창문 하나가 닫힌 셈인데, 그게 얼마나 갑갑하고 괴로울 것인가. 사라진 다음에 후회하지 말고 남은 후각이라도 잘 간수할 일이다. 코의 양생법은 중지로 콧마루 양쪽을 자주 문질러서 따뜻하게 해주는 것이다.

    마지막으로 입과 혀_{口舌}. 먼저 입은 당연히 비위와, 혀는 심장과 연결되어 있다. "심은 혀를 주관하고 비는 입과 입술을 주관하니 심과 비의 기는 항상 서로 통한다." "심기는 혀와 통하니 오미를 알고, 비기는 입과 통하니 오곡의 맛을 안다." 심열이 있으면 입안이 헐고 위열이 있으면 입에서 냄새가 난다. "입냄새는 열기가 흉격 사이에 쌓인 후 열을 끼고 입으로 치고 올라와 생기는 것이다."「외형편」, '입과 혀', 579쪽 그래서 망진에선 혀의 상태가 진단의 중요한 척도가 되기도 한다. 틈나는 대로 자신의 혀를 살펴보시라. 시시때때로 색깔과 형태가 달라지는 걸 느낄 수 있을 것이다. 혀에 대한 병증 가운데 좀 엽기적인 것이 있다. 양강, 음강이 그것인데, "혀를 내민 채 넣지 못하는 것을 양강이라고 하고, 혀가 오그라들어 제대로 말을 못하는 것을 음강이라고 한다."「외형편」, '입과 혀', 585쪽 이 병증 뒤에 이런 이야기가 하나 적혀 있다.

> 한 부인이 아이를 낳은 후 혀를 늘인 채 넣지 못하였다. 주진이 이것을 보고 혀에 주사를 바르고 부인에게 아이 낳을 때의 상황을 떠올리게 했다. 여인 2명에게 부축하게 한 후, 벽 바깥에 질그릇을 놓아 두었다가 땅에 떨어뜨려 소리를 내었다. 그 소리를 듣자 혀가 들어갔다.
> 「외형편」, '입과 혀', 585쪽

이와 비슷한 예로, 하품하다 턱이 어긋나서 입을 벌리기만 하고 다물지 못할 경우엔 "술을 마시게 하여 만취하게 한 후 잠들면 조각가루를 불어넣고 코를 당겨서 재채기를 하면 저절로 바로잡힌다."「외형편」, '입과 혀', 587쪽 병증들도 특이하지만 고치는 방법도 흥미진진하다. 특별한 상황을 연출하여 어떤 동작을 유도하는 것이 치료의 핵심이다. 역시 임상은 예능이다!^^

더 중요한 건 입과 혀는 말을 '만드는' 기관이라는 것이다. "말을 한다는 것은 하늘과 땅의 만남이고, 개념과 실재의 마주침이며, 마음과 몸의 충돌이다." **도담 강의안** 그래서 좋은 말을 하면 음양의 순환이 절로 이루어진다. 인성구기因聲求氣라는 말이 있다. 소리로써 기를 구한다는 뜻이다. '호모 로퀜스' 장에서도 말했듯이, 좋은 음식, 맑은 공기를 마시는 것 못지않게 좋은 말과 맑은 소리를 내는 것은 수승화강을 이루는 최고의 방편이다. 말과 소리가 내 주변의 인연장을 바꾸고 그것이 사람을 부르고 복을 부른다는 사실을 명심할 일이다. 그래서 혀를 '영근', 신령한 뿌리라고도 한다. '세치 혀가 세상을 움직인다', '말이 씨가 된다', '말 한마디에 천냥빚을 갚는다' 등의 속담도 여기에서 유래한 것이리라.

　이렇게 일곱 개의 구멍을 칠규라고 한다. 구멍이라는 건 안과 밖의 통로, 곧 창이라는 뜻이다. 다시 말해 이 일곱 개의 창을 통해 몸은 외부, 곧 세계와 소통을 한다. 기를 호흡하고 음식을 먹고 말을 하고 소리를 듣고 풍경을 본다. 이 창으로 들어오는 다양한 차원의 정보를 통해 우리는 세계를 구성한다. 사람마다 칠규의 형태와 특질이 다르듯 모든 개체들이 구성하는 프레임 혹은 세계는 서로 다르다. 그렇게 다른 프레임들이 중중무진으로 겹쳐 있는 것이 우리가 살아가는 이 우주다. 얼굴은 주체의 안과 밖을 나누는 장벽이 아니라, 안에서 밖으로, 밖에서 안으로 기운들이 들고 나는 통로가 된다. 통로는 투명하고 다이나믹해야 한다. 그런 점에서 매끄럽게 빠진 얼굴보다 울퉁불퉁한 얼굴이 훨씬 더 효과적이다. 전자가 균질화된 신체라면 후자는 특이성이 살아 있는 신체다. "잘생긴 얼굴과 잘 빠진 외모에 흐르는 경락은 대체로 잘 닦여져 있다. 그래서 기혈이 크게 힘을 들이지 않아도 잘 순환이 되고 건강한 편이다. 그런데 큰병이 오거나 특별한 사건에 직면했을 때는 쉽게 무너질 수 있다." **도담 강의안** 요컨대, 자신에 대한 집착이 강해서 이질적인 상황을 돌파하는 순발력이나 변용력이 부족하다는 것이다. 소위 '꼴값 한다'는 게 이런 말일 터, 관상학에서 말하는 길흉의 기준도 거기에서 유래한다. 꼴이 길한가 흉한가는 사람이건 환경이건 주변에 있는 좋은 기운을 불러 모으는 흡인력에 달려 있다. 매끈하게 빠진 이목구비에는 그런 식의 기운이 머무를 자리가 없다. 안팎이 통하는 창으로서는 영 파이라는 뜻이다.

그럼에도 우리 사회에서 얼굴은 오직 미적 대상일 뿐이다. 그래서 깎고 조이고…… 절차탁마를 멈추지 않는다. 동안과 꽃미남, 에스라인 등이 그 척도다. 하지만 그 기준들이 얼마나 '반자연적' '반생명적'인지는 말할 나위도 없다. 동안이란 얼굴에 담아야 할 시간의 흔적을 지우는 것이다. 한마디로 성숙을 거부하는 것. 미성숙하다는 건 철학적으로 볼 때 세계 안에서 나의 역할과 책임을 포기한다는 의미가 된다. 가을이 왔는데도 여름을 고집하는 것과 같다. 그야말로 '철부지'에 다름 아니다. 그런 존재들에게 늙음이란 얼마나 무서운 일일 것인가? 나이가 들수록 내적 공허와 불안은 커져만 갈 것이다. 이 간극이 갖가지 병을 불러온다.

꽃미남이나 식스팩, 에스라인 역시 마찬가지다. 오장육부의 배치가 다르듯이 외모와 신체의 사이즈도 제각각인 것이 당연하다. 모든 남성이 식스팩이 있고, 모든 여성이 8등신이라면? 생각만 해도 끔찍하다. 마네킹 혹은 사이보그의 세상이 그런 것이 아닐까. 따라서 그런 욕망을 향해 달려 가는 순간 몸과 몸 사이의 교감능력은 제로상태에 도달한다. 외부와의 소통이 막히는 건 둘째 치고, 몸 안에서 내경과 외형 사이의 통신망이 교란되어 버린다. 자기 몸으로부터의 소외란 이를 두고 이르는 말이다. 이런 '소외의 왕국'에선 개별 신체의 다양성과 특이성은 사라지고, 오직 누가 더 척도에 가까운가, 곧 서열만을 따지게 된다. 권력이 따로 있는 것이 아니라, 서열에 대한 집착이 곧 권력이다. 결국 지금의 성형문화는 신체를 미적 척도에 종속시키고자 하는, 통치성의 전초기지에 해당한다. 그렇다고 자본과 국가체제를 탓하기엔 너무 늦어 버렸다. 이미 대중들 자신이 이런 몸과 얼굴을 열렬히 욕망하고 있기 때문이다. 그러므로 저 20세기 초 프로이트-맑스주의자였던 빌헬름 라이히가 그랬던 것처럼 우리 또한 이런 질문을 던질 때가 되었다. 왜 대중들은 기꺼이 자신의 몸을 권력의 시선에 가두고자 하는 것일까? 왜 남녀노소를 불문하고 기꺼이 섹시함이라는 이미지의 노예가 되고자 하는 것일까?

마지막으로 팁 하나. 청춘남녀들이 온갖 부담을 무릅쓰고 성형에 매진하는 건 무엇보다 짝짓기 경쟁을 위해서일 것이다. 그런데 생물학자들의 오랜 연구에 따르면, 남녀간의 짝짓기에 관여하는 결정적인 요인은 페로몬이라는 화학물질이라고 한다. 짝을 유혹하는 건 시각이 아니라 후각이었던 것이다. 기껏 여기저기 뜯어고쳤는데, 결국은 냄새로 결정된다고? 허, 이런!

칠정이 신체에 미치는 영향

칠정: 기쁨(喜)

『내경』에 "심(心)의 지(志)는 기쁨이다"라 하였다. 또 "심이 실하면 웃는다. 웃는다는 것은 기뻐한다는 것"이라 하였다. 또 "갑자기 기뻐하면 양을 상한다"고 하였다. 또, "지나치게 기뻐하거나 성내면 기를 상한다"고 하였다. …… "기뻐하면 기가 조화롭게 되고 뜻이 활달해져 영위가 잘 통하므로 기가 느슨해진다"고 하였다. 「영추」에 "기쁨과 즐거움이 지나치면 신(神)이 흩어져서 간직되지 못한다"고 하였다. 또, "끝없이 기뻐하고 즐거워하면 백(魄)이 상한다"고 하였다. 백은 폐의 신이다. ―『동의보감』,「내경편」, '신', 90쪽
(그림은 토마스 롤랜드슨Thomas Rowlandson,「오감의 만족」)

칠정: 화냄(怒)

『내경』에 "간(肝)의 지(志)는 성냄이다"라 하였다. 또 "갑자기 성을 내면 음을 상한다"고 하였다. 또 "크게 성내면 형기가 끊어져 혈이 상부에서 뭉치므로 박궐(기절하는 것)이 생긴다"고 하였다. 또, "혈이 상부에 몰리고 기가 하부에 몰리면 가슴이 답답하고 화를 잘 낸다"고 하였다. …… 선현의 시에 "성을 내어 불이 심하게 타오르면 온화함을 태워 스스로를 상하게 된다. 일을 당하면 다투지 말라. 지나고 나면 마음이 맑아질 테니"라 하였다. …… 칠정이 모두 사람을 상하게 하지만 그중에 성내는 것이 가장 심하다. 성내면 간목(肝木)이 비토(脾土)를 누른다. 비토가 상하면 다른 네 장기도 모두 상하게 된다. --『동의보감』, 「내경편」, '신', 91쪽
(그림은 아드리안 브라우버르Adriaen Brouwer, 「농부들의 싸움」)

칠정; 걱정·근심(憂)

『내경』에 "폐(肺)의 지(志)는 걱정이다"라 하였다. 또 "근심을 하면 기가 가라앉는다"고 하였다. 「영추」에 "근심, 걱정이 풀어지지 않으면 의(意)를 상한다"고 하였다. 의는 비(脾)의 신이다. 또, "근심, 걱정이 지나치면 기가 막혀 흐르지 못한다"고 하였다. 근심하면 막혀서 통하지 않고 기와 맥이 끊어져 위아래로 통하지 못한다. 기가 안에서 막히면 대소변의 길이 비뚤어져 대소변이 잘 나오지 않는다. ─『동의보감』,「내경편」, '신', 91쪽
(그림은 프레데릭 레이턴Frederic Leighton,「눈물」)

칠정: 생각(思)

『내경』에 "비(脾)의 지(志)는 생각이다"라 하였다. 또 "생각을 하면 기가 뭉친다"고 하였다. 주(註)에 "마음에 걸려서 흩어지지 않기 때문에 기도 머물러 뭉치게 된다"고 하였다. 황보밀이 "비에서 일어나서 심에서 완성되므로 생각을 많이 하면 두 장이 모두 상한다"고 하였다. 「영추」에 "뜻을 간직하면서 변화에 대처하는 것을 사(思)라 하고, 사에 근거하여 멀리 내다보는 것을 려(慮)라 한다"고 하였다. 또 "두려워하거나 생각이 지나치게 많으면 신(神)이 상한다. 신이 상하면 두려워하고 정이 맺지 않고 흘러내린다"고 하였다. ――『동의보감』,「내경편」, '신', 91쪽
(그림은 모레토 다 브레시아Moretto da Brescia,「젊은 남자의 초상」)

칠정; 슬픔(悲)

『내경』에 "폐(肺)의 지(志)는 슬픔이다"라 하였다. 또 "심이 허하면 슬퍼진다. 슬퍼진다는 것은 걱정을 한다는 것이다"라 하였다. 또 "정기가 폐에 몰리면 슬퍼한다"고 하였다. 이것은 간이 허하여 폐기가 아우르기 때문에 슬퍼하는 것이다. 또 "슬퍼하면 기가 소모된다"고 하였다. ……「영추」에 "슬픔이 일어나면 혼을 상한다"고 하였다. 또 "슬픔이 일어나면 기가 다하여 생명을 잃게 된다"고 하였다. ―『동의보감』,「내경편」,'신', 91쪽

(조각은 프랑수아 밀롬François Milhomme,「슬픔」)

칠정; 두려움(恐), 놀람(驚)

『내경』에 "신(腎)의 지(志)는 두려움이다"라 하였다. 또 "위(胃)가 두려움이 된다"고 하였다. 주(註)에 "위열(胃熱)이 있으면 신기(腎氣)가 미약해지기 때문에 두려워한다"고 하였다. …… 「영추」에 "족소음맥에 병이 들면 두려워한다"고 하였다. 또, "두려움이 해소되지 않으면 정(精)을 상한다"고 하였다. …… 『강목』에 공(恐)과 경(驚)은 비슷하다. 경은 그 대상을 알지 못하는 것이고 공은 자기가 아는 것이다. 공은 소리를 듣고 놀라는 경우이다. 공은 다른 사람이 잡으러 오는 것 같은 생각이 들거나 혼자 있을 수 없어서 다른 사람과 함께 있어야만 두렵지 않은 경우이다. 혹은 밤에 반드시 불을 켜야 하고 등이나 촛불이 없으면 두려워하는 경우이다"라 하였다. …… 『강목』에 "경(驚)이란 가슴이 갑자기 두근거리며 편안하지 않은 것이고, 계(悸)란 가슴이 두근거리면서 두려워하는 것이다"라 하였다. ─『동의보감』, 「내경편」, '신', 92쪽
(그림은 제임스 길레이James Gillray, 「종두種痘」로 제너의 종두예방접종이 처음 시작된 때에 사람들이 종두를 맞으면 소로 변할까 두려워하던 모습을 담은 풍자화이다.)

7장
병과 약:
모든 경계에는 '꽃'이 핀다

다시 한번 복습을 하면 『동의보감』의 전체 목차는 「내경편」과 「외형편」, 그 다음이 「잡병편」이다. 드디어 의학책의 진짜 주인공인 '병'이 등장했다. '내경'과 '외형'이 생명의 이치에 치중했다면 '잡병'은 임상이라 좀 만만하겠지, 라고 생각하면 큰 오산이다. 허준은 의사이기 전에 자연철학자라고 했다. 과연 그런 면모는 「잡병편」에서도 유감없이 발휘되고 있다. 잡병편 첫 문이 '천지운기'다. 운기運氣라? 정확히 말하면 '오운육기' 五運六氣다. 오행이 생명과 우주의 기본원리에 해당한다면, 오운육기는 천지가 벌이는 구체적인 기운의 각축을 뜻한다.

하늘은 어디에 의지하는가? 땅에 의존한다. 땅은 어디에 의존하는가? 하늘에 의존한다. 그렇다면 하늘과 땅은 어디에 의존하는가? 자연에 의존한다.「잡병편」, '천지운기', 881쪽

부연하면, "땅의 기운인 지기는 천기로부터 유래한다." "하늘의 기운은 땅속으로 돌아다니다가 지기의 형태로 나와 만물을 자라게 한다." 신동원 외, 『한권으로 읽는 동의보감』, 405쪽 그래서 하늘에는 오운이, 땅에는 육기가 형성되었다. 이 기운들의 변화로 기후가 형성되고 지리적 특성이 만들어진다. 예컨대, 봄은 오행상 목木이다. 목이 지닌 활동력이 봄을 지배하는 법칙이다. 하지만 그것을 구체적인 기운의 양태로 말하면 '풍'(바람)이다. 그런데 이 풍이 봄의 절기마다, 그리고 또 해마다 달라지며, 그 장소가 어디냐에 따라서도 또 달라진다. 북방의 풍과 남방의 풍은 질적으로 다르다. 이런 시공간적 변화의 기운을 구체적으로 탐구하는 것이 운기학이다.

그런데 그게 병하고 무슨 관계가 있냐고? 관계가 있는 정도가 아니라 인간이 겪는 병의 많은 부분은 운기로 인해서다. 이치는 간단하다. 인간은 시공간을 떠나서 살 수 없다. 따라서 시공간의 기운은 존재의 토대다. 더 근사하게 표현하면, 시간-공간이 사물에 율동을 부여한다. 예컨대, 2011년(신묘년)은 운기상 '수'水의 해다. 여름 내내 비가 내렸고, 입추가 되자마자 서늘해졌다. 열대야에 가뭄이 극심했던 2010년 여름과는 영 딴판이다. 여름은 오행상 '화'火다. 그런데 이 화가 발현되는 양상은 이렇게 매년 달라진다. 그리고 이 기후적 조건들이 몸과 결합하면 그 해만의 고유한(?) 병들이 탄생한다. 또 지금은 많이

균질화되었지만 이 좁은 한반도만 해도 남도 사람과 강원도 사람들은 기질이 서로 다르다. 그 지역의 운기적 배치가 신체에 깊이 각인된 탓이다. 그런 점에서 산다는 건 몸과 외부 사이의 '기싸움'에 다름 아니다. 생명을 유지하는 한, 이 기싸움은 결코 멈출 수 없다.

이 기싸움의 균형점이 깨질 때 무슨 일이 벌어질까? 각종 병들이 활짝 나래를 편다. "모든 경계에는 꽃이 핀다"고 노래한 시인이 있었다. 그의 말처럼, 병이란 몸과 외부 사이에서 피어나는 꽃이다. 초목에서 꽃이 피어나듯, 우리 몸에선 수많은 병들이 발생한다. 꽃이 울긋불긋하듯, 병들도 오색찬란하다. 이 꽃들의 화려한 축제가 「잡병편」이다. 「잡병편」이 총목차 가운데 가장 많은 분량(전체 25권 중 11권)을 차지하는 것도 그 때문이다. 그런데 병이 있는 곳엔 항상 약이 있다. 병과 약은 서로 떼려야 뗄 수가 없는 불멸의 파트너다. 「잡병편」 다음에 이어지는 「탕액편」과 「침구편」이 『동의보감』의 대단원을 이룬다. 이 장의 주인공은 「잡병편」의 '병'과 「탕액편」의 '약'이다.

'감기'는 나의 운명

이미 확인했듯이, 존재와 병은 분리될 수 없다. 따라서 삶이 있는 곳엔 늘 병이 따라 다닌다. 하지만 그것이 구체적으로 현현하는 방식과 경로는 각양각색이다. 그 복잡한 경로들을 간결하게 정리하면 ①외감, ②내상과 허로, 그리고 ③기타 등등이다. 먼저, 외감이란 외부의 기운에 감한다, 곧 '감기'라는 뜻이다. 우리가 아는 그 감기는 물론이고, 외부의 기운과 부딪혀서 발생하는 모든 증상이 다 포함된다. 감기만큼 흔한 병도 없고 감기만큼 치명적인 병도 없다. 아무리 의학이 발달해도 감기는 결코 완치가 불가능하다. 그저 낮은 포복으로 지나가도록 기다리는 수밖에는. 다음 내상과 허로는 외부의 기운보다는 몸 자체의 기운조절에 실패해서 생긴 병들이다. 내상이 또 외감을 불러들이기 때문에 결국은 '한통속'이다. 아무리 외감이 거세게 들이닥쳐도 몸 안의 정기가 튼실하면 충분히 감당해 낸다. 그런데 이미 내상이나 허로로 몸의 정기가 다운되어 있으면 아주 가벼운 외감에도 큰 타격을 입는다. 요즘 유행하는 면역계 질환의 대부분이 그런 경우다. 마지막으로 이 둘로 분류되지 않는, 다시 말해 원인이 몸 안에 있는지 바깥에 있는지를 명확하게 분류하기 어려운 병들이 있다. 돌림병이나 광기, 옹저 등 워낙 파워풀해서 병 자체의 개성과 독립성이 강한 경우다. 그래서 기타 등등으로 분류되었다.

보다시피 「잡병편」에 등장하는 병들은 한마디로 '잡'스럽다. 생명이 타자들과의 이합집산으로 출발했듯이, 또 몸이 이주민들의 정거장이듯이, 그 속에서 피어나는 병들 또한 잡스러운 건 당연하다. 이 잡스러운 것들을 관통하려면 의사는 마땅히 이 병들의 베이스캠프에 해당하는 천지운기를 파악해야 한다. "천지운기의 변화도 통달하지 못하고서 사람의 병이 생기는 까닭을 어떻게 제대로 알 수 있겠는가?"「잡병편」, '천지운기', 879쪽

지당한 말씀이긴 하나, 운기학은 상당히 어렵다. 일단 삼음삼양陰陽에 육십갑자, 천문학에 풍수지리까지. 그 앎의 경계가 실로 무궁

하다. 이것들을 다 마스터해야 한다고 생각하면 이쯤에서 책을 덮어 버리고 싶어진다. 하지만 걱정 마시라. 통달한 다음에 읽는 것이 아니라, 배워 가며 읽는다고 생각하면 된다. 배우는 만큼, 아는 만큼 책과 만나면 된다. 중요한 것은 용법이다. 통달에 대한 압박감에서 벗어나 아는 만큼 즐기시라. '저걸 대체 언제 다 배워?'라고 생각하지 말고 '저렇게 광대무변한 앎이 나를 기다리고 있다니'라고 생각하시라! 그러면 형언할 수 없는 자존감이 느껴질 것이다. 이것이 의역학의 진짜 묘미다.

먼저, 운기의 핵심은 절기다. 간단하게 기후변화의 원리라고 생각하면 된다. 절기는 태음력과 태양력의 결합이지만 가장 중요한 지점은 "사람들이 계절 변화를 실감할 수 있는 인식론적 최소 단위"_{도담 강의안}다. 구체적인 과정을 살펴보면 이렇다.

양기는 동지_{양력 12월 22일경}부터 올라오기 시작하여 하지_{양력 6월 22일경}에 하늘에 도달한다. 양이 극히 성하면 음으로 바뀌는 법, 하늘에 도달한 양기는 다시 음기로 전화하여 땅을 향해 차차 내려온다. 그 극점이 곧 동지다. 양기가 땅속에서 하늘로 오르는 과정이 곧 봄과 여름이다. 춘분_{양력 3월 21일경} 때 봄과 여름이 교체된다. 하늘까지 온 양기가 음으로 전화하여 땅속으로 내려오는 과정이 가을과 겨울이다. 추분_{양력 9월 23일경} 때 가을과 겨울이 교체된다. 각각 180일씩 총 360일이다._{신동원 외, 『한권으로 읽는 동의보감』 405~406쪽}

이것을 기준으로 24절기가 나누어진다. 세시풍속이나 농가월령 같은 것도 이 절기에 따라 일상적 리듬을 부여한 것이다. 현대인들은 농사를 짓지 않기 때문에 이걸 실감하기가 쉽지는 않다. 하지만 잘 관찰해 보면 어느 정도는 감지할 수 있다. 때론 과격하게 때론 슬그머니. 농담 삼아 말하면, 실연으로 절망에 빠진 친구들한테 나는 종종 이렇게 조언한다. "다음 계절까지만 버텨 봐. 아니면 다음 절기 때까지라도. 분명히 네 마음의 행로가 달라져 있을거야." 그뿐 아니다. 증시의 급격한 변화나 정치적 동향에도 절기가 미치는 영향은 막강하다. 다만 그것을 연결시킬 수 있는 개념적 장치가 없다 뿐이지.

한편, 절기의 변화, 곧 바람이 불고 비가 오는 것은 결코 외부적 조건만이 아니다. 내 안에도 있다. 몸과 마음에도 비가 내리고 바람이 분다. 산다는 건 이 안팎의 기운들이 리듬을 타는 것이라고 할 수 있다. 이 리듬을 제대로 탈 수만 있어도 '일신우일신'日新又日新이 절로 될 것이다. 도시인들의 권태와 무기력은 이 리듬으로부터 이탈했을 때 나타나는 병증이다.

그 리듬을 주도하는 기본코드가 바로 육기다. 풍, 한, 서, 습, 조, 화. "천지가 기를 합한 곳으로부터 육절이 나누어지고 만물이 만들어진다."「잡병편」, '천지운기', 887쪽 오행은 다섯인데, 육기는 왜 여섯인가? 풍한서습조화 가운데 '화'가 군화와 상화 둘로 나뉜 탓이다. "목의 작용을 풍이라 하는데, 봄을 주관한다. 군화의 작용을 열(화)이라 하는데, 늦봄에서 초여름까지 주관한다. 상화의 작용을 서라 하는데, 여름을 주관한다. 금의 작용을 조라 하는데, 가을을 주관한다. 수의 작용을 한이라 하는데, 겨울을 주관한다. 토의 작용을 습이라 하는데, 장하(늦여름)를 주관한다. 장하는 6월을 가리킨다."『잡병편』,'천지운기', 885쪽

육기란 결국 계절들의 구체적인 표현형식인 셈이다. 아울러 천지의 기운에도 승강昇降과 영허盈虛가 있다. 즉 어긋남이 있다는 뜻이다. 따라서 한해의 운기는 매번 달라진다. "사계절의 춥고 더워지는 순서에 육기의 변화가 더해져서 해마다 기후가 달라진다."『잡병편』,'천지운기', 885쪽 참고로, 2008년 무자년戊子年은 운기상으로 '화' 태과의 해였는데, 그래서인지 연초부터 남대문이 타더니 봄에는 촛불집회가 말 그대로 불꽃같이 일어났고, 겨울엔 용산참사(화재)로 마무리되었다. 불에서 시작해서 불로 끝난 셈이다. 2012년은 임진년壬辰年으로 '목' 태과의 해다. 그럼 바람의 기운이 지나치다는 뜻이다. 과연 무슨 바람이 불어올지…… 기대된다. 요컨대 해마다 사계절은 돌아오지만, 또 계절에 따라 육기가 번갈아 오고 가지만 매번 다르게 돌아온다. 물론 지리적 조건도 중요한 요인이다. 지역과 방향에 따라 육기가 발현되는 방식, 공간적 배치, 음식과 체질 등이 달라진다. 예컨대 이런 식이다.

동방은 천지의 기운이 생겨나는 곳이다. 이곳은 물고기와 소금이 나고 해안에 있어 물가에 산다. 서방은 모래와 돌이 많고 천지의 기운이 수렴되는 곳이다. 사람들은 언덕에 사는데 바람이 많이 불고 풍토가 거칠다. 사람들은 털옷을 입고 기름진 음식을 먹어서 비만하다. 북방은 천지의 기운이 저장되는 곳이다. 지역이 높아 언덕에 사는데 바람이 차고 얼음이 언다. 들에서 살고 우유를 먹는다. 남방은 천지의 기

운이 자라는 곳이고 양기가 왕성하다. 지대가 낮고 안개와 이슬이 모이는 곳이다. 신 것을 좋아하고 발효식품을 먹는다. 중앙은 땅이 평평하고 습하여 만물을 생성하기에 적합하므로 골고루 먹고 힘들게 일하지 않는다. 「잡병편」, '천지운기', 883쪽

이렇게 시공간에 따라 다르게 펼쳐지는 운기들의 큰 단위가 60갑자다. 60년을 단위로 천지의 기운이 되돌아온다고 보는 것이다. 환갑! 이 차이 속의 되돌아옴이 바로 순환이다. 항상성의 리듬과 차이의 생성, 이것이 순환의 기본원리다.

따라서 이 순환의 장을 떠나지 않는 한, 몸은 평생 '감기'를 앓을 수밖에 없다. 감기感氣란 기에 감응한다는 뜻 아닌가. 사람은 기에 감응하지 않고는 살아갈 도리가 없다. 어떤 종류의 감기인가, 혹은 얼마나 아픈가, 혹은 내 삶에 어떤 변화를 가져오는가 등이 문제일 뿐. 공간을 옮긴다 해도 마찬가지다. 어디로 가건 그 지역에 어울리는 '감기'들이 우리를 기다리고 있을 것이다. 반대로 경우에 따라선 그동안 앓던 병이 낫기도 한다. 단적인 예로 관절염 환자들은 미국 서부 사막지대에 가면 바로 무릎이 가벼워진다고 한다. 이것 역시 기의 감응이다. 그런 점에서 우리가 앓는 모든 병은 '감기'의 변주라고 해도 무방할 것이다. 태어나서 처음 앓는 것도 열병이고 노인들이 죽을 때 최후에 앓는 병도 대개는 폐렴이다. 감기로 시작해서 감기로 끝나는 인생! 그렇다면 거꾸로 감기야말로 살아 있음의 증거가 아닐까. 그렇다면 "감기 때문에 못 살겠어요"가 아니라, "감기에 걸릴 수 있어서 행복해요"라

고 해야 하지 않을까? 요컨대, 모든 살아 있는 존재에게 있어 감기는 운명이다!

보면 안다 ― 지인지감

그러므로 천지인의 감응은 늘 아슬아슬하다. 계절과 육기라는 기본적인 구도는 있지만, 그것의 구체적 현장에 들어가면 온갖 변수들이 즐비하기 때문이다. 어디로 튈지 모르는 기운들의 좌충우돌, 그 작용의 발현이 병이다. 그런데 이 병의 자취를 찾아내 이름을 부여하는 것이 의사들의 소임이다. 아무리 개성이 넘친다 한들 이름을 부여받지 못하면 그저 미등록 상태로 허공을 맴돌 수밖에 없다. 「잡병편」 1권이 '천지운기' 다음에 '심병―변증―진맥―용약' 순으로 배치된 데는 이런 맥락이 있다. 심병審病은 병을 찾는 행위다. 여기에는 네 가지 수준이 있다.

> 보아서 아는 것을 신神이라 하고, 들어서 아는 것을 성聖이라 하며, 물어서 아는 것을 공工이라 하고, 맥을 짚어 아는 것을 교巧라고 한다. 내면을 보아 아는 것을 신이라 하고, 드러난 것을 보아 아는 것을 성이라 한다. 신·성·공·교를 사상이라 한다. 「잡병편」, '심병', 904쪽

더 부연하면, "보아서 안다는 것은 환자의 오색을 보고서 그 병을 안다는 것이다. 들어서 안다는 것은 환자의 오음을 듣고서 그 병을 구

별한다는 것이다. 물어서 안다는 것은 환자가 좋아하는 오미를 알아서 그 병이 있는 곳을 안다는 것이다. 맥을 짚어 안다는 것은 촌구맥을 진찰하고 그 허실을 살펴서 그 병이 어느 장부에 있는가를 안다는 것이다."「잡병편」, '심병', 904쪽 정리해 보면,

1. 보면 안다: 망望
2. 듣고 안다: 문聞
3. 묻고 안다: 문問
4. 만져 보고 안다: 절切

그럼 이렇게 생각할 수 있다. 보고 듣고 묻고 만지고, 다 하면 더 정확하게 알 수 있지 않을까? 아니다. 의역학에선 누적포인트가 통하지 않는다. 보면 안다가 안 통하는 경우, 들어야 하고, 들어서는 잘 모를 때 병증에 대해 이것저것 물어야 하고, 그것도 여의치 않으면 직접 만져서 확인을 해야 하는 것이다. 즉, 정보의 양이 많아질수록 의술의 수준은 떨어진다. 적중률도 낮아진다. 정보가 누적된다는 건 그만큼 시선이 산포된다는 뜻이기 때문이다. 중요한 건 정보의 양이 아니라, 핵심을 간파하는 안목이다. 물론 진맥과 복진만으로 아는 것도 대단한 경지다. 여기서도 핵심은 전체를 꿰뚫는 능력이다. "옛날에 상급의 의사들은 치료의 핵심을 맥을 보는 것에 두었으니 맥을 보아 바로 병을 알 수 있었다. 약을 쓸 때 한 가지 약물로 병을 공격하면 약의 기운이 순수하고 더욱 빠르다. 지금 사람들은 맥을 알지 못하여 마음대로 병을 단정하고 약물을 많이 써서 요행으로 낫기를 바란다. 비유하면 토끼에 대하여 알지 못하고서 사냥을 나가 들판에 넓게 그물을 쳐서

하나라도 잡기를 바라는 것과 같으니 의술도 이렇게 엉성한 것이다. 이렇게 하면 한 가지 약이 우연히 적중하더라도 다른 약이 서로 견제하여 오로지 병을 공격할 수 없다. 이것이 낫기 어려운 까닭이다."^{「잡병편」, '심병', 956쪽} 요컨대, 진단이건 처방이건 다다익선은 금물이다.

이런 진단법은 현대의학과는 아주 다른 방식이다. 현대의학에서 병을 찾는다는 건 해부학적 병인을 찾는 것이다. 그렇기 때문에 가능한 한 많은 기계가 동원되고 다량의 데이터가 필요하다. 조기검진과 정기검진이 만병통치약처럼 말해지는 것도 그 때문이다. 하지만 잠깐만 생각해 봐도 그건 함정이다. 몸을 샅샅이 훑어 보면 병이 찾아질 거라고 생각하지만 실은 그렇지 않다. 무엇을 볼 것인가? 어떻게 볼 것인가?에 따라 드러나는 국면과 양상이 전혀 달라진다. 눈빛만 보고도 심연을 꿰뚫을 수 있는가 하면, 초음파로 아주 깊은 곳까지 투시를 해도 전혀 아무것도 포착하지 못할 수도 있다. 또 병 자체가 하나의 전변과정에 있는 것이어서 어떤 단계로 준비된 다음에 표현되는 것이 아니다. 예를 들면, 암세포가 있다고 해서 바로 암이 되는 건 아니다. 암세포도 나고 자라고 죽는다. 그렇게 평화협정을 맺고 있다가 느닷없이 테러리스트로 돌변하는 지점이 있다. 정기검진을 아무리 해도 그런 순간을 포착해 내기란 불가능하다. 다국적군이 첨단 레이다망을 작동시켜도 게릴라들의 국지적 테러를 예방하지 못하는 것과 마찬가지 이치다. 대개는 테러가 일어난 다음, 즉 병이 충분히 발현된 다음에야 기계에 포착된다. 이어지는 융단폭격.

그럼에도 모든 의사들은 하나같이 조기검진만이 살길이라고 외친다. 그 결과 모든 사람이 검진을 받아야 한다는 강박증에 시달린다. 더구나 현대의학은 장기별, 부위별, 기능별로 엄청나게 분화되어 있다. 이 분류학에 맞추어서 각종 질병에 대한 조기검진을 하기로 작정하면 아마 1년 내내 검진만 하다가 종칠 것이다. 만약 그런 경우가 있다면 그 과정 자체가 이미 병증이다. 더 중요한 건 현대의학 역시 오진율이 만만치 않다는 사실이다.

> 진단검사는 항상 그 자체로 엄청난 오진의 가능성까지 가지고 있으며, 반복하여 조직을 떼어 내거나 반복하여 방사선 촬영을 해서도 안 됩니다. …… 그러나 진단장비가 정밀해질수록 몸속 어딘가에는 반드시 이상한 조직이 있기 마련이며, 현대의학이 발달할수록 예방적인 제거수술은 급격히 증가할 것입니다. 또한 진단검사에 상용되는 방사선 조사, 침습적 제거술, 뒤처리 방사선조사 등등, 이미 그 자체로 발암원인임도 잊지 말아야 합니다. …… 맹장염으로 알려진 충수돌기염의 오진률이 50%라는 의료 최선진국 영국의 최근발표로 참고해 볼 때, 암처럼 다양하고 복잡하며 시간이 걸려 변화하는 조직을 진단(몇 기로 진단)하는 것이 얼마나 어려울지는 짐작할 수 있을 것입니다. …… 을지의대 임종호 교수

스티븐 제이 굴드에 따르면, 과학적 진실이란 "자료와 과학자의 편견 사이의 대화"라고 했다. 의료 검진 또한 의사의 편견——임상의 프레임——과 '기계' 사이의 대화일 뿐이다. 아니, 요즘엔 의료자본의

시선이 더 막강하다. 좋은 병원이란 명의가 있는 곳이 아니라, 첨단의 장비를 갖춘 곳을 지칭한다. 이 장비의 천문학적 비용을 감당하려면 검진과 수술을 일상화하는 것 말고는 달리 방법이 없다. 그렇다면 여기서 환자의 몸을 보는 궁극적 척도는 '자본'일 수밖에 없다. 그럼에도 사람들은 검진에 대한 믿음을 잃지 않는다. 예전에 대책없이 무당을 찾아가던 때랑 비교해도 훨씬 더 심각한 수준이다. '많이, 비싸게, 자주' 할수록 건강해질 거라는 믿음. 우리시대가 앓고 있는 새로운 미신이다.

현대의학이 정보와 기술의 누적을 중시한다면, 한의학에선 단번에 핵심을 관통하는 직관을 중시한다. '보면 안다'의 경지가 필요한 건 그 때문이다. 그럼 대체 뭘 보는 것일까? 무당의 영감이나 신비적 주술 같은 걸 떠올릴 수도 있지만, 그것과는 아무런 연관도 없다. 진단이란 '표(겉)에서 리(속)를 추론하는' 기술이다. 겉에 드러난 각종 정보를 통해 몸속을 움직이는 기의 배치와 흐름을 환하게 투시할 수 있어야 한다. 가장 중요한 포인트는 눈빛에 신이 들어 있는가 아닌가이다. 신이라는 건 간단히 말하면 '생명에의 의지'다. 결국 병을 고치는 건 의사가 아니라 환자 자신이다. 환자가 신을 놓아 버리면 어떤 명의도 고칠 도리는 없다. 또 의사의 능력에는 단지 고치는 것만 포함되지 않는다. 죽어야 할 때 잘 죽게 하는 것도 의사의 소임이다. 그래서 질병의 예후와 전개양상을 두루 살필 수 있어야 한다.

이것이 가능한 이유는 몸 전체, 특히 얼굴에는 모든 정보가 다 담겨 있기 때문이다. 이마는 심의 부위이고, 코는 비, 왼뺨은 간, 오른뺨은 폐, 턱은 신의 부위다. 각 부위의 색을 살펴 황색·적색이면 열증이고, 백색이면 한증이고, 청색·흑색이면 통증이 있는 것이다. 코끝이 거무스름한 것은 수기水氣가 있는 것이고, 귀가 마르고 때가 낀 것은 병이 뼈에 있는 것이다.「잡병편」, '심병', 905~907쪽 기타 등등.

이건 기본사항이고 이밖에도 색깔과 모양, 거리 등도 다 중요한 척도가 된다. 그렇다고 이걸 다 종합해서 평균을 내는 것이 아니다. 이 정보들이 집약, 응축되는 결절점을 잡아채야 한다. 심병의 가장 낮은 수준이라고 말하는 맥진의 경우도 이치는 동일하다. 편작이 창안했다고 하는 맥진은 요골동맥을 오장육부의 기가 교차하는 통로라고 본 것이다. 현대의학에선 맥박의 수를 재는 데서 그치지만 한의학에선 숫자가 중심이 아니다. 빠른가 느린가, 떠 있는가 가라앉았는가, 힘이 있는가 없는가, 활처럼 휘어져 있는가 아니면 줄을 튕길 때처럼 팽팽한가 등등 마치 한편의 음악을 감상할 때처럼 힘과 강도, 리듬과 멜로디를 다채롭게 읽어 낸다. 각각의 증상들이 병의 부위와 속성, 양태 등과 긴밀하게 결합되어 있음은 물론이다. 이것을 통찰하지 못하면 오진은 물론이고 쓸데없이 약을 많이 써서 요행을 기다리게 된다.

황제 : 용감하거나 겁을 내는 까닭을 듣고 싶습니다.

기백 : 용감한 사람은 눈이 깊고 또렷하며, 눈썹이 길고 곧으며, 삼초의 무늬가 가로로 놓이고 마음이 단정하고 곧으며, 간이 크고 단단하고 담에는 담즙이 가득 차 있습니다. 성내면 기가 성하여 가슴이 벌어지고 간이 들려서 담이 가로놓이며, 내외자가 찢어지고 눈을 치뜨며,

털이 곤두서고 얼굴이 푸르게 됩니다. 이것이 용감한 사람이 되는 까닭입니다.

황제 : 겁이 많은 사람이 술을 먹고 성내면 용감한 사람과 차이가 나지 않는데, 이는 어느 장기 때문입니까?
소유: 술은 수곡의 정으로 곡식을 숙성시킨 액입니다. 그 기가 날래고 사나워서 위 속에 들어가면 위가 불어나고, 기가 거슬러 올라 가슴속을 채우면 간이 들리고 담이 옆으로 놓입니다. 확실히 용감한 사람과 비슷하지만 술기운이 사라지면 후회합니다. 용감한 사람과 비슷하게 되어 무서운 것이 없는 것을 주패라고 합니다.

「잡병편」, '변증'(辨證), 921쪽

생리적 조건이 겉모습에 드러나고 그것을 통해 그 사람의 성격적 특징까지 읽어 내고 있다. 병의 예후를 정확히 예측할 수 있는 힘도 같은 이치다. 병의 이동경로를 예측하여 미리 그 길목을 막아 버리는 것이다. 예를 들면 이런 식이다. "간병이 있을 때 간의 병이 비로 옮겨질 것을 알고 먼저 비를 실하게 한다. 보통의 의사는 병이 옮겨지는 것을 깨닫지 못하여 간병에 비를 실하게 하는 이유를 이해하지 못하고 간만 치료할 뿐이다. 간병에는 신맛의 약으로 보하고, 쓴맛의 약으로 돕고, 단맛의 약으로 보해 준다. 신맛은 간으로 들어가고, 쓴맛은 심으로 들어가고, 단맛은 비로 들어가기 때문이다. 비는 신기를 상하게 할 수 있다. 비가 신기를 상하여 신기가 매우 약해지면 수가 운행하지 않는다. 수가 운행하지 않으면 심화가 성해지고, 심화가 성해지면 폐를 상한다. 폐를 상하면 금기가 운행하지 않고, 금기가 운행하지 않으면 간목이 저절로 낫는다. 이것이 간을 치료할 때 비를 보하는 묘한 방법이다."「잡병편」, '변증', 951쪽 마치 바둑의 고수가 몇 수 앞을 미리 보면서 바둑돌을 놓는 것과 흡사하다. 병은 배치의 산물이다. 그리고 끊임없이 전변한다. 그러므로 의사는 마땅히 병이 놓인 좌표와 그 이동의 경로를 정확히 포착할 수 있어야 한다. 요컨대, '보면 안다'는 병의 자리와 그것의 예후, 다시 말해 병의 시공간성을 동시적으로 간파하는 것을 의미한다.

'지인지감'知人之鑑이 윤리적 중심을 이루었던 것도 같은 맥락이 아닐까 싶다. 「허생전」을 보면, 허생이 남산 묵적골에서 책을 읽다가 아내의 성화에 못 이겨 세상 속으로 나온 다음, 장안 최고의 부호인 변부자를 찾아가서 다짜고짜 만금을 빌린다. 그러자 변부자가 아무것도 묻지 않고 그냥 돈을 준다. 주변 사람들이 알지도 못하는 거렁뱅이한테 돈을 줬다고 난리를 치자 변부자가 이렇게 말한다. "대개 남에게 뭔가를 구하고자 하는 사람은 반드시 자기 포부를 과장하여 신용을 얻으려 하는 법이다. 그러다 보면 얼굴빛은 점점 비굴해지고, 말은 중언부언을 면치 못하게 되지. 하지만 저 손님은 옷과 신이 비록 남루하기 짝이 없지만, 말은 간결하고 눈빛은 오만하며 얼굴엔 부끄러운 빛이 조금도 없질 않더냐. 일체 물질적인 것에 의존하지 않고 스스로 만족할 줄 아는 인물임에 분명하다." 이런 것이 바로 '지인시감'이다. '보면 안다'의 경지도 이와 비슷하다. 눈빛과 걸음걸이, 말투와 어조 등에는 그 사람의 그릇과 국량局量, 남의 잘못을 이해하고 감싸며 일을 능히 처리하는 힘, 인생역정이 두루 담겨 있다. 그걸 한눈에 꿰는 것이다. 한의사들이 다 그렇게 신통방통하다는 뜻이 아니다. 이 의학이 추구하는 진단의 배치가 그렇다는 것이다. 즉, 『동의보감』에서 '심병,' 곧 병을 찾는 과정에는 이런 정도의 고매한 통찰력을 전제한다.

우리시대는 정보화사회다. 스마트폰은 정보의 바다. 넘쳐나는 정보 속에서 익사하기 직전이다. 이제 정보의 양이 진실 여부를 결정짓는 시대는 끝났다. 정보들 사이의 관계와 배치를 파악하는 능력, 그것이 바로 통찰력이자 직관력일 터, 현대인은 이 능력을 거의 망실해 버렸다. 그래서 늘 정보에 휘둘린다. 정보를 재구성하는 힘이 전혀 없기 때문이다.

단적인 예로, 대학생들에게 리포트를 내주면 거의 대부분 인터넷에서 긁어 온다. 네이버나 구글에 떠다니는 정보를 대충 취합하면 될 거라고 믿는 것이다. 심지어 1,000원을 내고 고스란히 다운받기도 한다. 비싼 등록금을 내고 학자금 대출까지 받아 대학을 다니면서 기껏 이런 식으로 학점을 따려 하다니. 세상에 이보다 더 어리석은 짓이 또 있을까. 전공이 뭐건 간에 배움이란 주어진 자료를 가지고 스스로 하나의 텍스트를 구성하는 능력에 다름 아니다. 그 과정 속에서 사람을 보는 안목도, 삶의 이치를 파악하는 감각도 자연스럽게 익히게 되는 법이다. 대학에 가는 이유도 이것을 터득하기 위함이다. 정보가 넘치다 보니 이런 기본초식을 망각해 버린 것이다.

그러면 아무리 많은 정보가 내 앞에 있다 한들 아무짝에도 소용이 없다. 보고 있어도 보는 게 아니다. 무엇을 볼 것인가? 본다는 것의 의미는 무엇인가? 이제 이 물음을 본격적으로 탐사해야 할 때다. '보면 안다'는 경지는 의술을 넘어 그러한 인식론적 물음 속으로 우리를 인도한다.

병, '꽃'들의 화려한 축제

"내가 그의 이름을 불러 주었을 때 그는 나에게로 와서 꽃이 되었다." 김춘수 시인의 「꽃」이라는 작품이다. 인식론을 다루고 있지만 대중가요보다 더 친근한 언어로 많은 한국인들의 사랑을 받는 시이기도 하다. 병 또한 그러하다. 병이 병이 되려면 이름을 불러 주어야 한다. '정기신' 부분에서 다루었듯이, 인간이 겪는 병에는 '아痾―채瘵―병病'의 단계가 있음을 환기해 보라. 병명이 없으면 그것은 아―채의 사이에서 떠돌 따름이다. 증상이 아무리 심하다 해도 이름이 없다면 그것은 아직 병이 아니다. 병의 이름이란 어떤 증상들에 시공간적 좌표를 부여하는 것이다. 상식적인 말이지만, 임상의학은 병의 장소성을 강조한다. 병을 어떤 장기 혹은 기관의 국소적 장소와 일대일로 대응시킨다. 그것이 현대의학이 병을 명명命名하는, 병에 시공간적 좌표를 부여하는 방식이다.

『동의보감』의 명명법은 전혀 다르다. 먼저 증상들을 분류하는 방식이 다중적이다. 이름하여 팔강변증. 음/양, 표/리, 한/열, 허/실, 모두 여덟 가지다. "음양은 질병의 속성을 크게 나눈 것이고, 표리는 질병이 침범한 부위의 깊이를 말한 것이고, 한열은 질병의 성질을 말한 것이고, 허실은 사기와 정기의 성쇠를 말한 것"신동원 외, 『한권으로 읽는 동의보감』 438쪽 즉, 속성, 위치, 성질, 성쇠──하나의 증상이 병으로 명명되려면 이런 분류학적 배치 속으로 들어가야 한다. 예컨대, "양으로 인한 병은 몸 밖의 사기 때문에 생기는 것이며, 음으로 인한 병은 몸 안의 음식물이나 감정의 손상으로 생"긴다. 또 한열의 경우, "풍사는 앞으로 침범하고(구완와사: 입과 눈이 비뚤어진다), 한기는 뒤로 침입한다(머리가 아프고 목이 뻣뻣한 것이다). 안개는 상부를 상하게 하고 습사는 하부를 상하게 한다. 풍사는 맥을 부하게 하고, 한기는 맥을 급하게 한다."「잡병편」, '변증', 919쪽 등등.

이런 분류학적 경로를 거친 다음 비로소 병들이 탄생한다. 현대의학은 몸의 안팎을 선명하게 구획한다. 아울러 몸 안의 장부와 기능들 사이도 선명하게 나누어진다. 하지만 팔강변증의 배치에선 주체와 객체가 분명히 나뉘지 않는다. 음양, 표리, 한열, 허실은 몸의 안에도 있고 바깥에도 있다. 더 정확히 말하면 몸의 안팎, 그 경계에 있다. 고로 병은 이 경계에서 피어나는 꽃이다. 격렬한 아픔과 괴로움을 유발하는 열꽃! 이제 이 꽃들의 장엄한 행진이 시작된다.

풍·한·서·습·조·화

먼저 외감으로 인한 병들, 곧 나의 용어로는 '감기'의 변종들이다. 육기가 태과/불급의 상태에 빠지면 '육사'六邪가 된다. 앞에서도 말했듯이 천지의 운행은 평기보다는 태과불급이 더 일반적이다. 우리가 사는 우주는 결코 화평지기가 주도하는 곳이 아니다. 그러므로 육기는 늘 불균형의 상태를 연출한다. 어디 그뿐인가. 우리 몸 역시 기본적으로 어그러져 있다. 그러니 이 둘이 부딪히면 사건이 일어나기 마련이다. 그 사건이 곧 병이다.

예컨대 "토의 기운이 태과하면 비가 오고 습기가 많아서 신장의 수기가 사기를 받게 되어 주로 하체가 부실해지는 병을 앓게 된다. 수의 기운이 태과한 해는 찬 기운이 심해져 심장의 화 기운이 사기를 받게 되어 열병이 일어난다. 화기가 태과한 해는 폐의 금 기운이 사기를 받게 되어 주로 호흡기 계통의 병이 온다. 반대로 금 기운이 태과한 해는 간이 사기를 받게 되어 가슴과 옆구리가 당기는 병을 앓기 쉽다. 목 기운이 태과하면 비장이 사기를 받게 되어 소화기가 영 신통치 않게 된다."신동원 외, 『한권으로 읽는 동의보감』 416~417쪽 참조 눈치챘겠지만 모든 오행이 상극의 방향으로 병증을 만들어 내고 있다. 자기가 극하는 오행이 제일 만만하기 때문에 거기에다가 전가를 해버리는 것이다. 이것은 한해 전체의 리듬이고 여기에다 계절별 기운의 변화가 결합되면 도처에서, 무시로, 사건이 발생한다. 이것이 '감기'의 악성버전인 '외감'이다.

육기 가운데 '풍風은 백 가지 병의 으뜸'이다. 풍이 변화되어 몸 구석구석을 돌아다니면서 병을 일으키기 때문이다. 유행가 가사에도 나오듯, "바람 났어, 야단 났어"의 형국이 바로 이것이다. 특히 이런 바람을 '허사적풍'虛邪賊風이라고 한다. 무협지에 나오는 악당을 연상시키는 이름이다. 다른 기운도 마찬가지지만 풍 자체가 사기인 것은 아니다.

내부의 정기가 부족할 때, 그래서 풍을 감당하지 못하고 주리腠理, 살가죽 겉에 생긴 작은 결이 열리게 되면 그때 풍이 허사적풍으로 바뀐다. 허사적풍이 "인체에 들어오는 것은 비바람처럼 빠르다. 그러므로 치료를 잘하는 사람은 피모皮毛를 치료하고, 그 다음 가는 의사는 기부肌膚, 살가죽를 치료하며, 그 다음은 근맥을 치료하고, 그 다음은 육부를 치료하며, 그 다음은 오장을 치료한다. 오장을 치료하는 경우 반은 죽고 반은 산다."「잡병편」, '풍', 988쪽

풍이 일으키는 병 중에 비병이 있다. "땀이 난 후 바람을 쏘여 혈이 피부에 엉기면 비병이 된다." 대개 팔을 쓰지 못하는 경우가 많다. 이런 상태를 불인이라고 한다. "인仁은 부드럽다는 뜻이니 불인은 부드럽지 않은 것을 말한다. 아프고 가려운 것을 모르거나, 한열을 알지 못하거나, 뜸을 뜨거나 침을 놓아도 알지 못하는 것이 불인이다."「잡병편」, '풍', 1020쪽 감각을 잃어버려서 외부와 소통이 안 되는 상태를 '불인'이라고 한 것이다. 그러므로 병을 고친다는 건 몸의 감각을 되찾는 것이면서 동시에 존재 자체를 '인'의 상태로 만드는 것이기도 하다.

풍증의 대표가 우리에게도 익숙한 중풍이다. 하지만 중풍의 풍은 증상을 중심으로 보는 것이고 원인은 풍이 아니라 화다. "양생을 잘하지 못해서 심화가 폭성하고 신수가 허하여 심화를 조절하지 못하기 때문에 생긴다. 그래서 음이 허하고 양은 실하여 열기가 쌓이므로 심신이 어지럽고 근골을 쓰지 못하며 졸도하여 아무것도 모르게 된다."「잡병편」, '풍', 986쪽 대체로 칠정으로 인해 열이 지나치게 생긴 탓이다. 예를 들면 이런 경우다.

마을에 어떤 사람이 갑자기 명치에 열이 심한 것을 느꼈는데 풍을 치료하는 약을 먹고 나았다. 그후 이릉에 가서 한 태수를 보았다. 그는 여름철에 갑자기 참을 수 없을 만큼 열이 심해 물을 땅에 뿌리고 대자리를 깐 후 그 위에 눕고 다른 사람에게 부채를 부치게 하였다. 다음 날 갑자기 중풍에 걸려 며칠 만에 죽었다. 「잡병편」, '풍', 986쪽

치법은 역시 순환이다. '기를 고르게 하고, 땀을 내라. 음식을 많이 먹지 마라' 등등. 갑자기 풍을 맞았을 때는 엄지로 인중 부위를 비벼 주면 된다. 열 손가락의 손톱 밑에 있는 혈을 찔러 죽은 피를 뺀 다음 양쪽 합곡혈과 인중혈에 침을 놓아 기를 잘 돌게 하는 것도 방법이다. 한편, 이 중풍 항목에서 주목할 사항이 하나 있다. "『동의보감』이 기존 책과 매우 다른 방식으로 병을 치료한 부분이 있다. 한의학의 대표적 질병인 중풍과 상한병을 독립 항목으로 설정하지 않고 각기 풍과 한의 하위 부류로 설정한" 점이다. "논리적으로 볼 때, 중풍과 상한보다 풍과 한이 선행"한다고 본 탓이다. "의학 내부 전통을 더 중시할 것이냐 자연철학적 논리를 더 중시할 것이냐 하는 선택의 지점에서 허준은 늘 후자를 택했다." 신동원, 『조선사람 허준』, 191쪽

그리고 일단 풍을 맞아 몸을 못 쓰게 된다고 해도 절망할 필요는 없다. 정화스님이 전해 주신 임상 사례 하나. 한 지인이 중년에 중풍을 맞아 반신불수가 되었다. 사업이고 뭐고 아무것도 할 수 없게 되자 이분이 매일같이 남대문에서 남산까지를 걸었다고 한다. 그 속도가 오죽했을까. 남산 타워까지 다녀오면 하루해가 다 갔다. 그렇게 1년 동

안 정말 무심하게 걷기만 했는데, 마침내 기적이 일어났다. 몸이 거의 완치되었을 뿐 아니라, 더 중요한 건 이전과는 완전히 다른 인생관을 가지게 되었다는 것이다. 이렇듯, 큰병일수록 새로운 인생을 시작하라는 메시지에 해당한다. 거기서부터 시작할 수만 있다면 어떤 경우에도 삶은 계속된다. 건강이란 병에 걸리지 않는 것이 아니라, 병을 생의 선물로 바꿀 수 있는 능력이다.

육기 가운데 '한'의 비중이 가장 크다. '상한'이라는 말이 따로 있을 정도로 한사가 일으키는 병증은 종류도 많을뿐더러 또 거세다. 『황제내경』을 잇는 또 하나의 의학경전이 장중경의 『상한론』인 것도 그 때문이다.

> 봄기운은 따뜻하고 여름기운은 더우며, 가을기운은 시원하고 겨울기운은 차다. 이것이 사계절의 정기이다. …… 사계절의 사기에 상하면 모두 병이 되지만 유독 상한(傷寒)이 제일 심한 것은 사나운 기운이 있기 때문이다. …… 상한을 세상에서는 큰병이라고 한다.「잡병편」, '한'(寒), **1046쪽**

열대지역에선 사람이 살 수 있어도 극지방에선 인구 밀도가 현저하게 낮은 것도 이런 연유에서다. 노숙자나 가난한 사람들한테도 여름의 폭염보다 겨울의 한파가 더 무섭다. 춥고 배고프다는 말은 있어도 '덥고 배고프다'는 말은 없지 않은가. 상한병에 걸리면 정신없이 떤다. 한기가 피부에 침입하면 음기가 성해지고 양기가 허해져 떨게 된다. 떨어야 근육에 저장된 에너지를 꺼내 쓸 수 있기 때문이다. "나, 떨고 있니?"라는 유행어가 말해 주듯, 무섭고 두려울 때도 역시 떤다. 『동의보감』에선 이렇게 설명하고 있다. "전(戰)이란 몸이 떨리는 것이다. 율(慄)이란 마음이 떨리는 것이다. 정기와 사기가 싸우면 몸이 떨리고, 정기가 허하여 싸우지 못하면 마음으로 두려워하여 떠는 것이다. …… 몸이 떨리면 병이 나으려는 것이고, 마음이 떨리면 병이 심해지려는 것이다."「잡병편」, '한', 1092쪽 오호, 전율이 바로 이런 뜻이었군. 상한이 얼마나 무서운 병인지 감이 잡히지 않는가.

상한병 가운데 음양역이라는 병이 있다. "상한병이 갓 나은 후 음양이 아직 고르지 못할 때 성생활을 하면 환자의 음낭이 붓고 배가 비틀 듯이 아프며, 부인은 뱃속이 당기고 허리와 사타구니와 뱃속이 아프다. 이것을 음양역이라고 한다." 묘하게도 남성은 여성에게, 여성은 남성에게 감염된다. "음양이 서로 만나 물건을 바꾸듯이 다른 사람에게 독을 옮겨 주"「잡병편」, '한', 1110쪽기 때문이다. 예컨대 이런 식이다. 고자헌이라는 남자가 상한을 앓다가 갓 나았을 때, 편작과 맞먹는 명의 화타가 말하길 다른 건 다 괜찮은데 성생활을 하면 죽는데, 죽을 때 혀를 몇 치 내민다고 했다. 그의 아내가 병이 나았다는 말을 듣고 백리 밖에서 달려와 며칠 묵으며 성생활을 하였다. 결국 그의 아내는 혀를 몇 치 내밀고 죽었다. 한편, 한 부인이 상한을 앓고 있었는데 도둑 예닐곱이 들어 부인을 강간했다가 모두 부인에게 병을 얻어 죽었다. 정말 소름끼치도록 무서운 병이다.

상한이 무서운 건 그 잠복성에도 있다. 한은 수의 성질을 가지고 있고 그래서 수렴성이 강하다. 몸에 침입하는 순간 그 즉시 발병하기도 하지만 한동안 "피부 속에" 잠복해 있다가 다른 계절에 불쑥 등장하기도 한다. 한마디로 뒤끝이 길다. 봄에 발현되면 온병, 여름에 발현되면 서병이라고 한다. 온병이 심한 경우 온역溫疫이라고 한다. "겨울에 한에 상하면 봄에 반드시 온병에 걸린다. 이 병은 도랑에 물이 빠지지 않아 더러운 것이 씻겨 나가지 못하고 훈증되어 생기거나, 땅에 사기가 많이 뭉쳤다가 발산되어 생기거나, 관리가 괴롭혀 억울해하며 원망하여 생긴다."「잡병편」, '온역', 1503쪽 이 온병이 곧 돌림병이다. 근대 이전에는 주기적으로 돌림병이 휩쓸고 지나갔다. 허준도 '온역'에 대한 저서를 따로 썼을 정도로 이 병의 비중이 높았다.

근대 이후, 돌림병이 사라졌다지만 사실은 패션과 스타일만 바꾼 채 계속 돌아오고 있다. 사스, 신종플루, 구제역 등등. 원인도 경로도 파악되지 않는 '독감'들이 느닷없이 출현하면 오만하기 그지없는 위생권력도 망연자실하여, 그저 조용히 사라져 주기만을 기다릴 뿐, 속수무책이다. 이런 돌림병의 핵심은 시간의 어긋남이다. 그 계절에 충분히 겪고 지나갔어야 했는데, 그렇지 못하면 이렇게 시간적 엇박을 일으키게 된다. 물론 다른 기운도 그런 식의 엇박이 있긴 하다. "여름철에 더위에 상하면 가을에 학질이 생긴다. 여름에 더위에 상하면 열기가 피부 속과 장위의 밖에 머무는데, 그것이 가을에 가서 바람을 맞거나 목욕할 때 밖으로 나와 위기와 함께 돌면서 학질이 된다는 것이다." 그래서 추울 땐 추위를, 더울 땐 더위를 제대로 겪어야 한다고 하는 것이다.

육기 가운데 '서'暑는 여름의 화기다. 육기의 끝에 있는 화에서 분리된 것이다. 다른 오행은 다 하나씩인데 화만 둘로 나누어진 걸 보면 화기운이 상대적으로 치성하다는 걸 알 수 있다. "하지양력 6월 22일경 이후에 열병을 앓는 것이 서병이다." 소위 '더위 먹는다'는 말이 이것이다. "서병에는 몸에 열이 나고 자한自汗, 움직이지도 않았는데 저절로 땀이 많이 흐름이 있으며, 입이 마르고 얼굴에 때가 낀다." 서병의 구급법 가운데 재미있는 것이 하나 있다. "여름철 길에서 열로 더위 먹어 죽을 것 같을 때는 급히 그늘지고 서늘한 곳으로 부축해 옮겨 놓고 길에 있는 뜨거운 흙을 죽어 가는 사람의 심장에 쌓거나 배꼽 위에 우묵하게 쌓은 후에 그 위에 소변을 보면 산다."「잡병편」, '서', 1142쪽 참. 목숨이 위태로울 때 소변처럼 유용한 처방도 드물다. 여름철에는 몸 겉은 뜨겁지만 속이 차가워지기 때문에 조섭하기가 쉽지 않다.

여름철의 양생법, 위생가

네 계절 중 여름철이 가장 조섭하기 힘들다네

묵은 추위 몸 안에 숨어 있어 배가 차네

보신할 탕약이 없어서는 안 될 것

싸늘하게 식은 음식 입에 대지 말지어다

심장 기운 왕성함과 신장 기운 쇠약함을 금해야 하지만

특히 정과 기의 유설을 꺼려야 할 것

자는 곳은 삼가 꼭꼭 문을 닫고

생각을 가라앉혀 마음을 평화로이 하라

얼음물과 찬 과실도 몸에 좋지 않아
가을철 반드시 학질을 일으킨다네

「잡병편」, '서', 1150쪽

가만히 읊조리다 보면, 이거야 원, 납량특집이 따로 없다. 우리시대의 냉방문화와는 완벽하게 반대이기 때문이다. 그래서 개도 안 걸린다는 오뉴월 감기를 달고 살고, 가을만 되면 기침 해소, 천식이 유행하는가 보다. 뿐만 아니라, 요즘 청소년들은 땀구멍이 없는 경우도 있다고 한다. 태어날 때부터 에어컨에 노출된 탓에 땀을 흘릴 일이 없었기 때문이란다. 그 대가가 바로 아토피다. 역시 우주에는 공짜가 없다.

육기 가운데 습은 비위의 운화작용과 연결되어 있다. "습은 본래 토기이고 화열한 기는 습토를 생하므로 여름철의 열기가 행하면 만물이 습윤해지고, 가을철의 서늘한 기가 행하면 만물이 건조해진다." 하지만 "이 습이 생리적인 순환의 고리 안으로 진입을 하게 되면 몸에 필요한 진액이 될 것이고, 순환에 개입하지 못하면 습사가 될 것이다. 습사는 담음과 어혈을 조장한다." 도담 사지권태, 관절염, 소화불량, 부종 등. 전반적으로 몸을 무겁게 하는 증상들은 거개가 다 습으로 인한 병이다. '습' 자체의 속성을 그대로 반영하는 셈이다. 습관, 습속 등도 이 습의 속성을 그대로 지니고 있다. 어떤 혁명과 개혁도 사람들의 습속을 바꾸는데는 한계가 있다. 오죽하면 루쉰은 중국에선 의자 하나를 바꾸는 데도 조물주의 채찍이 필요하다, 고 했을까.

조는 습을 말리는 기운, 곧 기화작용에 해당한다. "기화작용을 거쳐야 음기가 양기로 전화되어 에너지로 사용할 수 있다."도담 그래서 꼭 필요한 과정인데, 이 과정도 지나치면 병증이 온다. 너무 심하게 말려 버리는 것이다. "모든 깔깔하고, 물기가 없어 마르며, 뻣뻣하고, 피부가 터지는 것들은 다 조한 것에 속한다." 통조림류의 인스턴트 식품이나 전자렌지에 돌리는 음식, 인터넷 혹은 스마트폰의 일상화도 몸의 물기를 바짝 마르게 하는 점에서 조기에 해당한다. 그래서 도시인들이 전반적으로 까칠한 것이다. 조한 기운이 존재 전체를 메마르게 만들고 있다.

마지막으로 화. 화는 군화와 상화로 이루어져 있는데, 특히 문제가 되는 것은 뿌리없는 화, 곧 상화다. 화의 위력은 막강하다. "화는 사물을 사라지게 한다. 금을 녹이고 토를 무너지게 하며, 목을 왕성하게 하고 수를 마르게 하는 것이 모두 화의 작용이다." 계절과 상관없이 시도때도 없이 어느 장기든 다 넘나들 수 있다. 폐경맥에 들어가면 축농증·기관지염을 일으키고, 심경맥에 침투하면 정신질환을, 위경맥에 침투하면 구토증을 야기한다. 오죽하면 "원기, 곡기, 진기의 적"이라고까지 했을까.「잡병편」, '화', 1169~1170쪽 수승화강의 축을 무너뜨리는 그 악명 높은 '음허화동'도 이 화기의 태과로 인한 것이다.

• 발열·기침·가래·각혈, 오후에서 밤까지 열이 나는 것, 얼굴이 붉은 것, 입술이 붉은 것, 소변이 붉고 잘 나오지 않는 것은 음허화동으로 인한 증상이다.

• 조열, 도한盜汗, 잠들면 땀이 나고 깨어나면 땀이 멎는 병증, 기침하고 담이 성한

것, 각혈·타혈, 기운이 없는 것, 몸이 비쩍 마르는 것, 허리가 아프고 다리에 힘이 없는 것, 유정·몽설은 모두 음허화동의 증상이다.
「잡병편」, '화', 1190쪽

피와 땀과 정액, 기타 등등 그야말로 몸 안의 각종 음액은 다 증발되는 증상이다. 열이 망동하면서 몸의 진이 다 빠지고 있는 격이다. 그래서 "음허화동으로 인한 병이 들었을 때 열에 하나도 살리지 못"한다고 했던 것이다. 그런데 아주 종종 음이 허해서 생긴 열을 원래 몸이 튼튼한 것으로 오해하는 사람들이 많다.

"어떤 사람이 복사뼈 밑으로 늘 열감을 느껴서 겨울에도 솜버선을 신지 않았다. 스스로 늘 '나는 워낙 튼튼하게 타고나서 추운 것이 두렵지 않다'고 말하였다. 내가, '당신은 족삼음경이 허하니 성생활을 절제하여 음혈을 보해야 위험을 면할 수 있을 것이다'라고 하였는데 그는 웃을 뿐 대답하지 않았다. 그는 50세가 되어 위병痿病을 앓다가 반년 만에 죽었다."「잡병편」, '화', 1187쪽 참 헷갈린다. 몸에는 열이 펄펄 나는데 그게 허열이라니. 자기 자신한테 속는 꼴이 아니고 뭔가. 그래서 열이 많은 이들은 특히 더 주시할 일이다. 그 열의 표리와 허실에 대하여. 치법은 일단 가라앉히는 것이다.

• 유학자가 가르침을 세울 때, '정심正心하고, 수심收心하고, 양심養心하라'고 한 것은 모두 화가 망동하는 것을 막기 위한 것이다. 의사들이 가르침을 세울 때 '편안하게 마음을 비워 정과 신을 지키라'고 한 것

도 화가 망동하는 것을 막기 위한 것이다.

• 신이 안정되면 심화가 저절로 내려가고, 욕심을 줄이면 신수腎水가 저절로 올라간다.

「잡병편」, '화', 1193쪽

덧붙이면, "화는 스스로 망동하는 것이 아니다. 동하는 것은 마음에 달려" 있다. 즉, 상화 자체는 죄가 없다. 오히려 이 상화는 뿌리 없이 돌발적으로 움직이기 때문에 몸을 활성화시켜 주기도 한다. 일상으로부터의 일탈, 기발한 아이디어, 예기치 않은 상상력 등이 가능한 것도 이 상화 덕분이다. 문제는 이걸 제어하기가 만만치 않다는 데 있다. 주단계가 특히 이 점에 유의했는데, 그래서 나온 유명한 테제가 바로 '양유여 음부족'이다. 양기는 늘 남아돌고 음기는 늘 부족하다는 뜻. "사람은 하늘과 땅의 기를 받아 태어나는데 하늘의 양기는 기가되고 땅의 음기는 혈이 된다. 그러므로 양은 늘 넘치고 음은 늘 부족하며 기는 늘 실하고 혈은 늘 부족하다." 그래서 그를 대표하는 처방도 '자음강화탕'이다. 음액을 보충해 주면서 화를 끌어내린다는 뜻이 담겨 있다.

요즘은 그야말로 허화망동의 시대다. 자본의 흐름 자체가 상화의 태과에 의거해서 움직이기 때문이다. 삶의 구체적 현장과는 무관한 허황한 꿈과 희망, 공허하기 이를 데 없는 감동 따위를 연출하는 것, 그것이 바로 상화가 태과에 빠진 상태, 곧 '허화'다. 덕분에 많은 사람들이 '음허화동'의 증상을 겪는다. 진액이 부족하고 하체가 약하고 뼈가 흐물거리고……. 정신은 자꾸만 공중부양을 하고. 그런 점에서 이 상황를 어떻게 조절하고 활용할 것인가가 우리시대 '문명생리학'의 핵심 키워드 가운데 하나다.

내상과 허로
다음, 내상과 허로로 인한 병들이 있다. 내상은 말 그대로 내부의 기가 상하는 것으로 음식상과 노권상이 있다.

- 손진인이, "의사는 먼저 병의 근원을 밝혀 무엇이 잘못되었는지 알고 나서 음식으로 치료해야 한다. 음식으로 치료해도 낫지 않은 뒤에야 약을 쓴다." 「잡병편」, '용약'(用藥), 958쪽
- 몸을 편안히 하는 근본은 음식에 달려 있고, 질병을 치료하는 것은 오직 약에 달려 있다. …… 사람은 근본이 따로 없고 음식물이 생명이 된다. 「잡병편」, '내상'(內傷), 1201쪽

음식이 얼마나 중요한가를 말해 주는 언표들이다. 히포크라테스도 음식으로 치료할 수 없는 병은 약으로도 고칠 수 없다고 말한 바 있다. 음식의 핵심은 곡식이다. 정精과 기氣의 글자에 모두 쌀 미米자가 들어 있는 것도 그 때문이다. "세상에서 사람의 성명을 기르는 것은 오곡뿐이다. 이것은 토덕을 갖추고 중화의 기를 얻었으니 맛은 담담하면서 달고 성질은 화평하다." 그래서 밥은 늘 먹을 수 있지만, 약은 아무리 귀한 것일지라도 그럴 수가 없다. 육식도 곡식에 비하면 좀

약하다. "민간에서는 고기를 보하는 성질이 있는 것이라고 하지만, 고기는 보하는 성질이 없고 양을 보하는 성질만 있다. 지금 허손된 사람이 양에 문제가 없고 음에 문제가 있는데 고기로 음을 보하려고 한다면 아무런 도움이 되지 않는다."「잡병편」, '내상', 1201쪽 결국 육식에만 치중한다면 양기는 강해지고 음기는 약해진다는 뜻이다. 그런 점에서 '음허화동', '상화망동'은 우리시대의 과도한 육식문화에도 그 원인이 있다. 육식도 담백한 육식이 아니라, 패스트푸드류의 육식은 허열을 발생시키기 때문에 거의 모든 내상의 원인을 제공한다. 그래서 일단 아프면 무조건 이런 음식들과 결별해야 한다.

음식상은 둘 중 하나다. 지나치게 많이 먹거나 아니면 덜 먹거나. "배 부르면 폐를 상하고, 배 고프면 기를 상한다." 특히 과식의 폐해는 심각하다. "음식을 너무 많이 먹으면 여러 가지로 기가 소모된다. 먹은 것이 내려가지 않고 위로 올라와 구토하면 심의 근원이 소모된다."「잡병편」, '내상', 1204쪽 함께 생각해야 할 것이 과식과 육식은 하나의 계열을 이룬다는 점이다.

예컨대 과거에도 방탕한 귀족들이 달고 기름진 음식을 탐하다가 자멸하곤 했지만, 우리시대의 패스트푸드는 도파민 같은 쾌락물질을 분비하기 때문에 식욕을 엄청나게 항진시킨다. 당연히 과식으로 치닫게 된다. 어디 그뿐인가. 밤을 잊은 도시의 불꽃 속에서 불면의 밤을 야식으로 달래는 일이 비일비재하다. 육식은 과식을 낳고 과식은 야식을 낳고…… 미국 사회에 출현한 신인류(고랫등 같은 몸집을 가진)의 등장은 바로 이런 배치의 산물이다. 미국뿐 아니라 전 세계가 비만

천국이다. 그래서 다이어트를 위한 지옥훈련이 시시때때로 벌어진다. 이렇게 천국과 지옥을 오가다 보니 비위가 성할 날이 없다. 거의 모든 사람들이 체기와 소화불량을 달고 산다. 여기에 제일 좋은 약이 평위산이다. 위를 화평하게 해준다는 뜻이다. 평위산에 곽향·반하를 더하면 '불환금정기산'이 된다.「잡병편」, '내상', 1223쪽 역시 소화의 명약이다. 이름도 얼마나 멋진가. '금을 주고도 바꿀 수 없는 정기'라는 뜻이다. 의사들이 음식을 잘 소화시키는 것을 얼마나 중히 여겼는지를 이름만으로도 충분히 짐작할 수 있다.

그리고 육식-과식-야식의 삼합은 늘 술로 이어진다. 그래서 다음으로 많은 식상이 주상이다. "술은 오곡의 진액이고 쌀누룩의 정수이다. 사람을 이롭게도 하지만 상하게도 한다. 왜냐하면 술은 열이 많고 매우 독하기 때문이다." 육식도 열이고, 술도 열이니 이런 식사야말로 불에 기름을 붓는 격이다. 현대인 중에는 특히 알코올릭이 많다. 술이 없으면 잠들지 못하는 경우거나 아니면 밤낮이 바뀌어서 밤에는 꼭 술과 치킨(혹은 족발)을 먹어야 하는 경우가 적지 않다. 또 회식 중독자들의 경우는 폭탄주와 노래방과 성이 결합한다. "취하고 배불리 먹은 후에 성교하면 주기와 곡기가 비에 모여 흩어지지 않고 부딪쳐 속에서 열이 성해진다. 그래서 열이 몸에 두루 퍼져 속에 열이 나면서 소변이 벌겋게 되는 것이다."「잡병편」, '내상', 1212쪽 이런 생활을 몇 년 이상 하면 체질과 나이에 상관없이 진액이 다 고갈될 수밖에 없다.

몸도 몸이지만 더 큰 문제는 마음에 병이 든다는 것. 내상으로 인한 병 가운데 '오뇌'懊憹가 있다. 고등학교 문학시간에 김억의 『오뇌懊惱

의 무도』라는 시집을 들어본 적이 있을 것이다. 한자는 약간 다르지만 뜻은 거의 비슷하다. "오(懊)는 '괴롭다'고 할 때의 '오'이고, '뇌(憹)'는 답답한 모양이다. 가슴속이 너무 괴롭고 답답하며 편안하지 않아서 화가 난 듯도 하여 어찌할 바를 모르는 것"『잡병편』, '내상', 1234쪽이다. 밤새도록 잠들지 못하면서도 그 이유를 알지 못한다. 쉽게 말하면 자신에게도, 타인들에게도 화가 나 있는 상태랑 비슷한 것이다. 그걸 잊기 위해 다시 폭식 아니면 술, 그리고 섹스에 탐닉한다. 그럴수록 속은 점점 더 곪는다.

술독을 푸는 데는 갈화해정탕이 좋다. 하지만 이 처방의 말미에서 금원사대가 중의 한 사람인 이동원은 이렇게 당부한다. "이것은 어쩔 수 없을 때 써야 한다. 어찌 이것을 믿고 날마다 술을 마시겠는가? 자주 복용하면 수명을 덜 것이다."『잡병편』, '내상', 1215쪽 그렇다. 약을 믿고 있다간 큰코 다친다. 술독이 오뇌로 이어지는 이 '악의 축'을 벗어나려면 그냥 술만 끊어서는 안 되고 육식과 회식, 노래방과 성 등으로 이어지는 사이클 자체를 폭파해야 한다. 일상의 리듬을 통째로 바꾸어야 한다는 뜻이다.

황제: 음이 허하면 속에서 열이 나는데 무엇 때문입니까?
기백: 피로하여 형과 기가 쇠약해지고, 곡기가 성하지 못해 상초가 운행하지 못하고 하완이 통하지 못하니 위기에 열이 나서 그 열기가 가슴속을 훈증하기 때문에 속에서 열이 나는 것입니다.『잡병편』, '내상', 1217쪽

이것이 내상의 또 다른 증상에 해당하는 노권상이다.

희로가 적절하지 않거나 생활에 절도가 없거나 피로하면 모두 기를 상한다. 기가 쇠하면 화가 성해지고, 화가 성해지면 비토를 누른다. 비는 사지를 주관하기 때문에 사지가 노곤하고 열이 나며, 움직일 기운이 없고 말하기 싫어하며, 움직일 때 숨을 헐떡이고 겉에 열이 나면서 자한이 있으며, 가슴이 답답하고 불안하다. 「잡병편」, '내상', 1217쪽

노권상에도 두 가지가 있다. 힘을 많이 써서 상한 것은 순전히 기를 상해 땀이 없는 것이다. 마음을 많이 써서 상한 것은 혈까지 상하여 땀이 있는 것이다. 마음과 몸이 모두 피로하여 기혈이 모두 상했을 때는 쌍화탕을 쓴다. 「잡병편」, '내상', 1220쪽 오호, '쌍화'라는 말이 그런 뜻이었군. 쌍화탕의 조제법은 '허로虛勞'문에 나온다. 노권상뿐 아니라 허로에도 잘 듣는다는 뜻이다.

허로증은 내상 가운데 좀더 치명적인 상태를 말한다. "허하다는 것은 피모, 기육, 근, 맥, 골, 수, 기혈, 진액이 부족한 것이다." 「잡병편」, '허로', 1251쪽 피부가 허하면 열이 나고, 맥이 허하면 놀랜다. 육이 허하면 몸이 무겁고, 근이 허하면 당긴다. 골이 허하면 아프고, 수髓가 허하면 늘어지며, 장이 허하면 설사한다. 또 "갑자기 웃거나 성내며, 대변을 보기 어렵고 입안이 허는 것은 심로心勞다. 숨이 짧고 얼굴이 부으며, 코로 냄새를 맡지 못하고 기침하면서 가래를 뱉으며, 양 옆구리가 불러 오르고 아프며, 숨이 차서 불안정한 것은 폐로이다. 얼굴과 눈이 마르

고 검게 되며, 정신이 안정되지 못하고 혼자 제대로 자지 못하며, 시력이 밝지 않고 자주 눈물을 흘리는 것은 간로이다. 입이 쓰고 혀가 뻣뻣해지며, 구역질하고 속이 쓰리며, 기창氣脹, 기가 정체되어 배가 더부룩하게 불러 오는 것이 되고 입술이 마르는 것은 비로이다. 소변이 누렇거나 벌겋게 되고 찔끔찔끔 나오며, 허리가 아프고 귀가 울며, 밤에 꿈이 많은 것은 신로이다." 『잡병편』, '허로', 1252쪽

이밖에도 양허, 기허, 혈허, 음허 등 허증은 아주 많다. 대개 기허와 양허, 음허와 혈허는 서로 오버랩된다. 기는 양에 해당하고 혈은 음에 해당하기 때문이다.(양기/음혈) 물론 이 '사대허증'을 두루 갖춘 '올(全)허'증인 경우도 더러 있다. 한마디로 오장육부 전체의 기능이 한꺼번에 무너진 것이다.

제일 문제적인 허증은 단연 음허다. 증상은 "매일 오후에 오한, 발열이 있다가 저녁이 되면 약간 추우면서 풀린다." 『잡병편』, '허로', 1255쪽

음이 먼저 줄어들고 양이 갑자기 끊어진 것을 치료한다. 거의 60이 된 어떤 사람이 한여름에 이질을 앓고 있었는데 또 성교를 하였다. 어느 날 저녁에 변소를 가서 양손을 늘어뜨린 채 두눈은 뜨고 있으나 정기가 없고, 소변이 저절로 나오며, 비오듯 땀이 흐르고 목구멍에서 그르렁그르렁 소리가 나며, 호흡이 아주 약하고, 맥은 대하면서 간격이 일정하지 않아 매우 위급했다. 급히 인삼고를 달이고 기해혈에 뜸을 18장 뜨니 오른손이 움직이고, 또 3장을 뜨니 입술이 약간 움직였다. 계속하여 인삼고를 3잔 부어 주니 자정이 넘어 눈을 움직였고, 인삼고

를 2근까지 먹이니 비로소 말을 하고 죽을 찾았으며, 5근을 먹이니 이질이 멎었고, 10근을 먹이니 나았다. 「잡병편」, '허로', 1259쪽

참, 처절하고 긴박하다. 음허증이 얼마나 위태로운 것인지를 잘 알려줄뿐더러, 의사들이 하나같이 성생활을 조심하라고 왜 그렇게 다그쳤는지도 알 만하다. 이쯤 되면 이젠 귀에 에코가 들릴 지경이다. 음허~ 음허~ 하고. 양생술에서부터 오장육부를 거쳐 「잡병편」까지 끈질기게 따라다니는 병증이 바로 음허다. 달리 말하면 이 병증 하나만 잘 다스려도 충분하다는 뜻도 된다.

결국 내상이나 허로 모두 핵심은 조절이다. 음식이건 노동이건 성생활이건 자신이 조절하는 범위를 넘어 버리는 순간 병이 된다. 병이란 그 균형점이 깨어졌음을 알려 주는 표지다. 따라서 병을 고치려면 일단 통증을 가라앉히는 것도 중요하지만, 더 시급하게는 몸의 조절능력을 향상시키는 것이 관건이다. 그렇게 해야 비로소 몸에 대한 주도권을 확보할 수 있다. 주도권의 확보란 다시는 병이 걸리기 전의 상태를 반복하지 않겠다는 선언이기도 하다. 이런 결단이 없이는 병을 치유했다고 할 수도 없다. 왜냐하면 일단 회복되고 나면 본래의 패턴을 반복하기 때문이다. 다시 과식과 과로, 과음이 기다리는 세상으로 되돌아가는 것이다. 그러면 당연히 병도 되돌아온다. 약간 스타일과 형식만 바꾼 채. 이것이 바로 윤회다. 누군가 그랬다던가. "사람은 평생 단 하나의 병만을 앓는다"고. 따라서 병을 치유한다는 건 이 윤회의 사슬을 끊는 것을 의미한다.

암과 앎—뭉치면 죽고 흩어지면 산다

육사가 외감에 의한 것이고 내상, 허로가 주로 몸 내부의 기운조절과 연관된다면 몸 안팎의 기운이 다 문제가 생길 때 혹은 뭐라고 규정할 수 없는 기운에 노출될 때 아주 색다른 병들이 생겨난다.

「잡병편」 5권: 곽란霍亂─구토嘔吐─해수咳嗽

「잡병편」 6권: 적취積聚─부종浮腫─창만脹滿─소갈消渴─황달黃疸

「잡병편」 7권: 해학痎瘧, 학질─온역瘟疫─사수邪祟─옹저癰疽(상)

「잡병편」 8권: 옹저(하)─제창諸瘡

「잡병편」 9권: 제상諸傷─해독解毒─구급救急─괴질怪疾─잡방雜方

익숙한 이름도 있고 난생처음 보는 이름도 있다. 하나같이 카리스마가 장난이 아니다. 마치 이름난 악역배우들을 총집합시켜 놓은 느낌이랄까. 악역을 잘한다고 해서 그 배우를 악한 인간이라고 보지는 않는다. 오히려 '미친 존재감'을 발한다며 다들 높이 평가한다. 병들도 마찬가지다. 토하고 싸고, 가래가 끓고, 누렇게 뜨고 귀신들리고…… 몸과 마음을 한없이 힘들게 하지만 이들은 다만 자신의 역할에 충실할 뿐이다. 바이러스와 미생물들이 그러하듯, 묵묵히 자신의 생존과 번식을 위해 최선을 다할 뿐이다.

예컨대, 곽란은 토사곽란이라는 이름으로 잘 알려져 있는 병이다. 곽란은 순식간에 변한다는 뜻이다. "병의 근본은 음식을 절제하지 않아 날것이나 찬것을 지나치게 먹어서 속에 습열이 심해져 중초가 운행하지 못하고 제대로 승강하지 못하기 때문에 위로 토하고 아래로 설사하는 것이다."「잡병편」,'곽란', 1290쪽 생각만 해도 등골이 오싹한다. 여기에 작용하는 육기는 풍·습·서 세 가지다. "간은 근을 주관한다. 풍이 세차게 불면 근이 뒤틀린다. 토하는 것은 더위 때문이니, 심화가 타오르기 때문에 구토하는 것이다. 설사하는 것은 비토 때문이니, 비습이 아래로 흐르기 때문에 설사하는 것이다."「잡병편」,'곽란', 1290쪽

이렇듯 위에 등장하는 병들은 다 과격하다. 그래서 몸을 격렬하게 동요시키지만 그래서 치료하기도 쉽다. 일단 이 병들이 득세를 하면 몸 자체가 격전지로 변한다. 모든 활동을 멈춘 채 온전히 병과의 전면전을 치러야 한다. 토하고 싸고 딸꾹질하고 경련을 일으키고…… 그 순간은 오로지 병이 내 삶을 표현하게 된다. 그래서 이 전투는 내 몸의 집중력을 높여 준다. 그렇기 때문에 단기간에 결판이 난다.

통증이 심하긴 하지만 이런 식의 전투가 꼭 나쁜 것만은 아니다. 그 과정에서 몸이 정화될뿐더러 병에 관한 상당한 정보를 축적하게 된다. 말하자면, 면역력이 한층 업그레이드되는 것이다. 예전에 알던 어떤 분은 가을이나 겨울쯤 일부러 큰 몸살에 걸리기 위해 최선(?)을 다했다. 추운 날 찬물로 머리를 감고 바람이 쌩쌩 부는 거리를 마구 쏘다니는 무리수를 감행하는 것이다. 이 경우는 감기에 '걸리는' 게 아니라, 감기가 나한테 '걸려든' 셈이 된다. 그렇게 해서 한바탕 심하게 앓고 나면 1년 동안 건강하게 지낼 수 있다는 논리였다. 말하자면, 이렇게 병을 역이용하는 치법도 얼마든지 가능하다. 한편, 이와는 다른

유형의 파격적인 병들이 있다. 일단 한번 감상해 보시라.

• 보고 듣고 말하고 움직이는 것이 모두 망령된 것을 사수邪祟라고 한다. 심하면 평생 보고 듣지도 못한 일이나 오색의 귀신에 대해서 말한다. …… 사수병은 노래 부르거나 통곡하거나, 신음하거나 웃거나, 도랑에서 앉아 자거나 똥이나 더러운 것을 먹거나, 나체로 몸을 드러내거나 밤낮으로 달리거나, 끝없이 성내고 욕한다. …… 아직 일어나지 않은 화·복을 잘 말하는데, 그때가 되면 어김없이 들어맞는다. 다른 사람이 생각하는 것을 맞추고, 평지에 다니는 것처럼 높은 곳을 오르거나 위험한 곳을 다닌다. 「잡병편」, '사수', 1521쪽

• 사람이 죽어 3년이 지나면 사람의 혼과 신이 바람에 날리는 티끌이 된다. 이것이 사람에게 붙으면 병이 되는데…… 모두 귀신을 낀 나쁜 기운이 몸을 돌아다녀서 한열이 있고 땀을 줄줄 흘리며 정신 착란을 일으키는데, 몇 년이나 몇 달에 걸쳐 서서히 진행되다가 갑자기 죽게 된다. 「잡병편」, '사수', 1522쪽

• 여우에 홀린 데 주로 쓴다. 여우나 살쾡이의 귀신이 붙으면 산과 들을 돌아다니거나 손을 마주하여 예의를 갖추어 인사하기도 하고, 조용한 곳에서 혼잣말을 하기도 하며, 옷을 벗고 사람을 만나기도 한다. 또한 계속 절을 하거나 입을 꽉 다물고, 손을 마주하고 앉아 지나치게 예의를 차리고 있기도 하며, 대소변을 아무데나 보기도 한다. 이럴 때는 여우의 고기를 구워 먹거나 내장으로 국을 끓여 먹기도 한다. 또 여우나 살쾡이의 가죽이나 코끝 검은 곳을 가루내어 술에 타 먹으면

가장 효과가 좋다. 또한 여우의 머리, 꼬리, 똥을 태우면 모두 나쁜 기운을 쫓는다.「잡병편」, '사수', 1529쪽

　병에 대한 표상을 와해시키는 병들이다. 어찌 보면 행위예술 같기도 하고 어찌 보면 주술적 능력을 터득하는 제의 같기도 하다. 인간과 귀신, 인간과 동물 사이에도 기운들이 서로 넘나드는데, 그게 심하게 뒤엉킬 경우 이런 병증들이 나타난다. 미개한 시대의 산물이라고 비웃겠지만 그럴 처지가 아니다. 광우병이나 조류독감, 구제역 등 우리시대에도 인간과 동물 사이를 가로지르는 병들이 출현하기 시작했다. 또 귀신이 내린다고 하는 무병도 여전히 존재하지 않는가.
　위에 등장하는 인물들은 한마디로 정신 나간 사람들이다. 근대 이전에는 이런 광인들이 저잣거리에 함께 섞여 살았다. 마을마다 미친 놈 혹은 바보 한두 명은 늘 있었다. 하지만 푸코가 밝혔듯이, 임상의학의 탄생과 더불어 광인들은 감옥에 격리되었고, 그와 더불어 정상인과 비정상인의 경계가 뚜렷해졌다. 덕분에 광인들은 시야에서 사라졌지만 대신 보통의 사람들 대부분이 정신과 치료를 받는 시대가 되었다. 광기가 일상화된 것이다. 물론 예전의 증상들과는 아주 다르다. 예전의 광증은 위에서 보다시피 자아가 해체되면서 평소에 볼 수 없는 기괴한 행동이나 망측한 말을 해댄다. 간혹 예언을 하기도 하고. 하지만 우리시대의 정신질환은 외부와의 지독한 격절감에서 유래한 탓인지 오히려 자의식이 비대하게 커지는 양상을 띤다. 피해망상증이나 강박증이 유난히 많은 것도 그런 예에 속한다. 즉, 이전의 광기와는

벡터 자체가 완전 반대가 된 것이다. 광기의 새로운 배치, 이것도 문명 생리학의 중요한 탐구대상이라 할 수 있다.

이상의 병들이 엄청나게 겉으로 티가 나는 병들이라면 이들보다 더 무서운 것은 안으로 숨어들어 가는 병들이다. 자신을 잘 드러내지 않은 채 차곡차곡 쌓여 가는 것 말이다. 소위 만성질환이 이런 경우다. "기가 쌓인 것을 적積이라 하고, 기기 모인 것은 취聚라고 한다. 그러므로 적은 오장에서 생기고, 취는 육부에서 생긴다."「잡병편」,'적취'(積聚), 1380쪽 "울이란 병이 뭉쳐 흩어지지 않는 것이다. 열이 울체되면 담痰이 생기고, 담이 울체되면 벽癖이 생기며, 혈이 울체되면 징癥이 생기고, 식食이 울체되면 비만이 된다는 것은 필연적인 이치다. 기가 울체되면 습이 막히고, 습이 막히면 열이 되며, 열이 울체되면 담이 생기고, 담이 막히면 혈이 흐르지 않으며, 혈이 막히면 음식이 소화되지 않고 마침내 비괴痞塊가 된다. 이 6가지는 서로 원인이 되어 병을 만든다."「잡병편」,'적취', 1382쪽

• 부종浮腫이란 물이 모여서 병이 생기는 것이다.「잡병편」,'부종', 1411쪽
• 청기와 탁기가 섞여 혈맥이 막히면 기는 탁해지고 혈은 열이 난다. 열이 오래 머물면 기가 습이 되고 습열이 상생하여 창만脹滿, 배가 매우 불러오르면서 속이 그득한 감을 주는 병증이 된다.「잡병편」,'창만', 1427쪽
• 이양二陽이 뭉쳤다는 것은 위와 대장에 열이 뭉친 것을 말한다.「잡병편」,'소갈'消渴, 1443쪽
• 황제 : 옹癰과 저疽는 어떻게 구분합니까?

기백 : 영위가 경맥 속에 머물면 혈이 껄끄러워 잘 흐르지 못합니다. 혈이 흐르지 않으면 위기가 따라서 통하지 않고 막혀서 운행할 수 없기 때문에 열이 납니다. 심한 열이 멎지 않다가 열이 상하면 살이 썩습니다. 살이 썩어 고름이 되지만 기부까지는 들어가지 않고 골수가 마르지 않으며, 오장이 상하지 않기 때문에 옹이라고 합니다. 「잡병편」, '옹저'(癰疽), 1531쪽

- 옹이란 막힌다는 뜻이고, 저도 막힌다는 뜻이다. 혈기가 막혀서 한열이 흩어지지 않을 때는 음이 양에 막히면 옹이 되고 양이 음에 막히면 저가 된다. 옹은 육부에서 생기는데, 들판을 태우는 불처럼 겉으로 기육을 헐게 한다. 저는 오장에서 생기는데, 가마에서 그릇을 굽는 것처럼 안으로 골수를 녹인다. 억울하여 마음이 상하거나 소갈을 오래 앓으면 반드시 옹저나 정창이 생기므로 조심해야 한다. // 터지지 않았을 때는 자흑색을 띠고 단단하며, 터진 뒤에는 석굴처럼 깊이 패이는 것이 암이다. 「잡병편」, '옹저', 1532쪽

거의 모든 진술이 다 쌓이고 막혀서 생긴다는 말을 변주하고 있다. 그야말로 뭉치면 죽고 흩어지면 산다! 이런 병증들의 종결자가 다름 아닌 암이다. 실제로 인용문의 끝에는 암이라는 용어가 나오기도 한다. 물론 이것이 오늘날의 암과 직접적으로 이어지는 건 아니다. 하지만 이치와 경로는 크게 다르지 않다. 뭉치고 막히고 골수를 파고들고 기육을 헐게 한다는 점에서 그렇다. "암은 구체적인 하나의 질병이 아니다. 세포가 걷잡을 수 없이 마구 증식하는 특징을 갖고 있는 여러

질병의 통칭이다." 샤론 모알렘, 『아파야 산다』 233쪽 그래서 암은 세균이 아니라, 세포라고 부른다. 즉, 외부에서 침입한 적이 아니라는 말이다. "암세포는 근본적으로 정상적인 세포이며, 세포 안의 일부가 나쁜 것으로 변화된 것이다. …… 처음에는 정상 세포에서 시작하지만 세포 내부의 무언가가 변화되면서 신체 생리에 맞지 않게 행동한다." 『내몸 사용설명서』 327쪽 요컨대, 이웃세포와의 교류를 거부하고 자신만을 증식하는 세포, 그것이 곧 암이다. 암이 곧 죽음을 의미하는 것은 아니다. 암세포는 늘 생겨나고 또 사라진다. 면역계가 암세포를 통제할 수 있으면 충분히 공존가능하다. 어혈이나 담음, 울체 등도 마찬가지다. 그게 발견되었다고 무조건 절개를 해야 하는 건 아니다. 잘 풀어주면서 함께 사는 길을 찾아야 한다.

> 올바른 기운과 사악한 기운은 얼음과 숯불 같아서 서로 용납하지 못한다. 그러므로 올바른 기운이 머무르면 사악한 기운은 저절로 달아나서, 온몸의 맥이 자연스럽게 유통되고, 삼궁(상중하의 삼단전)의 기운이 자연스럽게 오르내리게 될 것이니, 질병이 무슨 까닭에 생기겠는가? 정렴, 『윤홍식의 용호비결 강의』 110쪽

즉 병과 몸에 있어, 가장 핵심적인 사항은 '관계'와 배치다. 몸의 소통능력이 암의 불통을 이길 수 있는가도 거기에 달려 있다. 암뿐 아니라, 어떤 병도 다 마찬가지다. 그래서 늘 자기를 돌아보라고 하는 것이다. 자기로부터 출발하지 않으면 병을 고친다 해도 아무것도 배우

지 못한다. 이웃과의 소통, 함께 사는 아름다움을 자각하는 것, 그것이 곧 앎이다. 정화스님 암과 앎—발음은 동일하지만 뜻은 전혀 반대의 벡터를 지니고 있다. 부연하면 암은 혈관이나 림프절을 통해 이동하는 것을 좋아한다. 하나의 장기에 머무르지 않고 전이한다. 이것 또한 자본이 계속 이동하면서 자기증식하는 것과 닮은꼴이다. 따라서 암을 키우지 않으려면 무엇보다 소유에의 집착, 증식에 대한 욕망으로부터의 결별이 필요하다. 그것을 자각하는 것이 앎이다. 암에서 앎으로! 이 길 위에서만이 우리 몸 안에 존재하는 '온갖 뭉친 것들'을 흩어놓을 수 있다.

아무튼 이렇게 해서 병들의 화려한 축제를 대강 스케치해 보았다. 몸을 주인공으로 보면 병은 대상화된다. 병은 가능한 한 벗어나고 멀리해야 하는 것이다. 하지만 거꾸로 병을 중심에 놓고 몸을 본다면 어떨까? 병이란 내 몸의 가능성이자 잠재력이다. 이렇게 많은, 이렇게 무시무시한 병을 앓는다니, 이 얼마나 끔찍한가?라는 생각이 들 수도 있지만 거꾸로 이렇게 엄청난 병들을 앓을 수! 있다니, 몸이란 얼마나 위대한가?라고 생각할 수도 있다. 사주명리학에서 자신을 번뇌에 빠뜨리는 그 오행이 곧 운을 바꾸는 구원처라고 보는 것과 같은 이치다. 붓다는 6년 고행을 하던 시절에 인간이 앓는 404가지 병을 다 마스터했다고 한다. 몸이 연출할 수 있는 모든 고통의 축제에 다 참여했다는 뜻이리라. 거듭 말하지만 병은 결코 사라지지 않는다. 병 없는 삶은 불가능하다. 그렇다면 선택은 병과 어떤 관계를 맺을 것인가에 있을 뿐이다. 병이 원수와 적이 아니라, 때론 친구가 되고 때론 스승이 되고,

때론 연인이 되는 것. 그런 식의 대전환이 가능하다면 우리는 이 열꽃들의 화려한 축제에 기꺼이 동참할 수 있을 것이다.

천지만물이 다 약이다!

병이 있는 곳엔 약도 존재한다. 병이 탄생하는 순간, 약도 동시에 자신의 모습을 드러낸다. 거꾸로 약이 없다면 병도 없다. 고칠 수 있고 없고의 차원이 아니다. 불치병일지라도 일단 병으로 명명된 이상 그 병을 치유할 수 있는 길은 그 안에 내재되어 있다. 즉 병과 약은 서로가 서로의 존재성을 규정하는 '운명적 파트너'다. 아무리 끔찍한 시련이라 해도 반드시 그걸 극복할 수 있는 길이 있는 것과 같은 이치다.

병원에 가면 세상에 온통 환자만 있는 것처럼 보이듯, 「잡병편」을 보면 세상엔 온통 병만 있는 것처럼 보인다. 하지만 「탕액편」을 보면 거긴 아주 딴 세상이다. 여기에선 천지만물이 다 약인 것처럼 보인다. 아, 물론 「탕액편」에만 약이 나오는 건 아니다. 「내경편」 '신형'에 '본성을 길러 오래 살게 하는 약'으로 그 유명한 경옥고가 등장하는데, 이 약을 필두로 전편에 걸쳐 약들이 등장한다. 대개의 경우, 몸의 생리적 원리를 말하고 그것이 깨졌을 때 생겨나는 병을 말하고 그 다음엔 반드시 약처방이 따라온다. 몸—병—약의 삼위일체. 게다가 모든 처방에는 꼭 '단방'들이 첨부되어 있다. '단방'이란 하나의 약재로만 이루어진 것으로 아주 진귀한 약초에서부터 일상생활에서 쉽게 접할 수 있는 사물들까지 두루 섞여 있다. 예를 들면, 「내경편」 '혈병'에는 이런 단방이 나온다. "동자뇨: 소변은 화를 내리고 음을 자양하며 또 어혈을 없애고 토혈과 육혈 등 여러 가지 출혈을 멎게 할 수 있다. 선현들이 '모든 실혈에 차가운 약을 먹으면 열에 하나도 살지 못하고, 소변을 먹으면 백에 하나도 죽는 때가 없다'고 하였으니 이 말은 믿을 만하다. 동변 반되에 생강즙 2~3방울을 넣고 고르게 섞어 천천히 먹는다. 하루에 2~3번 먹으면 좋다."「내경편」, '혈', 147쪽

이것 말고도 소변이 단방으로 등장하는 경우는 아주 많다. 특히 어린아이의 오줌은 단골 메뉴에 해당한다. 또 다른 예로 이런 것도 있다. "백급: 자란紫蘭, 난초과 식물의 뿌리. 육혈·토혈·해혈·타혈·각혈을 치료한다. 찬물에 가루를 3돈씩 타서 먹으면 신묘하게 낫는다. 미음에 타서 먹어도 된다. 백급은 피가 나오는 구멍을 만나면 그 구멍을 막기 때문에 피가 멎는다. 예전에 사형수 한 명을 온몸에 매질하였더니 입과 코에서 모두 피가 흘러나왔다. 백급가루를 계속 먹였더니 곧 멎었다. 나중에 능지처참한 후 입회인이 가슴을 열어 보니 백급가루가 폐에서 피가 나오는 구멍을 막고 있었다고 한다."「내경편」, '혈', 149쪽

약초 자체는 평범한데, 첨부된 사례가 충격적이다. 이처럼 『동의보감』은 약처방도 읽는 재미가 쏠쏠하다. 2장 '의학, 글쓰기를 만나다'에서 소개했듯이 특히 「잡병편」의 '잡방'에는 기상천외의 처방들이 등장한다. "질투를 없애는 방법" "몸을 감추는 방법" "귀신을 보는 방법" "돌을 흐물흐물하게 하는 방법" "쥐를 모으는 방법" 등등. 이 방법들의 의학적 효험은 검증할 도리가 없다. 하지만 이런 처방들을 통해서 아주 색다른 경험을 하게 되는 건 분명하다. 즉, 한편으론 사물들이

살아 움직이는 것을 느낄 수 있고, 다른 한편으론 그 사물들의 서사를 음미할 수 있는 것이다. 이런 특이한 경험은 「탕액편」에서 더한층 고조된다.

「탕액편」 1권: 탕액서례湯液序例─수부水部─토부土部─곡부穀部─인부人部─금부禽部─수부獸部

「탕액편」 2권: 어부魚部─충부蟲部─과부果部─채부菜部─초부草部(상)

「탕액편」 3권: 초부(하)─목부木部─옥부玉部─석부石部─금부金部

땅에서 나는 초목은 물론이고 곡식, 사람, 금수, 바다생물, 옥·석·금 같은 광물질에 이르기까지 그야말로 무궁무진하다. 아울러 이 「탕액편」의 표기방식도 주목할 만하다. 약이름 옆에 중세국어가 첨부되어 있다. 예를 들면, '정화수: 새배처엄기른우믈믈'(새벽에 처음 길어낸 물), '납설수: 싯둘납향때온눈노군물'(섣달 납일에 온 눈 녹은 물), '동벽토: 히몬저뾔는동녁브롬흙'(해 먼저 뜨는 동쪽 벽 흙), '부인포의: 주식나흔안쌔'(출산 후 태반) 등으로. 유독 이 「탕액편」에만 이렇게 이중표기를 한 것은 한자를 모르는 이들도 쉽게 활용할 수 있도록 배려한 것일 터이다. 복습 삼아 환기해 보면, 선조는 허준에게 "우리나라에서는 약재가 많이 산출되지만 사람들이 제대로 알지 못하니 종류별로 나누고 우리나라에서 부르는 명칭을 백성들이 쉽게 알 수 있도록 하라"고 당부했다. 허준은 선조의 교지를 충실히 실행에 옮겼는데, 이 한글표기 역시 그러한 맥락에서 이해할 수 있다.

세종 때 나온 대표적인 의서 가운데 『향약집성방』이 있다. 『향약집성방』이란 국산약으로 이루어진 처방 모음집이란 뜻으로 중국 의서의 내용에다 조선적 기후와 풍토 등을 덧붙인 것이다. 「탕액편」은 이런 흐름을 계승한 것이지만 내용과 체계면에서 볼 때 그 수준을 단번에 뛰어넘는 독보적인 작업이다.

허준은 본초학의 전통적인 배열법을 전혀 따르지 않고 자신이 부여한 논리에 따라 약을 배열했다. 대체로 이전의 본초학 책들은 두 가지 형태로 약을 배열했다. 하나는 『신농본초경』의 전통을 따르는 것이다. 이 전통에서는 옥석이 맨 먼저 나오고 그 뒤를 초목, 충수, 과, 채, 미, 곡 등이 따른다. 여기서 옥석이 가장 먼저 나오는 것은 그것이 상품약(목숨을 구하는 약)이 많기 때문이다. 다른 하나는 가장 많이 쓰는 초목을 앞에 두는 전통이다. 왕호고의 『탕액본초』가 그것으로 여기서는 초목에 이어 과, 채, 미곡, 옥석, 금, 수, 충이 뒤따른다. **신동원, 『조선사람 허준』 192~193쪽**

하지만 「탕액편」의 순서는 완연히 다르다. 위에서 보다시피 '수부'의 약이 맨 먼저 나오고 그 뒤를 토부, 곡부, 인부' 등이 잇는다. 그렇게 한 이유를 허준은 이렇게 설명한다. 먼저 수가 제일 먼저 나온 것은 "물이 만물의 근본이기 때문"이고, 토가 두번째인 것은 "땅이 만물을 기르"기 때문이며 "하늘과 땅에서 인간을 기르는 것이 곡식이므로 곡이 그 다음이 된다"고. 그 다음이 인이다. 곡식 다음에 사람이 나온 것이다. 인간이 우주의 중심이 아니라, 대자연의 질서 속에 있는 하나의 과정일 뿐이라고 생각한 것이다. 마찬가지로, 뒤에 이어지는 분류도 약성보다는 자연철학적 분류에 입각하고 있다. 그런 점에서 「탕액편」 은 거대한 자연사박물관을 보는 느낌이다.

먼저, '수부'를 보면 물의 종류가 이렇게 많다는 사실이 놀랍기만 하다. 천리수: 멀리서 흘러오는 강물, 감란수: 많이 휘저어 거품진 물, 역류수: 거슬러 돌아 흐르는 물, 순수히 흐르는 물 여울에 빨리 흐르는 물 등등. 그럼 이것이 다 약이란 말인가. 그렇다. 그 가운데 한 가지를 소개해 보면, 지장은 누런 흙물인데, 그 용법은 이렇다. "성질이 차고 독이 없다. 중독되어 답답한 것과 온갖 독을 푼다. 산속 독버섯은 삶아 먹으면 반드시 죽는다. 또 단풍나무 버섯은 먹으면 계속 웃다가 죽는다. 이때 지장을 마시면 모두 낫는다. 다른 약으로는 살릴 수 없다. 황토가 있는 땅을 파서 구덩이를 만들어 물을 붓고 휘저어 탁하게 한다. 잠시 후에 맑은 물을 떠서 마신다."「탕액편」, '수부', 1993쪽 웃다가 죽는 병이 있는 것도 그렇고, 그 병을 고치는 것이 황톳물이라는 것도 신기하다.

그런데 『대동야승』이라는 조선시대의 야담집에 이와 관련한 일화가 나온다. 유월 유둣날음력 6월 15일, 부녀자들이 단속사로 놀이를 갔다가 점심때 버섯으로 국을 끓여 먹었다. 식사를 마치자 모두들 웃기 시작하여 부둥켜안고 뒹굴면서 웃고, 온종일 웃음이 멎지 않았다. 절의 노승이 약을 달여 주었는데 그 약을 먹자마자 당장 웃음이 멈추었다. 그 약은 비온 끝에 산길 발자국에 괴어 있는 흙탕물을 달인 것이었다. 버섯이 웃음을 야기하는 양기에 해당한다면 비온 뒤의 흙탕물은 그 산의 음기가 녹아 있는 약수가 되는 원리를 활용한 것이다. 노승이 말하기를, "이 산에서 병을 얻었다면 그 병을 낫게 하는 약도 반드시 이 산의 어딘가에 있다는 것이 천지조화의 섭리이다"전창선·어윤형, 『음양이 뭐지?』, 세기, 1994, 174쪽에서 재인용 했다.

이런 물이 아주 특수한 경우라면 음양탕처럼 지극히 평범한 약수도 있다. 음양탕이란 끓인 물 반그릇과 새로 길러온 물 반그릇을 합한 것을 말한다. 이렇게 섞으면 뜨거운 물은 아래에서 위로 올라오고 찬물은 위에서 아래로 내려간다. 이렇게 수승화강이 일어나면 물분자가 활성화되어 약물이 되는 것이다. 매일 아침 일어나자마자 음양탕을 마시는 것도 양생법의 하나다.

'수부'의 마지막에 나오는 약은 '육천기'다. 이것은 물이 아니라 공기다. "봄에는 조하를 마시니, 해가 뜰 때 동쪽을 향하는 기운이다. 가을에는 비천을 마시니 해가 질 때 서쪽을 향하는 기운이다. 겨울에는 항해를 마시니, 북쪽의 자정의 기운이다. 여름에는 정양을 마시니, 남쪽에 해가 가장 높이 떴을 때의 기운이다. 이것에 천현과 지황의 기운을 합하여 육기가 된다."「탕액편」, '수부', 1995쪽 그리고 이와 관련된 흥미로운 이야기가 덧붙어 있다.

사람이 위급한 난리통이나 사방이 막힌 곳에 있을 경우에 이 방법을 쓰면 거북이나 뱀이 기를 마시며 죽지 않는 것과 같이 된다. 옛날 어떤 사람이 구덩이에 빠졌는데 뱀이 한 마리 있었다. 뱀이 매일 이렇게 기를 마셔서 그 사람도 뱀을 따라 때때로 조절하였다. 날마다 이와 같이 하니 몸이 가벼워지는 것을 차츰 느꼈다. 경칩이 지난 후에 그 사람과 뱀이 단번에 뛰어나왔다.「탕액편」, '수부', 1995쪽

말하자면, 뱀과의 동거를 한 것이다. 아마도 동면 중인 뱀이었던 것 같다. 아무리 그렇기로 뱀하고 같이 살다니. 게다가 뱀한테서 밥 대신 공기를 마시며 사는 호흡법을 배웠다니 정말로 세상은 넓고 배움은 무궁하다는 걸 새삼 실감케 된다.

나머지 항목들도 같은 방식으로 구성되어 있다. 각 파트별로 재미있는 것 몇 개씩만 간추려 보았으니 한번 음미해 보기 바란다.

토부: 18종. 오랜 솥 밑의 누런 흙, 해 먼저 뜨는 동쪽 벽 흙, 대들보 위의 티끌 등.

곡부: 107종. 창고에 두어 묵은 쌀, 각종 술, 절구 방망이 끝에 묻은 가는 겨 등.

인부: 23종. 저절로 떨어진 머리털, 수염, 귀지, 빠진 이, 사람의 마른 똥, 손톱 등.

금부: 107종. 뱁새(부인의 손재주를 좋아지게 함), 접동새(첫울음을 먼저 들은 이는 이별하게 되고, 그 울음소리를 흉내내면 피를 토하게 됨) 등.

수부: 236종. 용의 뼈, 사향노루 음경과 배꼽 사이의 주머니, 곰발바닥, 벼락맞아 죽은 짐승의 고기 등.

어부: 53종. 잉어쓸개, 상어가죽, 갑오징어뼈 등.

충부: 95종. 남생이 등딱지, 뽕나무에 자란 사마귀알집, 매미의 허물, 뱀허물, 이 등.

과부: 91종. 덜 익은 푸른 매실을 짚불 연기에 그을려 말린 것, 귤껍질 위의 흰 속 등.

채부: 122종. 도라지, 파의 흰 밑, 마늘, 가지, 미나리 등.

초부(상): 79종. 꼭두서니, 애기부들, 쪽물을 담은 그릇 밑에 있는 앙금, 꿩의 비름 등.

초부(하): 188종. 꽈리, 개구리밥, 엉겅퀴, 나막신의 앞코, 하수오(원래 이름은 야교등夜交藤이었는데 하수오라는 사람이 복용해서 하수오라고 하게 되었다. 이 사람은 태어날 때부터 생식기가 발달되지 못하여 나이가 들어서도 처자식이 없었다. 하루는 술에 취해 밭에 누워 있다가 같은 종류의 덩굴 두 그루의 싹이 3~4번 서로 붙었다 떨어졌다 하는 것을 보고 괴이하게 여기고, 뿌리를 캐어 볕에 말린 후에 찧어서 가루 내어 술과 함께 복용했다. 일주일이 지나자 성욕이 느껴지고 백일이 되자 고질병이 모두 나았으며, 10년 후에는 아들 여럿을 낳고 130살까지 살았다고 한다) 등.

목부 : 156종. 뽕나무겨우살이, 소나무 그을음으로 만든 먹, 곤충에 상해 마디에 진액이 맺힌 것 등.

옥부: 4종. 옥가루, 수정, 산호, 진주 등.

석부: 55종. 자석 구멍에 붙어 있는 털, 임질 있는 사람의 오줌에서 나온 돌, 오래된 기와 등.

금부: 33종. 오래된 동전, 강철을 식초에 담가서 생긴 녹, 무쇠를 담가 우려낸 물 등.

이렇듯 이 자연사박물관에선 온갖 사물들이 웅성거린다. 그 웅성거림이 하도 시끌벅적하여 그들이야말로 이 세상의 진정한 주인공인 것처럼 느껴질 정도다. 물론 상당히 불균질하고 잡다하다. 푸코를 당혹스럽게 했던 보르헤스의 분류법을 환기시키는 대목이다. 보르헤스는 『중국의 백과사전』을 인용했는데, 거기에는 동물을 이렇게 분류하고 있다.

①황제에 속하는 동물, ②향료로 처리하여 방부 보존된 동물, ③사육동물, ④젖을 빠는 돼지, ⑤인어, ⑥전설상의 동물, ⑦주인없는 개, ⑧이 분류에 포함되는 동물, ⑨광폭한 동물, ⑩셀 수 없는 동물, ⑪낙타털과 같이 미세한 모필로 드러낼 수 있는 동물, ⑫기타, ⑬물 주전자를 깨뜨리는 동물, ⑭멀리서 볼 때 파리같이 보이는 동물

동물이라는 것 빼고는 어떤 일관성도 없다. 아니, 여기 있는 것들이 다 동물인지도 명확하지 않다. 보통의 분류법은 대상들을 요소별로 구획하는 식인데, 이 경우엔 주객의 경계도 뭉개져 있을뿐더러 행동과 시점, 효과와 느낌 등 그야말로 다중적인 척도가 오버랩되어 있다. 요컨대, 이 세계는 동일성의 장이 해체된, 온갖 이질성들이 난무하는 '헤테로토피아'인 것이다.

「탕액편」을 비롯하여 『동의보감』이 펼쳐 보이는 약들의 세계 또한 그러하다. 위에서 보다시피 지극히 평범한 것에서부터 영화 「아바타」의 판도라의 행성에서나 존재할 것 같은 비범한 것들까지 망라되

어 있다. 그런데 더 놀라운 건 이 모든 것들이 연결되어 있다는 사실이다. 예컨대, "덜 익은 푸른 매실을 짚불 연기에 그을려 말린 것" "임질 있는 사람의 오줌에서 나온 돌" "강철을 식초에 담가서 생긴 녹" 등 하나의 약이 탄생하기 위해선 음양과 오행이 다 어우러져야 한다. 물론 단방 하나도 마찬가지다. 그것이 약으로 등록되려면 헤아릴 수 없이 많은 인연이 중첩되어야 한다. 위에 인용된 것 가운데 하수오라는 약초만 봐도 그렇다. 그것은 원래 평범한 잡초에 불과했다. 그런데 하수오라고 하는 '생식기 장애'를 가진 사람을 만나면서 그 신체와 결합하여 비로소 이름난 약초로 재탄생하게 된 것이다.(그게 그 풀한테 꼭 행운이라고 말하긴 뭣하지만, 쩝!) 술에 취해 풀밭에 누웠다가 발견하게 되었으니, 이때 매니저는 술인 셈이다. 술이 인간과 풀 사이를 연결해 준 것이다. 이렇듯 물과 나무, 흙과 불, 오줌과 돌 등, 사물들이 연쇄·중첩되는 방식은 우리의 상상과 예측을 뛰어넘는다.

고로, 이 「탕액편」의 세계는 한마디로 원더랜드다. 세상에 얼마나 많은 약이 있는지, 아니 세상이 얼마나 다양한 사물들이 웅성거리는지를 알고 싶다면 누구든 이 원더랜드를 방문하시라. 웰컴 투 더 원더랜드!

군신좌사—처방은 '서사'다

약국에 가서 감기약을 사본 경험이 있을 것이다. 먼저 증상을 나열한다. 목이 아파요, 열이 나요, 기침을 해요 등등. 그러면 그 증상들에 따라 약들이 추가된다. 증상이 복잡하면 약도 더욱 늘어난다. 심한 경우 한보따리를 안겨주기도 한다. 한국은 특히 감기약을 무지막지하게 처방하는 것으로 악명이 높다.(유럽에선 감기는 약을 주지 않고 그냥 쉬기를 권한다고 한다. 감기는 어차피 약을 먹든 안 먹든 최소한 일주일은 지나야 회복되기 때문이다.) 하지만 『동의보감』의 약처방은 이와 다르다. 일단 약은 성분이나 요소로 환원되지 않는다. 어떤 조건과 배치에 놓이느냐에 따라 약성이 아주 다르게 표현된다. 따라서 『동의보감』에서 처방이란 약재의 잠재력 및 여러 약재들 사이의 '힘과 기'를 배합하는 '관계의 기술'이다.

「잡병편」 '용약'의 첫번째 항목에서 제시했듯이 가장 중요한 건 계절과의 조화다. "반드시 먼저 운기를 살펴 자연과의 조화를 해치지 말아야 한다." "병이 들었을 때, 사계절에 맞추어 약을 쓰는 방법은 한열온량을 불문하고, 봄에는 서늘한 풍약을 넣고, 여름에는 매우 차가운 약을 넣고, 가을에는 따뜻한 기약을 넣고, 겨울에는 매우 뜨거운 약을 넣는다. 이것은 생화의 근원을 끊지 않기 위한 것이다." 예컨대 사물탕은 사군자탕과 짝을 이루는 처방으로 혈병의 대표방이다. '숙지황, 백작약, 천궁, 당귀'로 이루어져 있다. 이걸 기본으로 하여, "봄에는 천궁을 2배로 하고, 여름에는 작약을 2배로 하며, 가을에는 지황을 2배로 하고, 겨울에는 당귀를 2배로 한다. // 봄에는 방풍을 더하고, 여름에는 황금을 더하고, 가을에는 천문동을 더하고, 겨울에는 계지를 더한다."「내형편」, '혈', 146쪽 이렇게 다양한 변주를 함으로써 약성의 효과를 최대한 끌어올림과 동시에 활용범위를 대폭 넓힐 수 있는 것이다.

아울러 시대상황과의 조화도 빼놓을 수 없다. 시대적 조건에 따라 몸 안의 기운 배치가 달라지기 때문이다. "맑고 편안한 시절에는 수水가 변화하는 것과 같으므로 비록 맵고 뜨거운 약을 쓰더라도 다른 병이 생기지 않는다." "어지러운 시절에는 화火가 변화하는 것과 같으므로 맵고 뜨거운 약을 쓰면 황달이 되거나 반진이 나오고 괴병으로 변하기도 한다. 왜냐하면 이런 때에는 사람의 속에 화가 생기는데 밖에서 또 화의 기운이 침범하기 때문이다." 엎친 데 덮친 격으로 세상이 불구덩이면 몸 안에도 화가 치성해진다. 이런 때에는 "맛이 맵고 성질이 온화한 약"이나 "맛이 맵고 성질이 서늘한 약"을 쓰는 것이 좋다. 이런 배합의 기술을 일러 방제학이라고 한다. 이 방제의 하이라이트가 바로 '군신좌사'君臣佐使다. 단방이 아닌 경우, 한의학의 약처방은 기본적으로 이 구조를 바탕에 깔고 있다. 군임금, 신신하, 좌보좌관, 사전령사. 말 그대로 국가통치 용어를 방제에 그대로 적용한 것이다. 몸의 병을 다스리는 행위와 유교적 통치의 기술을 오버랩시킨 것이다.

군약: 병의 주요 증상을 치료하는 약물
신약: 군약을 보조하여 치료에 힘을 보태 주는 약물
좌약: 부차적인 증상을 치료하는 약물/군약의 약성을 조절하는 약물
사약: 인경약. 약을 병이 있는 장기나 처소로 이끌어 가는 약물
약에는 군신좌사가 있어 서로 협조한다. 조화롭게 배합되려면 군약 1개, 신약 2개, 좌약 3개, 사약 5개를 써야 한다. 또는 군약 1개, 신약 3개, 좌약과 사약 9개를 쓴다. 약을 쓰는 것은 제도를 세우는 것과 같아

> 군약이 많고 신약이 적거나 신약이 많고 좌약이 적으면 기력이 두루 미치지 못한다.「탕액편」, '탕액서례', 1969쪽

　예를 하나 들어보자. 사군자탕은 기허氣虛에 쓰는 대표방이다. '인삼, 복령, 백출, 감초'로 구성되어 있다. 당연히 원기를 보하는 인삼이 군약이다. "그런데 만약 원기를 보해야 하는 장소가 비장이라면 유념해야 할 것이 있다. 비는 습을 싫어한다. 만약 습이 비에 가득 차 있으면 인삼이 명약이라 해도 그 기능을 제대로 발휘할 수가 없다. 그래서 인삼의 효능을 돕기 위해 백출이 첨가된다. 이것이 신약이다. 복령은 좌약이다. 복령은 거담작용으로 백출을 돕고 기를 보하는 작용이 지나치지 않도록 설기를 한다. 감초는 영양물질을 혈맥 안으로 강하게 인도하는 작용을 한다."도담 강의안 마치 한 편의 무협지를 보는 듯한 느낌이다. 전체를 진두지휘하는 왕초가 있고, 그를 보좌하는 보디가드와 비서, 그리고 전령사까지. 이중에서 특히 인경약이 제일 흥미롭다. 약성을 아픈 곳까지 이끌어 주는 약이 있다니, 신기하지 않은가. 약이란 요소와 성분으로만 작용한다는 고정관념을 한방에 날려 주는 개념이다.
　이와 관련하여 흥미로운 예화가 하나 있다. 중국 근대문학의 선구자 루쉰은 어린 시절 아버지의 병구완을 하느라 전당포와 약방을 뛰어다니는 게 일이었다. 약방문을 받은 다음 약재를 구하러 다녔는데, 그중에는 "한겨울의 갈대뿌리, 3년이나 서리 맞은 사탕수수, 교미 중인 귀뚜라미" 같은 것도 있었다. 이때의 경험탓에 루쉰은 한의학에

대해 깊은 불신을 안게 된다. 그런데 일본 한의학자의 연구에 따르면 이 고약한 약재들은 주로 인경약에 해당한다고 한다. 아버지의 병증이 워낙 깊으니까 좀더 기운이 세고 특이한 약재를 투여해야 했고, 그러다 보니 어린 루쉰에겐 정말 고역이 아닐 수 없었던 것이다.

아무튼 이런 배치에는 아주 특별한 인식론이 담겨 있다. 먼저 약이 '약'이 되는 건 어디까지나 다른 것들과의 관계 속에서라는 전제다. 물론 한약에도 삼품의 등급이 있다.

> 상약 120종은 군약이 되어 양명을 주로 하고 하늘에 응한다. 독이 없으니 많이 복용하거나 오래 복용해도 사람을 상하지 않는다. 몸을 가볍게 하고 기를 보태며, 늙지 않게 하고 수명을 늘리려면 상경의 약을 중심으로 쓴다. 중약 120종은 신약이 되어 양성을 주로 하고 사람에 응한다. 독이 있는 것도 있고, 없는 것도 있으니 살펴서 알맞게 써야 한다. 병을 막고 허약한 것을 보하려면 중경의 약을 중심으로 쓴다. 하약 120종은 좌약이나 사약이 되어 병치료를 주로 하고 땅에 응한다. 독이 많으니 오래 복용할 수 없다. 한열의 사기를 제거하거나 적취를 깨뜨려 병을 낫게 하려면 하경의 약을 중심으로 쓴다. 하품의 약성은 오로지 공격하는 것이니 맹렬한 독기가 몸의 조화를 깨뜨린다. 늘 복용하면 안 되니 병이 나으면 그만 먹어야 한다. 「탕액편」, '탕액서례',
> 1966쪽

하지만 이런 속성은 결코 절대적인 사항이 아니다. 약의 고유한

품성이 잘 발현되기 위해서도 그에 걸맞은 배치가 필요하다. 왜냐하면 이 약들에는 성분이나 요소 이전에 시공간성이 담겨 있기 때문이다. 언제, 어디서 생장했고, 어떤 부위인가에 따라 달라진다. 결국 약의 처방이란 이런 복수의 '시공간'들 사이의 마주침과 주름이다. 그게 바로 약의 '서사'다. 따라서 약을 먹는다는 건 그 서사를 흡수하는 것을 의미한다. 물론 병에도 시공간성이 있다. 인생에 생로병사가 있듯이 병도 생로병사를 한다. 따라서 세상만사 다 그러하듯이, 병을 치료하는 데도 타이밍이 중요하다. 이 타이밍이 잘 맞으면 죽을 병도 살지만 그걸 놓치면 아주 작은 병에도 목숨이 위태로워진다.

이런 관계의 철학을 표현하고 있는 또 하나의 사항이 약의 양과 형태, 조합 등과 같은 형식적 측면이다. 먼저 다다익선多多益善은 금물이다. 좋은 약은 많이 쓰면 이롭겠지, 보약이니까 무조건 몸에 좋겠지, 몸에 좋은 걸 골고루 많이 먹으면 되겠지, 모두 아니다! 수없이 반복했지만 태과는 불급만 못하다. 좋은 성분이나 요소가 많이 쌓이면 좋을 거라고 생각하지만 절대 아니다. 오히려 나빠진다. 임상의학적 예를 들어 보면, 철분 같은 게 대표적인 경우다. 얼마 전까지만 해도 의료계에서는 철분이라면 많이 섭취할수록 좋다고 여겼다. 하지만 기생충이나 암세포도 철분을 먹고 자란다. 또 남아도는 철분이 쌓이면 혈색증이라는 난치병에 걸리기도 한다. 다른 예로, 나한테는 복숭아 알레르기가 있다. 복숭아만 먹으면 토사곽란을 일으킨다. 그래서 나는 무릉도원에 갈 수가 없다. 복숭아꽃이 만발한 무릉도원이 내게는 무간지옥이나 다름 없기 때문이다. 이처럼 누구에겐 천국이 누구에겐 지옥이다. 요컨대 세상에는 절대적으로 좋은 것도 절대적으로 나쁜 것도 없다. 좋고 나쁨을 결정하는 건 전적으로 몸과 맺는 관계에 달려 있을 뿐이다.

한의학에서 법제法製를 하는 이유도 거기에 있다. 법제란 약초를 원래대로 쓰지 않고 다른 성분으로 중화시키는 것으로, 약재가 지닌 야생성을 길들이기 위한 방편이다. 앞의 장에서 다루었듯이 천지만물이 다 약이다. 하지만 "대자연의 잔칫상에는 공짜는 없다", 예컨대 "식물의 무기고에는 온갖 병기가 완벽히 갖춰져 있다. 식물이야말로 지구상 최대의 화학무기 제조공장이다. …… 사람은 평균 매년 5천 가지 내지 1만 가지의 천연 독물을 먹는다." 샤론 모알렘, 『아파야 산다』, 108~114쪽 어디 식물뿐이랴. 「탕액편」에 나오는 모든 사물들은 다 '위험하다'. 어떤 성향의 속성을 강렬하게 지니고 있기 때문이다. 그리고 바로 그런 속성으로 인해 약이 되는 것이다. 약성과 독성 사이는 한끝 차이다. 이 차이를 포착하는 것이 법제의 핵심이다.

법제해서 쓰면 약물의 작용을 높이면서 동시에 부작용을 줄일 수 있고, 따라서 병증에 꼭 맞는 약물 작용을 기대할 수 있다. 그 작용에는 약성의 요소뿐 아니라 기운의 강도, 해당 장기와의 관계 등이 두루 포함된다. 예컨대 "당귀를 술에 담가 쓰면 발산 작용을 돕는다. 대황은 반드시 잿불에 묻어 구워서 써야 하는데, 약성이 차가워서 위기를 상할 수 있기 때문이다. 약 기운이 폐로 가게 하기 위해서는 꿀에 법제하고, 비로 가게 하려면 생강에 법제하고, 신으로 가게 하려면 소금에 법제하고, 간에 가게 하려면 식초에 법제하며, 심으로 가게 하려면 어린아이 오줌에 법제해야 한다."「탕액편」, '탕액서례', 1967쪽 마치 코디네이터나 매니저들이 그러하듯 약들의 성격과 활동무대를 다양하게 바꾸어주는 것이다.

약의 모양이나 사이즈도 역시 중요한 요건이다. 보통은 탕약이 주를 이루지만, 산제(가루약), 환제(알약)도 많은 편이다. 그런데 이렇게 세 가지 형식을 취하는 건 형상과 모양에 따라 약성이 다르다는 근거하에서다.

예컨대, "산은 곱게 가루낸 것이다. 경락을 순행하지 않고 다만 횡격막 위의 병과 장부의 적기를 제거한다." 하부의 병을 없애려면 환을 매우 크고 빛나며 둥글게 만들어야 하고 중초를 치료하려면 그보다 작아야 하며, 상초를 치료하려면 매우 작게 만들어야 한다." "대개 탕은 씻어 버린다는 뜻으로 오래된 병을 없애는 데 쓴다. 산은 흩는다는 뜻으로 급한 병을 없애는 데 쓴다. 환은 완만하다는 뜻으로 병을 빨리 없애지는 못하나 서서히 치료한다는 뜻이다."「탕액편」, '탕액서례', 1970쪽 그래서 유명한 약제들은 이 조제법까지를 포함한다. 예를 들어 쌍화탕은 탕제와 연계되어 있고, 평위산이나 불환금정기산은 산제로, 음허증을 고치는 대표적인 처방인 육미지황환은 환제로 정해져 있다. 그리고 탕제는 중초에, 산제는 상초에, 환제는 하초에 퍼진다. 다시 말하면 약의 조제법과 형태에 그것이 몸의 어느 부위에, 어떤 속도로 작용하는가 하는 정보가 담겨 있는 셈이다. 그야말로 '중중무진' 重重無盡의 우주다.

명현반응―아파야 낫는다

『상한론』의 저자 장중경은 토한하吐汗下법을 즐겨 썼다. 그에 의하면 "봄에는 토법을 써야 한다." 만물이 피어나기 때문에 막혀 있는 양기를 통하게 하는 것이 쉽기 때문이다. 여름에는 한법을 써야 한다. "땀은 오전에 내야지 오후는 음분에 속하기 때문에 적당하지 않다. …… 땀을 낼 때는 옷이나 이불로 머리를 덮고 발을 감싸고 불을 쬐면서 약을 먹고 서서히 땀을 낸다. 손발이 골고루 축축해지도록 땀을 내는 것이 좋다." 그리고 가을에는 하법을 써야 한다. 가을의 조기는 수렴하는 기운이라 아래로 내리는 것이 유리하기 때문이다. "설사시킬 때는 너무 늦으면 안 되고 저녁을 피해서도 안 된다."

토·한·하, 이 삼법은 상고시대 명의들의 썼던 치법으로 그 신묘함이 이루 헤아릴 수 없었다. 허나, "지금 못난 의사들은 단지 여러 처방만 볼 뿐이고 치료법은 알지 못한다. 처방의 원류도 알지 못하고 성인이 썼던 방법을 쓰지 않아서 날이 갈수록 성인과 차이가 심해지니 매우 안타까운 일이다."

처방의 가장 기본적인 원칙은 '정기는 보하고 사기는 사한다'는 것이다. 허실 개념도 같은 맥락이다. 허하다는 건 정기가 허한 것이고 실하다는 건 사기가 실하다는 뜻이다. 고로, 보법은 정기를 보하는 것이고 사법은 사기를 빼내는 것이다. '토한하'법은 사기를 빼내는 가장 빠른 치법이다. 빠르다는 건 격렬하다는 의미도 된다. 이때도 시간성이 중요한데, 병이 격렬하다는 건 속도와 강도가 세다는 의미고, 이것을 완만한 방법으로 대응하면 오히려 병을 더 키울 수 있다. 그래서 처방 역시 속도전의 양상을 띠어야 한다. '이열치열', '이이제이'의 전략에 가깝다. 그런데 이런 치법을 쓰려면 의사건 환자건 단단히 각오를 해야 한다. 토한하 삼법은 모두 상당한 체력과 통증이 수반된다. 약의 힘에 의존하여 수동적으로 대처하는 것이 아니라, 죽기살기로 병과 맞짱을 뜨는 것이기 때문이다. 어찌 보면 미리 대가를 치름으로써 마디를 넘는 행위라고도 할 수 있다. 서양에서 몇천 년간 내려온 '방혈'뾰족한 것으로 찔러서 피를 내는 치법도 이와 비슷한 맥락이다.

하지만 20세기 들면서 이 삼법은 극심한 냉대를 받기 시작했다. 임상의학적 관점에서 볼 때 보기에 흉하다는 것과 통증이 심하다는 이유에서다.

현대인들은 치료가 가능한 한 깔끔하기를 원한다. 뒷간이 화장실이 되면서 똥오줌이 시야에서 사라진 것과 같은 맥락이다. 위생권력은 불균질한 것을 혐오한다. 불균질한 것은 더럽고, 더러운 것은 미개하다는 미적 인식을 가지고 있는 까닭이다. 토하고 땀을 내고, 싸는 것은 하나같이 미개한 짓이다. 아울러 치유의 과정에서 겪어야 하는 체력적 소모와 통증을 견디려고 하지 않는다. 치료는 무조건 통증을 완화시켜야 한다는 확고한 믿음으로 인해서다. 진통제가 일반화된 이유가 여기에 있다. 이것은 병을 치유하는 것이라기보다 병을 망각하는 방법이다. 병인은 계속되고 있는데, 나는 병을 모른다. 그러면 병증은 더더욱 깊이 잠복하게 되고, 병과 몸 사이의 연결고리는 끊어져 버린다. 그러니까 병이 나에게 보내는 전령사가 바로 통증이다. 그런데 이

전령사를 침묵시켜 버리면 병은 고립되어 버린다. 통증이야말로 살아 있다는 증거일 수 있다. 진통제가 발달하면 모든 통증이 사라질 거 같지만 절대 그렇지 않다. 어떤 진통제도 듣지 않는 병들이 점차 늘어나고 있다. 통증의학과라는 분야가 생겨날 정도니 말이다.

이런 점에서 병을 고친다는 건 달리 말하면 통증에 대한 인식과도 맞물려 있다. '명현반응'이라는 것도 이런 맥락이다. 명현반응이란 약을 먹거나 침을 맞았을 때 아픈 증상이 더 심해지는 것을 의미한다. 사전적으로는 "머리와 눈이 흐리고 꽃 같은 것이 어른거리면서 가슴이 답답한 병증"을 말한다. 고대 경서의 하나인 『서경』「열명」說命편에서 "만약 약을 먹어 명현하지 않으면 그 병이 낫지 않는다"若藥不瞑眩, 厥疾不瘳라고 한데서 유래한다. 『동의보감』에도 이 구절이 당연히 등장한다. 토법에서 "토한 뒤 정신이 혼미하거나 어찔해지더라도 놀라거나 그 효과를 의심해서는 안 된다"고 하면서 『서경』의 저 대목을 인용하고 있다.「잡병편」, '토', 966쪽

처음 이 말을 들었을 땐 참 황당했다. 그건 부작용 아닌가? 그렇다. 우리의 통념으론 치료는 무조건 통증이 완화되는 것이다. 그렇지 않다면 그건 의료사고다. 하지만 그것은 통증에 대한 단견이었다. 통증에도 여러 종류가 있다. 빨리 멈추어야 하는 것도 있고, 서서히 가라앉는 것도 있고, 돌발적으로 일어나는 경우도 있다. 하지만 가장 중요한 건 반드시 겪어야 한다는 것이다. 다시 말하지만, 병도 생로병사를 한다. 약은 이 시간성에 개입하는 것이다. 그런데 만약 병의 뿌리가 상당히 깊다면 그것들이 여러 마디를 동시적으로 넘어감으로써 통증

의 강도를 높이게 된다. 죽을 만큼 아픈 경우도 있다. 하지만 이 과정을 거치지 않고서 병의 뿌리를 뽑을 길은 없다. 부작용인지 아닌지는 웬만하면 판단할 수 있다. 무엇보다 몸이 알아챈다. 살기 위해서 아픈 것인지 아니면 별 상관없는 증상인지를. 사실 전혀 몸을 쓰지 않다가 처음으로 등산을 하거나 요가를 하면 온몸이 다 쑤신다. 잠자고 있던 세포들이 깨어나면서 게으르게 살고자 하는 습속들과 싸우느라 그런 것이다. 이 전투를 겪지 않고 습속을 바꾼다는 건 결코 불가능하다. 이것도 일종의 명현반응이다. 그런 점에서 명현반응은 도처에 있다. 양약은 입에 쓰다고 할 때의 쓴맛 역시 일종의 명현이다. 쓴맛은 일단 괴롭기 때문이다. 술담배를 끊을 때도, 초콜릿을 끊을 때도, 쇼핑과 게임을 끊을 때도, 반드시 아파야 한다. 이 아픔은 병이 아니라, 몸이 보내는 '현명한 반응'에 해당한다. 그러니 고질병일수록 이 과정은 지독할 수밖에 없다.

사실 병은 내 몸과 외부의 기운이 어긋나서 발생한다. 따라서 그 책임은 일단 나에게 있다. 따라서 아프다는 건 내가 내 몸에 대해 책임을 지는 행위에 해당한다. 그런 점에서 약과 의사는 도우미일 뿐, 치료는 전적으로 환자의 몫이다.

어디 병뿐이랴. 인생사 전체가 그렇지 않은가. 통과의례나 성장통, 그리고 연령별 주기마다 찾아오는 문턱들 역시 마찬가지다. 이 과정에서 번뇌와 아픔을 겪지 않으려고 하는 것처럼 무망한 노릇도 없다. 미봉책으로 피하고 나면 그것은 무시무시하게 성장하여 문득 내 앞을 가로막는다. 아무리 의학이 발달하고 마취나 진통제가 발달해도 통증 자체를 없애 버릴 수는 없다. 생명이 창조되면서 질병이 탄생했듯이, 질병이 없는 세상은 상상할 수 없고, 동시에 통증이 없는 삶 역시 불가능하다. 쉽게 말해 겪어야 할 건 겪어야 한다는 것이다. 박노해의 시 「건너뛴 삶」에 나오는 다음과 같은 구절처럼.

> 오늘 해결하지 못한 고민들은
> 시간과 함께 스스로 물러간다
> 쓸쓸한 미소이건
> 회한의 눈물이건
>
> 하지만 인생에서 해결하지 못하고 건너뛴
> 본질적인 것들은 결코 사라지지 않는다
>
> 담요에 싸서 버리고 떠난 핏덩이처럼
> 건너뛴 시간만큼 장성하여 돌아와
> 어느 날 내 앞에 무서운 얼굴로 선다.

병과 아픔도 마찬가지 아닐까. 아프지 않고 건너뛴 시간만큼 숙성하고 또 숙성하여 어느 날 문득 마치 괴물처럼 내 몸을 덮친다. 결국, 병이건 삶이건 이치는 간단하다. 아파야 낫는다. 또 아픈 만큼 성숙한다!

이 「잡병편」을 보다가 떠오른 단상으로 이 장을 마무리하도록 하자. 세상 모든 것이 병이고, 천지만물이 다 약이라면, 나 또한 병이고 약이 아닌가. 병과 약을 구성하는 것이 바로 운기다. 운기의 변화에 따라 병이 오고 동시에 약도 생겨난다. 그럼 나라는 존재 역시 운기의 일종이 아닐까. 이렇게 생각하자, 불현듯 연암 박지원의 '만물진성설' 萬物應成設이 떠올랐다.

> 티끌과 티끌들이 서로 의지하되 티끌이 어린 것은 흙이 되고, 티끌이 추한 것은 모래가 되며, 티끌이 굳은 것은 돌이 되고, 티끌의 진액津液은 물이 되며, 티끌이 따스한 것은 불이 되고, 티끌이 맺힌 것은 쇠끝이 되며, 티끌이 번영한 것은 나무가 되고, 티끌이 움직이면 바람이 되며, 티끌이 찌는 듯하게 기운이 침울하여 모든 벌레가 되는 것입니다. 이제 우리 사람들은 곧 모든 벌레 중의 한 족속에 불과함이니.

만물의 기원은 먼지다. 먼지에서 물, 불, 나무, 바람이 만들어지고, 벌레나 사람 역시 그러하다. 지구는 이 먼지들의 입자가 모여 만들어진 거대한 '구'球인 것이다. 다른 한편, 현대과학의 논리 역시 다르지 않다. "우리 몸의 각종 장기와 조직 속에 있는 탄소, 뼈 안에 있는 칼슘, 피에 들어 있는 철분, 몸의 수분 속에 있는 산소 등과 같이 우리가 생명을 유지하는데 필수적인 원소들은 모두 별에서 만들어졌다. 우리는 모두 결국 아주 오래된 과거별의 유산이자 자손인 셈이다. 만일 당신이 사랑하는 사람에게 다가가 "당신은 나의 별이오!"라고 말한다면 그것은 아주 적절한 표현이다. 왜냐하면 우리는 실제로 모두 별들의 먼지로 구성되어 있는 존재이기 때문이다." 하인츠 오버훔머 먼지는 요즘 용어로 치면 미세입자들이다. 이 입자들이 허공을 채우고 있다. 허공은 비어 있지 않다. 철분, 망간, 수소, 탄소, 무기질로 가득차 있고, 그들이 바람이 되고 벌레가 되고 곡식이 된다. 그들과 우리 사이는 이토록 가깝다. 또 죽어 땅에 묻히면 우리들의 몸은 결국 이 미세입자들로 흩어질 것이다. 바람이 되고 물이 되고 공기가 될 것이다. 오운육기란 바로 이 먼지들의 변화무쌍한 운동을 말한다. 허무한가? 그렇다면 빌 브라이슨의 말을 들어보시라.

당신의 몸속에 있는 원자들은 모두 몸속에 들어가기 전에 이미 몇 개의 별을 거쳐서 왔을 것이고, 수백만에 이르는 생물들의 일부였을 것이 거의 분명하다. 우리는 정말로 엄청난 수의 원자들로 구성되어 있을 뿐만 아니라, 우리가 죽고 나면 그 원소들은 모두 재활용된다. 그래서 우리 몸속에 있는 원자들 중의 상당수는 한때 셰익스피어의 몸속에 있었을 수도 있다. 그런 원자의 수가 수십억 개에 이를 것이라는 주장도 있었다. 부처와 칭기즈칸, 그리고 베토벤은 물론이고 여러분이 기억하는 거의 모든 역사적 인물로부터 물려받은 것들도 각각 수십억 개씩은 될 것이다. (원자들이 완전히 재분배되기까지는 수십 년이 걸리기 때문에 반드시 역사 속의 인물이라야만 한다.) ……

그러니까 수명이 상대적으로 짧은 우리는 모두 윤회하고 있는 셈이다. 우리가 죽고 나면, 우리 몸속에 있던 원자들은 모두 흩어져서 다른 곳에서 새로운 목적으로 사용된다. 나뭇잎의 일부가 될 수도 있고, 다른 사람의 몸이 될 수도 있으며, 이슬 방울이 될 수도 있다. 그렇지만

원자들은 실질적으로 영원히 존재한다. 빌 브라이슨, 『거의 모든 것의 역사』 148쪽

호오, 내 안에 부처도 있고 칭기즈칸도 있다니, 왠지 나 자신이 더 할 나위 없이 대견해 보인다. 너 자신이 부처다, 라는 말도 괜한 소리가 아니었던 거다. 물론 부처 말고도 다른 존재들 역시 득시글거린다는 게 문제이긴 하지만. 아무튼 이런 식의 뒤섞임이 가능한 건 우리가 미세한 존재로 흩어질 수 있기 때문이다. 결국 그 미립자들이 '풍·한·서·습·조·화'로 변주되고 꽃이 되고 나무가 되고 동물이 된다. 그리고 우리 자신을 만든다. 그렇다면 결국 허공이 우리의 모태인 셈이다. "허공이 있으므로 내가 존재한다." 정화스님

동서양의 약초학

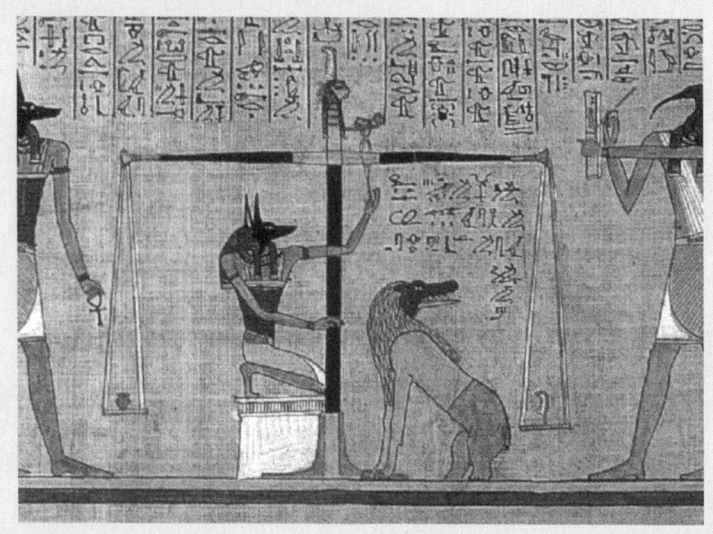

고대 이집트의 약초들

식물이 병을 치료하는 약으로 쓰이게 된 역사는 선사시대까지 거슬러 올라가지만, 기록으로 가장 오래된 것은 메소포타미아 지방에서 쓰이던 아카드어와 이집트어로 기록된 것이다. 그 중에서도 가장 중요한 기록은 기원전 1550년경 위 그림처럼 파피루스에 기록된「치병의 서(書)」이다. 여기에는 마늘, 박하, 무화과, 회향, 양귀비, 피마자 등의 천연물을 이용한 700가지 이상의 처방이 들어 있다고 한다. 특히 아주까리에 대해 상세한 논의가 실려 있는데, 고대 이집트인들이 아주까리가 지닌 하제(下劑, 장의 내용물을 배설시킬 목적으로 사용되는 약제)로서의 특징을 잘 알고 있었음을 드러낸다.

그리스의 외과의사이자 식물학자, 디오스코리데스

1세기경 로마황제 네로의 군대에서 군의관으로 일했던 그리스의 의사 디오스코리데스(Pedanius Dioscorides, AD 40~90)는 약 600종에 달하는 식물에 대한 4,700가지 의학적 사용법을 체계적으로 실은 책을 엮었다. 전5권으로 구성된 이 책은 17세기에 이르기까지 유럽 의학의 중심이 되었으며, 약초의 조제에 대한 것만이 아니라 수확과 저장에 대한 방법까지 실어 놓았다. 디오스코리데스의 책은 약초학 역사상 가장 중요한 문헌일 뿐 아니라 고대 그리스-로마 문화에 있어서 약초의 지식과 사용법을 알려 준다는 점에서도 귀중한 자료이다. 그림 왼쪽은 디오스코리데스의 책 『약물에 대하여』의 12~13세기 무렵의 스페인판본이고, 오른쪽은 디오스코리데스의 초상이다.

약초학의 전파자 존 제라드

500년경부터 유럽의 수도원에서는 약초정원을 가꾸었으며, 허브 사전을 편찬했고, 재배한 약초를 일반 진료소에서도 사용했다고 한다. 15~16세기에 가장 유명한 약초 관련 책은 존 제라드(John Gerarde, 1545~1611)의 『약초지』였다. 제라드는 허벌리스트(herbalist)라 불리던 약초학자로 런던에 약초정원을 가지고 있었는데, 당시 이 정원은 유럽에서 매우 유명했다고 한다. 그는 자기 정원의 식물들을 주의 깊게 살펴서 목록을 정리해 삽화와 함께 실은 책을 펴냈고, 이 책은 여러 언어로 번역되며 인기를 얻어 약초학의 전파에 큰 기여를 했다. 그림 왼쪽이 존 제라드의 초상이며, 오른쪽이 그의 책이다.

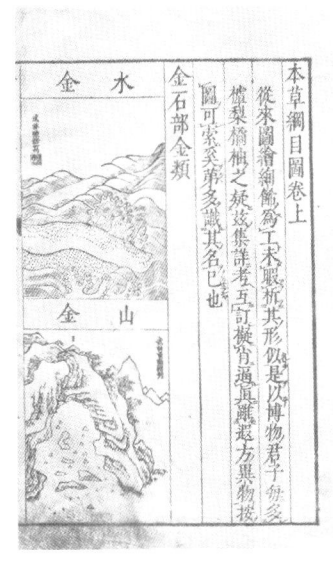 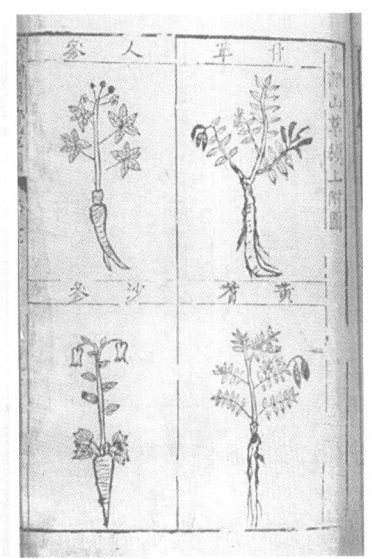

약초학의 고전, 『본초강목』(本草綱目)

동양 약초학에서 가장 많이 언급되는 책이 바로 『본초강목』일 것이다. 중국 명나라 말기의 의사이자 약학자였던 이시진(李時珍, 1518~1593)이 약 30년에 걸쳐 혼자 힘으로 엮어 낸, 전52권에 달하는 방대한 약학서(藥學書)가 『본초강목』이다. 이시진의 집안은 대대로 의사 가문이어서 그는 어린 시절부터 자연스럽게 의학과 친하게 지냈고 22~23세 무렵에 가업을 이었는데 명의로 평판이 높았다. 『본초강목』을 저작하기 시작한 것은 35세 무렵이었다고 한다.

중국의 본초학은, 신농이 모든 약초와 독초를 맛보면서 만들었다고 전해지는 『신농본초경』(실제로는 후한시대에 편찬된 것으로 생각됨)을 원전으로 계속 변주되어 왔다. 하지만 여기에는 잘못된 명칭과 약효, 중복·결함 등이 다수 포함되었다. 이시진은 그 점을 깊이 우려하여 새로운 본초학서를 편찬하기로 마음먹었던 것이다. 그가 참고한 서적은 800여 종에 이르며, 그 자신도 여러 약초의 실물을 수집하고 연구를 거듭해 27년간 3회의 교정을 거듭하여 결국 61세 때 전52권, 수록 약종 1,892종, 도판 1,109장, 처방 11,096종에 달하는 『본초강목』을 완성했다. 하지만 당시의 의학·본초학계에서는 『신농본초경』 등의 설이나, 배열·구성에 대해서 정정을 한 것에 대해 이시진을 격렬히 규탄하여 『본초강목』의 출판에 상당한 어려움을 겪었다. 하지만 이시진을 지지하는 사람들의 도움으로 1593년에 출판되어 당시 황제였던 만력제에게 헌상될 기회를 얻었다. 이 책은 동아시아 주변 국들뿐 아니라 라틴어로도 번역되어 유럽에까지 전해져 세계의 박물학, 본초학에 큰 영향을 미쳤다. 그림은 『본초강목』의 본문 일부이다.

8장

여성의 몸,
여성의 지혜

10여 년 전 난생처음 『동의보감』을 공부하기 시작할 때였다. 당시 한의대 본과 4년을 다니던 한 청년이 우리들의 튜터였는데, 한참 강의를 하던 중 한 여성이 질문을 했다. "『동의보감』에는 남성들만 나오네요, 여성들에 대해선 '질투가 많다, 칠정상이 많다'고 비하하거나 혹은 '전녀위남법'轉女爲男法, 태아가 여자일 때 남자로 바꾸는 방법까지 있는 걸 보면 남존여비男尊女卑 사상이 너무 노골적으로 드러난 거 아닌가요?" "아, 네…… 그런 셈이죠." 튜터는 솔직하게 인정을 했다. 그 뒤로 그 여성은 더 이상 공부에 참여하지 않았다.

『동의보감』에서 다루는 몸의 기준이 남성인 건 맞다. 「신형장부도」에 나오는 인체는 좀 애매하긴 하지만, 여성이 아닌 건 분명하다.

또 양생술의 주체도 어디까지나 남성이지 여성은 아니다. 시대적 한계이건 아니면 의역학의 원초적 차별상이건 남성(양기)이 더 중심이 되는 건 틀림없는 사항이다. 그렇다고 여성과 음기에 대한 지혜가 없는가 하면, 그건 결코 아니다. 남성과 양기에 대해 말하려면 당연히 그 대쌍을 언급하지 않을 수 없고, 더 중요하게는 『동의보감』은 생명을 제일의적 전제로 내세웠다는 점이다. '신형'문의 서두도 생명의 탄생에서 시작하고 있고, 그러기 위해선 잉태와 출산의 주체인 여성의 몸을 적극적으로 다루지 않을 수 없다. 실제로 『동의보감』은 전편에 걸쳐 예상 외(?)로 여성의 몸과 질병, 그 처방에 대한 이야기들로 넘친다. 앞에서 많이 보았다시피, 특히 임상의 서사에선 여성들이 주인공으로 나오는 이야기들이 아주 많다.

그리고 더 중요한 건 '용법'이다. 『동의보감』이 여성을 어떻게 다루든 그 담론적 배치를 여성의 몸, 여성의 삶에 대한 지혜로 변주하면 되지 않을까. 그래서 나는 아직도 궁금하다. 10년 전 그때 그 여성은 왜 공부를 그만두었을까? 『동의보감』이 여성차별적 텍스트라면 배울 필요가 없다는 걸까? 그럼, 여성들은 여성을 존중하는 텍스트만 배워야 한다는 것일까? 그보다는 『동의보감』이라는 원대한 고전을 남성들의 전유물로부터 해방시키는 것이 더 중요하지 않을까?

임신과 탄생은 병이 아니다

앞장에서 살펴보았듯이 「잡병편」은 몸과 천지운기의 마주침에 대한 서사다. 그래서 양이 가장 많다. 그런데 온갖 질병들이 나열된 다음 마지막에 첨가된 것이 '부인', '소아' 항목이다. 그래서 「탕액편」과 「침구편」을 빼고 『동의보감』 전체 목차를 소제목으로 재구성해 보면 '신형'과 '정·기·신'에서 시작하여 '부인', '소아'로 마무리된다. 전자는 노인들의 양생술과 장수비결에 주안점을 두고 있다. 그런데 끝에 가서는 어린아이의 몸이 등장했다. 생명의 원천과 무병장수의 이치를 따지면서 시작하여 새로운 생명의 탄생으로 대단원의 막을 내리고 있는 셈이다. 죽음과 탄생이 하나로 맞물려 있음을 보이고자 한 것일까.

『주역』 64괘도 중천건(하늘)에서 시작하여 '화수미제' 火水未濟로 끝난다. '화수미제'란 불이 위에 있고 물이 아래에 있는 괘다. 그렇게 되면 불은 위로 오르려 하고 물은 아래로 내려가려 한다. 다시 말해 '수승화강'이 안 되는 상태, 곧 미완성이라는 뜻이다. 즉, 64괘의 끝이 완성이 아니라 새로운 시작임을 말하고자 하는 것이다. 허준의 의도 역시 비슷한 맥락이 아닐까 싶다. 아무리 병이 많아도 삶은 계속된다, 고 하는.

그런데 언뜻 보면 앞에 남성들의 몸을 충분히 다루고 나서 여성과 소아를 끄트머리에 배치한 것처럼 보인다. 그것도 남성의 몸은 생명의 차원에서, 여성은 질병의 차원에서. 하지만 조금 더 세밀하게 살펴보면 아주 다른 국면이 보인다. 일단, 부인과 소아를 별도로 다루는 것은 "『천금방』 중국 당나라 때의 의학전서 이후에 모든 종합의서가 부인과 소아의 병을 별도로 다루었으며, 이 점은 조선 의서인 『향약집성방』과 『의방유취』, 『의림촬요』에서도 똑같이 나타난다. 이런 구분은 심층적인 인간 구분에 따른 것이 아니라 의학적 필요 때문이었다. '부인'문을 따로 둔 것은 임신과 출산이 여성에게만 나타나는 현상이기 때문이며, '소아'를 따로 다룬 것은 아이의 신체구조가 어른보다 약한 데다 의사표현능력이 떨어지기 때문이었다."신동원,『조선사람 허준』, 94쪽 실제로『동의보감』앞부분에 "남성의 병보다 여성의 병이 고치기 어렵고, 여성의 병보다 소아의 병이 훨씬 더 어렵다"는 진술이 나오기도 한다. 일종의 예고편인 셈이다.

그리고 이보다 훨씬 더 중요한 대목이 있다. 「내경편」에서 오장육부를 다루는 부분에 '포'胞문이 나온다. 포는 자궁을 의미한다. 이것은 무엇을 말하는 것일까? "『동의보감』은 다른 의서들처럼 여성의 신체기관인 포(자궁)와 유방에 관한 내용을 '부인'문에 싣지 않고, 포는 「내경편」에, 유방은 「외형편」에 실은 것이다. 이는 허준이 성별 차이에 일차적인 기준을 두지 않고, 신체기관의 위치를 분류의 우선으로 삼았음을 뜻한다. 또『동의보감』「내경편」과 「외형편」에서는 장부와 부인, 아이의 신체 부분을 모두 아울렀으며, 병도 장부와 부인, 소아가 다 걸릴 수 있는 병을 말한 뒤에 특히 부인과 아이에게만 해당하는 병을 말했다."신동원,『조선사람 허준』, 95쪽 그렇다면 이것은 차별일까? 아니면 배려일까?

이 대목에서 주목해야 할 사항은 여성을 남성의 하위범주로 다루었는가 아닌가가 아니다. 왜냐하면 우리시대는 이미 그런 식의 성차별이 지배하는 시대가 아니기 때문이다. 더 중요한 건 여성의 임신과 탄생을 병리학으로 다루고 있지 않다는 점이다.

포(胞)

- 일명 적궁赤宮인데 단전 또는 명문이라고도 한다. 남자는 여기에 정을 저장하였다가 퍼뜨려 변화시키고, 부인은 포가 있어야 임신할 수 있다. 이것은 사람을 낳고 기르는 원천이다. 오행도 아니며 수도 아니고 화도 아니다. 천지의 다른 이름이고 곤토坤土가 만물을 낳는 것을 본뜬 것이다.
- 포는 음을 간직하고 땅을 닮았기 때문에 기항지부奇恒之府라고 한다.
- 충맥·임맥은 모두 포에서 시작되어 뱃속으로 올라가니 이것은 경락의 바다이다.
- 여자는 14세에 천계가 이르러 임맥이 통하고 태충맥이 왕성해져 월경이 때맞추어 시작하므로 자식을 가질 수 있다. 충맥은 혈해血海이고 임맥은 포태를 주관하기 때문에 두 가지가 서로 도와야 자식을 가질 수 있다. 월사月事라고 부르는 이유는 화평한 기가 늘 30일에 한 번 보이기 때문이다.
- 충맥은 혈해로서 모든 경맥이 흘러들어 모이는 곳이다. 남자는 이것을 운행시키고 여자는 이것을 머물게 한다. 남자는 운행시키므로 쌓이지 않아 가득 차지 않고, 여자는 머물게 하므로 쌓여서 가득 차게 된다.

남녀에 대한 인식의 핵심은 마지막 부분에 있다. 남자는 양기라 운행시키고 여자는 음기라 머물게 한다. 해서, 남자는 너무 써서 병이 생기고, 여자는 너무 쌓여서 병이 된다. 그래서 "모든 병에 남자는 반드시 성생활을 살피고, 여자는 먼저 월경과 임신을 물어야 한다." 잡병편, '변증', 926쪽 이게 『동의보감』이 바라보는 남성과 여성의 몸적 차별상이다. 이 자체에는 어떤 우열이 있을 수 없다. 서로가 서로를 규정하는 관계이기 때문이다. 따라서 음 속에 양이 있고, 양 속에 음이 있다. 즉, 여성 안에 남성이 있고, 남성 안에 여성이 있다. 오직 음으로만 된 여성도 없고, 오직 양으로만 된 남성도 없다. 그렇기 때문에 음이 극에 이르면 양이 되고, 양이 극에 이르면 음이 된다. 사람도 나이가 들수록 남성은 여성화되고, 여성은 남성화된다.

음양의 논리가 '차별상'이 되는 건 국가나 권력, 자본 등과 결합했을 때다. 예컨대, 음양의 원리를 원용하여 남자는 하늘이고, 여자는 땅이라 규정한 뒤, 하늘은 높고 위대하며 땅은 낮고 천하다, 그러므로 남자는 여자를 지배하고 소유할 수 있다, 는 식의 논리를 도출하는 것이 모든 성차별 담론의 공통점이다. 일단 언뜻 봐도 명제와 명제 사이가 몹시 성글고 거칠다. 더 결정적으로 음양의 '상호전화'라는 원리가 결락되어 있다.

그런데 진정 아이러니한 것은 차별의 이데올로기가 사라진(사라지는 게 마땅하다고 여기는) 시대인데 어째서 임신과 출산의 모든 과정을 병리학의 차원에서 다루고 있는 것일까? 성차별에 그토록 민감한 여성들이 지금 산부인과의 배치에 대해선 그토록 무관심할 수 있단 말인가? 일단 임신에서 출산까지 모든 과정에서 의사가 개입한다. 여성 자신이 주도하는 과정은 거의 없다. 거기다 산부인과의 진료방식도 더 이상 억압적일 수 없다. 두 다리를 벌리고 누워서 의사의 심판을 기다리는 자세라니. 이것이 의학적으로, 문명사적으로 정말 최선이란 말인가? 산부인과 진료방식에서 치욕과 공포를 느껴 보지 않은 여성은 거의 없을 것이다.(있다면 변태고^^) 그런데 왜 의학은 이런 배치를 바꾸려는 시도를 하지 않는가? 여성의 몸 자체를 원초적으로 병적 대상이라고 보지 않고서야 말이다. 실제로 그렇다. 임상의학은 월경, 폐경, 출산 등을 특별한 치료가 개입해야 하는 과정이라고 간주한다. 그리고 그런 의학적 배치 속에서 자란 여성들은 그러한 시각을 통해 자신의 몸을 본다. 자신의 몸에서 일어나는 모든 현상을 '대상화'하고, 약간의 문제만 있어도 의사의 도움을 받으려 든다. 의사 혹은 의사가 대변하는 과학에 절대적으로 복종할 준비가 되어 있는 것이다. 몸으로부터의 소외 혹은 서비스 중독증! 그 결과, 평생 동안 자기 몸의 주도권을 한 번도 행사하지 못한 채 "겁먹은 황소처럼 살아간다."크리스티안 노스럽, 『여성의 몸 여성의 지혜』, 강현주 옮김, 한문화, 2000, 38쪽 하지만 임신과 출산, 거기에 따르는 여성들의 생리는 결코 병이 아니다. 샤론 모알렘은 말한다. 자궁은 진화의 궁극적인 실험실이라고.

축 임신!

앞으로 아홉 달 동안 아기가 만들어지는 과정은, 지난 수백만 년간 질병과 기생균·역병·빙하기·혹서 등 수많은 진화 압력과의 상호작용(여기에 약간의 로맨스는 필수)이 한자리에 모여 지극히 복잡하게 벌이는, 유전정보의 교류와 세포 복제, 메틸 표시, 그리고 생식계열의 복잡하고도 놀라운 상호작용이다. 샤론 모알렘, 『아파야 산다』 239쪽 따라서 임신은 질병처럼 다뤄야 할 사항이 아니라, 옆에서 거들어 주어야 하는 진화의 기적이라는 것이 그의 논리다. 예컨대 인간은 뇌가 발달함과 동시에 직립보행이 시작되었고, 그로 인해 골반의 사이즈가 작아졌다. 그러다 보니 갓난아이가 엄마의 뱃속에서 충분히 크기 전에 산도를 빠져나와야 했다. 그래서 아이의 양육기간이 다른 종에 비해 월등하게 길어진 것이다. 나카자와 신이치에 따르면 부모의 보호를 받아야 하는 유년기가 길어진 탓에 무의식이라는 영역이 고도로 발달하게 되었다고 한다. 아무튼 임신과 출산에는 "인간이 인간인 이유와 인간처럼 행동하는 이유"사론 모알렘가 두루 담겨 있다.

이렇듯 병의 관점에서 접근하는 것과 생명의 관점에서 접근하는 것은 '하늘만큼 땅만큼' 다르다. 여기에 동의한다면 현대의학이 얼마나 여성의 몸에 대해 폭력적이고 권위적인지를 실감하게 될 것이다. 『동의보감』에서 배워야 할 비전은 무엇보다 여기에 있다.

'자궁'의 정치경제학

이팔청춘에서 청소년으로

여자는 7세에 신기腎氣가 성해져서 치아를 갈고 머리카락이 자라납니다. 14세에는 천계天癸가 이르러 임맥任脈이 통하고 태충맥太衝脈이 성해져 월경이 때맞추어 나오므로 자식을 가질 수 있습니다. 21세에는 신기가 고르게 되므로 사랑니가 나고 다 자랍니다. 28세에는 근골이 든든해지고 머리카락이 다 자라며 몸이 튼튼해집니다.

남자는 8세에 신기가 실해져서 머리카락이 자라나고 치아를 갑니다. 16세에는 신기가 성해지고 천계가 이르러 정기가 넘쳐 흐르고 음양이 조화되어 자식을 가질 수 있습니다. 24세에는 신기가 고르게 되고 근골이 강해지므로 사랑니가 나고 다 자랍니다. 32세에는 근골이 융성해지고 기육이 장성해집니다.

「내경편」, '신형', 13쪽

이것이 『동의보감』에서 제시하는 인간의 가장 자연스런 생체주기다. 여자의 일생은 7단위로, 남자의 일생은 8단위로 바뀌어 간다. 왜 7이고, 8인가? "사마천에 따르면, 수 7은 십이지 중에서(양의 완벽함을 표현하는) 사午로 표기되는 위치인 남-남-동에 해당됨을 알 수 있다. 왜냐하면 그는 양의 수들이 7에서 완벽함에 이른다고 보았기 때문이다. 이 위치가 갖는 고유의 성수星宿는 일곱 개의 별로 나타나는 까닭에 칠성이라 불린다. 그리고 남자가 수 8을, 여자가 수 7을 성장주기로 하는 것은 바로 남자와 여자의 출생 위치가 각각 (십이지 중의) 인寅, 동-북-동=8과 신申, 남-남-서=7에 해당하기 때문이라고 한다." 마르셀 그라네, 『중국사유』, 169쪽 좀 어렵다. 차차 배워 가면 되니까 기죽을 거 없다. 중요한 건 7, 8이라는 숫자가 임의적으로 도출된 것이 아니라, 거기에 고도의 형이상학적 추론이 깔려 있다는 점이다.

아무튼 이런 주기에 따르면 남성과 여성 모두 성적 욕망이 가장 왕성해지는 건 10대 중반이다. 여자는 14세 이후 "월경이 때맞추어 나오므로 자식을 둘 수 있"고, 남자는 16세 이후 "정기가 흘러넘쳐 음양이 조화되므로 자식을 낳을 수" 있다. 열네 살에서 열여섯 살. 속칭 이팔청춘! 딴은 그렇다. 춘향이가 이몽룡과 눈이 맞아 합방을 했던 나이도 그때였다. 로미오와 줄리엣 역시 비슷한 나이에 사랑에 미쳐 목숨을 버리기까지 했다. '색계'의 달인(?) 옹녀가 길 위에서 변강쇠를 만난 것도. 임꺽정이 백두산에서 야생의 처녀 운총이와 제멋대로 혼인을 서약하고 애를 만든 것도 대체로 그 어름이었다.

옹녀나 운총이처럼 '막돼먹은' 애들만 그런 것도 아니다. 연암 박지원이나 다산 정약용 같은 '고매한' 인물들도 이팔청춘에 혼인을 했다. 20세기 초의 인물인 임꺽정의 저자 벽초 홍명희는 열세 살에 혼인을 하고 열다섯 살에 아들을 낳았다.(헐~)『목민심서』牧民心書에 보면, 수령이 해야 할 임무 가운데 이런 항목이 있다. "과년토록 결혼을 못한 자는 관에서 마땅히 이를 성혼시키도록 해야 한다." 과년이라면? 그 항목에 달린 주해를 보면, 월왕越王 구천勾踐이 명을 내리기를 "여자 17세에 시집가지 않고, 남자 20세에 장가들지 않으면 그 부모에게 죄가 있다"는 예시로 시작한다. 여자 17세, 남자 20세면 혼기를 놓친 과년한 축에 낀 것이다. 이어지는 대목을 보면,『경국대전』經國大典에 이르기를 "사족의 딸로서 나이 30이 되도록 가난하여 시집을 못 가는 사람이 있으면 예조에서 왕에게 아뢰어 자재를 지급하고 그의 가장은 중죄로 다스린다".

서른이라면 요즘에야 흔하디 흔한 케이스 아닌가. 하지만, 당시로선 몹시 중대한 사회문제에 해낭하였다. 따라서 수령이 직접 나서서 해결해 주어야 한다. "백성의 수령이 된 자가 임금의 뜻을 체득하여 이를 실행한다면 그 직분을 다했다고 할 수 있을 것이다. 천지간에 얽히고설켜서 펴지 못하는 일 치고, 남녀간에 혼기를 놓치는 일보다 더한 것은 없을 것이다."정약용, 『역주 목민심서』 2, 다산연구회 옮김, 창작과비평, 1988, 35~39쪽 왜냐하면, 남녀의 결연은 "천지의 화기를 인도하고 만물의 본성에 순응하"는 일에 해당하기 때문이다. 요컨대, 사람의 생체주기와 자연의 리듬을 연속적 평면 위에서 사유했던 것이다. 따라서 과년한 솔로들이 많다는 건 천지의 운행이 막혔음을 의미하게 된다. 그러니 마땅히 범국가적 차원에서 해결해 주어야만 한다. 이렇게 과년한 솔로가 되어 사회적 이슈가 되지 않으려면? '제때'(이팔청춘)에 혼인을 해야 한다. 물론 이런 자연의 대섭리는 근대와 더불어 산산조각이 나고 말았다. 20세기 이래 이팔청춘은 청소년으로 재탄생되었기 때문이다. 이팔청춘에서 청소년으로!

자궁, 아이를 키우거나 암을 키우거나?

이런 식의 대전환에 위생담론과 인구론, 또 생체권력적 통제시스템이 자리하고 있음은 말할 나위도 없다. 푸코의 말을 빌리면, "근대 권력의 인체 장악은 개인화가 아니라 전체화" 다시 말해 종으로서의 인간에 대한 권력행사였다.미셸 푸코, 『"사회를 보호해야 한다"』 박정자 옮김, 동문선, 1998, 281쪽 '생명(관리)정치' 혹은 '생체권력'bio power이라 이름할 만한 이 권력기술은 출생과 사망의 비율, 재생산의 비율, 인구의 생식력 등의 과정을 앎의 첫번째 대상으로 삼았다.

그런데 국가가 인구를 제대로 관리하기 위해서는 무엇보다 생산의 토대가 되는 성생활을 적극 통제해야 한다. 여기에는 남녀간의 결연방식 및 결혼제도를 포함하여 성윤리 전반이 모두 포함된다. 기독교가 근대정치와 손을 잡는 것도 이 대목이다. 임상의학이 건강과 질병, 청결과 위생, 정상과 비정상을 엄격하게 분리하듯, 기독교는 질병과 악을 동일시하고, 생식을 넘어선 성욕에 대해서는 원죄 혹은 타락으로 규정하기 때문이다. 근대문명의 기본뼈대라 할 수 있는 '국가―의료―종교'의 트리아드가 구축된 것이다. 그와 더불어 "성적 욕망은 생식기능의 중대함 속에 남김없이 흡수되어 버린다."푸코 다시 말해 성욕은 결혼이라는 제도를 통해서만, 아이를 낳는 생식행위를 통해서만 표현되어야 한다 그와 동시에 임신과 출산에 담겨 있는 자연의 리듬은 완전 억압되었다. 자궁은 오직 생산력에 복무해야 하기 때문이다. 그 결과, 우리시대의 혼인적령기는 20대 후반에서 30세, 심지어 30대 후반까지 밀리고 말았다.

> (여성) 35세에는 양명맥이 쇠하여 얼굴에 윤기가 없어지기 시작하고 머리카락이 빠지기 시작합니다. 42세에는 삼양맥이 상부에서부터 쇠약해져 얼굴에 윤기가 없어지고 머리카락이 희어지기 시작합니다. 49세에는 임맥이 허해지고 태충맥이 쇠하여 천계가 마르니 월경이 끊어집니다. 그러므로 형이 무너지고 자식을 가질 수 없습니다.
> (남성) 40세에는 신기가 쇠하여 머리카락이 빠지고 치아가 마릅니다. 48세에는 양기가 상부에서부터 쇠하여 얼굴이 초췌해지고 머리카락이 희끗희끗해집니다. 「내경편」, '신형', 13쪽

『동의보감』의 연령별 생체주기다. 결국 우리시대의 청춘남녀는 육체적으로 쇠락하기 시작할 때가 되어야 비로소 성인이 되고 성생활을 할 수 있게 된다는 뜻이다. 그야말로 자연에 '반反하는' 생체주기를 강요받고 있는 셈이다. 그래서 요즘은 40대도 여전히 사춘기다. 결코 '철들지 않는' 중년들의 시대. 그래서 다들 동안이다. 동시에 40대에 이미 치매와 당뇨를 걱정해야 할 정도로 몸은 '조로'를 겪고 있다. 얼굴에 성형술이나 각종 미용술로 방부제를 쳐서 속이 문드러지는 것을 모르는 시대라고나 할까.

그런데 그중에서도 여성의 성욕은 더더욱 통제의 대상이 되었다. 왜냐하면 아이를 낳고 기르는 건 전적으로 여성의 몫이기 때문이다. 더 노골적으로 말하면 위생권력은 여성의 자궁을 철두철미하게 감시한다. 자궁적출술은 제왕절개술 다음으로 널리 시행되고 있는 외과수술이다. "자궁은 아이를 키우기 위한 것이거나 암을 키우기 위한 것이다."_{크리스티안 노스럽, 『여성의 몸 여성의 지혜』 169쪽} 이것이 임상의학의 대전제다. 그래서 심지어 완전히 정상적으로 보이는 자궁을 제거하기도 한다. 암을 미리 예방한다는 명분에서다. 자궁뿐 아니라 난소와 유방 등 임신과 출산에 관련된 여성의 기관은 다 이런 논리에 종속된다. 이것은 병원과 환자 양방향에서 동시에 이루어진다.

1. "대부분의 미국 산부인과 의사들은 마흔 살 이후의 여성을 대상으로 골반 수술을 하는 경우 난소도 함께 제거해야 한다고 교육받아왔다. 난소암을 예방하기 위해서이다. 그러나 미국 여성의 난소암 발병

률은 80명 가운데 1명 정도이다. 따라서 미국에 살고 있는 수천 명의 여성이 실제로는 거의 발병할 가능성도 없는 질병을 예방하기 위해서 정상적인 난소를 제거하고 있는 것이다."크리스티안 노스럽, 같은 책, 208쪽

2. 내가 일했던 한 병원은 우리 주(州)의 주요한 위탁병원이었다. 그곳에서 일하는 부인과 종양학 전문의는 무수한 난소암을 보게 된다. 그 중 한 병리학자는 이렇게 말했다. "나는 난소암이 두렵습니다. 아내가 마흔 살이 되던 해에 난소를 제거하게 하였고, 아내의 유방도 예방 차원에서 제거하는 것이 낫지 않을까 고려하고 있습니다."같은 책, 212쪽

난소암이 두려워서 난소를 제거하고, 유방암이 두려워서 유방을 제거한다고? 그럼 대체 세상에 왜 태어난 거지? 그렇게 병이 무서우면 태어나지 않는 게 최고의 예방책 아닌가. 그뿐 아니다. 암이 아닌 근종이나 내막증 같은 경우도 여차하면 자궁을 제거해 버린다. 의사들은 너무 쉽게 권유하고, 환자들은 너무 빨리 승낙한다. 여성에게 자궁이 없어도 부작용은 없나요? 라고 물으면 의사들은 말한다. 부작용? 다 낭설입니다. 아무 문제 없어요. 논리는 간단하다. 불면증이나 우울증, 루프스 질환 같은 갖가지 증상이 일어나도 그건 산부인과 소관이 아니다. 자궁이 없으니 어떤 증세가 일어난다 해도 그건 자궁과는 무관한 병이 되어 버린다. 오, 이 기막힌 반전! 우리 주변엔 이런 식으로 자궁을 제거당한 여성들이 너무 많다. 이런 여성들을 일러 '빈궁마마'라고 하는 별칭까지 생겼다. 정말 빈정 상하지 않는가?

남성들도 생식기 질환이 많다. 그러면 아이를 낳을 생각이 없다면 생식기를 미리미리 절단해도 되는가? 말도 안 된다!!고 펄쩍 뛸 것이다. 그런데 왜 여성은? 남성의 생식기는 밖에 돌출되어 있고 여성의 생식기는 안으로 감추어져 있기 때문에 이렇게 해도 된다는 뜻인가? 이거야말로 성차별의 극치다. 지구상의 어떤 문명권에서도 이런 식의 만행은 일어나지 않았다. 그야말로 '자궁의 정치경제학'이라고 이름할 만하다. 이런 배치를 바꾸지 않고서 여성이 자기 삶의 주도권을 확보하기란 불가능하다.

자궁의 순환을 허하라!

그리고 또 하나 아주 중요한 억압의 고리가 있다. 여성의 교육과정에 체육이 부재한다는 사실이 그것이다. 근대 이후 학교에선 체조와 운동회를 체육의 핵심으로 삼았다. 양생술 대신 신체를 기계적으로, 전투적으로 단련하는 데 주안점을 둔 것이다. 양생술의 목표가 신체를 원만하게(둥글게 둥글게) 만드는 것이라면 근대 체육교육의 목표는 각이 지고 근육이 발달하고 터프하게 보이는 몸이다. 요즘 불고 있는 식스팩 열풍이나 8등신, 롱다리 등도 기본적으로 힘과 근육을 중심으로 신체를 직선화하고자 하는 의도의 산물이다. 이것이 얼마나 남성중심적인 관점인지는 말할 나위도 없다. 남존여비가 타파되고 법과 제도적으로 남녀평등이 주창되었지만 정작 여성의 몸은 철저히 남성의 시선에 가두어졌다.

그러다 보니 여성은 자기 몸과 대화하는 법을 잊어버렸다. 자기 몸을 보는 시선은 오직 미적 기준뿐이다. 예쁜가, 아닌가. 날씬한가, 아닌가. 그리고 이 모든 질곡은 자궁과 난소로 집중된다. 매달의 월경을 통해 자궁은 신호를 보낸다. 『동의보감』 '부인'문에 집중적으로 나오듯이, 여성 질병의 대부분은 월경과 관련이 있다. 여성에게 병이 있으면 그게 뭐든 간에 일단 생리상태를 점검해야 한다. 생리 안에 감정과 일, 생활리듬 등 모든 것이 담겨 있다. 하지만 정작 주체들은 듣지 못한다. 아니, 들으려는 생각 자체가 사라져 버렸다. 오직 병원에 가거나 약만 먹으면 된다고 여길 뿐이다.

그 결과가 우리가 아는 각종 여성질환들이다. "부인에게는 수많은 음이 모여 늘 습과 더불어 산다. 15세 이후에는 음기가 넘쳐 흘러 온갖 생각이 나서 안으로는 오장을 상하고 겉으로는 외모를 상하며, 월경이 없거나 오래 끌거나, 월경이 전후로 일정하지 않거나, 어혈이 머물러 엉겨 월경이 중도에 끝나거나 유산이 되는 등 이루 다 말할 수 없다."_{「잡병편」, '부인', 1816쪽} 여성들은 분명 법적, 제도적으로 해방되었다. 문명은 여성들에게 가해졌던 많은 노동을 해소해 주었다. 그렇다면? 그야말로 만병의 근원은 칠정상이라는 뜻인데, 과연 그렇다! "요즘 사회에 만연되어 있는 섹스와 관계 중독증, 여성들의 자신감 부족, 버림받을지도 모른다는 두려움이 여성들로 하여금 몸의 지혜와 메시지를 들을 수 있는 능력을 방해하고 있다."_{크리스티안 노스럽, 『여성의 몸 여성의 지혜』 217쪽}

그런 점에서 가장 문제적인 것은 여성들의 체육교육이다. 한번 추산해 보라. 유치원 때부터 고등학교를 졸업할 때까지 여학생들이 몸을 어떻게 쓰는지를. 남학생들도 같은 처지지만 남성들은 양기가 뻗치다 보니 그래도 운동을 한다.

하지만 여학생들은 다르다. 스스로 알아서 움직이는 일은 거의 없다. 이게 바로 여성의 몸이 '음이 모여 늘 습과 더불어 산다'는 증거다. 음습하다는 건 움직이기 싫어하는 속성이기 때문이다. 또 집에서건 학교에서건 살 빼라는 말은 해도 운동하라는 조언은 하지 않는다. 그렇다고 대학에 가면 운동을 하는가? 그때부턴 과격한 다이어트 코스가 기다리고 있다. 그러다 보니 20대가 중년보다 더 허약한 건 너무도 당연하다. 30대가 되면 거의 대부분 부인병에 노출된다.

몸이 울체되니 정서가 중독으로 치닫는 건 당연지사. 게다가 중독의 대상들은 널려 있다. 쇼핑과 게임과 연애와 티비, 인터넷 등등. 그에 비례하여 자궁근종이 늘어나고 산부인과 병원이 늘어나는 건 필연적 추세다. 그럼, 여기서 핵심이 무엇일까? 일단 10대의 체육이다. 페미니즘은 왜 이런 문제에 착안하지 못하는 것일까? 여성의 억압에 대한 제도적, 법적 저항도 중요하다. 하지만 여성이 스스로 자기 인생을 주도하는 생체 에너지가 없다면 그게 다 무슨 소용인가. 그런데 운명의 주도권은 어디까지나 몸에서 나온다. 몸은 역동적인 에너지장이다. 그런데 그 에너지장이 가장 왕성하게 순환해야 하는 나이에 사지가 결박되어 지내야 하니 그 기운이 대체 어떻게 되겠는가. 자신의 내부에서 맴돌다 자신을 공격하는 수밖에.

돌이켜 보니 나는 중학교 때 공부보다 몸 쓰는 일을 더 많이 한 것 같다. 시골학교라 하루에 한두 시간은 꼭 황무지 개간을 시켰고, 방과 후엔 할 일이 없어서 친구들과 축구, 탁구, 배드민턴, 자전거타기 등을 하며 시간을 보냈다. 당시 축구는 남성들만의 전유물이었는데, 나는 뭔 생각에서였는지 친구들을 꼬드겨서 축구클럽을 만들기도 했다. 그럼에도 나는 가장 소극적인 경우에 해당했고, 다른 친구들은 숫제 하루 왼종일 산으로, 들로 뛰어다니는 명실상부한 '운동권'이었다. 돌이켜 보니 그게 내가 받은 교육 중 최고였다. 내가 그렇게 노는 사이에 도시의 친구들은 걷지도, 뛰지도 못한 채 책상 위에서 '졸고' 있었던 것이다. 고등학교는 소위 명문이라 입학하자마자 '천일작전'에 돌입하여 오로지 입시만을 위해 보냈는데, 그때 체육이란 입시를 위한 눈가림으로 최소한의 생색내기 이상은 모두 생략되었다.

 그런 차원에서 보면 요즘은 그때보다도 최악이다. 그때는 적어도 학교까지는 자기 발로 걸어갔다. 하지만 지금은 자가용 덕택에 걷는 행위조차도 박탈당했으니 말이다. 그러니 대체 하체가 활발하게 움직이는 시간이 얼마나 될까. 덕분에 아주 많은 여학생들이 생리불순에 심각한 생리통에 시달리고 있다. 진통제를 열 알씩 먹는 경우도 있었다. 거기다 10대에 자궁암이나 난소암을 앓는 경우도 심심치 않다. 문제는 거기서 그치지 않는다. 자궁의 기혈이 적체되면 섹슈얼리티의 능동적 발현도 어려워진다. 성에 관한 부정적인 인식도 그와 무관하지 않다. 연애에 중독되어 있으면서도 섹스를 극도로 거부하는 경우나 혼전에는 열렬한 사랑을 나누다가도 정작 결혼을 하고 나선 섹스리스 부부로 사는 경우 등도 결국은 자궁의 순환에 문제가 있는 셈이다. 자궁의 기혈이 잘 돌지 않으니까 성욕이 억압되고 성욕이 마음껏 피어나지 못하니 또 기혈이 돌지 않고…….

- 송나라 저징이 비구니나 과부의 병을 치료할 때 처방을 달리 한 것은 그럴 만한 이유가 있다. 이런 사람들은 혼자 살기 때문에 음만 있고 양은 없으며, 욕망은 싹트나 대부분 이루지 못하여 음양이 다투기 때문에 추웠다 더웠다 하여 거의 온학과 유사하게 된다. 오래되면 허로가 된다.

- 과부나 비구니는 울적하여 병이 생긴다. 그 증상은 바람을 싫어하고 몸이 나른하며, 추웠다 더웠다 하고 얼굴이 붉으며, 가슴이 답답하거나 때로 자한이 있고 간맥이 현장하여 촌구寸口, 손목 안쪽 튀어나온 뼈 앞의 맥이 뛰는 부위에서 나타나는 것이다.

「잡병편」, '부인', 1814쪽

성욕이 과도하게 억압되면 온학溫瘧이나 허로 같은 질병에 시달리게 된다고 본 것이다. 그렇지 않으면 우울증 비슷한 증세가 나타나기도 한다. 구체적인 사례로 『사기』의 '창공전'倉公傳이 인용되어 있다. "제북왕의 시녀인 한녀가 허리와 등이 아프고 한열이 있었다. 모든 의사들이 한열병이라고 했으나, 창공이 '남자를 원하나 얻을 수 없어 생긴 병이다.……'고 하였다. 남자는 정을 위주로 하고 여자는 혈을 위주로 한다. 남자는 정이 왕성하면 여자를 생각하고 부인은 혈이 왕성하면 아이를 가지려 한다." 그래서 예전엔 처녀들이 이유없이 아프고 히스테리를 부리면 시집가면 낫는다고 했던 것이다. 짝짓기를 하여 음양이 조화되면 자궁이 활발하게 순환하게 되고, 그러면 거의 모든 울체가 시원하게 풀린다고 본 것이다. 결국 문제는 자궁의 순환이다. 이

시대에는 과부나 비구니, 혹은 위 사례의 시녀처럼 특별한 처지의 여성들만 이런 병을 앓는다고 보았지만, 우리시대엔 거의 모든 여성들이 이런 병증에 노출되어 있다. 몸을 쓰지 않고 성욕을 자연스럽게 발현하지 못한 때문이다.

솔직히 입시제도가 어떻게 되든 상관없다. 제도가 삶을 구원하는 일은 역사적으로 결코 일어나지 않았음을 깊이 환기하자. 그건 됐고! 더 중요한 건 일단 여학생들에게 운동의 즐거움을 허락하라! 허준 식으로 말하면 자궁의 '활발발한' 순환을 허하라!

폐경, 인생의 '금화교역'

> 부인이 49세가 된 뒤에는 천계가 당연히 멈추어야 한다. 그런데 매달 월경을 하거나 양이 많아지고 멎지 않을 때에는 금심환·자금환·당귀산·가미사물탕을 써야 한다. …… 가미사물탕 : 월경이 끊어진 지 여러 해가 지났는데 갑자기 다시 월경을 하여 마침내 붕루_{불규칙적인 하혈}에 배가 아프고 한열이 있는 것을 치료한다. 사물탕 1돈에 인삼·오수유 각 1돈을 더한다. 이것을 썰어 1첩으로 하여 생강 3쪽, 대추 2개와 함께 물에 달여 먹는다. 「내경편」, '포', 315~316쪽

14세에 천계가 열리면서 초경이 시작되고, 49세에 천계가 닫히면서 폐경이 된다. 이게 여성의 몸에 흐르는 자연의 리듬이다. 초경이 늦어지면 이 리듬에 문제가 있고, 그래서 건강과 출산, 수명 등에 장애

가 생긴다. 그래서 처방이 필요하듯, 폐경기가 되었는데도 계속 이전처럼 월경을 하거나 심지어 양이 많아진다면 그 또한 병증이다. 반드시 치료를 받아야 한다. 여성들 혈병 치료의 고전인 '사물탕'에 인삼과 오수유를 더한 가미사물탕이 그것이다. 이것이 폐경기에 대한 『동의보감』의 기본입장이다. 그런데 여기서 더 중요한 건 폐경을 받아들이는 자세다. 여성들은 특히 칠정상이 많기 때문에 폐경이라는 사건을 어떻게 대하느냐에 따라 병증이 천차만별이다.

일단 사람에 따라 폐경의 시기가 다소 다를 수는 있다. 초경이 빠르면 폐경도 다소 이르고, 그 반대 역시 마찬가지다. 중요한 건 리듬이다. 초경이 봄을 알리는 신호탄이라면 본격적으로 낳고 기르고 키우는 것이 여름, 곧 중년이다. 여름에서 가을로 옮겨 가는 순간이 바로 폐경기다. 여름은 짧다. 여름이 길다면 지구는 뜨거운 열로 폭발하고 말 것이다. 여성의 몸도 마찬가지다. 계속 여름의 열기가 이어진다면 몸 안에 있는 피는 한꺼번에 연소되고 말 것이다. 또 하나 월경을 한다는 건 가임기라는 뜻인데, 그것이 무작정 길어진다면 그게 정말 축복일까. 임신은 탄생의 희열을 주기도 하지만 끔찍한 고통을 동반하기도 한다. 그런데 50대 이후에도 계속 임신의 가능성이 있다면, 여성의 인생은 그야말로 아기를 낳는 공장 신세가 되고 말 것이다. 또 건강한 아기를 낳을 확률이 줄어들뿐더러 키우는 일도 끔찍한 노동이 될 것이고…….

그런 점에서 폐경이란 실로 축복이다. 축복 이전에 자연이다. 여름이 가을로 바뀌는 걸 우주의 '금화교역'金火交易이라고 한다. 한창 뜨

겨울 때 입추양력 8월 7일경가 시작되고 태양은 자리를 이동한다. 비로소 열기가 식혀지면서 열매가 익기 시작한다. 마찬가지로 폐경기 역시 여성의 인생에 있어 '금화교역'에 해당한다. "얼굴이 갑자기 붉어지는 홍조와 우울, 불안, 건망증 등의 신경 증상과 심혈관 질환은 화기가 성한 것이다. 반면 피부의 탄력 손실과 골다공증, 질 건조, 외음부 가려움, 요실금 같은 비뇨생식기 질환은 금기가 쇠한 것이다. 이에 지나친 화를 누르고 부족한 금을 북돋우면 호르몬에 의존하지 않고도 갱년기 증상을 이겨낼 수 있다."손영기, 『별난 한의사 손영기의 먹지마 건강법』 189쪽 이 금화교역의 시기를 멋지게 통과해야 가을의 결실과 겨울의 대성찰이 가능해진다.

그런데 임상의학적으로는 어떠한가. 폐경기는 여성의 인생에 종착역이라는 이미지가 뿌리깊다. 이제 더 이상 '여자 구실'을 못할 거라는 인식이 앞서다. 이때 여자 구실이란 성적 대상으로서의 여성성이다. 아이를 더 낳고 싶다는 뜻은 결코 아니다. 이것도 참 희한한 일이다. 여성이 해방된 세상에서 왜 여성들이 늙어서까지 성적 욕구의 대상이 되고자 하는 것일까. 또 여성성이란 왜 오직 남성들의 구애의 대상이 되는 것으로만 투사되는 것일까.(사랑하고가 아니라, 받고! 싶다는 열망, 버림받을지도 모른다는 두려움!) 남성들의 폐경기는 64세다. 49세와 64세, 이 격차에서 오는 박탈감도 만만치 않은 듯하다. 마치 그것이 여성억압의 원인인 듯 여기기도 한다. 하지만 더 근본적인 것은 여성이 남성의 시선이 아닌 스스로의 힘으로 생의 주기를 넘어가는 것이 아닐까. 여성성은 결코 성욕과 구애의 대상으로만 인증되는 것이 아니다. 여성성의 해방이란 오히려 그런 욕망의 배치로부터의 탈주이기도 하다.

폐경기 이후 여성성은 사라지는 것이 아니라, 아주 다른 방식으로 훨씬 더 깊고 넓게 고양된다. 보통 생리가 끝나면 난소의 기능도 위축된다고 여기지만, 난소는 그 이후에도 계속해서 스테로이드 호르몬을 만들어 낸다. 한 가지 기능이 위축되면 다른 기능이 시작되는 것이 우리의 몸이다. 말하자면 폐경기가 된다는 건 여성성을 잃고 몸이 질적으로 저하된다는 뜻이 아니라, 새로운 방식으로 세팅된다는 뜻이다. 이 과정은 반드시 필요하다. 그래야 노년의 삶을 행복하게 영위할 수 있기 때문이다.

> 폐경기 이후 여성의 역할은 앞장서서 진실과 지혜로 공동체에 씨를 뿌려 주는 일이다. 원시문화에서 폐경기의 여성들은 지혜의 피를 더 이상 주기적으로 흘려 버리는 것이 아니라 보유하는 것으로 간주되었다. 따라서 월경을 하는 여성들보다 훨씬 강력한 힘을 지닌다고 여겨졌다. 이러한 문화적 배경으로 폐경 이전의 여성은 신을 영접할 수도 없었다. 원시문화에서 폐경기의 여성들은 모든 인간과 동물의 자식들에게 책임감 있는 목소리를 제공해 주었다. 나이든 여성들은 중요한 영향력을 행사했으며 부족의 모든 결정을 검토해 주었다. **크리스티안 노스럽, 『여성의 몸 여성의 지혜』 369쪽**

생리가 멈추면 지혜가 쌓이고 이 지혜로 공동체를 이끌어 가는 것. 그것이 폐경기 이후 여성들의 가장 자연스러운 코스라고 본 것이다. 일본 애니매이션의 전설 「바람계곡의 나우시카」에 나오는 눈먼 할머니 예언자가 연상되는 대목이다. 그러고 보면 대부분의 공동체의 주술사나 예언자는 여성이다. 여성의 지혜가 공동체 전체의 행복과 안녕으로 확장될 때, 그때 비로소 여성성은 대지의 모성으로 발현되는 것이 아닐까.

우리 몸은 결코 단선적이지 않다. 매우 입체적으로 그 우주적 율동을 표현해 낸다. 문제는 사람마다 다 다르게 드러나는 이 우주적 율동을 무시한다는 사실이다. "오늘날 대부분의 여성들은 개인의 특성에 맞추어진 폐경 진단과 처방을 받지 못하고 임신한 암말의 소변에서 추출한 에스트로겐 제재인 프레마린이라는 표준화된 처방을 받고 있다. 1949년에 처음 소개된 프레마린은…… 에스트로겐이기도 하다. …… 하지만 나는 더 이상 이 약을 추천하고 싶지 않다. 무엇보다 이 약을 복용하면 기분이 나빠진다고 한다."크리스티안 노스럽, 같은 책, 384쪽 따라서 폐경기에 중요한 건 어떤 약을 복용하고 가능한 한 기간을 늘이고, 노화를 거부하는 것이 아니다. 그럴수록 여성의 삶은 비참해질 뿐이다. 내 안에 있는 지혜를 쓰지 않으면 생명력은 침묵한다. 더구나 폐경은 여성의 지혜가 본격적으로 작동하는 시기인데, 이걸 침묵시키면 그보다 더한 무지는 없다. 무엇보다 이 무지와의 전투가 필요하다. 즉, 여성에게 필요한 건 각종 서비스와 호르몬제가 아니라, 스스로의 몸과 그 몸에서 작동하는 우주적 지혜를 알아차리는 배움의 현장이다.

여성의 양생술 — 공감하라!

황제: 병으로 가슴과 옆구리가 결리고 그득하여 음식을 잘 먹을 수가 없습니다. 병이 이르면 먼저 비리고 누린내가 나고 맑은 콧물이 나오며, 먼저 피를 뱉고 사지가 차고 눈이 어지러우며, 때때로 전음이나 후음으로 피가 납니다. 이 병명이 무엇이며 어떻게 생기는 것입니까? 기백: 병명은 혈고血枯라고 합니다. 나이가 어릴 때 크게 피를 흘리거나 술에 취한 채 성교하여 중기中氣가 고갈되고 간이 상하였기 때문입니다. 그래서 월경이 적어지거나 나오지 않게 됩니다.

「내경편」, '포', 305쪽

술과 섹스의 결합은 남성뿐 아니라, 여성한테도 치명적이다. 특히 자궁에 큰 타격을 입힌다. 여성 건강은 가장 일차적으로 월경을 통해 표현된다. 기혈의 순환이 원활하면 일단 생리가 원활하다. 어딘가 문제가 있으면 일차적으로 생리에 문제가 생긴다. 물론 그 모든 것의 핵심은 '불통'에 있다. 기억하는가? 통즉불통, 불통즉통!

월경이 나오지 않는 것은 포맥이 막혔기 때문이다. 포맥은 심에 닿고 포 속으로 이어지는데 기가 폐로 치고 올라와 심기가 내려가지 못하기 때문에 월경이 나오지 않는 것이다. …… 근심걱정이 많으면 심을 상하여 혈을 제대로 만들지 못한다. 「내경편」, '포', 300쪽 요컨대, 마음을 너무 써서 심화가 상행하여 자궁의 경맥이 막힌다는 것이다. 그래서 이럴 경우, 일단 심화를 내리는 약을 써야 한다. 하지만 계속 마음을 쓰고 있으면 약만으론 한계가 있다. 여기서 마음이란 특히 희로우사비경공喜怒憂思悲驚恐, 즉 칠정이다. 남성보다 여성의 병이 고치기 어려운 것도 여기에 있다. "부인의 병이 남자의 병보다 열 배로 치료하기 어려운 것은 남자보다 욕심이 많아 병이 배로 잘 걸리고, 질투·성냄·연민·애증이 깊어 감정을 스스로 억제하지 못하기 때문에 병의 뿌리가 깊기 때문이다." 「잡병편」, '부인', 1816쪽 쉽게 말하면 여성의 병은 감정의 기복이 심한 탓이라는 것. 현대는 스트레스의 시대다. 만병의 근원이 스트레스인데, 이 스트레스가 칠정상에 해당하는 셈이다. 현대의학은 세균이나 바이러스 같은 구체적 병인을 찾다가 여의치 않으면 그때서야 스트레스를 지목한다. 스트레스의 차이와 유형에는 별 관심이 없다. 좀 심하다 싶으면 바로 정신과로 넘겨 버린다. 스트레스와 광기. 현대의학은 감정으로 인한 병을 이렇게만 구분하는 셈이다. 하지만 『동의보감』에서는 칠정의 불균형을 병의 핵심적 요인으로 삼고 있기 때문에 그 양상을 더 구체적으로 짚어 낸다.

처녀와 총각이 마음으로 늘 그리워하고 생각이 많아 허해지는 때가 많다. 남자의 경우는 먼저 안색이 좋지 않게 되고, 여자의 경우는 먼저 월경이 끊어진다. 근심걱정과 생각이 많으면 심을 상하고 혈이 없어진다. 「내경편」, '포', 300쪽 슬퍼하면 심계가 당기고 폐포엽이 들려서 상초가 막히며, 영위가 흐르지 못하고 열기가 속에 머물게 된다. 그러므로 포락이 끊어지고 양기가 속에서 흔들리다가 발작하면 심이 아래로 무너져서 요혈이 자주 나오는 것이다. 심하붕心下崩이라는 것은 심포가 안으로 무너져서 하혈하는 것을 가리킨다.「내경편」, '포', 306쪽

한편, 이런 경우도 있다. 여성의 대표적 질환 가운데 하나인 붕루는 하혈이 멈추지 않는 것인데, "비위의 허손이 신으로 내려가 상화와 서로 합쳐서 습열이 밀고 내려"간 탓이다. 비위의 사기가 신장의 상화와 결합하여 습열, 곧 탁한 피가 만들어졌다는 뜻이다. 그런데 "예전엔 지위가 높았지만 지금은 세력을 잃었거나, 부유하다가 가난해져 심기가 부족하게 되어 심화가 혈맥 속에서 몹시 왕성해지고, 또 음식을 제대로 먹지 못하지만 얼굴은 병이 나지 않은 것처럼 보이는 것이다. 이것은 심병이다. 물어보지 않아도 월경이 아무 때나 나오거나 월경이 나오다 멎다 하거나 갑자기 쏟아져 혈붕이 멎지 않음을 알 수 있다."「내경편」, '포', 306쪽 사극에서 자주 나오듯이 이 시대에는 부귀영화를 누리다 갑자기 추락하는 경우가 많았다. 당연히 그 경우 감정적 낙차가 엄청 클 수밖에 없다. 그때 몸에서 어떤 사건이 일어나는지를 서술하고 있는 것이다. 치법도 아주 구체적이다. "먼저 최악의 경우 죽을 수도 있다는 말을 하여 마음을 다잡게 한 후, 크게 기혈을 보하는 약으로써 비위의 기를 끌어올리고, 심화를 누르는 약을 약간 넣어 음을 보하고 양을 사하면 월경이 저절로 멎는다." 적백대하, 누하漏下, 붕루인

대 조금씩 피가 나오는 것, 산가(疝瘕, 생식기 병증의 하나) 등 부인병의 대부분은 칠정의 흐름과 관련이 깊다. 이 점을 강조하다 보니 여성들이 들으면 언짢을 만한 언술이 자주 등장한다. "질투하고 성내고 사랑하고 미워하는 등 감정의 변화가 심하고 자식을 걱정하는 마음이 지나치고 고집이 세어 자기의 마음을 억제하지 못"한다는 등등.

그럼 이런 식의 어법은 어떤가. "서구문명을 지탱해 온 기독교 문화에서 이브로 대표되는 여성은 인류를 타락시킨 장본인이었다." "중독된 사회구조는 육체를 뇌에 종속된 것, 뇌의 명령에 따라 움직이는 것이라고 생각한다. 중독된 사회구조는 뇌에게 피로감, 허기, 불안감을 무시하도록 가르친다. 사랑받고 싶은 욕구를 무시하라고 가르친다. 육체를 적이라고 생각하게 만든다. 뇌를 짜증나게 만드는 메시지를 보낼 때 육체는 숙적이 된다. 그 메시지를 죽이는 것으로 끝나지 않고 육체가 다시는 메시지 자체를 보내지 못하도록 만들어 버린다."

<small>크리스티안 노스럽, 『여성의 몸 여성의 지혜』 35쪽</small> 결국 여기서도 핵심은 여성들에게 강요된, 여성들이 진리처럼 떠받들고 있는 '감정의 구조'이다. 그렇다면 치유의 키는 칠정을 조절할 수 있는 힘에 달려 있다. 그래서 약만으로는 곤란하다. 칠정의 원천과 경로에 두루 개입해야만 한다. 『동의보감』에서 치유의 서사가 풍부한 부분도 이 지점이다.

곧 혼인하기로 한 여자가 있었다. 남편이 될 사람이 장사하러 가서 2년이 지나도 돌아오지 않았다. 그 여자가 이 때문에 밥을 먹지 않고 바보처럼 힘없이 누워 있기만 하였다. 다른 병은 없이 집 안에서 누워

있거나 앉아 있었다. 이것은 그리워하여 기가 뭉쳤기 때문이다. 약으로만 치료하기는 어렵고 기뻐해야 뭉친 것이 풀릴 수 있다. 그렇지 않으면 성내게 해야 한다. 그리하여 내가 가서 감정을 자극하였더니 크게 성내면서 울부짖었다. 6시간쯤 지나서 부모로 하여금 풀어 주게 하고 약 1첩을 주었더니 먹을 것을 찾았다. 내가, "병이 나아지긴 하였지만 반드시 기뻐해야 완전히 낫습니다"라 하고는 남자가 돌아왔다고 거짓말을 하였더니 그 이후로는 병이 생기지 않았다. 비는 생각을 주관하니 생각을 너무 많이 하면 비기가 뭉쳐서 음식을 먹지 못하게 된다. 성내는 것은 간목에 속하는데 성을 내면 목기가 올라가서 비기를 열어젖힌다.「내경편」,'신'(神), 113쪽

그리움으로 기가 뭉쳤다니, 일종의 상사병에 걸린 것이다. 그러면 보통 눈물어린 위로를 해줄 것 같은데 성을 내게 했다. 분노와 통곡을 통해 뭉친 기를 풀어 준 것이다. 간의 목기로 비위의 토기를 극한 것이다(목극토). 여기서 끝이 아니다. 그 다음엔 기쁨의 정서(화기)로 오장육부 전체를 화평하게 해주어야 한다. 이때는 거짓말이 약이요 침이다. 이렇게 해서 일단 회복되고 나면 면역력이 생겨서 다시 같은 병에 걸리지는 않는다. 즉, 상황은 아무것도 바뀌지 않았지만 내 몸의 기운의 배치가 달라지면, 어떻게든 살아갈 수가 있는 법이다.

이미 언급했듯이 우리시대는 여성의 성욕에 대한 억압이 일상화되어 있다. 결혼적령기도 늦춰졌을 뿐 아니라, 비혼에 독신여성의 수가 무려 백만에 육박하는 시대에 접어들었다. 거기다 섹스리스 부부

도 늘어나는 추세다. 따지고 보면 이것 역시 사회적으로 규정된 성적 억압이다. 정규직으로 성공하는 여성들의 경로를 살펴보면, 도무지 성욕을 자연스럽게 해소할 만한 회로가 없다. 더구나 성욕을 자연스럽게 표현할 공공의 장도 부재한다. 역시 국가경쟁력은 성욕을 몰수한다! 특히 여성의 성욕을. 개별적으로 욕망의 배치를 바꾸는 활동과 관계를 만들어 내지 못하면, 칠정의 모든 회로가 막히고 말 것이다. 그것이 여성에겐 만병의 근원이라는 점은 이제 더 강조하지 않아도 좋으리라.

그렇다면 이제 어떻게 해야 할까? 방법은 하나다! 스스로 칠정이 자연스럽게 흐를 수 있도록 출구를 내는 것뿐이다. 그러기 위해선 먼저 칠정의 얽히고설킴을 그저 스트레스라는 통칭에 묶어 두지 말고, 아주 구체적이고도 세밀하게 관찰할 필요가 있다. 요컨대, 자신의 감정과 욕망이 흐르는 길을 잘 살펴보라는 것.

예를 하나 들면, 누군가에게 꽂히면 다른 모든 관계를 끊어 버리는 여성들이 많다. 학교 공부고, 알바고, 가족이고 친구고 다 내팽개친 채 오직 그 남자 생각만으로 하루를 다 보낸다. 무척 낭만적으로 보이지만 이건 일종의 병증이다. 연애중독증이거나 아니면 갑상선 항진증, 한의학적으로는 음허화동! 운좋게 연애가 이루어지면 그 다음엔 오직 서로의 몸을 탐하는 데 열중한다. 처음엔 더할 나위 없이 행복하지만 얼마 지나지 않아 상대 남성은 염증을 느끼기 시작한다. 삶이 증발된 섹스는 곧 질리게 되어 있다. 그러면 여성을 남겨 두고 가차없이 떠나 버린다. 홀로 남겨진 여성은 분노와 원망에 몸부림친다. 떠나간 남자 때문이기도 하지만 자기에게 아무것도 남아 있지 않다는 허탈감으로 인해 더더욱 절망에 빠져 버린다. 그런데 놀라운 건 간신히 절망의 수렁에서 기어올라 온 다음엔 또 다시 그런 식의 연애를 반복한다는 점이다. 그리고 그 다음엔 증상이 더 심해진다. 상대에 대한 집착과 성에 대한 탐닉도. 내가 아는 한 여학생은 소위 명문대학을 다니던 중이었는데, 이런 증상에 시달리다 학과마저 때려치우고 남자를 따라 산속으로 들어간 경우도 있었다. 그런 과정을 거칠 때마다 몸이 받는 스트레스는 엄청나다. 그럼에도 이렇게 동일한 회로를 반복하는 건 감정의 흐름을 객관적으로 보지 못하기 때문이다. 당연히 생리불순에 불면증, 체중감소, 소화불량 등 각종 질병에 노출된다. 임신과 출산에도 상당한 장애가 발생한다. 하지만 대부분 그런 병증과 감정의 회로, 그리고 연애패턴, 이 세 항목들 사이에 깊은 연결고리가 있다는 것을 상상하지 못한다.

따라서 가장 중요한 건 관찰이다. 즉, 감정의 회로를 아주 다른 인과 속에서 볼 수 있는 통찰력이 필요하다. 그 힘을 통해서만이 비로소 나를 가두고 있는, 아니 나에게 갇혀 있는 감정들이 외부를 향해 흘러갈 수 있다. 감정이 흐를 수 있는 통로를 여는 것, 그것이 곧 공감의 기술이다. 이 기술을 터득하지 못하면, 아무리 연애를 많이 해도, 결혼을 하고 아이를 낳고 길러도, 또 폐경기를 지나 노년에 접어들어도, 여성의 지혜는 결코 움트지 못한다. 오히려 나이가 들수록 감정의 회로는 더더욱 고착된다. 남는 건 치명적인 자궁질환 아니면 우울증. 이런 식의 '홈파인' 코스를 반복하지 않으려면 감정을 외부로 흐르게 하는 훈련을 해야 한다. 그리하여 삶의 접점을 깊고, 넓게 구축해야 한다. 요컨대 칠정을 내 안에 가두어 두지 말고, 그것이 세상 속으로 흘러가도록 하라. 그것만이 출구다.

인터넷에서 본 뉴스 하나. 서울대공원에 있는 코끼리거북이는 102살이다. 에콰도르에서 수놈 두 마리가 함께 왔다. 한놈이 죽었다. 그러자 남은 놈은 식음을 전폐하고 깊은 슬픔에 잠겼다. 우울증에 걸린 것이다. 모래 속에 머리를 처박은 채 꼼짝도 하지 않았다. 고심 끝에 대공원측은 두 살짜리 붉은 코코아티 너구리들을 투입했다. 이들은 잠시도 가만히 있지를 못하는 종족이다. 아니나 다를까. 너구리들은 겁도 없이 거북이 주변을 정신없이 돌아다닐 뿐 아니라, 심지어 등에 올라가 밥을 먹고 잠을 자고 온갖 난리부르스를 다 떨었다. 그런데 놀랍게도 거북이가 움직이기 시작했다. 밥을 먹고 너구리들과 헤엄을 치고 친구가 된 것이다. 다시 살기로 작정을 한 것이다. 이 기사를 보는 순간, 나도 모르게 탄성이 터져 나왔다. 인생이란 바로 이렇게 나 외의 다른 존재들과 접속하는 것이다. 타자와의 접속을 통해 '미친 존재감'을 마음껏 발휘하는 것, 이 공감의 기술이야말로 여성들이 칠정의 억압 혹은 스트레스로부터 벗어나는 길이자 최고의 양생술이다.

양자의학과 '출생'

임신 1개월의 태아를 백로(白露, 흰 이슬)라 하고, 2개월이 되면 도화(桃花)에 비유한다. 3개월이 되었을 때 우신이 먼저 생기면 남자가 되니 음이 양을 감싼 것이고, 좌신이 먼저 생기면 여자가 되니 양이 음을 감싼 것이다. 「잡병편」, '소아', 1836쪽

이 다음엔 "신이 비를 낳고 비가 간을 낳고, 간이 폐를 낳고, 폐가 심을 낳는다." 오장은 자기를 극하는 장기를 낳는다. 다음, "심이 소장을 낳고, 소장이 대장을 낳고, 대장이 담을 낳고, 담이 위를 낳고, 위가 방광을 낳고, 방광이 삼초를 낳는다." 육부는 자기가 극하는 장부를 낳는다. 이렇게 오장육부가 생기고 나면 이걸 토대로 하여 경락과 골절, 혈자리와 털구멍 등이 생기고 그 다음에 이목구비를 비롯하여 모든 신체가 갖추어진다. 이것이 『동의보감』이 말하는 생명 탄생의 '대서사'다. 상생상극이라는 우주적 원리가 고스란히 체현되어 있다. 한마디로 이 과정은 곧 자연의 리듬이다.

하지만 보다시피, 우리시대에 있어 임신과 출산, 그리고 탄생의 전 과정은 더 이상 자연이 아니다. 철저히 병원에서 관리해야 하는 질병의 일종이 되었다.

먼저, 제왕절개는 산모가 위험하거나 아기가 위험할 때 쓰는 방법이다. 예전에 비하면 많이 줄어들긴 했지만, 여전히 많은 산모들이 제왕절개를 당연한 코스로 여긴다. 특히 병원들의 시설이 좋아지면서 기계에 대한 의존도는 더욱 커져만 가는 실정이다. 사람에 따라 분만통이 여러 날 걸리는 경우도 있다. 하지만 그렇다고 다 목숨이 위태로운 건 아니다. 오히려 통증을 충분히 겪은 뒤에 분만을 하고 나면, 몸 전체가 환골탈태換骨奪胎하는 해방감과 우주적 활동에 참여했다는 자

존감을 만끽할 수 있다. 즉, 분만의 통증은 자연스러운 것이다. "진통은 그 나름의 리듬과 속도를 가지고 있는 자연스러운 과정이다. 그리고 우리의 한계를 넘어선 절차이다. 그러므로 우리는 진통과 함께하고 진통이 우리를 휩쓸어 버리도록 내버려 두는 방법을 배워야 하는 것이다." 크리스티안 노스럽, 『여성의 몸 여성의 지혜』 348쪽 여성이 위대한 건 바로 이 경험을 할 수 있다는 데에도 있다. 즉, 분만의 고통이야말로 여성의 우주적 특권인 셈이다. 그런데 이걸 의료기술을 통해 깔끔하게 해결해 버리면 이 특권은 아무런 의미도 획득하지 못한다. 자신에게 부여된 용기와 담대함을 발휘할 기회 자체를 박탈해 버리는 것이다. 즉, 제왕절개는 단순히 통증을 완화시키는 데서 그치는 것이 아니라, 여성들의 내적 생명력을 완전히 침묵시켜 버린다는 것이다. 그렇게 되면 임신과 출산이 모두 스트레스의 원천이 되어 버린다. 분만통을 겪지 않는 대신 스트레스를 짊어지고 살게 된다는 뜻이다. '출산 후 우울증'이라는 것도 그런 예 가운데 하나다. 한마디로 자연적인 통증은 진통제와 마취로 해결하고, 병원에서 제공하는 만성적인 통증은 대책없이 감내해야 하는 전도된 상황이 연출되는 것이다.

제왕절개뿐 아니라 기타 다른 병에서도 마찬가지다. 현대인들은 조기검진에 대한 신앙 때문에 위 내시경, 대장 내시경 등 각종 치료에 부수되는 통증들 ── 진액을 고갈시키는 ── 은 기꺼이 감내하고 있다. 항생제만 해도 그렇다. 항생제가 투여되면 장내세균들을 다 죽여 버리기 때문에 속이 메슥거리고 입맛이 떨어진다. 이것도 상당한 고통이다. 그렇지만 아무도 저항하지 않는다. 대신 살아가면서 반드시 겪어야 하는 자연스러운 통증들은 어떻게든 피해 가려고 안간힘을 쓴다. 그래 봤자 통증의 총량은 변하지 않는다. 양상만 달라질 뿐.

출산과 관련하여 가장 중요한 사항이 또 하나 있다. 아기 또한 탄생의 주역이라는 사실이다. 아기는 그냥 무력하고 나약하게 있다가 엄마의 힘에 의해 세상에 나오는 것이 아니라, "분만과정의 능동적인 참가자이다. 모든 아기는 어머니의 임신, 진통, 분만에 나름대로 기여한다."크리스티안 노스럽, 『여성의 몸 여성의 지혜』, 352쪽 생각해 보라. 진통이 시작되면 양수가 터지고, 그때 아기는 좁은 산도를 빠져나오기 위해 죽기살기로 몸부림친다. 불쌍하다고? 그렇지 않다! 선천에서 후천으로 오는 문턱을 자기 힘으로 넘는다는 건 그 자체로 '멋진' 일이다. 죽음도 어쩌면 이런 과정일 수 있다. 그래야 또 후천의 세상을 자신의 힘으로 살아갈 수 있는 법이다. 그런데 현대의학은 아기는 완전히 '몰주체적인' 대상으로 단정한다. 그저 백지상태로 있다가 부모에 의해, 의사에 의해 세상에 나오는 것처럼 말이다. 그런 상태라면 아마 태아 때 생명줄을 놓아 버렸을 것이다. 사실 아기의 생명력은 수정되는 순간부터 맹렬하게 활동을 개시한다. 입덧이 결정적인 증거다. 어찌 보면 자기가 살겠다고 엄마를 지독하게 괴롭히는 짓거리 아닌가. 임신당뇨 같은 병증도 아이가 당을 취하기 위한 '배후조종'(?)이라는 설이 유력하다.

최근 현대의학에서도 탄생에 있어 태아의 역할을 적극적으로 인정하는 의학담론이 등장했다. 양자의학이 바로 그것이다.

양자의학에서는 생명의 시작은 제1조건인 엄마의 난자, 제2조건인 아버지의 정자 그리고 제3조건인 죽은 사람의 "정신적 존재"인 영혼이 서로 합쳐서 이루어지는 것이다. 그래서 양자의학에서는 생명의 시작을 삼합 三合이라고 하며, 생명의 시작은 수정의 순간으로부터 계산한다. 이렇게 시작한 인간의 생명체는 만38주 동안 엄마의 뱃속에서 성숙을 하고 드디어 태어난다. …… 따라서 인간의 탄생은 세포적으로는 부모의 분신이지만 정신적으로 보면 진화의 모든 재능이 축적된 것이 나타나는 것이라고 하였다. 강길전[충남대 의대 산부인과 교수], 「발생, 생명 그리고 인간」

심리학자 엘리자베스 칼만과 닐 칼만 부부는 출산 경험이 있는 100명의 여성과 인터뷰한 결과, 수정하기 전의 영적인 존재 pre-existence는 지구상의 많은 문화권에서 찾아 볼 수 있으며, 또한 고대로부터 지금까지 광범위하게 알려져 있다고 하였다. 그래서 칼만 부부는 다음과 같은 결론을 내렸다. 첫째, 출생 전 영적인 존재가 미래의 부모를 결정한다고 하였으며 그들은 출생 전 영적 존재를 "spirit-child"라고 불렀다. 따라서 비록 태아가 육체적으로는 미성숙하더라도 영적으로는 완전한 인간이기 때문에 산모와의 통신이 가능하다고 하였다. 둘째, 태아가 이러한 영적 존재를 갖고 있기 때문에 태아는 엄마의 감정을 느낄 줄 알고 또한 음악을 이해할 수 있다고 하였다. 셋째, 태아는 영적인 존재이기 때문에 출생 후 자궁 생활을 생생히 기억하는 사람이 있다고 하였다.

용어나 개념은 다르지만, 동양사상에선 매우 익숙한 담론이다.

의역학적으로 보면 생명이란 정기신의 배합이다. 물질적 조건과 정신적 활동이 긴밀하게 결합을 해야 비로소 하나의 생명이 시작된다. "천지의 정기가 만물의 형으로 되는데, '아버지의 정기가 혼이 되고 어머니의 정기가 백이 된다' '아홉 달째에 신이 펼쳐지고 기가 충만해져 태胎가 완성된다'고 하고, 또한 '열 달째에 태를 품는다'고 하니, 천지의 덕이 기와 합쳐진 다음에야 사람이 태어난다는 것"「내경편」, '신형', 12쪽이다. 죽은 다음에는 이것이 혼과 백으로 흩어졌다가 어떤 조건하에서 '헤쳐모여'를 하다 보면 다시금 생명 탄생의 서사가 시작된다. 무의식이나 '자타이리'自他以利의 원리도 비슷하다. "보람이 있으면 무의식이 밝아진다. 자기 무의식이 밝은 사람은 생전에 기분 좋은 일이 많았던 사람이다. 자기 양심에 꺼림칙한 일을 많이 한 사람은 무의식이 어둡다. 육신은 없어져도 이 무의식은 없어지지 않고 다음 생으로 이월된다."
조용헌, 『조용헌의 동양학 강의(인사편)』, 랜덤하우스코리아, 2010, 227쪽 유교에서 4대까지만 제사를 지내는 이유도 50여 년쯤 지나면 혼백도 다른 차원의 우주로 이행하였다고 보기 때문이다.

    불교는 더 급진적이다. '부모 미생전未生前 본래면목本來面目'이라는 화두가 있다. 본래면목의 의미는 일단 차치하고, 이것이 부모가 태어나기도 전에 내가 있음을 말해 주는 언표임엔 분명하다. 이렇듯 사상적 원천이 뭐건 간에 핵심은 부모가 일방적으로 결정하는 것이 아니라는 사실이다. 임신이 결정되는 순간부터 태어나는 전 과정에 걸쳐 태아 자신이 적극적으로 개입을 한다. 유산의 경우도 태아 스스로 삶을 포기하는 것이라고 보는 견해가 많다. 즉, 수정이 된 상태에서 세포

분열을 더 이상 하지 않으면 어혈이 풀리듯 그냥 흘러내리는 것이다. 엄마의 자궁이 약한 탓이기도 하지만 그것도 사실은 상호적이다. 몸이 아주 허약하고 지병까지 있는데도 아이를 쑥쑥 잘 낳는 경우가 있는가 하면, 몸이 아주 건강한데도 도무지 아이가 생기지 않고 생겼다 하면 유산되는 경우도 상당히 많다. 한편, 모든 아이가 다 태어난다면 세상은 아주 끔찍해질 수 있다. 낙태의 경우도 마찬가지다. 낙태를 결정하는 것도 전적으로 부모라고 하기는 어렵다. 화학적 분비물을 통해 엄마의 마음을 움직여서 낙태를 포기시키는 태아도 얼마든지 있다. 거꾸로, 적극적인 피임에도 기필코(!) 태어나는 아기들의 경우도 이치는 마찬가지다.

이런 관점은 잉태와 출산뿐 아니라 양육의 전체 과정에 다 적용된다. 한마디로 사람은 다 자기 나름의 길을 닦아 가게 되어 있다. 따라서 부모가 자식의 인생을 좌지우지할 수 있다고 여기는 건 그 자체로 무지요 폭력이다. 사랑과 모성을 내세우지만 실제로는 부모의 욕심인 경우가 태반이다. 생명은 자연과 사회의 접점에서 이루어진다. 그런데 의료기술이 발달할수록 자연의 영역은 배제되어 버린다. 임신에서 출산까지를 모두 의술에 기대는 심리는 양육에서도 자식을 부모의 부속물로 대하는 사고방식으로 이어진다. 이것이 오이디푸스적 가족삼각형의 비극적 구조이기도 하다. 모두가 가족을 위해 산다고 하지만 실제론 아무도 행복하지 않은 희한한 구조! 이 점을 뼈아프게 자각해야 『동의보감』 '소아'문을 충분히 음미할 수 있을 것이다.

대기만성의 원리

2010년 가을 무렵의 일로 기억한다. 아주 예쁘게 생긴 젊은 엄마가 우리 공동체를 방문한 적이 있었다. 가슴에는 돌이 채 지나지 않은 아기를 안은 채로. 사연인즉 안타깝게도 얼마 전에 사고로 아기아빠를 잃은 터라, 뭔가 삶의 새로운 출구를 찾기 위해서 찾아왔다는 것이다. 공부와 삶의 비전에 대한 이런저런 이야기를 나누던 중 불쑥 중요한 용건이 있다며 자리를 털고 일어섰다. 백화점 문화센터에서 하는 프로그램에 참여하러 간다는 거였다. '홀로서기를 위해 뭔가 열심히 배우나 보다' 했는데, 그게 아니었다. 그 프로그램은 놀랍게도 아기를 위한 것이었다. 아니, 아직 돌도 안 된 아기한테 뭔 교육? 정확히는 모르지만, 음악을 이용해서 하는 무슨 영재 프로젝트라고 했다. 헉! 하도 어이가 없어서 한동안 말문이 막혔던 기억이 난다.

조기교육이란 말은 많이 들었지만, 이 정도까진 줄은 정말 몰랐다. 유치원에서 유아원, 놀이방까지 온통 과잉교육으로 뒤덮인 건 물론이려니와 갓 태어난 신생아들까지 교육상품의 대상일 줄이야. 하긴, 그러고 보니 태아들조차 예외가 아니었다. 산부인과에서 초음파로 잉태가 확인되는 순간부터 태아는 각종 태교 프로그램에 동원된다. 곧 선천(태어나기 이전)의 세계에 있을 때부터 후천의 세계에서 치러야 할 경쟁에 휘둘리는 셈이다. 그러니 탄생 이후 뒤집기와 걷기, 말하기를 배우기도 전에 수많은 프로그램에 투입되는 건 당연지사. 이런! 이런 끔찍한 현상을 주도하는 현대교육의 전제는 이렇다. 뛰어난

인재가 되려면 좋은 교육을 많이 받아야 한다. 그런데 더 많이 받으려면 더 빨리 받아야 한다. 영어와 피아노, 미술, 피겨 스케이팅 등등 뭐든 일찍부터 가르쳐야 한다. 많으면 많을수록 좋고, 빠르면 빠를수록 좋다. 많이와 빨리!──둘은 나란히 간다. 이런 식으로 가다 보니 한 살이라도 더 어릴 때부터, 아니 숫제 뱃속에 있을 때부터 해두는 게 낫겠지, 하는 심리적 기제가 만연하게 된 것이다. 위에 나온 엄마의 경우도 그런 케이스다. 불의의 사고로 남편을 잃게 되자 아기를 잘 키워야 한다는 생각에 하루라도 빨리 좋은 교육을 받게 하고 싶었던 것이리라. 하지만 유감스럽게도 이런 식의 속도경쟁은 교육적 배려라기보다 병리적 증세에 가깝다. 내 아이는 무조건 최고로 키워야 한다는 엄마들의 집착과 세상 모든 것을 상품으로 만들어 버리는 자본의 논리가 한통속이 되어 만들어 낸 신경증 혹은 강박증!

　한번 따져 보자. 이 속도경쟁은 오직 양과 형식만을 척도로 하고 있다. 그런데, 양과 형식이 비대해지면 어느 순간 질과 내용은 빈약해지기 마련이다. 예컨대, 녹용은 기혈을 보하는 데 최고의 명약이다. 그렇다고 어린 시절부터 날마다 녹용을 복용한다면 어떻게 될까? 아마 끔찍한 부작용에 시달리게 될 것이다. 거기다 체질이 맞지도 않는 아이라면? 설상가상! 비단 녹용뿐 아니라 만사가 다 그러하다. 좋은 것을 많이 취하면 더 좋아질 거 같지만 사실은 '나빠진다'. 좋은 것을 많이 해도 결과가 이럴진대 하물며 돈으로 범벅이 된 각종 유행성 프로젝트를 무작정 쫓아다니면 아이는 대체 어떻게 될까? 일단 선천의 정기를 엄청 손상당하게 된다. 아이들한테는 세상 모든 것이 다 경이롭다. 따로 교육을 시키지 않아도 하루 종일 충분히 배우고 익힌다. 보고, 듣고, 먹고, 싸고, 울고. 그 과정에서 선천의 정기를 활용하는 법을 터득해 나간다. 앎이 곧 존재요 생명이다!

그런데 외부에서 계속 인위적 개입을 하면 이 원초적 생명력은 침묵, 봉쇄되어 버린다. 쉽게 말해, 아이는 점점 더 수동적으로 되어 간다. 잘 차려진 밥상에 숟가락만 얹다 보니 스스로의 힘으로 밥상을 차리는 게 불가능해진 격이라고나 할까. 자발성과 능동성을 상실하는 것, 교육적으로 보자면 이보다 더 큰 마이너스는 없다. 사실 이건 이미 충분히 검증된 사항이기도 하다. 우리시대 청춘들이 이런 교육의 희생양들이다. 허우대는 멀쩡하고, 피아노며 영어에, 거기다 체험학습에 봉사활동까지. 그런데 참 이상하다. 분명 그 정도의 교육을 받았으면 '자이언트'가 되어야 할 거 같은데 어째서 다들 '난쟁이'들이 되어 버렸을까? 우울증에 자살충동에 극도의 의기소침까지.

"내가 누군지 모르겠어." "도대체 내가 뭘 원하는지 모르겠어." "내가 어떻게 살아야 하는지 모르겠어"—이게 10대, 20대들의 공통된 독백이다. 이름하여, 3대 무지의 법칙! 아주 이른 시기부터 거쳐야 했던 속도경쟁 속에서 내면의 지혜와 힘을 박탈당한 탓이다. 전문용어로 말하면 '정·기·신'을 너무 빨리 소진해 버린 탓이다.『동의보감』에 따르면, 정기신이 충분히 발현되려면 일단 출생에서부터 느린 것이 좋다. "사람이 처음 기를 받을 때 9일째에 음양이 확실히 정해지고 49일이 지나서야 태를 이루기 시작하며 그 뒤로는 7일에 한 번씩 변화한다. 그러므로 306일에서 296일을 채운 아이는 모두 상급의 그릇이 되고, 286일에서 266일을 채운 아이는 모두 중급의 그릇이 되며, 256일에서 246일을 채운 아이는 하급의 그릇이 된다." 「내경편」, '신형', 12쪽 그래서 전설이나 민담에 나오는 영웅들은 15개월, 심지어 20개월 만에 나오는 경우가 많았던 것이다. 팔삭동이에 대한 차별상도 원천은 여기에 있었다. 자라는 과정 역시 마찬가지다.

- 3세에서 10세까지의 소아는 그 성품이나 기질을 보면 수명을 알수 있다.
- 어릴 때 식견과 지혜가 뛰어나면 대부분 요절한다.
- 남의 의도를 미리 알아 빨리 대응하는 아이도 요절한다.
- 일찍 앉거나 일찍 걷거나, 치아가 일찍 나거나, 말을 일찍 하는 것은 모두 성품이 나쁘니 좋은 사람이 되지 못한다.

「잡병편」, '소아', 1842쪽

『동의보감』 '소아'문에 나오는 내용이다. 요컨대, 빨리 뭔가를 터득하는 것은 성품이나 기질, 수명 등에서 아주 불리하다는 것. 반대로, 이런 경우는 오래 산다. "아이의 골격이 완전하고 위엄이 있으며, 천천히 움직이고 마음을 써서 다듬어야 될 것 같은 아이는 오래 산다./ 갓 태어났을 때 울음소리가 계속 이어지면 오래 산다./ 인중이 깊고 길면 오래 산다." 아, 한 가지 더. "넓적다리 사이에 살이 없으면 죽는다." 허벅지 살이 있어야 몸 전체의 균형을 잡을 수 있기 때문이다. 다른 건 몰라도 이 대복은 좀 신경이 쓰인다. 요즘 연예인들을 보면 허벅지와 종아리가 거의 똑같은 사이즈인, 한마디로 새처럼 가는 경우가 아주 많다. 이게 청소년들의 미적 기준이 되면 정말 곤란하다. 아무튼 다시 속도의 문제로 돌아오면, 『동의보감』에선 아이의 동작이 완만한 듯 크면서 울음소리가 길게 이어져야 좋다고 보았다.

우리시대와는 완전히 반대되는 관점이다. 시대가 바뀌지 않았느냐고? 물론이다. 헌데, 시대가 달라졌다고 생로병사의 기본 구조가 달라진 건 아니다. 성품이나 기질 문제는 제쳐놓더라도 수명 문제는 간단히 넘기고 말 사안이 아니다. 현대의학의 관점에서 보더라도, 수명을 결정하는 가장 기본적인 척도는 호흡이다. 사람은 태어날 때 평생의 호흡 수를 가지고 태어난다는 말이 있다. 그것을 어떻게 활용하느냐에 따라 수명이 달라지는 셈이다. 요절할 팔자를 타고 난 경우라고 해도 호흡을 잘 조절한다면 얼마든지 무병장수할 수 있다. 종교의 색채에 상관없이, 수행이란 기본적으로 호흡조절에 다름 아니다.

예전엔 아이가 팔삭동이거나 혹은 너무 몸이 약하게 태어났거나 혹은 요절할 운명이라는 예언을 들으면 절에다 맡겼다고 한다. 절에 있으면 최소한 부질없는 욕망이나 경쟁으로 타고난 호흡수를 갉아먹진 않을 거라고 간주한 것이다. 맞다. 그래서 그런 아이들 중에 무병장수해서 훌륭한 노스님이 된 경우가 적지 않았다고 한다. 양생술에서 명상을 해라, 화를 다스려라, 소박한 음식을 먹어라, 고 하는 것도 같은 이치이다. 성욕을 조절하라, 고 끊임없이 당부하는 것도 마찬가지다. 연애와 섹스만큼 호흡이 빨라지는 경우도 없는 까닭이다. 이런 관점에서 보자면, 뭔가를 빨리 터득하고자 하면 그 순간 아이들의 호흡은 가빠지게 된다. 그리고 호흡이 빨라지면 마음 또한 자연스레 조급해진다.

한의학적으로 보면 이 조급증은 허열을 발생시킨다. 허열이란 말 그대로 몸에 불필요한 가짜 열이란 뜻이다. 여러 번 나왔듯이, 허열이 많으면 자연히 몸의 기운이 상체로 뜨게 된다. 두통을 비롯하여 각종 정신질환의 원인 역시 이 허열에 있다. 결국 허열은 망상을 낳고 망상은 존재를 위태롭게 한다. 망상이란 몸과 마음 사이의 간극을 의미하기 때문이다. 결국 속도와 밀도는 반비례한다. 『동의보감』은 이런 이치를 환기하고 있는 것이다. 천천히 배우고 더디게 익혀야 큰 인물이 된다는 '대기만성大器晚成의 법칙' 역시 이런 맥락에서 도출된 것이다. 아, 그렇다고 '우리 아이는 성장이 빨라 뭐든 남보다 일찍 했는데 어쩌지?' 하고 걱정할 필요는 없다. 여기서 말하는 '일찍'은 모두 상대적인 개념이다. 빠르고 늦고는 아이의 체질과 체형, 그리고 근기에 따라 다 다르다. 중요한 건 남보다 빨리 하는 걸 능사로 여기는 사고의 습성이다. 거기에 빠져 있으면 아이의 자연적인 성장리듬은 크게 훼손될 수밖에 없고, 그럴 경우 기질이나 성격, 수명까지 두루 왜곡될 수 있다는 뜻이다. '소년등과 부득호사'少年登科 不得好死, 소년시절에 과거에 오르면 좋은 죽음을 얻을 수 없다라는 격언 또한 이런 맥락의 소산이다.

인생은 길다. 내 아이의 인생 역시 길다. 유년기와 10대의 성취가 전부가 아니라는 뜻이다. 내 아이 역시 중년과 노년을 겪어야 한다. 따라서 교육의 핵심은 생로병사의 마디를 헤쳐갈 수 있는 지혜를 터득하는 것이다. 거기서 가장 중요한 사항은 자기 자신과 소통하는 힘이다. 무의식이나 직관, 영성, 그리고 카리스마 등이 다 거기에서 비롯한다. 그런데 이것을 어떻게 교육상품으로 기를 수 있단 말인가. 그럼 어떻게 하느냐고? 일단 더 많이, 더 빨리 가르치겠다는 그 마음부터 내려놓아야 한다. 지금 마음이 확 쏠리는 것을 일단 멈추는 것, 나아가 속도 위주의 교육적 욕망과 배치를 바꾸는 것, 그게 더 일차적이다. 일단 부모들이 먼저 그런 공부를 하는 것이 더 절실하다. 특히 엄마와 아이는 신체적으로 연동되어 있다. 엄마가 호흡을 길고 평화롭게 하는 공부를 한다면 아이 또한 자연스럽게 그 리듬과 강밀도에 접속하게 된다. 길은 그 다음에 절로 열리게 되어 있다. 그러니 세상의 모든 엄마들이여, 느긋하게 기다리시라. 큰 그릇은 천천히, 늦게 이루어지는 법이니.

칭찬은 고래도 '멍!'들게 한다!

'칭찬은 고래도 춤추게 한다!' 몇해 전인가 크게 선풍을 일으킨 베스트셀러의 제목이다. 이 책의 영향 때문인지는 모르겠으나, 그때 이후 우리 사회엔 칭찬의 바람이 불어닥쳤다. 시작은 물론 소박했다. '칭찬을 아끼지 말라, 그래야 아이들이 밝고 건강하게 자랄 수 있다', '칭찬을 통해 긍정의 힘을 이끌어 내라' 등등. 이 정도야 뭐 새삼스러울 것도 없는 상식에 해당한다. 하지만, 문제는 그 정도에서 끝나지 않는다는 데 있다. 이런 말들이 유행을 타게 되자 '칭찬은 고래도 춤추게 할 정도니 아이들한테는 얼마나 효과가 크겠는가, 칭찬만 열심히 하면 성적도, 재능도 쑥쑥 올라가게 되지 않을까'라는 식으로 의미가 '왜곡, 증폭'되기 시작한 것이다. 거기다 '아이들이 삐뚤어지거나 위축되는 게 칭찬을 제대로 못 받은 탓'이라는 '루머'까지 덧붙여지면서 어느 새 칭찬은 교육의 대전제이자 명령이 되어 버렸다. 결국 다들 '칭찬만능주의' 혹은 '칭찬의 덫'에 걸리게 된 것이다.

예외 없는 법칙은 없다고 했다. 하지만 예외가 없는 법칙이 딱! 하나 있다. 태과는 불급만 못하다! 이것이 우주를 지배하는 불변의 원리다. 이 책을 처음부터 읽은 독자라면, 아마 지금쯤 귀에 못이 박힐 지경일 것이다. 하지만 그래도 또 해야겠다. 하는 나는 입이 얼마나 아프겠는가. 근데 또 생각해 보니, 이렇게 입이 아프도록 해야 한다는 건 그만큼 이 원칙이 망실된 분야가 많다는 뜻인데, 과연 그렇다. 좋은 것이 많으면 좋을 것 같지만 절대 그렇지 않다. 좋은 것이 많아도 결과는 역시 나쁘다. 칭찬 또한 그러하다. 칭찬이란 말 그대로 어떤 행위에 대한 긍정적 멘트를 뜻한다. '잘했어! 훌륭해! 멋져부러!' 등등. 하여, 칭찬을 들으면 누구나 기분이 좋아진다. 자부심, 곧 자신에 대한 존중감을 맛볼 수 있기 때문이다. 여기서 핵심은 행위와 말 사이의 적절한 관계에 있다. 칭찬이 빛을 발하려면 둘 사이에 가능한 한 간격이 없어야 한다. 그게 아닐 경우, 즉 행위와 말 사이가 심하게 어긋나게 되면 그때부터 칭찬은 약이 아니라 독이 된다. 예컨대, 칭찬을 받을 만한 행위가 아닌데 칭찬을 받게 되면 기분은 좋아질 수 있다. 하지만 거기서 자부심이 생기지는 않는다. 단지 그 기분을 즐기고자 하는 욕구만 늘어날 뿐이다. 그러면 부모는 그 기대치를 채워 주기 위해 더더욱 과장

된 칭찬을 해야만 한다. 칭찬이 '듣기 좋은 꽃노래' 혹은 '사탕발림'이 되어 버리는 지점이 바로 여기다. 그런데 만약 이런 식의 '립서비스'에 길들여지면 과연 어떻게 될까? 자부심이 아니라 자기에 대한 망상으로 가득차게 될 것이다. 소위 공주병이나 왕자병 등이 그런 증상의 일종이다. 그리고 그쯤 되면 이젠 본말이 전도되기 시작한다. 즉, 어떤 행위의 결과로 칭찬을 받는 것이 아니라, 칭찬 그 자체가 목적이 되어 버리는 식으로. 결국 잠재력을 끌어내기는커녕 잠재력을 영원히 '잠재워'(^^) 버리는 결과를 낳고 만다.

아울러 이렇게 '인정욕망'에 끄달리다 보면 외부에 대한 적응력이 현저히 떨어지게 된다. 학교나 직장, 기타 다른 사회활동을 할 때도 이런 습성이 고스란히 드러나기 때문이다. 하지만 세상이 그렇게 녹록할 리가 없지 않은가. 부모의 품을 벗어나면 당연히 칭찬보다는 타박을 많이 받게 마련이다. 그럴 경우, 그런 불리한 상황을 끈기있게 넘어가려고 하기보다 현장에서 곧바로 후퇴해 버린다. 마음에 깊은 상처를 받은 채로. 청소년만 그런 것이 아니다. 청년실업 문제가 심각하다지만 정작 취직을 하고도 대인관계를 제대로 맺지 못해 그만두는 젊은이들이 많다고 한다. 그 내용인즉 직장동료들이 모두 다 자기를 미워한다고 생각한다는 것. 또 직장상사가 힐책을 하면 사춘기 애들처럼 삐쳐 버린다는 것, 가장 충격적인 예로는 대학원이나 삼성 혹은 사법연수원에 들어간 이른바 엘리트들의 경우도 트러블이 생기면 엄마가 연락을 한다는 것, 등등. 칭찬에 길들여져 있다 보니 정신적 면역력이 제로 상태가 되어 버린 탓이다. 이런 것이 '칭찬만능주의'가 야기한 폐해에 해당한다.

그러므로 중요한 건 칭찬이 아니라 믿음이다. 부모와 자식 사이에는 원초적 차원의 깊은 유대감이 존재해야 한다. 『티베트의학의 지혜』라는 책을 보면 이런 대목이 나온다. 티베트에서는 아기가 태어나면 그대로 바구니 안에 넣어 둔다. "그리고 아기가 울기 전까지는 그대로 아무것도 주지 않고 방치해 둔다." 그러다 아기가 울기 시작하면 그때야 비로소 살아 있다고 간주되어 "살아갈 마음이 있구나" 하고 탄생을 인정해 준다." 그 다음, "수유는 완전히 엄마 마음대로다." 아기가 아무리 울어도 젖이 불어 어쩔 수 없을 때까지 기다린다. 그러면 아기도 울다 지쳐서 무아지경에서 전부 빨아먹게 된다. "이 수유 시스템은 아주 이상적이어서 티베트의 어머니들은 잔유 때문에 생기는 유선염 등에는 걸리지 않는다. 울게 내버려 두는 것은 폐를 발달시키기 위해서이기도 하다. 티베트는 공기가 희박하기 때문에 폐가 약하면 살 수 없는 곳이다. 일부러 울게 함으로써 폐를 발달시켜 호흡기를 튼튼하게 만드는 것이다." 이처럼 태어나는 순간부터 아이가 자신의 생명을 스스로 책임지도록 해주는 것이다. 미리 앞서서 부모가 챙겨주고 얼러 주는 법이 없다. 그런 식의 배려는 오히려 아이의 생명력을 위축시키기 때문이다. 이것이 진정한 믿음의 원리가 아닐는지. 『동의보감』의 이치도 그와 다르지 않다.

어떤 소아가 병으로 손발에 경련이 일었다. 대인이, "심화가 지나친 것이다. 손을 잡지 말고 경련이 일게 놓아 두어야 한다. 이것은 유모가 지나치게 보호했기 때문이다"라고 하였다. 땅을 깨끗하게 쓸고 물을 매우 축축하게 뿌린 후, 땅에 아이를 눕히게 하였다. 한참 있다가 온몸을 굴려 진흙투성이가 되었는데, 우물물로 씻으니 곧 나았다.「잡병편」, '소아', 1858쪽

어린아이의 병증 가운데 가장 흔하면서도 위험한 것이 경기일 것이다. 그런데 그 치법 가운데 위와 같은 임상사례가 들어 있다. 과잉보호가 심화를 야기했다고 본 것이다. 아이를 땅에 눕히자 발버둥을 치면서 서서히 가라앉았다. 스스로의 힘으로 경기를 멈추게 한 것이다. 『동의보감』에서도 티베트의 경우처럼 '울음이 멎기 전에 젖을 먹여서는 안 된다' '목욕을 자주 시키지 말아야 한다' 등의 방법을 제시한다. 모두 과잉보호를 막기 위한 양생적 방편이다.

- 갓난아이는 피부가 약하여 옷을 두텁게 입혀 너무 따뜻하면 피부와 혈맥을 상하여 창양이 생기고, 땀이 나서 땀구멍이 닫히지 않으면 풍이 쉽게 들어온다. 날씨가 따뜻할 때 아이를 안고 나가 바람을 쏘이거나 햇빛을 보게 되면 기혈이 강해져 풍한을 견딜 수 있고 질병이 생기지 않는다. 요즘 사람들은 아이를 품에 안아 아이가 지기와 접하지 못하여 근골이 약해져서 질병이 쉽게 생긴다. 이것은 아이를 아끼는 방법이 아니다.
- 날씨가 추울 때는 부모가 늘 입었던 헌옷으로 의복을 만들어 입히고 새 솜이나 새 비단을 쓰지 말아야 한다. 오래된 것을 쓰는 것은 너

무 따뜻하게 하면 근골이 약해져서 쉽게 병이 생기기 때문이다.

- 아이에게 70~80세 노인이 입던 헌 잠방이나 헌 웃옷을 고쳐 적삼을 만들어 입히면 진기를 길러 주어 오래 살 수 있게 한다. 부귀한 집에서는 절대 새로 만든 모시옷이나 비단옷을 소아에게 입히면 안 된다. 이렇게 하면 병이 생길 뿐만 아니라 복도 달아난다.

「잡병편」, '소아', 1839쪽. 강조는 필자

이런 언술을 보면 우리시대 아이들이 왜 그렇게 허약한지를 단번에 이해할 수 있다. 신체만 약해지는 게 아니라, 복도 달아난다는 말이 더 사무친다. 유아 때부터 상품으로 칭칭 두르고 할아버지, 할머니와는 담을 쌓고, 지기地氣는 고사하고 추위와 더위를 제대로 맛보지를 못했으니, 근골과 혈맥이 얼마나 흐물흐물하겠는가. 거기다 쥐면 꺼질까 불면 날아갈까 칭찬과 서비스를 아끼지 않으니 정신적 근육이 자랄 틈이 어디 있으랴. 이거야말로 부모가 사랑의 이름으로 '원수'를 짓는 일이 아닐지. 정화스님께 들은 이야기인데, '칭찬의 제국(?)' 뉴질랜드에선 이미 칭찬의 부작용이 심각해졌다고 한다. 무슨 말인가 하면, 어릴 때부터 칭찬만 듣고 자란 아이들이 어른이 되어서도 칭찬을 안 해주면 일을 안 하는 이상한 풍토가 생겼다는 것이다.(헐~) 앞서 언급되었듯이, 대기업과 사법연수원조차 엄마의 치맛바람이 부는 것과 대체 뭐가 다른가.

마지막으로 농담 한마디. 칭찬은 고래도 춤추게 한다고 했는데, 혹시 그 고래의 후일담을 생각해 본 적이 있는가? 그 고래는 과연 행복했을까? 그렇지 않았을 것이다. 남의 장단에 맞춰 계속 춤을 추다 보면 온몸이 만신창이가 되었을 테니까. 그래서 저 경구는 그 사이에 이렇게 바뀌었을지도 모른다. "칭찬은 고래도 '멍!'들게 한다!"^^

리더십과 경청 ─ "귀를 보호해야 한다!"

2010년 10월 칠레의 한 광산에서 전 세계를 뒤흔든 감동의 드라마가 펼쳐졌다. 무려 69일 동안이나 지하갱도에 갇혔던 33명의 광부들이 전 세계인들이 지켜보는 가운데 모두 무사히 귀환하게 된 것. 이 놀라운 역전드라마에서 사람들의 마음을 사로잡은 것은 다름 아닌 한 사람의 리더십이었다. 갱이 무너지자 한 연륜 있는 광부가 다른 동료들이 공포와 불안에 떨지 않도록 다독이면서 식사와 생활, 기타 모든 면에서 질서를 유지하도록 이끌어 주었다는 것이다. 구출작전이 시작되었을 때도 그는 33명 가운데 맨 마지막에 빠져나왔다. 이 사람의 리더십이 없었다면 69일의 대장정은 아마도 '지옥의 묵시록'이 되었을 것이다. 이렇듯 리더십은 어떤 최악의 상황에서도 최선의 삶을 연출해 내는, 그래서 '자기도 살고 남도 살리는' 능력이라 할 수 있다.

우리 사회도 리더십에 대한 관심이 드높다. 리더십을 양성하는 교육프로그램도 수두룩하다. 하지만 리더십은 결코 그런 식의 서비스나 제도로 습득될 수 있는 것이 아니다. 칠레의 광부가 잘 보여 주었듯이 리더십의 핵심은 사람들의 마음을 움직이는 데 있다. 마음을 움직인다는 건 부러움이나 선망 같은 종류의 것이 아니라, 저 사람이라면 충분히 믿고 따를 수 있겠다고 여기는 마음이다. 즉, 친화력과 깊은 신뢰, 그 둘이 결합해야 비로소 형성될 수 있는 법이다. 단순히 남보다 뛰어나다고 해서 얻을 수 있는 것이 아니라는 뜻이다. 각종 재능과 기술을 갖추었지만, 도무지 친밀감도 없고 신뢰도도 떨어진다면 오히려 리더십과는 더더욱 멀어질 수도 있다.

그럼 친화력과 신뢰를 동시에 갖춘 리더십을 터득하려면 어떻게 해야 하는가? 가장 쉽고도 간단한 방법이 하나 있다. '경청의 힘'이 바로 그것이다. 경청이란 남이 하는 말을 진심으로 귀기울여 듣는 것을 뜻한다. 요즘 사람들은 제각기 고립되어 있어서 남한테 자기 말을 하지도 않지만 남의 말을 열심히 듣지도 않는다. 아니, 그런 능력에 대한 관심 자체가 숫제 없다. 그러니 생각해 보라. 내가 남의 말을 듣지 않는데, 남이 내 말에 귀를 기울여 줄 까닭이 있겠는가. 사회 전체가 소통의 부재로 몸살을 앓는 것도 그 때문이다. 그런 점에서 소통을 하려면 일단 경청 훈련을 해야 한다. 마음을 얻는 것도 이로부터 시작한다.

좀 옆길로 새는 감이 있지만, 카사노바와 조르바 같은 에로스의 화신들은 결코 잘생긴 남자들이 아니다. 식스팩이 있는 것도 아니다. 그런데도 어디서건 여성들의 마음을 사로잡는다. 이 거부할 수 없는 매력의 핵심은 다름 아닌 듣는 힘에 있다. 어떤 여성이건, 어떤 스토리건 마음을 다해 들어주면 거기에 감동하지 않을 여성은 없다. 물론 경청이 무조건 상대의 말을 들어준단 의미는 결코 아니다. 상대가 원하는 대로 해주는 건 경청이 아니라 일종의 서비스다. 조르바 같은 자유인이 아니라, 여성들을 등쳐먹고 사는 바람둥이들은 그렇게 한다. 교환과 계약을 위해 제공하는 서비스. 경청이란 그런 유의 것이 아니라 상대방이 현재 어떤 상황에 있는지를 정확히 간파하는 힘이다. 일단 핵심을 정확히 알아야 새로운 출구나 길을 안내해 줄 수 있는 법이다. 리더십이 경청에서 시작된다는 건 바로 이런 맥락이다.

자, 그럼 이런 능력을 어떻게 기를 수 있을까? 귀를 잘 보호해야 한다! 엉, 리더십과 귀가 무슨 관계냐고? 일단 경청은 듣는 힘이니까 청력이 필요하다는 건 인정할 수 있을 것이다. 청력이 나쁘면 남의 말을 잘 듣기도 어렵고, 그러면 점점 더 남의 말을 듣지 않게 된다. 부처님의 귀가 크고 긴 이유도 거기에 있다. 인간은 물론 신, 동물과 무생물의 이야기까지 다 들어주려면 귀가 그 정도는 되어야 하는 법이다.(^^) 그런데 요즘 아이들은 귀가 튼튼하지 못하다. 태어나자마자, 아니 이미 뱃속에 있을 때부터 각종 전자파에 노출되기 때문이다. 또 신생아 시절부터 TV를 비롯해 핸드폰과 인터넷 등 각종 전자매체에 포위되어 있다. 이 조건은 그 자체로 눈과 귀에 치명적이다. 모든 매체의 화면들이 소리와 색깔을 쉬지 않고 쏘아 대기 때문이다. 그러다 조금만 자라면 바로 이어폰을 달고 사는 탓에 귀가 좋으려야 좋을 수가 없다. 전에는 인터넷중독, 게임중독자들만의 문제였는데, 스마트폰의 등장으로 이젠 그 범위가 전방위적으로 확산되고 말았다. 농담 삼아 말하자면, 이대로 간다면 앞으로 우리 아이들의 신체는 이렇게 바뀌지 않을는지. 눈은 점점 튀어나오고 손가락은 점점 굵어지고, 하체는 점점 허약해지는…… 오래전 스필버그 영화의 ET처럼 말이다.

헌데, 신체가 이렇게 바뀌게 되면 귀는 물론이고 신장의 기운이 현저하게 저하된다. 이미 확인했듯이 귀는 신장의 기운과 연동되어 있다. 그러니까 잘 들을 수 있으려면 신장이 튼튼해야 하고, 신장이 튼튼하면 잘 들을 수 있다. 신장은 오장육부 가운데서 특히 생명의 정기(정력과 수명)를 주관하는 장기다. 5장 '호모 로퀜스' 부분에서 살펴보았듯이, 신장은 목소리의 뿌리이기도 하다.

> 신장은 성음의 뿌리이다. …… 신허로 병이 들었을 때는 기를 거두지 못하고 근원으로 돌아가게 할 수 없다. 따라서 기가 치밀어 올라 기침하고, 담이 막히거나 숨이 차거나 배가 불러 오르고, 가슴·배·온몸이 당긴다. 기침이 심해질수록 기는 더욱 부족해지고 목소리는 더욱 메마르게 된다.「내경편」, '성음'(聲音), 163쪽

소아의 병증을 목소리로 체크하는 것도 이 때문이다. "목소리가 가벼운 것은 기병이거나 약한 것이다. 목소리가 가라앉고 탁한 것은 통증이 있거나 풍증이다. 고함치는 것은 열로 미치려는 것이다. 목소리가 급한 것은 신(神)이 놀란 것이다. 목소리가 막히는 것은 담이 있는 것이다. 목소리가 떨리는 것은 한증이다. 목이 메는 것은 기가 순조롭지 못한 것이다. 천증은 숨이 급한 것이다. 재채기는 상풍이다. 놀라서 우는데 목소리가 잠겨 소리가 나지 않는 것은 병이 중한 것이다. 목소리가 탁하고 잠겨서 조용하게 나는 것은 감적(疳積), 수유나 음식조절을 잘못해 소아에게 생기는 병이다. 나면서부터 크게 울지 못하고 가늘게 울면 요절한다."「잡병편」, '소아', 1845쪽 등등. 아무튼 귀와 신장, 그리고 목소리가 하나

의 생리적 회로를 이루고 있는 셈이다. 아기들 울음소리는 그저 시끄러운 소음인 줄 알았는데, 이렇게 많은 정보가 담겨 있다니. 마치 하나의 언어구조를 이루고 있는 것처럼 보인다. 그런 점에서 아이가 우는 건 다양한 표현능력을 키우는 '쿵푸'에 해당한다.

알다시피, 목소리에 힘이 없으면 타인에게 신뢰를 받기 어렵다. 아무리 성형의 시대라 해도 사람에 대한 느낌과 인상을 결정짓는 건 어디까지나 목소리다. 즉, 경청의 힘과 목소리의 내공은 같이 맞물려 있다고 할 수 있다. 요컨대, 귀와 신장, 그리고 목소리—이 세 가지가 역동적인 리듬을 탈 수 있어야 타인과의 소통이 가능하고, 또 그래야 리더십이 충분히 발휘될 수 있다는 것.

부모들이 이 원리만 제대로 알고 있어도 아이들을 키우는 데 큰 힘이 될 것이다. 경청의 힘 혹은 리더십을 키워 주고 싶다면 일단 아이들이 디지털 기술에 중독되어 눈과 귀의 에너지를 너무 많이 소모하지 않도록 해야 한다. 그보다는 가능한 한 몸을 움직여 뛰어놀게 해야 한다. 하체를 많이 움직여야 신장이 튼튼해질 테니까. 신장은 오행상 수水고, 이 수는 뼈를 만든다. 앞에서도 나왔듯이 허영만의 관상만화『꼴』9권에는 눈먼 할머니가 등장한다. 이 할머니는 목소리를 듣고 운세를 알아맞히는 고수다. 목소리를 들으면 그 사람의 뼈를 알 수 있고, 뼈는 곧 마음이라는 것이 그 할머니의 논리다. 부연하면, 뼈가 튼튼해야 끈기가 있고, 끈기가 있으면 아무리 힘든 일이라도 반드시 해내게 마련이다. 결국 사람팔자는 끈기에 달려 있다는 것이다. 그러면 무엇을, 어떻게 해야 하는지 알 수 있지 않을까. 목소리를 크고 낭랑하게 키우면 뼈도 튼튼해진다. 그래서 낭송이 아주 좋은 수행법이 된다. 고전의 명문장을 큰소리로 암송하는 연습을 하거나 아니면 그것을 연극대본으로 바꾸어서 공연을 해보는 것도 좋다. 아울러 각종 재능을 배우기보다 친구들과 다양하게 어울릴 수 있는 장을 마련해 줘야 한다. 어릴 때부터 그런 네트워크를 가지고 있으면 귀의 청력과 목소리의 내공은 절로 높아질 것이다. 남의 말을 잘 들으면서 자신의 생각을 제대로 전달하는 것, 리더십의 기초는 이것만으로도 충분하다.

앞으로 기술은 더더욱 고도화되어 일상의 모든 영역을 잠식하게 될 것이다. 그렇게 되면 그 자체로는 아무런 의미도, 특성도 없어지게 될 것이다. 지금 우리가 쓰고 있는 많은 기계들처럼. 그렇다면 이제부턴 그런 기술을 어떻게 활용할 것인가가 삶의 질을 결정하게 될 것이다. 즉, 중요한 건 용법이다. 그리고 그 용법의 핵심은 무엇보다 사람과 사람 사이, 마음과 마음 사이를 연결하는 데 있다. 세상 살아가는데 인복보다 더 중요한 건 없다. 아니, 인복이 없이 제대로 살아가기란 불가능하다. 그리고 인복은 스펙 따위로 얻을 수 있는 게 아니다. 좌우지간 그래서 결론은? "귀를 보호해야 한다!^^"

여성의 몸과 '앙띠-오이디푸스'

이상으로 여성과 소아에 대한 스케치를 대략 마쳤다. 물론 여기서 다룬 내용은 빙산의 일각에도 미치지 못한다. 더 공부가 깊어지면 더 많은 내용들을 이끌어 낼 수 있을 것이다. 이 장을 마치면서 여성의 몸과 삶의 관계를 탐색해 보기로 한다. 키워드는 오이디푸스다.

지난 4월 하순경, 개인적으로 좀 특별한 행사가 있었다. 연구실에서 운영하는 1년짜리 프로그램에서 봄학기 기말에세이 발표를 하게 된 것이다. 전체 인원이 34명. 한 사람이 발표를 하면 두 명이 토론을 하고, 그 다음에 멘토인 내가 총평을 하는 식으로 진행되었는데, 인원이 많다 보니 토요일 오전에서 일요일 밤까지 1박 2일의 '대장정'으로 진행되었다. 주제는 "글쓰기의 존재론, '나는 왜 글을 쓰는가?'" 주제가 주제이다 보니 발표자들 대부분이 자연스럽게 자신이 살아온 내력을 풀어 놓게 되었다. 연령은 10대에서 50대. 정규직도 있고 백수도 있고. 귀농체험을 한 이도 있고 은행 중견사원도 있었다. 또 평범한 주부도 있고 이혼녀도 있고 독신자들도 있고. 연애 중인 경우도 있고 솔로인 경우도 있고. 그야말로 세대와 계층을 넘어선 각양각색의 '다중' multitude이었다. 하지만 성별로는 단연 여성이 압도적이었다. 그래서 뜻하지 않게 '여성의 존재론, 여성의 글쓰기'에 대한 아주 생생한 체험을 할 수 있게 되었다.

가장 놀라웠던 점은 거의 대부분의 여성이 자신의 과거를 상처와 불행으로 기억한다는 사실이었다. 15년 전에 이혼하고 아이들과 강제로 떨어져 살아야 했던 중년여성의 경우가 대표적 케이스였는데, 그녀는 그 사건을 마치 어제 일처럼 회상하면서 통곡을 터뜨렸다. 충분히 공감할 만했다. 하지만 그런 식의 인과만 있는 건 절대 아니다. 이혼과 결별이 바로 불행으로 이어지는 필연성은 없다. 반대일 수도 있는 것이다. 어쨌든 문제는 그 다음이었다. 그렇다면, 이혼도 결별도 없는 평범한 주부의 경우는? 이들 역시 아주 어릴 때 받은 상처가 고스란히 되새김질 되고 있었다. 그리고 그 상처에 의해 현재의 삶이 상당 부분 훼손되고 있었다. 그럼 이런 상흔조차 없는 경우는? 소위 단란한 가정에서 무난하게 자라 평범한 중산층이 된 주부들이 그런 경우에 속할 텐데 이들 역시 정체불명의 무력감과 외로움에 시달리고 있었다. 그런가 하면 40대 독신여성들은 또 그들 나름대로 유년기의 고독과 외로움을 고스란히 끌어안고 있었다. 압권이었던 건 연애도 하고 직업도 있는 미모의 20대 여성의 경우였는데, 그녀의 글은 아예 '콤플렉스의 탄생'으로 시작되었다. 딸이라서 칭찬을 덜 받고 자랐다는 게 그 이유였다.

　이쯤 되자 앞의 경우처럼 이혼과 결별의 기억도 상황 자체가 문제가 아니라는 생각이 들기 시작했다. 즉, 객관적 정황과 무관하게 여성들을 지배하는 아주 견고한 정서적 회로가 있는 게 아닌가 하는 생각이 든 것이다. 예컨대, 우리시대 여성들을 지배하는 가장 큰 키워드는 '인정욕망'이다. 그 욕망의 대상은 처음엔 부모, 다음엔 남편, 그리고 아이들이다. 사실 인정욕망 자체가 문제라 할 순 없다. 타자들과의 관계 속으로 들어가기 위한 통과의례 같은 것이니까. 하지만 그 대상들이 모조리 가족 안에 갇혀 있다는 건 참으로 기이한 현상이다. 왜 모든 여성들이 오이디푸스 삼각형의 굴레에 갇혀 있는 것일까. 인정욕망의 대상이 친구일 수도 있고, 조직이거나 신일 수도 있고, 또 책 속의 어떤 멘토나 우상일 수도 있다. 세상은 이토록 다양해졌는데, 그리고 바야흐로 '소셜 네트워크'의 시대가 도래했는데 왜 여성들의 시선은 오로지 가족으로만 쏠려 있는 것일까? 그것도 겨우 서너 명으로 이루어진 핵가족으로.

말할 것도 없이 이 회로는 자폐적이다. 따라서 다들 자신만이 이런 상처와 불행을 끌어안고 있다고 여긴다. 달리 말하면, 타자들의 고통에는 전반적으로 무관심하다. 그러니 당연히 자신의 상처가 '가장 크고 특별하다'는 생각에서 벗어날 수가 없다. 마치 그것이 자신의 아이덴티티와 존재성을 보장해 주기라도 하는 듯이. 하지만 고통의 크기와 존재감 사이에는 아무런 연관성도 없다. 내가 나를 '상처받은 존재'로 간주하는데, 누가 내 인생에 가치와 의미를 부여해 준단 말인가? 또 이런 구도하에선 성숙이 불가능하다. 실제로 10대가 느끼는 사춘기적 정서나 50대가 느끼는 결핍감 사이엔 근본적으로 차이가 없다. 철들지 않는 중년들.

성숙이란 어떤 사건들을 더 큰 좌표 속에서 볼 수 있는 힘이다. 사회적으로, 전 지구적으로, 생명의 역사라는 우주적 차원으로 인과의 그물망을 넓게 칠 수 있는 힘이 곧 성숙이다. 인과의 좌표가 달라지면 사건도 달라진다. 그러면 다른 사건들과 타자들을 맞이하기 위하여 과거의 상흔들을 기꺼이 떠나보낼 수 있다. 반대로 계속 동일한 인과 속에 갇혀 있으면 과거의 기억들은 결코 나를 떠나지 않는다. 아니, 내가 보내지 않는다고 하는 편이 맞을 것이다. 결국 어느 순간 상처와 기억이 곧 내가 되어 버린다. 그리고 그때부터는 누구를 만나도, 어떤 사건을 겪어도 다 동일한 방식으로 재구성해 버린다. 노스럽은 일찍이 이런 패턴에 대해 깊이 탐구한 바 있다. 그녀는 경고한다. "의식이 몸을 지배한다"고. 그렇다. 여성들이 앓는 각종 질병들—생리통에서 자궁암까지—은 이런 의식의 회로와 고스란히 중첩되어 있다.

그래서인가. 우리시대 여성들은 아이를 낳고 기르는 '거룩한' 일을 하고도 도무지 지혜가 늘지 않는다. 출산과 양육은 인간의 행위 가운데 가장 자연에 가깝다. 생명과 우주의 원초적 리듬을 온몸으로 느낄 수 있는 순간들이기 때문이다. 그래서 인류학자 나카자와 신이치는 『대칭성 인류학』에서 이렇게 말한다. 남성들은 자연의 '비밀지'를 깨우치기 위해 먼 길을 떠나지만 여성들은 그럴 필요가 없다고. "남성의 비밀결사가 관리하는 비밀지는 비일상성이 높은 데 비해, 여성적인 자연지는 식사를 준비하거나 육아를 하는 등 일상적인 행위의 연장선상에 극히 자연스런 형태로 탄생하는 지성이므로 훨씬 일상성이 높은 지성이라고 할 수 있습니다."_{나카자와 신이치, 『대칭성 인류학』 김옥희 옮김, 동아시아, 2005, 157쪽} 비밀지라는 목적지에 도달하고 보니 거기에는 처음부터 자연지가 기다리고 있다가 남자들의 영웅적인 행위를 따뜻하게 맞아 준다. 그렇게 해서 비밀결사적인 비밀지와 내추럴한 자연지는 결국 하나로 연결된다는 것이다. "비밀지를 손에 넣기 위해서는 혹독한 이니시에이션initiation의 시련을 가져야만 합니다. 하지만 자연지는 특별한 훈련이나 고행을 하지 않아도 됩니다. 극히 자연스럽게 우리 마음의 내부로부터 발생하는 대칭성 무의식의 작용에 따라 일상생활을 원만하게 해나감으로써 그야말로 자연스럽게 일 의 원리의 해체가 가능하다고 확신하고 있는 듯합니다."_{같은 책, 159쪽}

즉, 말하자면 여성은 이미 자연지를 지니고 있다. 따라서 별도로 통과의례를 거칠 필요가 없다. 특히 아이를 낳고 기르는 과정 자체가 훌륭한 통과의례이기 때문이다. 아이를 낳는 일을 통해 저절로 우주적 창조의 과정에 접속하게 되는 것이다. 따라서 여성에겐 일상 자체가 자연이고, 곧 자연의 지혜를 터득하는 과정이다. 청춘은 청춘답게, 중년은 중년답게, 그리고 노년엔 예지력으로.「바람계곡의 나우시카」에는 미래의 문명을 구할 두 여성이 나온다. 하나는 바람계곡의 공주님 나우시카, 또 다른 하나는 나우시카의 도래를 예언하는 눈먼 할머니. 전자는 용맹무쌍함과 자연과 동물에 대한 무한한 애정으로, 후자는 탁월한 예지력과 담대함으로. 바로 이것이 세계를 구하는 자연지의 구체적 표상이 아닐지.

하지만 자연지와 여성의 삶 사이의 '복된' 결합은 더 이상 불가능하다. 여성들은 더 이상 자기 삶과 몸의 주체가 아니기 때문이다. 몸은 병원과 제도에 맡기고 마음은 오이디푸스 안에 갇혀 버린 채 여성들은 자연의 지혜를 터득할 수 있는 기회를 스스로 박탈해 버렸다.

1박 2일의 세미나 대장정이 끝나자 다들 피곤에 지쳐 떨어졌을 것 같은데, 오히려 반대였다. 얼굴들이 모두 환해졌다. 자신에 대한 무한한 자긍심이 솟구쳤기 때문이다. 글을 잘 써서라기보다 그 현장에 있었다는 사실만으로도 충분히 뿌듯했던 것이다. 그리고 모두가 공유한 큰 깨우침이 하나 있었다. 자신의 이야기를 이렇게 많은 사람 앞에서 해본 적도 없고, 동시에 다른 사람들의 이야기를 이렇게 열심히 귀기울여 들어본 적도 없었다는 것. 서로가 서로를 비춰 보는 거울이 될 수 있음을, 타자야말로 곧 내 존재를 비추는 거울임을 처음으로 실감한 것이다. 과연 이들은 오이디푸스로부터의 탈주에 성공할 수 있을까. 그건 아직 미지수다.

다만 분명한 건 우리시대 여성의 삶에도 오이디푸스를 넘어선 '자연지'의 회복이 절실하다는 것. 그리고 그것이야말로 가장 정치적인 행위일 수 있다는 것이다.

> 우리는 때때로 "정치적"이라는 말을 쓴다. 당신이 어머니라면 어머니로서의 행위도 정치적이다. 어떤 직업에 종사하든 당신의 일은 정치적이다. 질병을 치유하거나 과거를 기억하는 것 역시 정치적인 행위다. 이처럼 우리 몸의 치유를 정치적인 행위로 해석할 만큼 중요하다고 생각해야 한다. 크리스티안 노스럽, 『여성의 몸 여성의 지혜』 565쪽

"왜 글쓰기를 해야 하는가?"에 대한 답도 거기에 있다. 글쓰기란 몸에 대한 주도권을 확보하기 위한 전투의 일환이다. 전투의 제일보는 배움의 자세다. 배움이야말로 최고의 생존전략이다. 동서양 모든 의사들이 한결같이 하는 말이 있다. 치매를 예방하려면 뭔가를 배워야 한다는 것. 뇌는 뉴런들의 다발이다. 뉴런과 뉴런 사이를 연결하는 연결고리를 시냅스라고 한다. 이 시냅스가 끊어지면 뇌는 긴 침묵이나 혼란에 빠져 버린다. 그것이 곧 치매다. 그렇다면, 이 시냅스가 활발하게 작동할 수 있는 행위는 무엇인가? 바로 배움이다. 배움은 곧 타자와의 능동적 접속이자 삶의 현장에 적극 개입하는 실천적 행위다. 그 행위들이 교양과 정보의 지리한 나열에 그치지 않으려면 글쓰

기를 통해 지성의 수위를 높여 가야 한다.

　여기서 말하는 글쓰기는 결코 치유의 과정이 아니다. 우리시대에 있어 치유란 평균적 삶을 누리는 데서 끝난다. 평균적 삶이란 바로 중산층의 단란한 가정이라는 환타지, 즉 다시금 '오이디푸스화'되는 것을 의미한다. 글쓰기란 그런 식의 치유가 아니라 자신의 운명을 스스로 주도해 갈 수 있는 능동적 단련을 의미한다. 자기수련으로서의 글쓰기, 자기구원으로서의 앎! 그리고 이 모든 과정의 주인공은 바로 자신이다. "우리가 기다렸던 사람은 바로 우리다."크리스티안 노스럽, 『여성의 몸 여성의 지혜』 570쪽 고로, 우리는 우리 자신을 구원해야 한다.

사랑, 결혼, 가족

낭만적 사랑?

"낭만적 사랑은 곳에 따라 18세기 후반부터 최근까지 포괄적인 사회적 힘으로 존재해 왔지만, 열정적 사랑은 결코 그런 적이 없었다. 낭만적 사랑이라는 관념의 확산은 결혼뿐 아니라 개인적 삶의 다른 맥락들에도 영향을 준 기념비적 이행들과 깊이 관련되어 있다. 낭만적 사랑은 어느 정도의 자기-심문을 가정한다. 나는 타자에 대해 어떻게 느끼는가? 타자는 나에 대해 어떻게 느끼는가? 우리의 느낌들은 장기적 관여를 지탱해 줄 만큼 충분히 '깊은가'? 낭만적 사랑은 …… 개인들을 더 넓은 사회적 상황으로부터 떼어낸다. 그것은 또한 공유된 역사를 창조함으로써 결혼관계를 가족 조직의 다른 측면들로부터 분리해 내고 그것에 특수한 우월성을 부여하는 데 도움을 준다."(앤서니 기든스, 『현대사회의 성, 사랑, 에로티시즘』, 배은경·황정미 옮김, 새물결, 1996, 90~91쪽)
위 그림은 알브레히트 알트도르퍼(Albrecht Altdorfer)의 「연인」.

사랑과 결혼
"내가 자립할 수 없기 때문에 다른 사람에 애착을 느낀다면, …… 그 관계는 사랑의 관계는 아니다. 역설적으로 홀로 있을 수 있는 능력은 사랑을 할 수 있는 능력의 조건인 것이다. 홀로 있으려고 한 사람은 누구든지 그것이 얼마나 어려운 것인지를 알게 된다."(에리히 프롬, 『사랑의 기술』, 김지훈 옮김, 청년사, 1990, 142쪽)
위 그림은 얀 반 에이크(Jan van Eyck)의 「아르놀피니의 결혼」.

가족과 성적 욕망

"17세기 이래 일어난 것에 대해서는 이렇게 해석할 수 있다 : 먼저 가족제도의 테두리 밖에서 전개된 성적 욕망의 장치가 점차로 가족 자체에 집중된다. …… 가정에서 부모와 부부는 성적 욕망의 장치에서 중요한 집행자가 되는데, 이 장치는 가정 밖에서는 의사, 교사, 그리고 나중에는 정신과의사를 받침돌로 삼고 안에서는 혼인관계와 경쟁하는 것으로 시작해서 오래지 않아 혼인관계를 '심리학과 정신병리학에 편입시킨다.' 그때 이 새로운 등장인물들, 곧 신경질적인 여자, 불감증 아내, 무관심하거나 살해 망상에 사로잡힌 어머니, 성적 불능자이고 새디스트이며 도착자인 남편, 히스테리 또는 신경쇠약에 걸린 딸, 조숙하고 이미 정력을 탕진해 버린 소년, 결혼을 거부하거나 여자를 무시하는 젊은 동성연애자가 나타난다. …… 그때 가족으로부터 끊임없는 요구, 곧 가족이 성적 욕망과 혼인 사이의 그 불행한 갈등을 해결하도록 도움을 주어야 한다는 요구가 생겨난다. 밖으로부터 가족을 둘러싸고 가족의 근대적 형태를 단단하게 성립시키는 데 이바지해 온 그 성적 욕망의 장치에 의해 꼼짝 못하게 된 나머지, 가족은 의사, 교사, 정신과의사, 그리고 신부와 목사를 향해, 다시 말해서 있음직한 모든 '전문가'들을 향해 성적 괴로움의 긴 하소연을 내지른다. 모든 것은 마치 가족 내에 주입되었고 가족이 끊임없이 암시받아 온 것에 내포된 위험한 비밀을 가족이 갑자기 찾아낸 듯이 진행된다."(미셸 푸코, 『성의 역사 1 : 앎의 의지』, 이규현 옮김, 나남, 1994, 123~124쪽)
위 그림은 얀 스텐(Jan Steen)의 「아픈 여성과 의사」.

에필로그

글쓰기와 '호모 큐라스'

편작과 그의 형들

동양의 전설적인 명의(名醫) 편작한테는 세상에 알려지지 않은 두 형이 있었다. 형제 모두가 의술의 대가였는데, 큰형은 병이 걸리기 전, 곧 미병단계에서 치료를 했다고 한다. 환자가 되기 전에 손을 쓴 것이다. 그래서 사람들은 그를 의사라고 생각하지 않았다. 환자가 없으니 의사도 없는 경지라고나 할까. 작은형은 그보다는 조금 떨어져서 초기 단계의 병을 고치는 의사였다. 그래서 사람들은 그저 '소소한' 병을 고치는 아마추어 의사라고 생각했다. 병이 작으면 의술이 권위를 행사할 필요가 없음을 말해 주는 대목이다. 막내인 편작은 병이 극심하게 진행된 상태의 환자들을 주로 고쳤다. 그래서 불치병을 고치는 명의로 세상에 이름을 날렸다는 것. 병의 스케일에 따라 의원의 명망도 높아진다는 걸 짐작할 수 있다. 하지만 편작의 집안에선 편작을 제일 하수로 취급했다고 한다. 쑨리췬 외, 『천고의 명의들』 류방승 옮김, 옥당, 2009, 26쪽

이 일화를 잘 유추해 보면 우리시대 임상의학의 현주소를 알 수 있다. 우리시대의 의료기술은 불치병, 난치병을 고치는 데 주력한다. 보통사람들의 평범한 일상에 대해서는 대체로 무관심하다고 할 수 있다. 어찌 보면 일상을 내팽개침으로써 병을 있는 대로 키우고는 그 다음에 첨단장비에 의지해 병을 고치는 '버라이어티쇼'를 벌이는 느낌이다. 이게 정말 최선인가? 편작의 형들이 주목한 미병단계, 병의 초기단계는 다름아닌 일상이다. 이 단계에서 고친다는 건 대단한 의술을 통해서가 아니라 일상 안에 병과 치유의 열쇠가 다 들어 있음을 말해 주는 것이다.

물론 현대의학도 가정의학이나 예방의학이 점차 확대되고 있는 추세다. 그런데 여기서도 가장 중요한 건 검진이다. 모든 질병에 대한 예방학적 충고가 정기적인 검진, 조기발견이다. 아마 각 장기별로 있을 수 있는 병에 대한 검진을 다 받으려면 매일같이 병원을 드나들어야 할 것이다. 그렇게 해서 병을 막는다 한들 그건 이미 삶이 아니다. 삶이 사라진 자리에 의술이 대체 무슨 소용인가? 그리고 반드시 환기해야 하는 것은 이 검진들의 신뢰도다. 실제로 "미국의사협회 홈피에 보면 CT나 MRI의 유효율이 4% 정도밖에는 안 된다." 최종덕, 『인문의학』 1집, 145쪽 또 얼마 전 통계에 따르면 유방암 확진율이 0.68%라는 결과가 나

온 바 있다. 말하자면 안 해도 되는 검진을 얼마나 많은 사람들이 받고 있는지, 더 정확히 말하면 검진을 받도록 강요(직·간접으로)받고 있는지를 보여 주는 데이터인 셈이다. 사람들의 불안심리를 이용해서 엄청나게 비싼 검진비를 챙기고 있는 것이다. 정말 국민건강을 위한 예방조치라면 마땅히 무료거나 무료에 가까워야 한다. 이런 시스템하에서는 늘어나는 게 의료사업 종사자다. 미국에서도 인구의 10%를 상회한다고 한다. 이들의 물적 토대가 유지되려면 끊임없이 질병과 질병에 대한 공포가 생산될 수밖에 없다. 난치병, 불치병이 많을수록 병원의 권위는 커진다. 편작의 명성이 높아지는 것과 같은 이치다. 결국 일찍이 이반 일리히가 예견한 바대로, "병원이 병을 만드는" 시대가 도래한 것이다.

그럼 이런 의료적 시스템을 벗어날 길은 무엇인가? 바로 편작의 형들이 행한 의술이 널리 퍼져야 한다. 미병단계와 초기단계에 개입할 수 있는 의사, 의사와 환자의 경계가 불분명한 상태의 '의료적 공간'이 활짝 열려야 한다. 주치의와 평의가 그에 가장 가까운 개념이 될 것이다. 주치의란 일정 지역의 주민을 담당하는 의사로서, 이들은 그야말로 주민들과 함께 더불어 살아야 한다. 그래서 그들의 생활이나 성격, 직업과 가족관계 등을 훤히 꿰고 있어야 한다. 그래야 개입이 가능하다. 미리 예방하고 조언하고 습관을 바꾸게 하고 등등. 이런 '의사 같지 않은' 의사들이 곧 평의에 해당한다.

병의 원인은 아주 간단하다. 음식과 운동, 칠정과 관계, 이것이 거의 전부라고 해도 무방하다. 따라서 일단 몸이 아프면 누구나 이 과정에 대한 점검을 시작해야 한다. 식습관을 바꾸고, 적절한 운동을 시작하고, 감정의 회로를 관찰하고 노동의 질과 양을 조절하는, 이런 일련의 과정이 수반되지 않는다면 어떤 치유책도 별 의미가 없다. 수술과 약, 특효법은 그 다음에 투여되어야 한다. 이런 과정에 개입할 수 있는 의사가 바로 평의다. 의사라기보다는 교사 혹은 멘토에 더 가깝다.

그렇다. 의사는 모름지기 의술을 베푸는 일보다 몸과 질병에 대한 지혜를 가르쳐 주는 존재여야 한다. 따라서 병원이나 약국엔 반드시 공부방이 있어야 한다. 그리고 의학에 대한 기초적 지식에서 최근 의료계 동향에 이르기까지 주민들이 일상적으로 참여할 수 있는 강의나 세미나가 열려야 한다. 의사가 선생님이 되고 병원이 동네 공부방이 되는 배치, 이것이 우리가 선택할 수 있는 최상의 의료환경이라 할 수 있다. 수술과 약이 적극 개입해야 하는 난치병들의 경우는 당연히 국가와 공동체에서 전적으로 감당해야 한다. 그 질병과 치유과정 자체가 공동체의 중요한 자산이기 때문이다. 쿠바에서는 이미 그렇게 하고 있다.

너무 이상적이라고? 이상적인 게 아니라 '이상하다'고 여길 것이다. 한 번도 생각해 본 적이 없기 때문이다. 그러나 생각을 바꾸면 삶이 달라진다. 이런 식의 의료적 환경을 자연스럽다고 느끼는 순간, 그것이 현실화되는 건 시간문제다. 물론 『동의보감』에는 이런 내용이 담겨 있지 않다. 하지만 『동의보감』을 통해 생명과 우주에 담긴 비전 탐구를 하다 보면 자연스럽게 이런 식의 사유에 도달하게 된다. 허준이 『동의보감』을 편찬한 까닭도 의학적 앎을 세상에 널리 퍼뜨리고자

한 데 있다. 즉, 특수한 계급과 전문가들에 한정되었던 앎의 독점을 해체하고자 한 것이다. 바야흐로 대중지성의 시대다.『동의보감』은 의역학이야말로 대중지성의 요체임을 끊임없이 환기시켜 준다.

'호모 큐라스', 자기 몸의 연구자

큐라스는 케어의 라틴어다. 고로, 호모 큐라스란 케어의 달인이라는 뜻. 케어는 치유, 돌봄 등으로 번역될 수 있지만 그보다는 수련이 더 적절하다. 치유와 배려 자체가 문제가 있어서가 아니라, 그 용어들이 지닌 한계상황 때문이다.

 현대의학에서 치유는 정상인이 되는 데에 초점이 맞춰져 있다. 정상성이란 생리의 표준적 수치를 의미할 뿐 아니라, 엄마―아빠―아이로 이루어진 가족삼각형 안에 무난히 진입하는 것을 뜻한다. 이른바 재영토화의 길! 하지만 여기서 그친다면 어느 누구도 인생의 주인이 되기는 어렵다. 누구든 그 삼각형을 완벽하게 충족시킬 수는 없는 노릇이기 때문이다. 일껏 큰병을 앓고 나서 다시 그 자리로 돌아간다면 이보다 더 허무한 일도 없을 터, 그래서 여기서 케어는 치유와 배려를 넘어선 자기수련이라는 의미로 변환될 필요가 있다. 원래의 정상성으로 되돌아가는 것이 아니라, '생로병사'라는 전 과정을 자신의 힘으로 넘어서겠다는 발심을 일으키는 것, 그리고 실천을 통해 그것을 닦아 가는 과정이 곧 수련이다. 의술이 양생술로 도약하는 지점 또한 거기다.

태어난 이상 누구든 아프다. 아프니까 태어난다. 태어나고자 하는 욕망이 곧 아픔이다. 또 살아가면서 온갖 병을 앓는다. 산다는 것 자체가 아픔의 마디를 넘어가는 과정이다. 그리고 결국 죽는다. 모두가 죽는다. 죽음은 삶의 또 다른 얼굴이다. 생명의 절정이자 질병의 최고경지이기도 하다. 결국 탄생과 성장과 질병과 죽음, 산다는 건 이 코스를 밟는다는 뜻이다. 따라서 질병과 죽음을 외면하고 나면 삶은 너무 왜소해진다. 아니, 그걸 빼고 삶이라고 할 게 별반 없다. 역설적으로 병과 죽음을 끌어안아야 삶이 풍요로워진다. 잘 산다는 건 아플 때 제대로 아프고 죽어야 할 때 제대로 죽는 것, 그 과정들의 무수한 변주에 불과하다.

그런데 문제는 우리시대의 의료와 의학은 이 성찰과 연구의 기회를 박탈해 버린다는 사실이다. 죽도록 아픔을 겪었는데도, 늘 아픈 상태인데도 자기가 왜, 어떻게 아픈지를 모른다. 장기 하나를 뚝 잘라내는 대수술을 하고서도 자기 몸에서 무슨 일이 일어났는지를 모른다. 나 또한 15년 이상 환절기마다 콧물과 재채기를 수만 번 반복했음에도 '대체 왜 그럴까?'를 생각조차 하지 못했다.(이런!) 몸이 아프면 성질도 나빠지고(좋아지는 경우는 절대 없다!), 존재의 축이 자꾸 허물어지는데도 자기를 돌아볼 줄을 모른다. 기껏 한다는 게 한탄과 원망, 죄의식과 무력감 등, 니체가 비웃어 마지않았던 '노예의 도덕'으로 충만해진다. 자기수련이란 이 배치에 대한 저항과 탈주로부터 시작된다. 단순히 통증이 사라진다는 의미의 치유가 아니라, 왜 아픈지, 이 고통의 의미가 뭔지, 이것이 나를 둘러싼 관계를 어떻게 바꾸는지를 알고

자 하는 것, '무지의 늪'에서 '앎에 대한 열정'으로의 대전환.

샤론 모알렘이 쓴 『아파야 산다』의 서문을 보면 이 과정이 아주 감동적으로 그려져 있다. 저자가 어린 시절 일흔한 살의 할아버지가 알츠하이머병에 걸렸다. "정정하고 다정다감하시던 분이 바로 눈앞에서 돌변하는 것을 열다섯 살 소년은 납득하지 못한다. 이런 일이 도대체 왜 일어나는지 알아내지 않고는 못 배기는 나이다." 샤론 모알렘,『아파야 산다』, 9쪽 그리하여 그 소년은 아버지를 졸라 의학도서관으로 간다. "거기서 숱한 시간을 보내며 해답을 찾아 헤맸다." 수백만 권이나 되는 책 속을 헤매다 마침내 혈색소침착증(몸속에 철분이 쌓이는 병)이라는 병을 찾아낸다. 이때의 경험이 저자를 의사 겸 과학자의 길로 이끌어 주었다. 할아버지에 대한 이보다 더 큰 사랑과 존중이 있을까. '사랑의 열정'과 '앎의 의지'가 결코 둘이 아님을 보여 주는 멋진 장면이다. 박노해 시인은 우리 모두가 "자기 삶의 연구자"가 되어야 한다고 했다. 같은 맥락에서 '호모 큐라스'가 된다는 건 '자기 몸의 연구자'가 된다는 의미다.

한의학이냐 서양의학이냐 혹은 대체의학이냐 이런 문제는 사실 부차적이다. 이미 우리는 이 모든 것들이 함께 뒤섞여 있는 환경 속에서 살아가고 있다. 어느 쪽을 택할 것인가 이전에 '앎의 의지'를 작동시키는 것이 더 우선이다. 『동의보감』이 오늘, 우리에게 제시하는 최고의 비전은 바로 여기에 있다. 허준은 말한다. 이 책을 통해 스스로 자기 병을 알아 스스로 치유해 가라고, 또 양생술을 통해 요절할 자는 장수하고 장수할 자는 신선이 되라고. 『동의보감』뿐이 아니다. 조선

한의학을 대표하는 또 하나의 저서, 『동의수세보원』의 저자 이제마 역시 그렇게 말한다. "널리 의학을 밝혀 집집마다 의학을 알고 사람마다 병을 알게 된 연후라야 가히 장수하게 될 것이다."必廣明醫學 家家知醫 人人知病然後 可以壽世保元 그러니까 허준과 이제마, 두 거인이 꿈꾸었던 최고의 이상은 모든 사람이 '앎의 주체'가 되는 것이었다.

내 안의 '치유본능'

조선시대는 약도, 의사도 귀했다. 대신 모두가 의학적 지식의 주체가 되려고 애썼다. 『한의학에 미친 조선의 지식인들』에 나오는 숱한 예들처럼 사대부들은 거의 대부분 의약을 배우고 익혔다. 그 수준은 천차만별이다. 거기서 중요한 건 의학의 지식이 모두에게 열려 있었다는 사실이다. 의학과 역학은 보편지다. 거기에서는 국경이나 신분이나 남녀의 차별도 무의미하다. 생로병사라는 보편적 코스를 다루기 때문이다.

그런데 지금 우리시대는 정확히 반대다. 조선시대와 비교하면 놀라울 정도로 의료가 발전했고, 그것은 거의 모두에게 개방되어 있다. 동네 약방에 있는 약들은 아주 싼값으로 누릴 수 있다. 하지만 그 지식은 누구에게도 열려 있지 않다. 오직 국가 공인 전문가의 몫일 뿐이다. 하긴 서양의학은 배우려고 해도 배울 길이 없다. 그래서 전문가건 대중이건 기술의 노예가 되어 버린다. 한의학을 포함하여 동양의학들이 대안이 될 수 있는 건 바로 그 점에 있다.

그리고 이것이 가능한 건 담론의 배치 자체가 누구에게나 열려 있기 때문이다. 기술이나 제도에 의존하지 않고도 터득할 수 있다는 점, 특별한 능력을 요구하지 않는다는 점, 특히 인생과 우주에 대한 가르침으로 연결되어 있다는 점 등 때문이다. 그야말로 보편지인 셈이다. 사람이라면 누구나 알아야 할 것들, 누구나 닦아 가야 할 지혜와 결부되어 있다는 점에서 그렇다. 따라서 이 지식에 접속하게 되면 누구나 자기 안에 있는 치유본능을 일깨우게 된다. 인간에게는 생득적으로 타고난 원초적 본능이라는 게 있다. 그런데 그 가운데 치유본능만큼 자연스러운 것도 없다. 누군가가 아플 때 그 아픔을 덜어내 줄 수 있는 능력을 가진다는 것, 생각만 해도 가슴이 뛰지 않는가. 마음의 병까지 고칠 수 있으면 더 말할 나위가 없다. 의술이나 주술사, 곧 의역의 앎이란 이토록 매혹적이고 원초적이다. 그런데 이걸 완전 침묵시켜 버리는 것이 근대적 지식의 배치다. 근대 지식에선 의료적 재능이나 욕망은 아예 고려대상이 아니다. 의과대학 지망생들이나 의사들이 어쩌면 이런 본능에서 가장 멀리 있는 존재일지도 모른다. 이런 생각을 하면 모골이 송연해진다.

따라서 의학의 새로운 배치에서 중요한 건 이 치유본능을 활짝 깨어나게 하는 것이다. '인트로'에서 제기했듯이, 『동의보감』을 모르는 한국인은 없다. 그러나 『동의보감』의 지혜를 일상에 적극 활용하겠다고 생각하는 한국인은 거의 드물다. 『동의보감』을 사상사나 담론사에서 다루는 경우도 거의 없다. 고전문학, 한문학 연구자들이 『동의보감』을 텍스트로 삼는 경우는 본 적이 없다. 전통문화를 가장 많이 지키고 있는 사찰에서도 의학만은 거의 전적으로 임상의학에 기댄다. 그런가 하면 풍수지리적으로 최고의 명당이라는 곳은 한국 최고의 재벌이나 정치가들이 독점하고 있다. 보통사람들에겐 실용지와 기술지만 던져 주고 고전의 지혜와 비전은 부르주아들이 점령해 버리는 이 기이한 독점현상! 한편 우리시대 최고의 의료는 한방-양방 협진이다. 최고의 기술진과 기계들을 통해 최고의 의료를 펼치겠다는 야심. 이것을 누릴 수 있는 건 어마어마한 부자들뿐이다. 지식과 부의 독점이 낳은 결과물이 바로 이것이리라.

　또 하나 위험한 편견은 동양의학은 산중에서 도를 터득한 이후에야 세상에 펼칠 수 있다는 발상이다. 뭔가 특별하고 고원한 것이라고 간주하는 것이다. 정말 그런가? 의역의 핵심은 자연이다. 자연은 우리의 시공간이다. 시공간에서 배울 수 있는 것이 아니라면 그러한 앎 역시 보편지라 할 수 없다. 삶을 결정하는 건 관계와 배치이지. 어떤 학문의 실체와 내용 자체가 아니다. 나카자와 신이치의 저서 가운데 『불교가 좋다』는 책이 있다. 그는 불교신자가 아니다. 앞으로 신자가 될 생각도 없다. 하지만 불교의 가르침에서 21세기적 패러다임의 가능성을 발견했기에 '불교가 좋다!'고 외친 것이다. 그를 흉내 내어 나도 이렇게 말하고 싶다. 도사가 될 생각도, 한의사가 될 생각도 없지만 나는 '의역학이 좋다!' 너무도 실용적이고 동시에 너무도 고매하기 때문이다.

글쓰기와 '자기수련'

그런데, 의역학이라는 저 원대한 지평선 위를 질주하려면 구체적인 윤리적 실천이 수반되어야 한다. 쉽게 말해 행을 닦아야 한다. 행으로 이어지지 않는 건 꿈이 아니라 망상일 뿐이다. 그럼 어떤 행이 필요한가? 108배나 등산, 걷기, 낭송 등등 방법은 수없이 많다. 뭘 택하건 매일의 일상에서 규칙적으로 행해져야 한다. 가능하면 동일한 시간에 동일한 공간에서. 처음에는 힘들지만 몸이 그 리듬에 익숙해지면 그 시공간의 기운을 몸에 저장하게 된다. 그리고 이 과정에 반드시 앎의 의지와 욕망이 함께 가야 한다. 이것이 없으면 어떤 실천이나 수행도 매너리즘에 빠지고 만다. 글쓰기가 가장 좋은 수련법이 되는 이유가 거기에 있다.

우리시대의 신체는 일단 산포적이다. 스펙터클과 중독증에 물들어 있어 전적으로 외부를 향해 있다. 우울하다든가 자살하고 싶다든가 하는 것은 사실 자신에 대한 파괴적 욕구다. 몸과 마음 사이, 안과 밖의 간극이 이런 해체적 양상을 낳는 것이다. 이런 충동에서 벗어나려면 무엇보다 이 간극을 줄이는 수렴작용이 필요한데, 글쓰기가 바로 그에 관한 최고의 기술에 해당한다. 글쓰기는 본디 지성의 정점이다. 삶과 세계를 언어로 구조화할 수 없다면 아직 지성의 주체가 아니다. 모든 사람이 지성인이 된 이 시대에 가장 결락된 기술이기도 하다. 대학이 몰락하게 된 원인이기도 하고. 이런 차원에서 보더라도 최고의 전략이 될 수 있다. 자신의 몸과 삶을 언어로 조직할 수 있으려면 고도의 집중력이 필요하다. 집중력이 곧 정기신의 확보다. 물론 여기에는 차서가 있다. 먼저 독서의 밀도가 높아져야 한다. 지금 같은 방식의 독서는 밀도가 너무 약하다. 대충 한번 훑어보거나 마우스로 긁는 방식으로는 책과의 어떤 접속도 가능하지 않다. 하지만 글쓰기를 지성의 중심에 놓으면 독서의 양상 자체가 달라진다. 낭송과 암송을 해야 하는 이유도 명확해진다. 글이란 시작부터 끝까지 모든 것을 책임져야 한다. 그래서 성찰과 수렴 능력을 키우는 데는 최고라 할 수 있다. 유럽의 귀족들이나 조선의 선비들이 왜 문장력으로 인재를 선발했는가를 환기해 보라. 언어를 창조하고 조직하는 능력 없이 지성의 근육은 결코 자라지 않는다.

그래서 몸이 아픈 사람은 먼저 신체일지를 쓰는 게 좋다. 어떻게 아픈지, 아픔의 경과가 어떤지, 약에 대한 반응과 심리의 경로까지……. 그러자면 자연히 일상의 모든 사항을 세밀하게 관찰하게 된다. 아마도 자신의 몸이 어떤 드라마보다 흥미진진하게 느껴질 것이다. 마음이 아픈 경우도 마찬가지다. 그 마음의 행로를 세심하게 추적해 보라. 이 감정과 의식, 무의식들이 대체 어디로부터 유래했는지를. 그 디테일에 서사적 육체를 입히는 것이 글쓰기다. 전자가 구슬이라면 후자는 그 구슬을 꿰는 실이다. 구슬이 서말이라도 꿰어야 보배라고 하지 않는가. 아무리 다양한 병증과 통증을 체험했다 해도 그것을 꿸 수 있는 서사적 능력이 없다면 진정한 통찰력은 불가능하다. 글쓰기란 이 통찰력을 터득하는 최고의 방편이다.

이런 과정을 잘 보여 주는 아주 좋은 예가 칼 구스타프 융이다. 융은 프로이트의 제자였지만 무의식에 대한 해석의 차이로 그와 결별했다. 결별의 과정에서 그 또한 자신의 무의식과 대면하는 경험을 해야 했다. "치유의 첫 단계는 내 안의 타자들을 긍정하는 것이었다. 무의식이 표현하는 타자들은 그 자체로 병이 아니었다. 그것은 내 안의 자연일 뿐, 병은 오히려 의식이 그것을 대면하지 않고 도망가는 데서 왔다. 융은 그 타자들을 긍정하고 무의식의 이야기를 있는 그대로 듣기 시작했다. 그리고 그것을 노트에 적어 내려갔다. 그것은 일종의 받아쓰기 작업이었다. 중구난방으로 펼쳐졌던 환상들이 언어 속으로 들어와 자리를 잡았다. 그럴수록 융은 점점 안정되어 갔다. 이렇게 여섯 번째 노트를 완성할 즈음, 융은 받아쓰기를 멈췄다. 거기에는 오직 타자들의 목소리로 가득했다. 자신이 그간 프로이트의 이름만으로 살아왔듯, 그곳에도 자신의 목소리는 없었다. 융은 타자들의 이야기를 자신의 것으로 소화할 필요가 있음을 느꼈다. 받아쓰기에서 번역하기로! 현실 속의 삶, 자신이 자신의 힘으로 살아내야 할 삶. 그 삶의 문법으로 타자들의 이야기를 융합하기. 융은 새로운 노트에 그 융합을 기록하기 시작했다." 융은 무려 4년간 이런 글쓰기를 계속했다. 그리고 그것은 훗날 그의 치유 방법 중 한 가지로 이용된다.

융의 진료실은 여느 진료실과 달랐다. 그곳에는 반쯤 누운 상태에서 의사의 이야기를 편안히 받아들이도록 고안된 환자용 의자도, 그 뒤에서 환자를 은밀히 관찰하는 의사용 의자도 없었다. 대신 의사와 환자가 마주 앉아 대화할 수 있는 테이블과 의자뿐. 그 의자에 앉아 융은 그저 물었다. "그것이 무슨 의미죠? 왜 그렇게 생각하는 거죠?" 융은 의사로서 말하는 대신 환자들에게 목소리를 돌려주었다. 그러고 나면 신기한 일이 벌어졌다. 환자들이 자발적으로 병의 문제부터 치유 단서까지 찾아내는 것이었다. 병의 심판자로서, 치유의 구원자로서 의사라는 생각이 얼마나 오만한 것인지 융은 알았다. 의사와 환자는 병이 던져 준 수수께끼를 함께 푸는 놀이의 참가자였다. 거기서 길을 만드는 것은 환자의 몫이었고 의사는 조력자일 뿐이다. 신근영,「오직 자신만이 자신을 치료할 수 있다 : 칼 구스타프 융」,『인물 톡톡』, 북드라망, 2012, 230~231쪽

편작의 형들이 다시 태어난다면 아마도 이런 모습이 아닐까. 편작에서 융까지, 치유본능에 충실한 의사들의 전언은 한결같다. "병을 만든 것도, 그 병에 대해 가장 잘 아는 것도, 그리고 그 병을 치유할 수 있는 것도 여러분 자신입니다. 그러니 자기 자신의 의사가 되십시오!" 그리고 그것은 이 기나긴 여정을 이끌어 준 우리들의 멘토인 허준의 전언이기도 하다. 왜냐하면 그것이 곧 정기신精氣神의 발현이자 존재의 원초적 명령이기 때문이다.

부록

- **함께 읽으면 좋은 책들**

- **읽을거리**
  선현들의 격언

- **찾아보기**

함께 읽으면 좋은 책들

허준,『동의보감』, 김형준·윤석희 외 옮김, 대한형상의학회·정행규 외 감수, 동의보감 출판사, 2005

대한형상의학회에서 낸 완역판. 동의보감은 번역본이 비교적 많은 편이다. 한결같이 두껍고 무겁지만 막상 읽기 시작하면 의외로 친숙하고 편안하다. 이 번역본은 특히 그렇다. 형상의학회 자체가 『동의보감』을 공부의 중심에 놓고 있어서겠지만, 가능하면 쉽고 익숙한 용어로 풀어 쓰려고 한 정성과 열의가 돋보인다. 게다가 나는 개인적으로 이 책과 인연이 좀 있다. 형상의학회 회장을 역임하셨던 정행규 선생님께 치료를 받기도 했고, 『동의보감』 강의를 들은 적도 있다. 그 인연으로 형상의학회 세미나에서 『열하일기』 강의를 하게 되었는데, 그때 이 번역본을 선물로 받았다. 우연의 일치겠지만 이 번역본을 받은 뒤부터 『동의보감』 세미나를 본격적으로 시작했으니, 이래저래 내 공부의 길잡이에 해당하는 책인 셈이다.

신동원·김남일·여인석,『한권으로 읽는 동의보감』, 들녘, 1999

『동의보감』 전체를 장별로 요약, 정리한 다음 설명을 덧붙인 책. 말하자면 『동의보감』에 대한 가이드북이라고나 할까. 그렇다고 두께가 얇은 건 아니다. 이 책도 맞으면 다칠 만큼(^^) 두껍긴 하다. 하지만 『동의보감』을 곧바로 읽을 엄두가 나지 않는 분들, 혹은 『동의보감』을 읽긴 했는데 전체의 맥락을 짚어 보고 싶은 이들, 『동의보감』의 의학사적 위상을 조망하고 싶은 이들에게 일독을 권한다. 물론 제대로 배우려면 일독으로는 부족하고 '배우고 때때로 익혀야 할' 책이다.

신동원, 『조선사람 허준』, 한겨레출판사, 2001

허준에 대한 정보와 이미지는 전적으로 소설과 드라마에 의해 만들어졌다. 그로 인해 허준의 명성은 범국민적으로 확산되었지만 그와 동시에 그의 진면목은 침묵, 봉쇄되었다. 그러한 흐름에 맞서 허준의 진면목을 치밀하고도 입체적으로 밝힌 책이다. 허준의 생애 및 『동의보감』에 대한 해박한 고증은 물론이고, 각각의 문제적 사항들을 둘러싼 논점들을 정확히 짚어 내고 있다. 나아가 동서양 의학의 담론적 배치에 대해서도 명쾌한 시각을 제공해 준다. 안타깝게도 절판되었는데, 꼭 다시 출간되기를 희망한다.

전창선·어윤형, 『음양이 뭐지?』(2009) 『오행은 뭘까?』(2009) 『음양오행으로 가는 길』(2010), 와이겔리

'음양오행'에 대한 삼종세트. 한의학은 물론이고 동양사상의 기저는 음양오행론이다. 따라서 어떤 분야를 배우건 일단 음양오행에 대한 기본기는 익혀야 한다. 물론 전문적인 해설서는 꽤 많은 편이다. 하지만 서양식 개념과 공부법에 익숙한 현대인들에게는 거의 다 '그림의 떡'이거나 '외계어'다. 이론이 어려워서라기보다 어법 및 용어가 낯설어서다. 그래서 이 삼종세트가 참으로 소중하다. 젊은 한의사들인 저자들은 아주 평범하고도 친근한 어법으로 음양오행의 이치를 차근차근 풀이해 준다. 그 목소리에 귀를 기울이다 보면 오장육부의 생리적 이치와 별자리의 운행, 하도와 낙서, 태극과 무극의 세계까지 두루 체험하게 된다.

김남일, 『한의학에 미친 조선의 지식인들 : 유의열전』, 들녘, 2011

유의(儒醫)란 "유교적 사상을 바탕으로 의학의 이치를 연구한 사람들"을 일컫는 말이다. 이들은 학문적 탐심에서 의학 연구에 나아가기도 했고, 때로는 직접 자신과 가족의 질병을 고치기 위해, 때로는 자신의 신념——이용후생의 정신이나 백성의 건강을 돌보아야 한다는——으로 의학에 매진하기도 했다. 앞서 본문에 나온 정렴과 정작 형제는 물론이고, 퇴계 이황과 다산 정약용 등 우리가 익히 아는 조선의 최고 지식인에 이르기까지, 다양한 유의들을 통해 우리 한의학의 역사와 역할에 대해 다시 생각해 보게 하는 책이다.

크리스티안 노스럽, 『여성의 몸 여성의 지혜』, 강현주 옮김, 한문화, 2000

미국 산부인과 의사 출신의 저자가 오랜 임상경험을 바탕으로 여성의 몸과 질병에 대해 아주 새로운 관점을 제시해 준다. 핵심은 '마음은 몸으로 말한다' '몸과 마음은 깊이 연동되어 있다'는 심신의학적 명제다. 이 책을 보면서 놀라웠던 점. 미국의 중산층 여성들도 자신의 몸을 전적으로 수술과 약에 의존하고 있다는 것, 몸이 아픈 여성들의 경우 대부분 심리적·관계적 중독에 빠져 있다는 것. 더 놀라운 건 그 여성들을 대하는 의료체계였다. 미국의 임상의학 역시 여성의 자궁과 난소는 '암을 기르거나 아이를 낳기 위한' 기관이라고 간주하고 있었다. 이런 의료체계를 받아들이는 한 여성의 몸은 결코 자유로울 수 없다. 자유가 없이는 지혜도 불가능하다. 여기에 동의한다면 왜 이 책의 제목이 '여성의 몸 여성의 지혜'인지 충분히 짐작할 수 있을 것이다.

샤론 모알렘, 『아파야 산다』, 김소영 옮김, 김영사, 2010

제목부터 확 끌리지 않는가. 인간의 '질병·진화·건강'의 놀라운 삼각관계라는 카피문구가 제목 위에 붙어 있다. 이 카피대로 혈색증, 고혈압, 당뇨같이 현대인들을 괴롭히는 고질병들의 진화생물학적 근원을 추적하고 있다. 그 결과, 모든 병은 다 살기 위한 전략이자 타협이었다는 것. 즉, 인간은 '아픔에도 불구하고' 사는 것이 아니라, '아파야만이' 살 수 있다는 놀라운 비밀이 밝혀진다. 이런 전제를 바탕으로 생명과 질병에 대한 통념을 완전히 뒤엎는 책이다. 특히 박테리아와 세균들의 숙주 조종에 대한 이야기는 탐정물 뺨치는 스릴과 서스펜스를 제공한다.

나카자와 신이치, 『대칭성 인류학』, 김옥희 옮김, 동아시아, 2005
나카자와 신이치는 일본의 저명한 인류학자다. 인류학자답게 3만년 전부터 9·11이후 현대문명을 한눈에 조망하면서 문명적 비전과 지혜를 제시한다. 대략 1만년 전 현생 인류의 출현과 더불어 인류의 뇌에는 고도의 유동적 지성이 작동하기 시작했다. 그로 인해 인간과 자연, 인간과 동물, 인간과 신 사이를 자유롭게 넘나드는 대칭성 사회가 가능했던 것이다. 하지만 일신교, 자본, 국가의 출현과 더불어 이 고도의 유동적 지성은 침묵, 봉쇄되어 버렸다. 인간과 외부가 과격하게 단절되는 비대칭적 사유가 시작된 것이다. 무의식이라는 이름으로. 하지만 저자는 프로이트와 달리 무의식을 억압의 원천으로 보지 않는다. 오히려 무의식이야말로 인류가 다시금 자연 혹은 세계와의 일치를 기획할 수 있는 유동적 지성의 원천으로 본다. 대칭성이라는 개념은 의역학의 개념을 이해하는 데 아주 좋은 길잡이가 된다. 동양의 사유 역시 인간과 우주 사이의 근원적 소통과 일치를 전제하고 있기 때문이다.

빌 브라이슨, 『거의 모든 것의 역사』, 이덕환 옮김, 까치, 2003
과학책을 읽고 감동의 눈물을 흘려본 적이 있는가? 원래 과학은 격물치지를 뜻한다. 사물의 이치를 궁구하여 그로부터 존재의 원리와 실존적 윤리를 동시에 터득하는 것이 과학의 본령이다. 하지만 근대 이후 과학은 객관이라는 이름으로 존재와 분리되고 삶에서 소외되고 말았다. 하여, 과학은 지루하거나 아니면 냉정하기 짝이 없는 전문분야로 한정되어 버렸다. 이런 통념을 한방에 날려주는 책이다. 이 책을 읽으면 과학이 원초적으로 지닌 앎의 즐거움과 윤리적 깨달음을 동시에 맛볼 수 있다. 저자는 우주가 어떻게 생겨났는지, 그 우주에서 생명이 어떻게 출현했는지를 때론 박진감 넘치게 때론 낭만적인 어조로 때론 유머러스하게 설명해준다. 이 다이내믹한 화법에 취하다 보면 우주의 비밀이 곧 내 몸 안에서 다 구현되고 있음을 깨닫게 되면서 문득 생명의 경이로움에 전율하게 된다. 몸과 우주를 하나로 관통하는 의역학적 이치를 터득하는 데 있어 아주 좋은 도반이 될 수 있는 책이다. 덤으로 과학자들의 기이한 성격 및 시트콤 뺨치는 사생활을 엿보는 재미도 아주 쏠쏠하다.

읽을거리_선현들의 격언*

손진인은 『양생명』養生銘에서 "사람이 몸을 단련하면 모든 병이 생기지 않으며 술을 마실지라도 지나치게 취하지 않게 마신다면 모든 병이 자연히 생기지 않는다. 음식을 먹은 뒤에 100보가량 거닐고 나서 자주 손으로 배를 문지르며 인일寅日과 축일丑日에는 손톱과 발톱을 깎고 머리를 100번 빗질하며 배부를 때는 서서 소변을 보고 배고플 때에는 앉아서 소변을 본다. 밖으로 나다닐 때에 찬바람을 쏘이지 말고 방에 있을 때에는 적은 틈이라도 없게 하며 매일 밤 발을 씻고 자야 한다. 너무 배불리 먹는 것은 결국 이로울 것이 없고 생각하고 걱정하는 것은 정신을 상하게 하며 너무 좋아하고 성내는 것은 기를 잘 상하게 한다. 매일 코털을 뽑거나 늘 침을 땅에 뱉지 않도록 한다. 날이 밝아 일어날 때 침상에서 먼저 왼발을 내딛으면 종

---

* 이 '읽을거리'는 『동의보감』「내경편」'신형'문 말미에, 의사이거나 도사였던 이들이 말한 양생법에 대한 내용이 '선현들의 격언'(先賢格言)이라는 제목 아래 실려 있는 것이다. 시대가 변하고 생활양식이 바뀌긴 했지만, 양생에 공통적인 사항들은 사실 현대의 의사들도 변함없이 하는 조언임을 알 수 있다. 일찍 자고 일찍 일어나는 것, 과식하지 않는 것, 감정의 기복을 크게 가지지 않는 것, 너무 많은 생각을 하지 않는 것 등. 과거나 지금이나 변함없는 선현들의 조언을 나누고 각자의 생활에 한 가지씩이라도 실천해 보길 바라는 마음으로 옮겨 놓는다.

일 재앙이 없고 사기와 악귀를 피할 수 있다. 칠성보七星步를 걸으면 오래 살고 편안하다. 신맛을 즐기면 힘줄이 상하고, 쓴맛을 즐기면 뼈를 상하며, 단맛을 즐기면 살에 좋지 않고, 매운맛을 즐기면 정기가 소모되며, 짠맛을 즐기면 수명을 재촉하니, 한 가지에만 치우쳐 먹지 말아야 한다. 봄과 여름에 성교를 절제하면 가을과 겨울에 부부생활이 굳건해진다. 혼자 자는 것이 진기眞氣를 보존하는 것이므로 고요히 삼가는 것이 가장 귀한 것이다. 돈과 재물은 타고난 분수가 있다는 것을 알고 지금 가진 것에 만족하면 몸에 이롭다. 너무 알려고 하는 것은 큰 우환거리이며 욕심을 줄이면 일평생 근심이 없을 것이다. 신神을 고요히 하여 언제나 편안하게 하는 것이 도道를 닦는 데 지켜야 할 것이다. 이것을 벽에 써서 군자君子에게 전한다"고 하였다.

○ 손진인의 『침상기』枕上記에 "새벽에 죽 한 그릇을 먹고 저녁은 지나치게 먹어서는 안 된다. 새벽 종이 울릴 때 이빨을 36번 맞부딪친다. 심한 추위와 더위는 모두 피해야 하고, 색욕을 탐해서는 안 된다. 술에 취하거나 지나치게 먹고 성교를 해서는 안 된다. 이렇게 하면 오장이 다 뒤집힌다. 뜸을 떠서 몸을 따뜻하게 하는 것도 혼자 자는 것만 못하다. 앉거나 누워서 바람을 맞지 말며 따뜻한 곳에서 목욕을 자주 하고 식사를 한 뒤에 100걸음쯤 걷고 늘 손으로 배를 문질러야 한다. 비늘이 없는 물고기와 여러 가지 동물의 고기를 먹지 말아야 한다. 저절로 죽은 새나 짐승의 고기를 먹으면 수명이 짧아진다. 흙과 나무로 형상을 만들어 복을 구하면 은복恩福이 있을 것이다. 아버지로부터 받은 정精과 어머니로부터 받은 육체가

어떻게 남북으로 나뉠 수 있겠는가. 목숨과 몸을 아끼는 사람은 6백人러이 옥과 같이 빛난다"고 하였다.

○ 손진인의 『양생명』養生銘에는 "심하게 화를 내면 기氣가 상하고 생각이 많으면 신神이 크게 상한다. 신이 피로하면 심心도 피로해지기 쉽고 기가 약하면 병이 생긴다. 지나치게 슬퍼하거나 기뻐해서는 안 되며 음식은 늘 고르게 먹고 밤에 취하지 않아야 한다. 새벽에 화내는 것을 삼가야 하며 해시亥時, 오후 9시~11시가 되면 잘 때에 천고天鼓를 울리고 인시寅時,새벽 3시~5시에 일어나서 입 안의 침으로 양치하면 사기가 침범하지 못할 것이며 정기가 자연히 충족해질 것이다. 여러 가지 병에 걸리지 않으려면 늘 오신五辛, 매운 맛을 내는 파, 마늘, 부추, 염교, 생강을 적절히 삼가고, 신을 편안히 하여 기쁘고 즐겁게 살아야 하며 기를 아껴 온화하고 순수하게 보전해야 한다. 오래 살고 일찍 죽는 것에 대해 운명을 따지지 말고 수행을 해야 하니, 수행을 하느냐 마느냐는 본인에게 달려 있다. 만약 이 도리를 잘 지킨다면 평소에도 진眞을 만날 수 있을 것이다"고 하였다.

○ 상진자常眞子의 『양생문』養生文에는 "술을 많이 마시면 혈기가 모두 어지러워지며 음식을 담백하게 먹으면 신神과 혼이 저절로 편안해진다. 밤에 양치하는 것은 오히려 아침에 양치하는 것보다 나으며 밤에 먹는 것보다 새벽에 먹는 것이 좋다. 이명耳鳴이 있으면 곧 신腎을 보해야 하며 눈이 어두우면 반드시 간肝을 치료해야 한다. 마시는 것을 절제하면 비脾가 저절로 튼튼해지고 생각을 적게 하면 반드시 신神이 편안해진다. 땀이 났

을 때 바람을 맞으며 서 있지 말며 빈속에 차를 많이 마시면 안 된다"고 하였다.

○ 이동원의 『생언잠』省言箴에는 "기氣는 신神의 할아버지이고 정精은 기의 자식이니, 기는 정신의 근본이니, 그 뜻이 참으로 크구나! 기를 쌓아 정을 모으고 정을 쌓아 신을 온전히 하니, 맑고 고요하게 도를 따라야만 천인天人이 될 수 있다. 도가 있는 사람만이 이렇게 될 수 있으니 나는 어떠한 사람인가? 간절하게 나의 말을 돌아볼 뿐이다"라 하였다.

○ 주단계의 『음식잠』飮食箴에는 "사람의 몸이 귀중한 것은 부모에게서 물려받은 몸이기 때문이다. 음식 때문에 귀한 몸을 상하는 경우가 많은데 요즘의 풍조도 그러하다. 사람의 몸은 허기와 갈증이 계속 생기며, 그 때문에 음식을 해먹으며 살아가게 되어 있다. 저 어리석은 사람들은 입맛이 당기는 대로 지나치게 먹다 보면 자기도 모르게 갑자기 병이 생기게 된다. 이렇게 되면 음식을 모두 먹지 못하게 되어 부모에게 걱정을 끼치고 의사에게 여러 가지 방법을 묻게 된다. 산과 들에서 일하는 사람들은 담백하게 먹고 부지런히 일하므로 몸이 편하다. 똑같은 기와 똑같은 몸을 타고났으나 유독 나에게만 병이 많은 사실에서 하나의 실마리를 깨닫는다면 거울에 먼지가 걷혀 맑아지는 것과 같을 것이다. '음식을 절제하라'고 한 것은 『주역』의 상사象辭이고 '작은 것을 아끼다가 큰 것을 잃는다'라는 것은 맹자의 충고이다. 술병의 주둥이처럼 입을 막아 놓고 가려 먹으면 음식을 먹어도 나쁠 것이 없다"고 하였다.

○ 주단계의 『색욕잠』色慾箴에는 "사람의 삶은 천지의 기운과 함께한다. 곤도坤道는 여자를 만들고 건도乾道는 남자를 만든다. 이들이 짝을 지어 부부가 되니 낳고 기르는 것은 부부로부터 시작된다. 혈기가 한창 왕성할 때 예禮에 따라 성혼하고 때에 맞게 성교한다. 부모와 자식이 친한 요체는 여기에 있는 것이다. 저 우매한 사람들은 욕망에 몸을 맡겨 성생활을 하고서도 오직 정력이 부족한 것만 두려워하여 조燥하고 독한 약을 먹는다. 기는 양이고 혈은 음인데 사람의 신神이다. 음을 고르게 하고 양을 잘 간직해야 내 몸이 언제나 젊음을 누린다. 혈기가 얼마나 된다고 스스로 아끼지 않을 수 있겠는가? 나를 태어나게 한 행위가 도리어 나의 적이 될 수도 있다. 부인이 색을 밝히면 그 욕심이 정말 많으니 규방이 정숙해야 집안이 화평하게 된다. 선비가 색을 밝히면 그 집안은 저절로 망하고 아울러 덕을 잃어서 그 몸도 초췌하게 된다. 규방을 멀리하여 풀린 마음을 다잡고 음식을 맛있게 먹으면 몸이 편안해지고 병이 낫게 된다"고 하였다.

찾아보기

ㄱ

간(肝) 85, 237, 249, 251, 260, 308
간과 분노 260
갈레노스(Claudios Galenos) 105
감기 297~302
「경혈도」 186
곽란 331~332
관상(학) 277, 282
교감단(交感丹) 257
군약(君藥) 350~352
군화(君火) 151, 299
귀[耳] 279~282
금원사대가(金元四大家) 56, 69
금화교역(金火交易) 389
기(氣) 116, 119~120, 161~165
　~의 조절 165~167
기니충 212, 214
기 드 숄리아크(Guy de Chauliac) 106
기쁨 260, 265, 271~272, 288
김종직 49
꿈 194~200

ㄴ

난소암 380~381
남녀와 음양의 원초적 차이 270~271
남성의 생체주기 376, 379
남의(南醫) 24, 62
「내경도」(內經圖) 184
「내경편」 구성 189
내상(內傷) 297, 324
노권상(勞倦傷) 328
노채충(勞瘵蟲) 215~216
놀람(驚) 83, 160, 194, 293
눈[眼] 278~279

ㄷ

단방(單方) 63, 339~340
담음 177, 190
대변불통 222~223
대장(大腸) 164, 222, 237
도(道)로써 병을 치료한다 172
동양우주론 115
동의(東醫) 62

『동의보감』(東醫寶鑑)
　　~과 구성 60~62, 362
　　~과 성(性) 149
　　~과 어린이 409~412
　　~ 속 꿈 194~199
　　~의 독창성 43~45
　　~의 서사 81
　　~의 질병 진행과정 132~135
　　~의 탄생 37~42
두려움 101, 263, 293
디오스코리데스(Dioskorides) 365
똥오줌 219

ㄹ ㅁ

루쉰(魯迅) 206, 320, 351
리더십 418~423
마음 비우기 49, 172~173
명문의 화 255
『목민심서』(牧民心書) 377
목소리 201~205
　　~와 생활규칙 207~208
　　~ 이상징후 202
미병(未病) 134
『미암일기』 37
「민옹전」 92~102

ㅂ

(연암) 박지원 64, 92, 361
베살리우스(Andreas Vesalius) 107, 231
병인 6가지 335
병 찾기 302~309

보감(寶鑑) 63
『본초강목』(本草綱目) 367
북의(北醫) 62
분노 260, 281, 396
불교의 생명관 124~125
불급(不及) 146
불안 162, 265, 272
붕루 387, 394
비위(脾胃) 57, 204, 248, 250~251
　　~와 생각 261
빅뱅 113

ㅅ

사군자탕 351
사랑과 오장육부 264~267
사수(邪祟) 204, 333
사약(使藥) 350
사(四)원소설 138
사(四)체액설 139
삶의 기술 145
삼교회통 45
삼시충(三尸蟲) 213~215
삼초부(三焦腑) 236
상극(相剋) 245~251, 257
상생(相生) 245~251
상한(上寒) 81, 316
『상한론』(傷寒論) 43, 54, 68
「상한부」(傷寒賦) 80
생각(잡념이 많은 것) 261, 291
생극(生剋) 249
서(暑) 319

성교육 153
성욕 147, 150, 163, 385, 386
『성의 역사』(미셸 푸코) 157, 158, 433
소변불폐 221~222
소유의 태과불급 163
손사막(孫思邈) 23, 55, 68, 109
수승화강(水昇火降) 251~258
슬픔 261~626, 271~275, 292
습(濕) 320~321
신(神) 120~121
신약(臣藥) 350
신장 119, 171, 201, 252~255
　~과 두려움 263, 293
신침법(神枕法) 71
「신형장부도」(身形臟腑圖) 17, 23, 185, 235
심병(審病) 302~309
심장 176, 195, 252~253
　~과 기쁨 260

ㅇ

아(痾) 132
「아바타」(영화) 128~129
암 336~338
약처방 348~355
양생술 143, 144, 147, 164, 173
양생의 도 47
양자의학 402
얼굴 276~287
에로스 34, 147, 158, 159
엠페도클레스(Empedocles) 125, 138
여성의 생체주기 376, 379

여성의 양생술 392~399
여성의 지혜 427~428
『열하일기』 64, 92, 225
오운육기(五運六氣) 294
오장(五臟) 236, 247
옥침관(玉枕關) 17, 20
온병 318
외감 296~297, 312
「외형편」구성 275
우울증 93~95, 178
운기와 절기 298
월경 375, 383, 387
「위생가」 319
유완소(劉完素) 56, 69
육기(六氣) 295, 299~300, 312
육부(六腑) 237
음양역 317
음허화동(陰虛火動) 256, 265, 321, 322
응성충(應聲蟲) 215
의학과 민담 73~76
이동원(李東垣) 57
인경약 350
『임꺽정』 51, 56, 155, 269
임신 375, 379
입과 혀 283~285

ㅈ

자궁 372, 378~382
　~과 성욕 380
　~의 순환 382~387
자기 몸의 연구자 438

자기배려의 윤리 164, 165
자연 109~112, 127
자의식 270, 272
잠을 푹 자려면 199
「잡병편」 구성 331
장부의 오행배속 246~251
장종정(張從正) 57
장중경(張仲景) 54, 68, 356
정(精) 118~119, 147~155
정기신의 관계 117, 121~122
정렴(鄭磏) 38, 52
정성(鄭聲) 206~207
정액 148
제왕절개 400
조(燥) 320~321
조선의 성담론 154, 155
좌약(佐藥) 350
주진형(朱震亨) 24, 57
죽음 103, 169~170, 174~175
지인지감(知人之鑑) 302, 309

ㅊ
채(瘵) 132
처방 348
『천금요방』(千金要方) 55, 68
「축복」(소설) 206
출산 400~405
충(蟲) 209
충맥(衝脈) 372
치유본능 441
칠정(七情) 258

ㅋ ㅌ
코[鼻] 282~283
「탕액편」 구성 341
태과(太過) 146
태소(太素) 112
태시(太始) 112
태역(太易) 112
태초(太初) 112
통즉불통(通則不痛) 176~183
『티마이오스』(Timaios) 125

ㅍ
파라셀수스(Paracelsus) 31, 106
『파브리카』(De humani corporis fabrica) 107, 231
편작(扁鵲) 31, 66, 434
폐(肺) 120, 164, 222, 253
　~와 슬픔 261~262
폐경 387~391
포(胞) 371~372
푸코, 미셸(Foucault, Michel) 17, 32, 153, 157, 334, 378
풍(風) 313~315
풍한서습조화(風寒暑濕燥火) 312
프로이트, 지그문트(Freud, Sigmund) 193
플라톤(Platon) 131

ㅎ
하혈 394
한(寒) 316~318
허로증 328~329

「허생전」309
「허준」(드라마) 28
　　~에서 해부의 문제 29~30
허준과 선조 37
허준과 양예수 28
허준과 유의태 29
혜강(嵆康) 173
화(火) 321~323
화냄 161, 260, 289
화타(華陀) 67
『황제내경』(黃帝內經) 54
황진이(黃眞伊) 155~156
후각 283
히포크라테스(Hippocrates) 104